朱子語類彙校

柒

[宋]黃士毅 編
徐時儀 楊艷 彙校

晦庵先生朱文公語類卷第一百十七

朱子十四

訓門人五

先生問：「看論語了未？」廣云：「已看一遍了。」先生曰：「太快。若如此看只是理會文義，不見得他深長底意味。所謂深長意味又也別無說話，只是涵泳久之自見得。」以下訓廣。〔一〕

先生謂廣：「看文字傷太快，恐不子細。雖是理會得底更須將來看，此不厭熟，熟後更看方始其滋味出。」因笑曰：「此是做僞學底工夫。」

或問「誠敬」二字云云。先生曰：「也是如此，但不去做工夫，徒說得不濟事。且如公一日間曾有幾多時節去體察理會來？若不曾如此下工夫，只據册上寫底把來口頭說，雖說得是，何益？某常說與學者，此個道理須是用工夫自去體究。講論固不可缺，若只管講，不去體究，濟得甚事？蓋此義理儘廣大無窮盡，今日恁地說亦未必是，又恐他只說到這裏，入深也更有在，若便

領略將去，不過是皮膚而已，又不入思慮，則何緣會進？須是把來横看竪看，子細窮究，都理會不得底固當去看，便是領略得去者亦當如此看，看來看去方有疑處也。此個物事極密，毫釐間便相争，如何恁地疏略説得？若是那真個下工夫到田地底人，説出來自别。漢卿所問雖若近似，也則看得淺。須是理會來理會去，理會得意思到似被膠漆粘住時，方是長進也。」因問：「『誠敬』二字如何看？」廣云：「先敬然後誠。」曰：「且莫理會先後。敬是如何？誠是如何？」廣曰：「敬是把捉工夫，誠則到自然處。」曰：「敬也有把捉時，也有自然時；誠也有勉爲誠時，亦有自然誠時。且説此二字義，敬只是個收斂畏懼不縱放，誠只是個樸直慤實不欺誑。初時須著如此不縱放，不欺誑，到得工夫到時，則自然不縱放、不欺誑矣。」〔二〕

或問：「人之思慮有邪有正，若是大段邪僻之思却容易制，惟是許多無頭無〔三〕面不緊不〔四〕要底思慮，不知何以制之？」曰：「此亦無他，只是覺得不當思量底便莫要思，便從脚下做將去，久久純熟自然無此等思慮矣。譬如人生〔五〕不定者兩脚常要行，但纔要行時便自省覺莫要行，久久純熟亦自然不要行而坐得定矣。前輩有欲澄治思慮者，於坐處置兩器，每起一善念則投白豆一粒於器中，每起一惡念則投黑豆一粒於器中。初時黑豆多、白豆少，後白豆多、黑豆少，後來遂不復有黑豆，最後則雖白豆亦無之矣，然此只是個死法。若更加以讀書窮理底工夫，則去那般不正當底思慮，何難之有？又如人有喜好〔六〕做不要緊事，如寫字、作詩之屬。初

時念念要做，更遏捺不得。若能將聖賢言語來玩味，見得義理分曉，則漸漸覺得此重彼輕，久久不知不覺自然剥落消殞去。何必横生一念，要得別尋一捷徑盡去了意見然後能如此？隔夕嘗有爲「去意見」之説者。此皆是不奈煩去修治他一個身心了作此見解。譬如人做官則當至誠去做職業，却不奈煩去做，須要尋個倖門去鑽，道鑽得這裏透時便可以超躐將去。今欲去意見者皆是這個心。學者但當就意見上分真妄，存其真者、去其妄者而已。若不問真妄盡欲除之，所以游游蕩蕩，虚度光陰，都無下工夫處。」因舉中庸曰：「『喜怒哀樂未發謂之中，發而皆中節謂之和。中也者天下之大本，和也者天下之達道。致中和，天地位焉，萬物育焉』。只如喜怒哀樂皆人[七]所不能無者，如何要去得？只是要發而中節爾。所謂致中，如孟子之『求放心』與『存心養性』是也；所謂致和，如孟子論平旦之氣與充廣其仁義之心是也。今却不奈煩去做這樣工夫，只管要求捷徑去意見，只恐所謂去意見者正未免爲意見也。聖人教人如一條大路平平正正，自此直去可以到聖賢地位，只是要人做得徹，做得徹時也不大驚小怪，只是私意剥落淨盡，純是天理融明爾。」又曰：「『興於詩，立於禮，成於樂』。聖人做出這一件物事來，使學者聞之自然歡喜，情願上這一條路去。四方八面攛掇他去這路上行。」又曰：「所謂致中者，非但只是在中而已，纔有些子偏倚便不可，須是常在那中心十字上立方是致中。譬如射，雖射中紅心，然在紅心邊側亦未當，須是正當紅心之中，乃爲中也。」廣云：「此非常存戒謹恐懼底工夫不可。」先生曰：「固是。只是個戒謹恐懼便是工夫。」廣云：「數日敬聽先生教誨做工夫處，左右前後，内外本末無不周密，所謂盛水不漏。」先生曰：「『博我以文，約我以禮』，聖門教人只此兩事，須是互相發明。約禮底工夫深則博文底工夫愈明，博文底工夫至則約禮底工夫愈密。」

問：「『必有事焉』，在孟子論養氣只是謂『集義』也，至程子以之説鳶飛魚躍之妙乃是言此心之存耳。」曰：「孟子所謂『必有事焉』者言養氣當用工夫，而所謂工夫則集義是也，非便以此句爲集義之訓也。至程子則借以言是心之存而天理流行之妙，其[八]只此一句已足。然又恐人大以爲事得重則天理反塞而不得行，故又以『勿正心』言之，然此等事易説得近禪去。」廣云：「所謂『易説得近禪』者，莫是如程子所謂『事則不無，擬心則差』之説否？」先生曰：「也是如此。」廣云：「若只以此一句説則易得近禪，若以全章觀之，如『費而隱』與『造端乎夫婦』兩句便自與禪不同矣。」先生曰：「須是事事物物上皆見得此道理方是。是[九]他釋氏也説『佛事門中，不遺一法』，然又却只是如此説，及[一〇]看他做事，却全不如此。」廣云：「舊來説，多以聖人天地之所不知不能及鳶飛魚躍爲道之隱，所以易入於禪。唯謝氏引夫子『與點』之事以明之實爲精切，故程子謂：『「浴乎沂，風乎舞雩，詠而歸」，言樂而得其所也。蓋孔子之志在於「老者安之，朋友信之，少者懷之」，要使萬物各得其性。曾點知之，故孔子喟然歎曰「吾與點也」。』」先生曰：「曾點他於事事物物上真個見得此道理，故隨所在而樂。」廣云：「若釋氏之説，鳶可以躍淵，魚可以戾天，則反更逆理矣。」曰：「是。他須要把道理來倒說方是玄妙。」廣云：「到此已兩月，蒙先生教誨，不一而足，不勝感激！[一一]近來静坐時收斂得心意稍定，讀書時亦覺頗有意味，但廣老矣，望先生痛加教誨！」先生笑曰：「某亦不敢不盡誠。如今許多道理也只得恁地說。然所以不如古人者，只欠個古人真見爾。且如曾子說忠恕，是他開眼便見得真個可以一貫。忠爲體，恕爲用，萬事皆可以一貫。如今人須是對册子上安排對副方始說得近似，少間不說又都不見了，所以不濟事。」正淳云：「某雖不曾理會禪，然看得來聖人之說皆是實理，故君君臣臣、父父子子、夫夫婦婦，皆是實理流行。釋氏則所見偏，只管向上去，只是空理流行爾。」曰：「他雖是說空理，然真個見得那空理流行。自家雖是說實理，然却只是說耳，初不曾真個見得那實理流行也。釋氏空底却做得實，自家實底却做得空，緊要處只争這些子。如今伶俐者雖理會得文義，又理[一二]不曾真見，質樸者又和文義都理會不得。譬如撑船，着[一三]淺了看如何撑，無緣撑得動，此須是去源頭决開，放得那水來，則船無大小，無不浮矣。韓退之說文章亦說到此，故曰『氣，水也；言，浮物也。水大則物之小大皆浮，氣盛則言之短長與聲之高下皆宜』。」廣云：「所謂『源頭工夫』，莫只是存養修治底工夫否？」曰：「存養與窮理工夫皆要到，然存養中便有窮理工夫，窮理中便有存養工夫。窮理便是窮那有[一四]得底，存養便是養那窮得底。」[一五]

先生諭廣曰：「今講學也只如此，更須於主一上做工夫。若無主一工夫，則所講底義理無安着處，都不是自家物事；若有主一工夫，則外面許多義理方始爲我有，都是自家物事。工夫到時，纔主一便覺意思好，卓然精明。不然便緩散消索了，没意思。」廣云：「到此侍教誨三月，雖昏愚，然亦自覺得與前日不同，方始有個進修底田地，歸去當閉户自做工夫。」曰：「也不問在這裏不在這裏，也不説要如何頓段做工夫，只自脚下便做將去。固不免有散緩時，但纔覺便收斂將來，漸漸做去。但得收斂時節多，散緩之時少，便是長進處。故孟子説『學問之道無他，求其放心而已』，所謂『求放心』者，非是别去求個心來存着，只纔覺放，心便在此。孟子又曰『雞犬放則知求之，心放則不知求』，某嘗謂，雞犬猶是外物，纔放了須去外面捉將來；若是自家心更不用别求，纔覺便在這裏。雞犬放猶有求不得時，自家心則無求不得之理。」因言：「横渠説做工夫處，更精切似二程。二程先生資禀高，潔净，不大段用工夫，只恁地便可到。[一六]若横渠資禀則有[一七]偏駁夾雜處，他大段用工夫來。觀其言曰『心清時少、亂時多。其清時視明聽聰，四體不待羈束而自然恭謹。其亂時反是』，説得來大段精切。」

廣云：「昨日聞先生教誨做工夫底道理。自看得來所以無長進者，政緣不曾如此做工夫，故於看文字時不失之膚淺，則入於穿鑿。今若據先生之説便如此着實下工夫去，則一日須有一日之功，一月須有一月之功，决不到虚度光陰矣。」先生曰：「昨日也偶然説到此。某將謂凡人讀書都是如此用功，後來看得却多不如此。蓋此個道理問也問不盡，説也説不盡，頭緒儘多，須是自去看。看來看去則自然一日深似一日，一日分曉似一日，一日簡易似一日，只是要熟。孟子曰『仁，亦在乎熟之而已』，熟則一喚便在面前。不熟時，纔被人問着便須旋去尋討，迨尋討得來時，意思已不如初矣。」

先生又謂廣：「見得義理雖稍快，但言動之間覺得輕率處多。子曰『仁者其言也訒』，仁者之言自不恁地容易，謝氏曰『視聽言動不可易，易則多非禮』。須自〔一八〕時時自省覺、自收斂，稍緩縱則失之矣。」翌日廣請曰：「先生昨日言廣言動間多輕率，無那『其言也訒』底意思，此深中廣之病。蓋舊年讀書，到那〔一九〕適然有感發處，不過贊歎聖言之善耳，都不能玩以養心。自到師席之下，一日見先生泛説義理不是面前物，皆吾心固有者，如道家説存想法，所謂『鉛汞龍虎』之屬，皆人身內所有之物。又數日因廣誦義理又向外去，先生云：『前日説與公，道皆吾心固有，非在外之物。』廣不覺怵然有警於心。又一日侍坐，見先生説『如今學者大要在喚醒上』，自此方知得個〔二〇〕做工夫底道理。而今於靜坐時，讀書玩味時，則此心常在。一與事接則其〔二一〕心便緩散了。所以輕率之病見於言動之間，有不能掩者。今得先生警誨，自此更當於此處加省察收攝之功。然侍教只數日在，更望先生痛加教飭。」先生良久舉伊川説曰：「『人心有主則實，無主則虛』，又一説却曰『有主則虛，無主則實』。公且説看是如何？」廣云：「有主則實，謂人具此實然之理，故實。無主則實，謂人心無主，私欲爲主，故實。」先生曰：「心虛則理實，心實則理虛。『有主則實』，此『實』字是好，蓋指理而言也；『無主則實』，此『實』字是不好，蓋指私欲而言也。以理爲主則此心虛明，一毫私意着不得。譬如一泓清水，有少許砂土便見。」

廣請於先生，求「居敬窮理」四字。曰：「自向裏做工夫可也[二二]，何必此？」因言：「昔羅隱從錢王巡錢塘城，見樓櫓之屬，陽爲不曉而問曰：『此何等物？』錢曰：『此爲樓櫓。』又問：『何用？』錢曰：『所以禦寇。』曰：『果能爾則當移向内施之。』蓋風之以寇在内故也。」

先生問廣：「到此得幾日矣？」廣云：「八十五日。」曰：「來日得行否？」廣曰：「來早拜辭。」先生曰：「有疑更問。」廣云：「今亦未有疑。自此做工夫去，須有疑却得拜書請問。」曰：「且自勉做工夫。學者最怕因循，莫説道一下便要做成。今日知得一事亦得，行得一事亦得，只不要間斷，積累之久自解做得徹去。若有疑處且須自去思量，不要倚靠人，道待去問他。若無人可問時不成便休也。人若除得個倚靠人底心，學也須會進。」以上並廣自録，下見諸録。[二三]

先生語漢卿：「有所疑未決可早較量。」答云：「眼下亦無所疑。且看做去，有礙方敢請問。」先生因云：「人説道頓段做工夫，亦難得頓段工夫。莫説道今日做未得且待來日做。若做得一事便是一事工夫，若理會得這些子便有這些子工夫，若見處有積累則見處自然貫通，若存養處有積累則存養自然透徹。」賀孫。

八日，見文之甲戌生。午後過東書院侍坐。〔二四〕問平日工夫，泳對：「理會時文。」先生曰：「時文中亦自有工夫。」請讀何書。曰：「看大學。」以下訓泳。〔二五〕

九日，挈行李過崇報精舍，晚過樓下。〔二六〕說大學首章不當意。先生說：「公讀書，如騎馬不會鞭策得馬行，撑船不會使得船動。」

「讀大學畢，次論、孟及中庸，兼看近思録。」先生曰：「書讀到無可看處恰好看。」

先生與泳說：「看文字罷，常且静坐。」以上泳自録。〔二七〕

初投先生書，以此心不放動爲主敬之說。先生曰：「『主敬』二字只恁地做不得，須是内外交相養。蓋人心活物，吾學非比釋氏，須是窮理。」書中有云：「近乃微測爲學功用，此事乃切己事，所係甚重。」先生舉以語朋友云：「誠是如此。」以下誠士毅。〔二八〕

士毅〔二九〕問：「先生訓以窮理，疑謂莫如先隨事致察以求其當然之則。〔三〇〕」先生曰：「是如此。」士毅〔三一〕問：「人固有非意於爲過而終陷於過者，此則不知之失。然當不知之時正私意物欲方蔽固，切恐雖欲致察而不得其真。」先生曰：「却恁地兩相擔閣不得，須是察。」士毅問：「程子所謂『涵養須用敬，進學則在致知』，是二句〔三二〕不可除一句。」先生曰：「如此方始是。」又曰：「知與敬是先立底根脚。」

人之本心不明，一如睡人都昏了，不知有一身，須是喚醒方知。恰如瞌[三三]睡，强自喚醒，喚之不已終會醒。某看來，大要工夫只在喚醒上，然如此等處須是體驗教自分明。[三四]

士毅問：「喚醒是覺放肆時收斂否？」先生曰：「是。」又云：「喚醒是昏迷時。」又云：「放肆便是昏迷。」[三五]

「講論自是講論，須是將來自體驗。説一段過又一段，何[三六]補？某向來從師，一日説話，晚頭如温書一般須子細看過，有疑則明日又問。」士毅[三七]問：「士毅尋常讀書須要將説心處自體之以心，言處事處推之以事，隨分量分曉方放過，莫得體驗之意思[三八]否？」先生曰：「亦是。」又曰：「體驗是自心裏暗自講量一次。」按輔廣録同而少異，今附，云：[三九]「或問：『先生謂講論固不可無，須是自去體認。如何是體認？』曰：『體認是把那聽得底自去心裏重復思繹過，伊川先生曰「時復思繹，浹洽於中則悦[四〇]矣」。某向來從師，一[四一]日間所聞説話，夜間如温書一般，一一子細思量過，纔有疑，明日又明[四二]。』」

士毅稟歸，請教。先生曰：「只前數日説底便是，只要去做工夫。如飲食在前，須是去喫他，方知滋味。」又曰：「學者最怕不知蹊徑，難與他説。今日有一朋友將書來，説從外面去，不知何益。不免説與他教看孟子『存心』一段。人須是識得自家物事，且如存，若不識得他，如何存得？如今既知蹊徑，且與他做去。只如主敬、窮理不可偏廢，這兩件事如踏一物一般，踏着這頭，那頭便動。如行步，左足起，右足自來。」又曰：「更有一事，如今學者須是莫把做外面事看。

人須要學，不學便欠缺了他底，學時便得個恰好。」以上士毅自録。〔四三〕

問思慮紛擾。先生曰：「公不思慮時不識個心是何物。須是思慮時知道這心如此紛擾，漸漸見得，却有下工夫處。」以下訓賜。〔四四〕

問：「存心多被物欲奪了。」先生曰：「不須如此説，且自體認自家心是甚物？自家既不曾識得個心，而今都説未得。纔識得，不須操而自存。如水火相濟，自不相離。聖賢説得極分明，夫子説了，孟子恐後世不識又説向裏。後之學者依舊不把做事，更説甚閑話。孟子四端處儘有可玩索。」以上賜自録。〔四五〕

問：「而今看道理不出，只是心不虚静否？」先生曰：「也是不曾去看。會看底就看處自虚静，這個互相發。」以下訓夔孫。〔四六〕

先生謂夔孫云：「公既久在此，可將一件文字與衆人共理會，立個程限，使敏者不得而先，鈍者不得而後。且如這一件事，或是甲思量不得，乙或思量得，這便是朋友切磋之義。」夔孫請所看底文字。曰：「且將西銘看。」及看畢，夔孫依先生所〔四七〕解説過。先生曰：「而今解得分曉了便易看，當初直是難曉〔四八〕。」夔孫請再看底文字。先生〔四九〕索近思録披數板，云：「也揀不得，便漏了他底也不得。」遂云：「『無極而太極』，而今人都想象有個光明閃爍底物事在那裏。却不知本是説無這物事，只是有個理，解如此動静而已。及至一動一静便是陰陽，一動一静循環無端。『太極動而生陽』亦只是從動處説起。其實動之前又有静，静之前又有動。推而上之其始無端，推而下之以至未來之際其卒無終。自有天地便只是這物事在這裏流轉，一日便有一日之運，一月便有一月之運，一歲便有一歲之運，都只是這個物事衮衮將去。如水車相似，一個起，一個倒，一個上，一個下。其動也便是中、是仁，其静也便是正、是義。不動則静，不静則動。如人不語則默，不默則語，中間更無空處。又如善惡，不是善便是惡，不是惡便是善。『聖人定之以中正仁義』，便是主張這個物事。蓋聖人之動便是元亨，其静便是利貞，都不是閑底動静，所謂『繼天地之志，述天地之事』便是如此。如知得恁地便生，知得恁地便死，知得恁地便消，知得恁地便長，此皆是繼天地之志。隨他恁地進退消息盈虚，與時偕行。小而言之，飢食渴飲，出作入息；大而言之，君臣便有義，父子便有仁，此都是述天地之事，只是這個道理，所以君子修之便吉，小人悖之便凶。這物事機關一下撥轉便攔他不住，如水車相似，纔踏發這機更住不得。所以聖賢『兢兢業業，一日二日萬幾』，戰戰兢兢，至死而後知免。大化恁地流行，只得隨他恁地，故曰『存心養性，所以事天也；夭壽不貳，修身以俟之，所以立命也』，這與西銘都相貫穿，只是一個物事。如云：『五行，一陰陽也；陰陽，一太極也；太極，本無極也。五行之生也，各一其性。無極之真，二五之精，妙合而凝，乾道成男，坤道成女。二氣交感，化生萬物，萬物生生而變化無窮焉。』便只是『天地之塞吾其體，天地之帥吾其性』，只是説得有詳略、緩急耳。而今萬物到秋冬時各自斂藏便恁枯瘁，忽然一下春來，各自發生條暢，這只是一氣，一個消，一個息。那個滿山青黄碧緑無非天地之化流行發見，而今自家喫他、着他、受用他，起居食息都在這裏，離他不得，所以仁者見之便謂之仁，智者見之便謂之智，無非是此個物事。『繼之者善』，便似日日裝添模樣；『成之者性』，便恰似造化都無可做了，與造化都不相關相似。到得『成之者性』，就那上流行出來，又依前是『繼之者善』。譬如穀，既有個穀子，裏面便有米，米又會生出來。如果子皮裏便有核，核裏便有仁，那仁又會發出來。人物莫不如此。如人方其在胞胎中受那父母之氣，則是『繼之者善』。及其生出來便自成一個性了，便自會長去，這後又是『繼之者善』，只管如此。仁者謂之仁，便是見那發生處；智者謂之智，便是見那收斂處。『百姓日用而不知』，便是不知所謂發生，亦不知所謂收斂，醉生夢死而已。周先生太極通書便只是衮幾句[五〇]，易之爲義也只是如此，只是陰陽交錯，千變萬化皆從此出，故曰『易有太極』。這一個便生兩個，兩個便生四個，四個便生八個，八個便生十六個，十六個便生三十二個，三十二個便生六十四個，故『八卦定吉凶，吉凶生大業』。聖人所以説出時，只是使人不迷於利害之途耳。」少頃，又舉「誠幾德」一章，説云：「『誠無爲』，只是自然有實理恁地，不是人做底都不曾犯手勢。『幾善惡』便是心之所發處有個善、有個惡了。『德』便只是善底，爲聖爲賢只是這材料做。」又舉第三「大本達道章」説云：「未發時便是那静，已發時便是那動。方其静時便是有個體在裏了，如這卓子，未用時已有這卓子在了，及其已發，便有許多用。一起一倒無有窮盡。若静而不失其體便是天下之大本立焉，動而不失其用便是天下之達道行焉。若其静而或失其體則天下之大本便昏了，動而或失其用則天下之達道便乖了。說來說去只是這一個道理。」夔孫問云：「此個道理，孔子只說『一陰一陽之謂道，繼之者善，成之者性』，都不會分別出性是如何。孟子乃分別出，說是有［五二］四者，然又只是以理言。到周先生說方始盡，方始見得人必有是四者，這四者亦有所附着。」先生曰：「孔子說得細膩，說不曾了。孟子說得粗疏略，只是說『成之者性』，不曾從原頭推說來。然其界分自孟子方說得分曉。」陳仲蔚因問：「龜山說『知其理一，所以爲仁；知其分殊，所以爲義』，仁便是體，義便是用否？」先生曰：「仁只是流出來底，義是合當做底。如水流動處是仁，流爲江河、匯爲池沼便是義。如惻隱之心便是仁；愛父母、愛兄弟、愛鄉黨、愛朋友故舊有許多等差，便是義。且如敬只是一個敬，到敬君、敬長、敬賢便有許多般樣。禮也是如此，如天子七廟、諸侯五廟，這個便是禮；其或七或五之不同便是義。禮是理之節文，義便是事之所宜處。呂與叔說『天命之謂性』：『自斬而緦，喪服異等而九族之情無所憾；自王公至皂隸，儀章異制而上下之分莫敢争。自是天性合如此。』且如一堂有十房父子，到得父各慈其子、子各孝其父而人不嫌者，自是合如此也。其慈、其孝，這便是仁；各親其親、各子其子，這便是義。這個物事分不得，流出來便是仁。仁打一動，義禮智便隨在這裏了，不是要仁使時又〔五二〕却留在後面，少間放出來。便是實〔五三〕只是一個道理，論着界分便有許多分別。且如心性情虛明應物，知得這事合恁地，那事合恁地，這便是心；當這事感則這理應，當那事感則那理應，這便是性；出頭露面來底便是情，其實只是一個物事。而今這裏略略動，這三個便都在，子細看來亦好則劇。」又舉邵子「性者道之形體」處，曰：「道雖無所不在，然如何地去尋討他？只是回頭來看都在自家性分之内。自家有這仁義禮智，便知得他也有仁義禮智，千人萬人，一切萬物無不是這道理，推而廣之亦無不是這道理。他説『道之形體』便是説得好。」以上夔孫自録，録下見諸録。〔五四〕

林子武初到時，先生問義剛云：「子武〔五五〕在何處安下？」劉〔五六〕曰：「未曾移入堂長房。」先生曰：「也須是個有〔五七〕思量底。蘇子容押『花』字常要在下面，後有一人官在其上，却挨得他『花』字向上面去，他遂終身悔其初無思量，不合押『花』字在下面〔五八〕。」及包顯道等來，遂命子武作堂長。〔五九〕義剛。

慶元丁巳三月見先生於考亭。先生曰：「甚荷遠來，此意良厚，〔六〇〕然而不是時節。」又曰：〔六一〕「公初從何人講學？」曰：「少時從劉衡州問學。」先生曰：「見衡州如何？」曰：「衡州開明大體，使人知所向慕。」先生曰：「如何做工夫？」曰：「却是無下手處。」先生曰：「向來亦見廬陵諸公有問目之類，大綱寬緩，不是斬釘截鐵，真個可疑可問，彼此只做一場話説休了。

若如此悠悠，恐虚過歲月。某已前與朋友往來亦是如此。後來欽夫説道：『凡肯向此者，吾二人只如此放過了，不特使人泛然來行一遭，便道我曾從某人處講論一向胡説，反爲人取笑，亦是壞了許多［六二］好氣質底。若只悠悠地去，可惜。今後須是截下，看晚年要成就得一二人，不妨是吾輩事業。』自後相過者，這裏直是不放過也。」祖道又曰：「頃年亦嘗見陸象山。」先生笑曰：「這却好商量。公且道象山如何？」對［六三］曰：「象山之學，祖道曉不得，更是不敢學。」先生曰：「如何不敢學？」祖道對［六四］曰：「象山與祖道言：『目能視，耳能聽，鼻能知香臭，口能知味，心能思，手足能運動，如何更要甚存誠持敬，硬要將一物去治一物？須要如此做甚？詠歸舞雩自是吾子家風。』祖道對象山［六五］曰：『是則是有此理，恐非初學者所到地位。』象山曰：『吾子有之而必欲外鑠以爲本，可惜也！』祖道曰：『此恐只是先生見處。今使祖道便要如此，恐成猖狂妄行、蹈乎大方者矣！』象山曰：『纏繞舊習如落陷穽，卒除不得。』」先生曰：「陸子靜所學分明是禪。」又曰：「江西人大抵秀而能文，若得人點化，是多少明快！蓋有不得不任其責者，然今黨事方起，能無所畏乎！忽然被他來理會，礙公進取時如何？」對［六六］曰：「此是自家身己上事，進取何足議？」先生曰：「可便遷入精舍。」以下訓祖道。［六七］

先生謂祖道曰：「讀書且去鑽研求索，及反覆認得時且蒙頭去做，久久須有功效。吾友看文字忒快了，却不沉潛見得他子細意思。莫要一領他大意便去搏摸，此最害事。且熟讀，就他注解爲他説一番。説得行時却又爲他精思，久久自落窠臼。略知瞥見便立見解終不是實，恐他時無把捉，虚費心力。」

問〔六八〕進德之方。先生曰：「大率要修身窮理。若修身上未有工夫，亦無窮理處。」問：「修身如何？」曰：「且先收放心。如心不在，無下手處，要去體察你平昔用心是爲己爲人。若讀書計較求〔六九〕利禄，便是爲人。」

「資禀純厚者須要就上面做工夫。」問：「如何？」曰：「人生與天地一般，無些欠缺處。且去子細看秉彝常性是如何，將孟子言性善處看是如何善，須精細看來。」

一日拜别先生〔七〇〕，先生云：「歸去各做工夫，他時相見却好商量也。某所解論孟和訓詁注在下面，要人精粗本末、字字爲咀嚼過。此書某自三十歲便下工夫，到而今改猶未了，不是草草者，看且歸子細。〔七一〕」以上並祖道自録。〔七二〕

木之〔七三〕問：「承先生賜教讀書之法，如今看來，聖賢言行本無相違。其間所以有可疑者，只是不逐處研究得通透，所以見得牴牾。若真個逐處逐節逐段見得精切，少間却自到貫通地位。」曰：「固是。如今若苟簡看過，只一處便自未曾理會得了，却要别生疑義，徒勞無益。」訓木之。自録。〔七四〕

書只貴讀，讀多自然曉。今只思量得，寫在紙上底也不濟事，終非我有。只貴乎讀，這個不知如何，自然心與氣合，舒暢發越，自是記得牢。縱饒熟看過，心裏思量過，也不如讀。讀來讀去，少間曉不得底自然曉得，已曉得者越有滋味。若是讀不熟，都没這般滋味。而今未説讀得注，且只熟讀得正經，行住坐卧，心嘗[七五]在此，自然曉得。嘗思之，讀是[七六]學。夫子説「學而不思則罔，思而不學則殆」，學便是讀。讀了又思，思了又讀，自然有意。若讀而不思，又不知其意[七七]。」又[七八]曰：「公不可欲速，且讀一小段。若今日讀不得，明日又讀；明日讀不得，後日又讀，須被自家讀得。若只記得字義訓釋，或其中有一兩字漏落，便是那腔子不曾填得滿。如一個物事欠了尖角處相似少明[七九]，自家做出文字便也有所欠缺，不成文理。嘗見蕃人及武臣文字常不成文理，便是如此。他心中也知得要如此説，只被[八〇]是字義有所欠缺，下得不是。這個便是『不得於言，勿求於心』之患，是他心有所蔽，故如此。司馬遷史記用字也有下得不是處。賈誼亦然，如治安策説教太子處云『太子少長知妃色則入于學』，這下面承接便用解説此義，忽然掉了，却説上學去云『學者所學之官也』。又説『帝入東學，上親而貴仁』一段了，却方説上太子事，云『及太子既冠成人，免於保傅之嚴』云云，都不成文義，更無段落。他只是乘才快，胡亂寫去，這般文字也不可以學。董仲舒文字却平正，只是又困善。仲舒、康衡、劉向諸人文字則皆善弱無氣燄。司馬遷、賈生文字雄豪可愛，只是逞快，下字時有不穩處，段落不分明。康衡文字却細密，他看得經書極子細，能向裏做工夫，只是做人不好，無氣節。仲舒讀書不如衡子細，疏略甚多，然其人純正開闊，衡不及也。」又曰：「荀子云〔八一〕誦數即今人讀書記遍數也，古人讀書亦如此。只是荀卿做得那文字不帖律處也多。」以下訓僩。〔八二〕

問：「尋常遇事時也知此爲天理，彼爲人欲。及到做時乃爲人欲引去，事已却悔，此是〔八三〕如何？」曰：「此便是無克己工夫，這樣處極要與他掃除打疊方得。如一條大路，又有一條小路，自我也明知得〔八四〕合行大路，然小路面前有個物引着，自家不知不覺行從小路去，及至前面荆棘蕪穢又却生悔。此便是天理人欲交戰之機。須是遇事之時便與克下，不得苟且放過。此須明理以先之，勇猛以行之。若是上智聖人底資質，他〔八五〕不用着力，自然循天理而行，不流於人欲。若賢人之〔八六〕資質次於聖人者，到得〔八七〕遇事時固不會錯，只是先也用分別教是而後行之。若是中人之資須大段着力，無一時一刻不照管克治始得。曾子曰：『仁以爲己任亦不〔八八〕重乎！死而後已不亦遠乎！』又曰：『戰戰兢兢，如臨深淵，如履薄冰。而今而後，吾知免夫。小子。』直是恁地用功方得。」

問每日做工夫處。曰：「每日工〔八九〕夫只是常常喚醒，如程子所謂『主一之謂敬』、謝氏所謂『常惺惺法』是也。然這裏便有致知底工夫。程子曰『涵養須用敬，進學則在致知』，須居敬以窮理，若不能敬，則講學又無安頓處。」

又問：「『色容莊』持久甚難。」曰：「非用功於外也，心肅而容莊。」問：「若非聖人說下許

多道理，則此身四支耳目更無安頓處。」曰：「然。古人因嘗言之『非禮則耳目手足無所措』。」此條卓同。〔九〇〕

道理極是細膩。公門心都粗大，入那細底不得。

今公掀然有飛揚之心，以爲治國、平天下如指諸掌。不知自家一個身心都安頓未有下落，如何説功名事業？怎生治人？古時英雄豪傑不如此。張子房不問着他不説。諸葛孔明甚麼樣端嚴！公浙中一般學，是學爲英雄之學，務爲跅弛豪縱，全不點檢身心。某這裏須是事事從身心上理會起，舉止動步事事有個道理，一毫不然便是欠闕了他道理。固是天下事無不當理會，只是有先後緩急之序，須先立其本，方以次推及其餘。今公門學都倒了，緩其所急，先其所後，少間使得這身心飛揚悠遠，全無收拾處。而今人不知學底，他心雖放，然猶放得近。今公雖曰知爲學，然却放得遠，少間會失心去，不可不覺。

問：「『鳶飛魚躍』，南軒云『「鳶飛魚躍」，天地之中庸也』。」曰：「只看公如此説便是不曾理會得了。莫依傍他底説，只問取自家是真實見得不曾，自家信是信得個甚麼。這個道理精粗小大、上下四方一齊要着到，四邊合圍起理會，莫令有些小走透，少間方從四〔九一〕邊理會得些小有個見處，有個入頭處。若只靠一邊去理會，少間便偏枯了，尋捉那物事不得。若是如此悠悠，只從一路去攻擊他而又不曾着力，何益於事！」李敬子曰：「覺得已前都是如此悠悠過了。」

曰：「既知得悠悠，何不便莫要悠悠？便是覺得意思都不曾痛却。每日看文字，只是輕輕地拂過，寸進尺退都不曾依傍築磕着那物事來。此間説時旋紐捏湊合説得些小，纔過了又便忘了。或他日被人問起又遂旋紐捏説得些小，過了又忘記了。如此濟得甚事？早間説如負痛相似。因言：「持敬如書所云『若有疾』，如此方謂之持敬。」如人負一個大痛，念念在此，日夜求所以去之之術。理會這一件物須是徹頭徹尾全文記得，始是如此，末是如此，中間是如此；如此謂之是，如此謂之非。須是理會教透徹，無些子凝滯方得。若只是如此輕輕拂過是濟甚事！如兩軍擂起鼓了，〔九二〕只得拚命進前，有死無二，方有個生路，更不容放慢，若纔放慢，便被他殺〔九三〕。」

某嘗喜那鈍底人，他若是做得工夫透徹時極好。却煩惱那敏底，他只是略綽看過，不曾深去思量。當下説也理會得，只是無滋味，工夫不耐久，如莊仲便是如此。某嘗煩惱這樣底，少間不濟事。敏底人又却用做那鈍底工夫方得。〔九四〕

讀書之法，既先識得他外面一個皮殼了，又須識得他裏面骨髓方好。如公看詩只是識得個模象如此，他裏面好處全不見得。自家此心都不曾與他相黏，所以眊燥無味〔九五〕，譬〔九六〕如人開溝而無水，如此讀得何益！未論讀古人書，且如讀近世名公詩，也須知得他好處在那裏。如何知得他好處？亦須吟哦諷詠而後得之。今人都不曾識，好處也不識，〔九七〕不好處以爲不〔九八〕好者有之矣，好者亦未必以爲好也。其有知得某人詩好、某人詩不好者，亦只是見已前人如此説，便承虛接響説取去。如矮子看戲相似，他[九九]見人道好，他也説[一〇〇]好。及至問着他那裏是好處？他[一〇一]元不曾識。舉世皆然。只是不曾讀，熟讀後自然見得。「人而不爲周南、召南，其猶正墻面而立也與」，今公讀二南了，還能不正墻面而立否？意思都不曾相黏，濟得甚事！前日所舉韓退之、蘇明允二公論作文處，他都是下這般工夫，實見得那好處方做出這般文章，他都是將三代以前文字熟讀後故能如此。如向者呂子約書來，説近來看詩甚有味，録得一册來，盡是寫他讀詩有得處。及觀之，盡是説詩序。如關雎只是説一個「后妃之德也」，葛覃只是説得個「后妃之本」與「化天下以婦道也」，自「關關雎鳩」、「葛之覃兮」已下更不説着。如此讀詩是讀個甚麽？呂伯恭大事記亦是如此，盡是編排詩序、書序在上面。他門讀書盡是如此草草。以言事則不實，以立辭則害意。

公而今只是説他人短長，都不自反己看。如公適間説學者來此不講誦，蚤來莫去是理會甚事？自初來至去是有何所得？聽得某説話有何警發？每日靠甚麽做本？從那裏做去？公却會説得個頭勢如此大，及至末梢，又却只是檢點他人某事云云[一〇二]，元未有緊要，那人亦如何服公説？且去理會自己身心，煞有事在。以上並僩自録。[一〇三]

友仁初參拜畢，出疑問一册，皆大學、語、孟、中庸平日所疑者。先生略顧之，謂友仁曰：「公今須是逐一些子細理會始得，不可如此鹵莽。公之意自道此是不可曉者故問，然其他不問

者恐亦未必是。豈能便與聖賢之意合？須是理會得底也來整理過方可。」以下訓友仁。〔一〇四〕

先生曰：「公向道甚切，也曾學禪來。」曰：「非惟學禪，如老、莊及釋氏教典，亦曾涉獵。自說法華經至要處乃在『是法非思量分別之所能解』一句。」先生曰：「我這正要思量分別，能思量分別方有豁然貫通之理。如公之學也不易。」因以手指書院曰：「如此屋相似，只中間潔浄，四邊也未在。未能博學便要約禮，窮理處不曾用工，守約處豈免有差！若差之毫忽，便有不可勝言之弊。」又顧同舍曰：「德元却於此理見得彷彿，惜乎不曾多讀得書。」却謂友仁曰：「更須痛下工夫讀書始得。公今所看大學或問格物致知傳，程子所說許多說話都一一記得，方有可思索玩味。」

張問：「先生論語或問甚好，何故不肯刊行？」先生曰：「便是不必如此。文字儘多，學者愈不將做事了，只看得集注儘得。公還盡記得集注說話否？非唯集注，恐正文亦記不全，此皆是不曾子細用工夫。且如邵康節始學於百原，堅苦刻厲，冬不爐，夏不扇，夜不就席者有年，公門曾如此否？論語且莫說別處，只如說仁處，這裏是如此說，那裏是如此說，還會合得否？」友仁曰：「先生有一處解『仁』字甚曉然，言：『仁者，人心之全德，必欲以身體而力行之，可謂重矣。一息尚存，此志不容少懈，可謂遠矣。』」先生不應。次日，却問：「公昨夜舉所解仁說在何處？」友仁〔一〇五〕曰：「在泰伯篇〔一〇六〕曾子言『仁以爲己任』章。」先生曰：「德元看文字却能記其緊要處。有萬千人看文字者却不能於緊要處理會，只於瑣細處用工。前日他問中庸或問「『不一其内，無以制其外；不齊其外，無以養其中；靜而不存，無以立其本；動而不察，無以勝其私』，此皆是切要處。學者若能於切要處做工夫，又於細微處不遺闕了，久之自然有得。」

問「邦畿千里，惟民所止」。先生曰：「此是大率言物各有所止之處。且如公，其心雖止得是，其迹則未在，心迹須令爲一方可。豈有學聖人之道，服非法之服，享非禮之祀者？程先生謂『文中子言心迹之判便是亂説』者，此也。」友仁曰：「『舍此則無資身之策。』」先生曰：「『君子謀道不謀食』，豈有爲人而憂此者！」

拜辭，先生曰：「公識性明，精力短，每日文字不可多看。又記性鈍，但用工不輟，自有長進矣。」以上友仁自録，下見諸録。〔一〇七〕

因誨郭兄云：「讀書者當將此身葬在此書中，行住坐卧念念在此，誓以必曉徹爲期。看外面有甚事我也不管，只恁一心在書上方謂之善讀書。若但欲來人面前説得去，不求自熟，如此濟得甚事！須是着起精神，字字與他看過。不惟念得正文注字，要自家暗地以俗語解得方是。如今自家精神都不曾與書相入，念本文注字猶記不得，如何曉得！」卓。〔一〇八〕

讀書須立下硬寨，定要通得這一書方看第二書。若此書既曉未得，我寧死也不看那個。如此立志方成工夫。郭德元言記書不得。須是如此做工夫方得。公等每日只是閑用心，問閑事、説閑話底時節多，問緊要事、究竟自己事底時節少。若是真個做工夫底人，他自是無閑工夫説閑話、問閑事，聖人言語有幾多緊要大節目都不曾理會。小者固不可不理會，然大者尤緊要。〔一〇九〕僩。

晦庵先生朱文公語類卷第一百十八

朱子十五

訓門人六

先生問伯羽：「如何用工？」曰：「且學静坐，痛抑思慮。」曰：「痛抑也不得，只是放退可也。若全閉眼而坐，却有思慮矣。」又言：「也不可全無思慮、無邪思耳。」以下訓伯羽。

學者博學、審問、謹思、明辯等多有事在。然初學且須先打疊去雜思慮，作得基址方可下手。如起屋須有基址，許多梁柱方有頓處。

觀書須寬心平易看，先見得大綱道理了然，後詳究節目。公今如人入大屋方在一重門外，裏面更有數重門未入見，便要説他房裏事，如何得！

公大抵容貌語言皆急迫，須打疊了令心下快活。如一把棼絲，見自而棼〔一〕未定，纔急下手去拏，愈亂。

人須打疊了心下閑思雜慮。如心中紛擾，雖求得道理也没頓處。須打疊了後得一件方是一件，兩件方是兩件。

公看文字子細，却是急性、太忙迫，都亂了。又是硬鑽鑿求道理，不能平心易氣看。且用認得定，用玩味寬看。

問：「讀書莫有次序否？余正叔云，不可讀，讀則蹉過了。」曰：「論語章短者誠不可讀，讀則易蹉過後章去。若孟子、詩、書等，非讀不可。蓋它首尾自相應，全藉讀方見。」問：「伯羽嘗覺固易蹉了。專看則又易入於硬鑽之弊，如何？」曰：「是不可鑽。書不可進前一步看，只有退看。譬如以眼看物，欲得其大體邪正曲直，須是遠看方定，若近看愈狹了，不看見。」「凡人謂以多事廢讀書，或曰氣質不如人者皆是不責志而已。若有志時那問他事多，那問他氣質不美？」曰：「事多、質不美者，此言雖若未是太過，然即此可見其無志，甘於自暴自棄，過孰大焉！真個做工夫人，便自不説此話。」

蜚卿問：「致知後須持〔二〕養方力行？」曰：「如是則今日致知，明日持養，後日力行。只持養便是行。正心、誠意豈不是行？但行有遠近，治國、平天下則行之遠耳。」可學。

蜚卿問：「不知某之主一如何？」曰：「凡人須自知，如己喫飯，豈可問他人飢飽？」又問：「或於無事時更有思量否？」曰：「無事時只是無事，更思個甚？然人無事時少、有事時多，纔思便是有事。」蜚卿曰：「静時多爲思慮紛擾。」曰：「此只爲不主一，人心皆有此病。不如且將讀書程課繫縛此心，逐旋行去，到節目處自見功效淺深。大凡理只在人心〔三〕中，不在外面。只爲人役役於不可必之利名，故本原固有者日加昏蔽，豈不可惜！」道夫。

蜚卿欲類仁説看。曰：「不必録。只識得一處，他處自然如破竹矣。」道夫。

先生謂蜚卿：「看公所疑是看論語未子細。這讀書是要得義理通，不是要做趕課程模樣。若一項未通，且就上思索教通透方得。初間疑處只管看來，自會通解。若便寫在策上，心下便放却，於心下便無所得。某若有未通解處自放心不得，朝朝日日只覺有一事在這裏。」賀孫。

蜚卿以書謁先生，有棄科舉之説。先生曰：「今之士大夫應舉干禄以爲仰事俯育之計，亦不能免。公生事如何？」曰：「粗可伏臘。」曰：「更須自酌量。」道夫。

蜚卿曰：「某欲謀於先生，屏棄科舉，望斷以一言。」曰：「此事在公自看如何，須是度自家可以仰事俯育。作文字比之他人有可得之理否，亦須自思之。如人飢飽寒煖須自知之，他人如何説得！」道夫。

蜚卿云：「某正爲心不定，不事科舉。」曰：「放得下否？」曰：「欲放下。」曰：「纔説『欲』字便不得，須除去『欲』字。若要理會道理，忙又不得，亦不得懶。」〔四〕

「看今世學者病痛皆在志不立。嘗見學者不遠千里來此講學，將謂真以此爲事。後來觀之，往往只要做二三分人，識些道理便是。不是看他不破，不曾以此語之。夫人與天地並立爲三，自家當思量天如此高，地如此厚，自家一個七尺血氣之軀如何會並立爲三？只爲自家此性元善，同是一處出來。一出一入若有〔五〕若亡，元來固有之性不曾見得，則雖其人衣冠，其實與庶物不爭多。伊川曰『學者爲氣所奪〔六〕、習所勝〔七〕，只可責志』，顔淵曰『仰之彌高，鑽之彌堅，瞻之在前，忽焉在後。既竭吾才，如有所立卓爾』，在顔子分明見此物須要做得。如人在戰陣，雷鼓一鳴，不殺賊則爲賊所殺，又安得不向前！又如學者應舉覓官，從早起來念念在此，終被他做得，但移此心向學，何所不至？孔子曰『吾十有五而志於學』至『三十而立』以上，節節推去。五峰曰『爲學在立志，立志在居敬』，此言甚佳。夫一陰一陽相對。志纔立則已在陽處立，雖時失脚入陰，然一覺悟則又在於陽。今之學者皆曰：『它是堯舜，我是衆人，何以爲堯舜？』爲是言者曾不如佛家善財童子，曰：『我已發菩提心，行何行而作佛？』渠却辨作佛，自家却不辦作堯舜。」某因問：「立志固是，然志何以立？」曰：「自端本立。以身而參天地，以匹夫而安天下，實有此理。」方伯謨問：「使齊王用孟子，還可以安天下否？」曰：「孟子分明往見齊王，以道可行。只是他計些小利害，愛些小便宜，一齊昏了。自家只立得大者定，其他物欲一齊走退。」有舉中庸一段：「曰『德性』、曰『高明』、曰『廣大』，皆是元來底。『問學』、『中庸』、『精微』，所以接續此也。」某問：「孔門弟子問仁、問智皆從一事上做去。」曰：「只爲他志已立，故求所以趨向之路。然孔門學者亦有志不立底，如宰予、冉求是也。顏子固不待說，如『子路有聞，未之能行，惟恐有聞』，豈不是有志？全如漆雕開、曾點皆有志。孔子在陳思魯之狂士。狂士何足思？蓋取其有志，得聖人而師之，皆足爲君子。」以下訓可學。璘録云：「同録異。」見後訓璘。

先生問：「昨日與吾友說立志一段，退後思得如何？」某曰：「因先生之言子細思之，皆是實理。如平日見害人之事不爲，見非義之財不取，皆是自然如此。」曰：「既自然如此，因何做堯舜不得？」某謂：「盡其心則知其性。」曰：「此不是答策題，須是實見得。『徐行後長者謂之弟』，須見得如何弟，是作得堯舜。」因語：「『執德不弘，信道不篤，焉能爲有？焉能爲亡』，所謂天理人欲也。更將孟子『答滕文公』、『曹交問孟子』章熟讀，纔見得此甚省力。」

問：「作事多始銳而終輟，莫是只爲血氣使？」曰：「雖說要義理之氣，然血氣亦不可無。孟子『氣，體之充』，但要以義理爲主耳。」

問：「講學須當志其遠者、大者。」曰：「固是，然細微處亦須研窮。若細微處不研窮，所謂遠者、大者只是揣作一頭詭怪之語，果何益？須是知其大小、測其淺深，又別其輕重。」因問：「平時讀書，因見先生說乃知只得一模樣耳。」曰：「模樣亦未易得，恐只是識文句。」

問：「反其性如何？」曰：「只吾友會道個反時，此便是天性。只就此充之，別無道理。滕文公纔問孟子，孟子便『道性善』。自今觀之，豈不躐等？不知此乃是自家屋裏物，有甚過當！

既立得性了，則每事點檢，視事之來，是者從之，非者違之。此下文甚長，且於根本上用工夫。既尚留此便宜審觀自見。」

再見，請教。因問：「平日讀書時似亦有所見，既釋書則別是一般。又，每若思慮紛擾，雖持敬亦未免弛慢，不知病根安在？」曰：「此乃不求之於身而專求之於書，固應如此。古人曰『爲仁由己，而由人乎哉』，凡吾身日用之間無非道，書則所以接湊此心耳，故必先求之於身而後求之於書，則讀書方有味。」又曰：「持敬而未免弛慢是未嘗敬也，須是無間斷乃可。至如言思慮多，須是合思即思，不合思者不必思，則必不擾亂。」又問：「凡求之於心須是主一，爲或於事事求之？」曰：「凡事無非用心處，只如於孝則求其如何是孝，於弟則求其如何是弟，大抵見善則遷，有過則改，聖人千言萬語不出此一轍。須積習時[八]久，游泳浸漬[九]，如飲醇酒，其味愈長，始見其真是真非。若似是而非，似有而[一〇]實未嘗有，終自[一一]恍惚，然此最學者之大病。」又問：「讀書宜以何爲法？」曰：「須少看。凡讀書須子細研窮講究，不可放過。假如有五項議論，開策時須逐一爲別白，求一定說。若他日再看，又須從頭檢閱，而後知前日之讀書草略甚矣。近日學者讀書，六經皆云通，及問之則往往失對，只是當初讀時綽過了。孟子曰『仁在乎熟』，吾友更詳思之。大底[一二]古人讀書與今人異，如孔門學者於聖人纔問仁、問知，終身事業已在此。今人讀書，仁義禮智總識而却無落泊處，此不熟之故也。昔五峰於京師問龜山讀書法，龜山云：『先讀論語。』五峰問：『論語二十篇以何爲緊要？』龜山曰：『事事緊要。』看此可見。」

問：「可學稟性太急，數年來力於懲忿上做工夫，似減得分數。然遇事不知不覺忿暴，何從而去此病？」曰：「亦在乎熟耳。如小兒讀書遍數多自記得，此熟之驗也。大抵稟賦得深，多少年月，一旦如何便盡打疊得！須是日夜懲戒之以至於熟，久當自去。」

一日晚，同王春先生親戚、魏才仲請見。問：「吾友年幾何？」對云：「三十七。」曰：「已自過時。若於此因循便因循了。昔人讀書，二十四五時須已立得一門庭。」某因說：「平日亦有志於學，只是爲貧奔走，雖勤讀書，全無趨向。」曰：「讀書須窮研道理。吾友日看論孟否？」對以常看。曰：「如何看？」曰：「日間只是看精義。」曰：「看精義有利有害。若能因諸家之說以考聖人之意而得於吾心，則精義有益。若只鶻突綽過，如風過耳，雖百看何補！善看論孟者只一部論孟自亦可，何必精義？」因舉「學而時習之」問曰：「吾友何說？」某依常解云云。先生曰：「聖人下五個字，無一字虛。學然後時習之，不學則何習之有？所謂學者不必前言往行，凡事上皆是學，如個人好，學其爲人；個事好，學其爲事。習之者，習其所學也。習之而熟，能無悦乎？近日學者多習而不學。」某又問：「『學而不思則罔』，□□亦是此意？」曰：「且就本文理會。牽〔一三〕會合最學者之病。」又問：「『有朋自遠方來』，何故樂？」對以得朋友而講習故樂。曰：「若是已得於己，何更待朋友？」再三請益。曰：「且自思之。」

語次，因道：「某平日讀個〔一四〕不識塗徑，枉費心力。適得先生開喻方知趨向。自此期早夜孜孜，無負教誨。」曰：「吾友既如此說，須與人作樣子。第一，下工夫莫草略，研究一章義理已得，方別看一章。近日學者多緣草略過了，故下梢頭儹無去處，一齊棄了。大凡看書粗則心粗，看書細則心細。若研窮不熟，得些義理，以爲是亦得，以爲非亦得。須是見得『差之毫釐，繆以千里』方可。」

問：「昨日先生所問，退而以滕文公數章熟讀。只如昨日所說四端，此便是真心、便是性善。今只是於天理人欲上判了，去得人欲，天理自明，自家家裏事豈有不向前？」先生曰：「然。未要論到人欲，人欲亦難去。只且自體認這個理如何的見是性善，堯舜是可爲？如何是仁？如何是義？若於此有見，要已自已不得。孟子曰『求則得〔一五〕之，捨則失之』，今學者不求、不見失，〔一六〕只是悠悠，今日待明日，明日又待後日。」語未畢，伯謨至。先生云：「適來所言，子上却有許多說話，德粹無說，然皆是不勉力作工夫。謝上蔡於明道前舉史書成文，明道曰：『賢却會記得，可謂玩物喪志。』上蔡發汗，須是如此感動方可。今只且於舊事如此過豈是感發？須是不安方是，所謂『不能以一朝居』。」

問德粹：「數日作何工夫？」曰：「讀告子。」曰：「見得如何？」曰：「固是要見，亦當於事上見之。」曰：「行事上固要見，無事時亦合理會。如看古人書，或靜坐，皆可以見。」又問某：「見得如何？」曰：「只是『操』、『捨』二字分判。」曰：「操、捨固是，亦須先見其本。不然，方操而則存，時已捨而則亡矣。」又問：「前說『有朋自遠方來』，看見如何？」曰：「前日說不是。『有朋自遠方來』乃是善可以及人，善可以及人則合彼己爲一，豈不樂？」先生曰：「此是可以及人，爲或已及人？」曰：「惟其可以及人，所以能及人。」先生曰：「樂是可以及人而樂？〔一七〕」曰：「已及人而樂。」先生曰：「然。伊川說已盡，後來諸公多變其說。云，朋友講習，我若未有所得，誰肯自遠方來？要之，此道天下公共，既已得於己，必須及於人。『不知而不慍』，非君子成德不能。慍，非怒之謂。自君子以降，人不知己，亦不能無芥蒂於胸中。」

先生問：「近日所見如何？」某對：「間斷處頗知提撕。」曰：「更宜加意。」

先生問：「近日如何？」曰：「頗覺心定。」「如何心定？」曰：「每常遇無事却散漫，遇有事則旋求此心。今却稍勝前。」曰：「讀〔一八〕甚書？」曰：「讀告子，昨讀至『夜氣』之說，因覺病痛全在此心上。」曰：「亦未說至此，須是見得有踊躍之意方可。」是日德粹又語小學。先生曰：「德粹畢竟昏弱。子上尚雜，更宜加意。」

問：「人有剛果過於中，如何？」曰：「只爲見彼善於此，剛果勝柔，故一向剛。周子曰『剛善爲義、爲直、爲斷、爲嚴毅、爲幹固，惡爲爲猛、爲隘、爲强梁』，須如此別方可。」璘録云：「問：『孫吉甫説性剛未免有失，如何？』先生舉通書云：『「剛善」、「剛惡」，固是剛比之暗弱之人爲勝，然只是彼善於此而已。畢竟未是。』」問：「何以制之，使歸於善？」曰：「須於中求之。」問：「昨日承先生教誨矯激事，歸而思之，務爲長厚固不可。然程氏教人却云當學顔子之渾厚。看近日之弊莫只是真僞不同？」曰：「然。顔子却是渾厚，今人却是聶夾，大不同。且如當官必審是非、明去就，今做事至於危處却避禍，曰『吾爲渾厚』可乎？且如後漢諸賢與宦官爲敵，既爲冀州刺史，宦官親戚在部内爲害，安得不去之？安得謂之矯激？須是不做它官。故古人辭尊而居卑，辭富而居貧，居卑則不與權豪相抗，亦無甚職事。」符舜功云：「如陳寔弔宦官之喪，是大要渾厚。」曰：「然。」某問：「如范滂之徒太甚。」曰：「只是行其職。大抵義理所在當爲則爲，無渾厚，無矯激，如此方可。」某又問：「李膺赦後殺人，莫不順天理？」曰：「然。士不幸遇亂世，不必仕。如趙臺卿乃於杜子賓夾壁中坐過數年，又蔡邕，更無整身處。」

問：「吾友昔從曾大卿遊，於其議論云何？」曰：「曾先生静嘿少言，有一二言不及其躬行者。」曰：「曾卿齊家正身，不欺暗室，真難及！」

鄭子上因赴省經過，問左傳數事。先生曰：「數年不見公，將謂有異問相發明，却問這般不緊要者，何益？人若能於大學、語、孟、中庸四書窮究得通透，則經傳中折莫甚大事，以其理推之無有不曉者，况此末事。今若此，可謂是『颺了甜桃樹，沿山摘醋梨』也。」友仁。

璘注鄂渚教官闕。先生曰：「某嘗勸人不如做縣丞，隨事猶可以及物。做教官没意思，説義理人不信，又須隨分做課試方是鬧熱。」以下訓璘。

問：「做何工夫？」璘對以未曾。曰：「若是做得工夫，有疑可問便好商量。若未做工夫，只説得一個爲學大端，他日又如何得商量？嘗見一般朋友，見事便奮發要議論，胡亂將經書及古人作議論，看來是没意思。又有一般全不做功夫底更没下手商量處，又不如彼胡亂做功夫有可商議得。且如論古人便是論錯了，亦是曾考論古人事迹一過。他日與説得是，將從前錯底改起便有用。」

問爲學大端。曰：「且如士人應舉是要做官，故其功夫勇猛、念念不忘，竟能有成。若爲學須立個標準，我要如何爲學？此志念念不忘，功夫自進。蓋人以眇然之身與天地並立而爲三，常思我以血氣之身，如何配得天地？且天地之所以與我者色色周備，人自污壞了。」因舉「萬物皆備於我，反身而誠，樂莫大焉」一章。「今之爲學須是求復其初，求全天之所以與我者始得。若要全天之所以與我者，便須以聖賢爲標準，直做到聖賢地位，方是全得本來之物而不失，如此則功夫自然勇猛。臨事觀書常有此意自然接續。若無求復其初之志，無必爲聖賢之心，只見因循荒廢了。」因舉「孟子道性善，言必稱堯舜」一章，云：「『道性善』是説天之所以與我者，便以堯舜爲樣子，説人性善皆可以爲堯舜，便是立個標準了。下文引成覸、顔淵、公明儀之言以明聖賢之可以必爲。末後『若藥不瞑眩，厥疾不瘳』最説得好。人要爲聖賢，須是猛起服瞑眩之藥相似，教他麻了一上了，及其定疊，病自退了。」又舉顏子「仰之彌高」一段。又説：「人之爲學正如説恢復相似，且如東南亦自有許多財賦、許多兵甲，儘自好了，如何必要恢復？只爲祖宗元有之物須當復得，若不復得，終是不了。今人爲學，彼善於此隨分做個好人亦自足矣，何須必要做聖賢？只爲天之所以與我者不可不復得，若不復得終是不了，所以須要講論。學以聖賢爲準，故問學須要復性命之本然，求造聖賢之極方是學問。可學録云：「如尋常人説且作三五分人有甚不可？何必須早夜孳孳？只爲自家元有一個性甚是善，須是還其元物，不還元物畢竟欠闕。此一事乃聖人相傳，立定一鐵樁，移動不得。」然此是大端如此。其間讀書考古驗今，工夫皆不可廢。」因舉「尊德性而道問學」一章。又云：「有一般人只説天之所以與我者都是光明純粹好物，其後之所以不好者人爲有以害之，吾之爲學只是去其所以害此者而已。害此者盡去則工夫便了，故其弊至於廢學不讀書，臨事大綱雖好而所見道理便有偏處。爲學既知大端是欲復天之所與而必爲聖賢，便以『父子有親，君臣有義，夫婦有別，長幼有序，朋友有信』此五者爲五個大樁相似，念念理會，便有工夫可做。所以大學『在止於至善』，只云『爲人君止於仁，爲人臣止於敬，爲人子止於孝，爲人父止於慈，與國人交止於信』。」

「從前朋友來此，某將謂不遠千里而來須知個趣向了，只是隨分爲他説個爲學大概去，看來都不得力，此某之罪。今日思之，學者須以立志爲本。如昨日所説爲學大端在於求復性命之本然，求造聖賢之極致，須是便立志如此便做去始得。若曰我之志只是要做個好人、識些道理便休，宜乎工夫不進，日夕漸漸消靡。今須思量天之所以與我者必須是光明正大，必不應只如此而止，就自家性分上儘做得去，不到聖賢地位不休。如此立志自是歇不住，自是儘有工夫可做。如顔子之『欲罷不能』，如小人之『孳孳爲利』，念念自不忘。若不立志，終不得力。」因舉程子云「學者爲氣所勝、習所奪，只可責志」，又舉云：「『志以定其本，居敬以持其志』，此是五峰議論好處。」又舉「士尚志，何謂尚志，曰『仁義而已矣』」。又舉「舜爲法於天下可傳於後世，我猶未免爲鄉人也，是則可憂也。憂之如何？如舜而已矣」。又舉：「『三軍可奪帥，匹夫不可奪志也』，如孔門亦有不能立志者，如冉求『非不説子之道，力不足也』是也，所以其後志於聚斂，無足怪。」

又曰：「要知天之與我者，只如孟子説『無惻隱之心非人也，無羞惡之心非人也，無是非之心非人也，無辭遜之心非人也』。今人非無惻隱、羞惡、是非、辭遜發見處，只是不省察了。若於日用間試省察此四端者，分明迸儹出來，就此便操存涵養將去便是下手處。只爲從前不省察了，此端纔見，又被物欲汩了，所以秉彝不可磨滅處雖在而終不能光明正大，如其本然。」

試思人以渺然之身可以贊天地之化育，以常人而可以爲聖賢，以四端之微而充之可以保四海，是如何而致？若分明見此，志自立，工夫自住不得。

「昨日所説爲學大端在於立志必爲聖賢，曾看得『人皆可以爲堯舜』道理分明否？又見得我可以爲堯舜而不爲，其患安在？固是孟子説『性善』、『徐行後長』之類。然今人四端非不時時發見，非不能徐行，何故不能爲堯舜？且子細看。若見得此分明，其志自立，其工夫自不可已。」因舉「執德不弘，信道不篤，焉能爲有，焉能爲亡」，謂「不弘不篤，不當得一個人數，無能爲輕重。」

須常常自問：「人人之性善而已之性却不見其善，『人皆可以爲堯舜』而已之身即未見其所以爲堯舜者，何故？」常常自問，知所愧耻則勇厲奮發而志立矣。更將孟子告子篇反復讀之，「指不若人」之類數段，可以助人興發必爲之志。

問所觀書。璘以讀告子篇對。曰：「古人『興於詩』，『詩可以興』，又曰『雖無文王猶興』，人須要奮發興起必爲之心，爲學方有端緒。古人以詩吟詠起發善心，今既不能曉古詩，某以爲告子篇諸段讀之可以興發人善心者，故勸人讀之。且如『義理之悦我心，猶芻豢之悦我口』，讀此句須知義理可以悦我心否？果如芻豢悦口否？方是得。」璘謂：「理義悦心亦是臨事見得此事合理義，自然悦懌。」曰：「今則終日無事，不成便廢了理義，便無悦處。如讀古人書，見其事合理義，思量古人行事與吾今所思慮欲爲之事，纔見得合理義則自悦，纔見不合理義自有羞愧憒悶之心。不須一一臨事時看。」

問璘：「昨日卧雲庵中何所爲？」璘曰：「歸時日已暮，不曾觀書，静坐而已。」先生舉「横渠『六有』説『言有法，動有教，晝有爲，宵有得，息有養，瞬有存』，以爲雖静坐亦有所存主始得，不然兀兀而已。」可學録云：「先生問德粹：『夜間在庵中作何工夫？』德粹云云。先生曰：『横渠云「言有教，動有法，晝有爲，宵有得，息有養，瞬有存」，此語［一九］極好。君子「終日乾乾」，不可食息閑，亦不必終日讀書，或静坐存養亦是。天地之生物以四時運動，春生夏長固是［二〇］不息，及至秋冬凋落，亦只是藏於其中，故明年復生。若使至秋冬已絶，則來春無緣復有生意。學者常唤令此心不死，則日有進。』」

德粹問：「在四明守官要顧義理，纔到利害重處則顧忌，只是捹一去，如何？」先生曰：「無他，只是志不立，却隨利害走了。」可學。

問德粹：「此心動時應物，不動時如何？」曰：「只是散漫。」曰：「便是錯了。自家一個心却令成兩端，須是檢點他。」可學。

「人在官固當理會官事，然做得官好只是使人道是一好官人。須講學立大本則有源流。若只要人道是好官人，今日做得一件，明日又做一件，却窮了。」德粹云：「初到明州，問爲學於沈叔晦。叔晦曰『若要讀書，且於婺源山中坐；既在四明，且理會官事』。」先生曰：「縣尉既做了四年，滕德粹元不曾理會。」可學。

誨力行云：「若有人云孔孟天資不可及，便知此人自暴自棄，萬劫千生無緣見道，所謂『九萬里則風斯下』。」以下訓力行。

「講學切忌研究一事未得又且放過别求一事，如此則有甚了期？須是逐件打結，久久通貫。」力行退讀先生「格物」之説，見李先生所以教先生有此意。

力行連日荷教。府判張丈退謂力行曰：「士佺到此餘五十日，備見先生接待學者多矣，不過誘之掖之，未見如待吾友著氣用力，痛下鉗鎚如此。以九分欲打煉成器，不得不知此意。」

問：「事有最難底奈何。」曰：「亦有數等，或是外面阻遏做不得，或是裏面紛亂處不去，亦有一種紛拏時及纖毫委曲微細處難〔二二〕，全只在人自去理會。大概只是要見得道理分明，逐事上自有一個道理。易曰『探賾索隱』，賾〔二二〕處不是奥，是〔二三〕紛亂時；隱是隱奥也，全在探索上。紛亂是他自紛亂，我若有一定之見，安能紛亂得我？大凡一等事固不可避，避事不是工夫。又有一等人情底事得遣退時且遣退，無時是了，不要摟攬。凡可以省得底事，省亦不妨，應接亦只是不奈何。有合當住不得底事，此却要思量處置，裏面都自有個理。」或謂：「人心紛擾時難把捉。」曰：「真個是難把持。不能得久，又被事物及閑思慮引將去。孟子『牛山之木』一章最要看『操之則存，舍之則亡』。」或又謂：「把持不能久，勝物欲不去。」曰：「這個不干别人事。雖是難，亦是自着力把持，常惺惺不要放倒。覺得物欲來便着緊不要隨他去，這個須是自家理會。若説把持不得，勝他不去，是自壞了，更説甚『爲仁由己，而由人乎哉』。」又曰：「把心不定，喜怒憂懼四者皆足以動心。」因問：「憂患恐懼，恐四字似一般？」曰：「不同。恐懼是目下逼來得緊底，使人恐懼失措；憂患是思慮，預防那將來有大禍福利害底事。此不同。」又問：「忿懥好樂乃在我之事，可以勉强不做。如憂患恐懼乃是外面來底，不由自家。」曰：「都不得。便是外面來底，須是自家有個道理處置得下，恐懼憂患只是徒然。事來亦合當思慮不妨，但只管累其本心，也不濟得事。孔子畏匡人，文王囚羑里，死生在前了，聖人元不動心，處之恬然。只看此便是要見得道理分明，自然無此患，所以聖人教人致知、格物，考究一個道理。自此以上，誠意、正心皆相連上去也。」以下訓明作。

凡日用工夫須是自做喫緊把捉。見得不是處便不要做，勿徇他去。所説事有善者可從，又有不善者間之，依舊從不善處去；所思量事忽爲別思量勾引將去，皆是自家不曾把捉得住，不干別人事。須是自把持，不被他引去方是。顔子問仁，孔子答許多話，其末却云「爲仁由己，而由人乎哉」，看來不消此二句亦得。然話[二四]不是自己着力做又如何得？明知不善又去做，看來只是知得不親切，若真個知得，定不肯做。正如人説飲食過度傷生，此固衆所共知，然不是真知。偶一日飲食過度爲害，則明日決不分外飲食，此真知其傷遂不復再爲也。把捉之説固是自用着力，然又以枯槁無滋味，卒急不易着力。須平日多讀書，講明道理以涵養灌培，使此心常與理相入，久後自熟，方見得力處。且如讀書便今日看得一二段，來日看三五段，殊未有緊要。須是磨以歲月，讀得多，自然有用處。且約而言之，論孟固當讀，六經亦當讀，史書又不可不讀，講究得多便自然熟，但始初須大段着力窮究，理會教道理通徹。不過一二番稍難，向後也只是以此理推去，更不艱辛，可以觸類而長。正如入仕之初看公案，初看時自是未相諳，較難理會。須着〔二五〕些心力，如法考究。若如此看得三五項了，自然便熟，向後看時更不似初間難，亦可類推也。又如人要知得輕重，須用秤方得。有拈弄得熟底，只把在手上便知是若干斤兩，更不用秤。此無他，只是熟。今日也拈弄，明日也拈弄，久久自熟也，如百工技藝做得精者，亦是熟後便精。孟子曰「夫仁亦在乎熟之而已」，所以貴乎熟者只是要得此心與義理相親。苟義理與自家相近，則非理之事自然相遠。思慮多走作亦只是不熟，熟後自無。又如說做事偶合於理則心安，或差時則餒，此固是可見得本然之理，所以差時便覺不安。然又有做得不是處，不知覺悟。須是常惺惺省察，不要放過。據某看，學問之道只是眼前日用底便是，初無深遠玄妙。

「大凡學問不可只理會一端。聖賢千言萬語看得雖似紛擾，然却都是這一個道理。而今只就緊要處做固好，然別個也須一一理會，湊得這一個道理都一般方得。天下事硬就一個做終是做不成，如莊子說『風之積也不厚，則其負大翼也無力』，須是理會得多，方始襯簟得起。且如『籩豆之事各有司存』，非是說籩豆之事置之度外不用理會。『動容貌』三句，亦只是三句是自家緊要合做底，籩豆是付與有司做底，其事爲輕。而今只理會三句，籩豆之事都不理會，萬一被有司喚籩做豆，若不曾曉得，便被他瞞。又如田子方説『君明樂官，不明樂音』，他説得不是。若不明得音，如何明得官？次第被他易宫爲商也得。所以中庸先説個『博學之』，孟子曰『博學而詳説之』，且看孔子雖曰生知，是事去問人，若問禮、問喪於老聃之類甚多。只如官名不曉得莫也無害，聖人亦汲汲去問郯子。蓋是我不識底，須是去問人始得。」因説：「南軒洙泗言仁編得亦未是。聖人説仁處固是仁，然不説處不成非仁。天下只有個道理，聖人説許多説話都要理會。豈可只去理會説仁處，不説仁處便掉了不管？子思做中庸大段周密不易，他思量如是。『德性』五句須是許多句方該得盡，然第一句爲主。『致廣大、極高明、温故、敦厚』，此上一截是『尊德性』事；如『道中庸、盡精微、知新、崇禮』，此下一截是『道問學』事。都要得纖悉具備，無細不盡，如何只理會一件？」或問知新之理。曰：「新是故中之事，故是舊時底，温起來以『尊德性』。然後就裏面討得新意，乃爲『道問學』。」

一日因論讀大學，答以每爲念慮攪擾頗妨工夫。曰：「只是不敬。敬是常惺惺底法，以敬爲主，則百事皆從此做去。今人都不理會我底，自不知心所在，都要理會他事，又要齊家、治國、平天下。心者，身之主也。撑船須用篙，吃飯須用匙。不理會心是不用篙、不使匙之謂也。攝心只是敬纔敬。看做甚麽事，登山亦只這個心，入水亦只這個心。」訓愿。

與立同問：「常苦志氣怯弱，恐懼太過，心下常若有事，少悦豫底意思，不知此病痛是如何？」曰：「試思自家是有事，是無事？」曰：「本無事，自覺得如此。」曰：「若是無事，便是無事，又恐懼個甚？只是見理不徹後如此，若見得理徹，自然心下無事，然此亦是心病。」因舉遺書捉虎及滿室置尖物事，又曰：「且如今人害浄潔病，那裏有浄潔病？只是疑病，疑後便如此。不知在君父之前還如此得否？」潚又因論氣質各有病痛不同。曰：「纔明理後氣質自然變化，病痛都自不見了。」以下訓與立潚。

先生誨與立等曰：「爲學之道無他，只是要理會得目前許多道理。世間事無大無小皆有道理，如中庸所謂『率性之謂道』也只是這個道理，『道不可須臾離』也只是這個道理。見得是自家合當做底便做將去，不當做底斷不可做，只是如此。」又曰：「爲學無許多事，只是要持守身心研究道理，分别得是非善惡，直是『如好好色，如惡惡臭』。到這裏方是踏着實地，自住不得。」又曰：「經書中所言只是這一個道理，都重三疊四説在裏，只是許多頭面出來。如語孟所載也只是這許多話。一個聖賢出來説一番了，一個聖賢又出來從頭説一番。如書中堯之所説，也只是這個，舜之所説也只是這個，以至於禹、湯、文、武所説，也只是這個。又如詩中周公所贊頌文、武之盛德亦只是這個，便若桀、紂之所以危亡亦只是反了這個道理。若使别撰得出來，古人須自撰了。惟其撰不得，所以只共這個道理。」又曰：「讀書須是件件讀，理會了一件方可换一件，這一件理會得通徹是當了，則終身更不用再理會，後來只須把出來温尋涵泳便了。若不與逐件理會，則雖讀到老依舊是生底，又却如不曾讀一般，濟甚事！如喫飯不成一日都要喫得盡，須與分做三頓喫，只恁地頓頓喫去，知一生喫了多少飯？讀書亦如此。」㦸因説：「學者先立心志爲難。」曰：「也無許多事，只是一個敬，徹上徹下只是這個道理，到得剛健便自然勝得許多物欲之私。」温公謂：「人以爲如制悍馬，如斡〔二六〕盤石之難也。静而思之，在我而已。如轉户樞，何難之有？」

㦸問：「『思無邪』，固要得如此，不知如何能得如此？」曰：「但邪者自莫思便了。」又問：「且如持敬，豈不欲純一於敬？然自有不敬之念固欲與己相反，愈制則愈甚。或謂只自持敬，雖念慮妄發，莫管他，久將自定，還如此得否？」曰：「要之，邪正本不對立，但恐自家胸中無個主。若有主，且自不能入。」又問：「不敬之念非出於本心。如忿慾之萌，學者固當自克，雖聖賢亦無如之何，至於思慮妄發欲制之而不能。」曰：「纔覺恁地，自家便挈起了，但莫先去防他。然此只是自家見理不透，做主不定，所以如此。大學曰『物格而後知至，知〔二七〕至而後意誠』，纔意誠則自然無此病。」

拜先生訖，坐定。先生云：「文振近看得文字較細，須用常提掇起得惺惺不要昏晦，若昏晦則不敬莫大焉。纔昏晦時少間一事來一齊被私意牽將去，做主不得。須用認取那個是身，那個是心？卓然在目前便做得身主，少間事物來逐一區處得當。」以下訓南升。

又云：「看文字須以鄭文振爲法，理會得便説出，待某看甚處未是，理會未得便問。」又云：「渠今退去，心中却無疑也。」

先生曰：「文振近來看得須容易了。」南升曰：「不敢容易看。但見先生集注字字着實，故易得分明。」先生曰：「潘兄、鄭兄要看文字，可明日且同文振從後段看起，將來却補前面。廖兄亦可從此看起。」謂潘立之、鄭神童、廖晉卿也。

「朋友多是方理會得文字好又歸去。」似指植言。又云：「鄭文振能平心看文字，看得平正周匝，只無甚精神。如立之則有説得到處。如文振無甚卓然到處，亦無甚不到處。」植。

先生問倪：「已前做甚工夫？」曰：「只是理會舉業。」曰：「須有功夫。」曰：「只是習春秋。」又問：「更做甚工夫？」曰：「曾涉獵看先生語孟精義。」曰：「近來作春秋義，穿鑿殊甚。如紹興以前只是諱言攘夷復讐事，專要説和戎，却不至如此穿鑿。某那時亦自説春秋不可做，而今穿鑿尤甚。」倪曰：「緣是主司出題目，多是將不相屬處出，致舉子不得不如此。」曰：「却是引得他如此。」又曰：「向來沈司業曾有申請，令主司不得斷章出題，後來少變。」曰：「向在南康日，教官出題不是，也不免將他申請下郡學，令不得如此。近來省試，如書題，依前如此。」又曰：「看來不要作春秋義，可別治甚經。」訓倪。時舉云：「問游和之：『曾看甚文字？』曰：『某以春秋應舉，粗用力於此經，似不免有科第之心，故不知理義之要。』曰：『春秋難治，故出經義往往都非經旨。某見紹興初治春秋者，經義中只避數項説話，如復仇討賊之類而已。如今却不然，往往所避者多，更不復依傍春秋經意説，只自做一種説話，知他是説甚麽！大凡科舉之事，士子固未能免，然只要識得輕重。若放那一頭重、這一頭輕，是不足道。然兩頭輕重一般也只不得，便一心在這裏、一心在那裏，於本身易得悠悠，須是教令這頭重、那頭輕方好。孟子云「今之人修其天爵以要人爵」，凡要人爵者固是也理會天爵，然以要人爵而爲之，則所修者皆非切己之學。」」

問倪「未識下手工夫」。曰：「舉業與這個道理一似個藏子，做舉業只見那一邊，若將此心推轉看這一邊極易。孟子云『古人修其天爵而人爵從之，今人修其天爵以要人爵』。」又將起扇子云：「公只是將那頭放重、這頭放輕了便得，若兩頭平也不得。」

倪求下手工夫。曰：「只是要收斂此心莫要走作，走作便是不敬，須要持敬。堯是古今第一個人，書説堯劈頭便云『欽明文思』，『欽』便是敬。」問：「敬如何持？」曰：「只是要莫走作。若看見外面風吹草動去看覷他，那得許多心去應他，便也是不收斂。」問：「莫是『主一之謂敬』？」曰：「主一是敬表德，只是要收斂。處宗廟只是敬，處朝廷只是嚴，處閨門只是和，便[二八]持敬。」時舉聞同。見後。

倪曰：「自幼既失小學之序，願授大學。」曰：「授大學甚好，也須把小學書看，只消旬日功夫。」

「諸公固皆有志於學，然持敬工夫大段欠在。若不知此，何以爲進學之本？程先生云『涵養須用敬，進學則在致知』，此最切要。」和之問：「不知敬如何持？」曰：「只是要收斂此心，莫令走失便是。今人精神自不曾定，讀書安得精專？凡看山看水、風驚草動，此心便自走失，視聽便自眩惑。此何以爲學？諸公切宜勉此！」時舉。

緊切詳密。以下訓至。

書云：「千萬更加勉力，就日用實事上提撕，勿令昏縱爲佳！」至自謂：「從來於喜怒哀樂之發，雖未敢自謂中節，自覺亦無甚過差。」曰：「若不窮理，則喜怒哀樂之發便有過差處也不覺，所以貴於窮理。」〔二九〕

書云：「日用之間常切操存，讀書窮理亦勿廢惰，久久當自覺有得力處。」

又書云：「要須反己深自體察，有個火急痛切處方是入得門户。若只如此悠悠，定是閑過日月。向後無得力處，莫相怪也。」三書文集未載。

楊子順、楊至之、趙唐卿辭歸請教。先生曰：「學不是讀書，然不讀書又不知所以爲學之道。聖賢教人只是要誠意、正心、修身、齊家、治國、平天下。所謂學者，學此而已。若不讀書，便不知如何而能修身，如何而能齊家、治國。聖賢之書説修身處便如此，説齊家、治國處便如此。節節在那上，自家都要去理會，一一排定在這裏，來便應將去。」淳。

楊問：「某多被思慮紛擾，思這事又慮做那一事去，雖知得了自是難止。」曰：「既知不是便當絶斷，更何必問。」寓。

至之少精深，蜚卿少寬心，二病正相反。道夫。

植再舉曾子「忠恕一貫」及子貢「聞一知二」章。曰：「大概也是如此，更須依曾子逐事經歷做過，方知其味。」先生斷問或人：「理會得所舉忠恕否？」陳因問集注中舉程子第一段。先生曰：「明道説此一段甚好，非程子不能道得到。自『忠恕一以貫之』以後説忠恕，至『達道也』住，乃説『一以貫之』之忠恕。其曰『此與違道不遠異者，動以天爾』，何也？蓋此數句乃動以天爾。如『推己及人，違道不遠』則動以人爾。」又問：「如此則有學者之忠恕？」曰：「聖人不消言恕，故集注中云借學者之事而言。」以下訓植。

植舉「仁者，愛之理，心之德」，紬繹説過。曰：「大概是如此，而今只是做仁工夫。」植因問：「顔子『博文約禮』是循環工夫否？」曰：「不必説循環。如左脚行得一步了〔三〇〕，右脚方行得一步；右脚既行得一步，左脚又行得一步。此頭得力，那頭又長；那頭既得力，此頭又長，所以欲罷而不能。所謂『欲罷不能』者是它先見得透徹，所以復乎天理，欲罷不能。如顔子教他復天理，他便不能自已，教他徇人欲，便没舉止了。蓋惟是見得通透方無間斷，不然安得不間斷！」

過見先生。越數日，問曰：「思得爲學之要只在主敬以存心，格物以觀當然之理。」曰：「主敬以存心却是，下句當云『格物所以明此心』。」以下訓過。

先生教過爲學不可粗淺，因以橘子譬云：「皮内有肉，肉内有子，子内有仁。」又云：「譬如掃地，不可只掃面前，如椅子之下及角頭背處，亦須掃着。」

先生語過以爲學須要專一用功，不可雜亂，因舉異教數語云：「用志不分，乃凝於神。置之一處，無事不辦。」

謂林正卿曰：「理會這個且理會這個，莫引證見，相將都理會不得。理會『剛而塞』且理會這一個『剛』字，莫要理會『沉潛剛克』。各自不同。」節。訓學蒙。

問思慮紛擾。曰：「公不思慮時不識個心是何物。須是思慮時知道這心如此紛擾，漸漸見得，却有下工夫處。」以下訓賜。

問：「存心多被物欲奪了。」曰：「不須如此説，且自體認自家心是甚物？自家既不曾識得個心，而今都説未得。纔識得不須操而自存，如水火相濟自不相離。聖賢説得極分明。夫子説了，孟子恐後世不識，又説向裏，後之學者依舊不把做事，更説甚閑話。孟子四端處儘有可玩索。」

問：「每日暇時略静坐以養心，但覺意自然紛起，要静越不静。」曰：「程子謂『心自是活底物事，如何窒定教他不思？只是不可胡亂思』，纔着個要静底意思便是添了多少思慮。且不要恁地拘迫他，須自有寧息時。」又曰：「要静便是先獲，便是助長，便是正。」以下訓胡泳。

問：「程子教人每於己分上提撕，然後有以見流行之妙。正如先生昨日答語中謂『理會得其性情之德，體用分別，各是何面目』一段一般。」曰：「是如此。」問：「人之手動足履須還是都覺得始得，看來不是處都是心不在後挫過了。」曰：「須是見得他合當是恁地。」問：「『立則見其參於前，在輿則見其倚於衡』，只是熟後自然見得否？」曰：「也只是隨處見得那忠信篤敬是合當如此。」又問：「舊見敬齋箴中云『擇地而蹈，折旋蟻封』，遂欲如行步時要步步覺得他移動。要之，無此道理，只是常常提撕。」曰：「這個病痛須一一識得方得。且如事父母，方在那奉養時又自著注脚解一〔三二〕道這個是孝；如事兄長，方在那順承時又自著注脚解説道這個是弟。便是兩個了。」問：「只是如事父母，當勞苦有倦心之際，却須自省覺説這個是當然。」曰：「是如此。」

伯量問：「南軒所謂『敬者通貫動静内外而言』，泳嘗驗之，反見得静時工夫少，動時工夫多，少間隨事逐物去了。」曰：「隨事逐物，也莫管他。有事來時須着應他，也只得隨他去，只是事過了自家依舊來這裏坐，所謂『動亦敬，静亦敬』也。」又問：「但恐静時工夫少，動時易得撓亂耳。」曰：「如何去討静得！有事時須着應。且如早間起來有許多事，不成説事多撓亂人，我且去静坐。不是如此。無事時固是敬，有事時敬便在事上。且如早間人客來相見，自家須着接它，接它時敬便在交接處。少間又有人客來，自家又用接它。若自朝至暮人客來不已，自家須盡着接它，不成不接它，無此理。接他時敬便隨著在這裏。人客去後敬亦是如此。若厭人客多了心煩，此却是自擾亂其心，非所謂敬也。所以程子説『學問到專一時方好』，蓋專一則有事無事皆是如此。程子答或人之問説一大片，末梢只有這一句是緊要處。」又曰：「不可有厭煩好靜之心。人在世上無無事底時節，要無事時，除是死也。隨事來便著應他。有事無事，自家之敬元未嘗間斷也。若事至面前而自家却自主静，頑然不應，便是心死矣。」僩。

壽昌問：「鳶飛魚躍何故仁便在其中？」先生良久微笑曰：「公好説禪，這個亦略似禪，試將禪來説看。」壽昌對：「不敢。」曰：「莫是『雲在青天水在瓶』麽？」壽昌又不敢對。曰：「不妨試説看。」曰：「渠今正是我，我且不是渠。」曰：「何不道我今正是渠？」既而又曰：「須將中庸其餘處一一理會令教子細。到這個田地時，只恁地輕輕拈掇過便自然理會得，更無所疑，亦不著問人。」訓壽昌。

先生顧壽昌曰：「子好説禪，禪則未必是。然其所趣向猶以爲此是透脱生死底等事。其見識猶高於世俗之人，紛紛然抱頭聚議，不知是照證個甚底事！」

先生曰：「子所謂『賢者過之也』。夫過猶不及，然其玩心於高明，猶賢於一等輩。」因〔三二〕問：「子遊廬山，嘗聞人説一周宣幹否？」壽昌對以聞之，今〔三三〕見有一子頤字龜父者在。先生曰：「周宣幹有一言極好：『朝廷若要恢復中原，須要罷三十年科舉始得！』」

先生問壽昌：「近日教浩讀甚書？」壽昌對以方伯謨教他午前即理論語，仍聽講，曉些義理。午後即念些蘇文之類，庶學作時文。先生笑曰：「早間一服木附湯，午後又一服清涼散。」復正色云：「只教讀詩書便好。」

先生問壽昌：「子好説禪，何不試説一上？」壽昌曰：「明眼人難謾。」先生曰：「我則異於是，越明眼底越當面謾他。」

先生問壽昌：「子見疏山有何所得？」對曰：「那個且拈歸一壁去。」曰：「是會了拈歸一壁，是不會了拈歸一壁？」壽昌欲對云「總在裏許」，然當時不曾敢應。會先生爲壽昌題手中扇云「長憶江南三月裏，鷓鴣啼處百花香」，執筆視壽昌曰：「會麽？會也不會？」壽昌對曰：「總在裏許。」

先生奉天子命就國於潭，道過臨江。長孺自吉水山間越境迎見。某四拜，先生受半答半。跪進劄子，略云：「竊觀聖賢之間惟兩答問最親切極至。『子路、曾晳、冉有、公西華侍坐。子曰：「居則曰不吾知也。如或知爾則何以哉？」』子路以使勇對，冉有以足民對，子華以小相對。三子者，夫子皆未所領許也。獨曾點下一轉語：『「異乎三子者之撰。莫春者，春服既成，冠者五六人，童子六七人，浴乎沂，風乎舞雩，詠而歸。」夫子喟然嘆曰：「吾與點也！」』此是一問答。

『子貢問：「有一言而可以終身行之者乎？」子曰：「其恕乎！」』此是一問答。是故善答莫如點，善問者莫如賜。長孺懵不知道，先生若曰『如或知爾則何以哉』，長孺未有以對也。長孺狂妄，將有請問於先生曰：『有一言而可以終身行之者乎？』先生推先聖之心、慰學者之望，不孤長孺所以委身受教之誠，賜金聲玉振之音。」先生閱劄子，笑曰：「恁地却不得。子貢問夫子『有一言而可以終身行之者乎』，子曰『其恕乎』，此只是就子貢身上與他一個『恕』字。若其他學者要學聖人煞有事件，如何將一個字包括得盡。」問曰：「先生云一個字包不盡，極是。但大道茫茫，何處下手？須有一個切要可以用功夫處。」先生乃舉中庸「大哉聖人之道」至「敦厚以崇禮」一章。誦訖遂言曰：「『尊德性，道問學；致廣大，盡精微；極高明，道中庸；温故，知新；敦厚，崇禮』，只從此下功夫理會。」曰：「何者是德性？何[三四]者是問學？」曰：「不過是『居處恭，執事敬』、『言忠信，行篤敬』之類，都是德性。至於問學却煞闊，條項甚多。事事物物皆是問學，無窮無盡。」曰：「德性却如何尊？問學却如何道？」曰：「將這德性做一件重事，莫輕忽他，只此是尊。」時先生手中持一扇，因舉扇而言：「且如這一柄扇，自家不會做，去問人扇如何做。人教之以如何做、如何做，既聽得了，須是去做這扇便得，如此方是道問學。若只問得去，却掉下不去做，如此便不是道問學。」曰：「如先生之言，『道』字莫只是訓『行』否？」先生頷之，而曰：「自『尊德性』而下雖是五句，却是一句總四句。雖是十件，却兩件統八件。」「如何是一句總四句？」曰：「『尊德性，道問學』，這一句爲主，都總得『致廣大，盡精微；　極高明，道中庸；　温故，知新；　敦厚，崇禮』四句。」問：「如何是兩件統八件？不知分別那個四件屬『尊德性』？那個四件屬『道問學』？」曰：「『致廣大，盡精微；　極高明，道中庸』，這四件屬尊德性。『温故，知新；　敦厚，崇禮』，這四件屬道問學。」按章句「『尊德性所以存心』，致廣大、極高明、温故、敦厚，皆存心之屬也。『道問學所以致知』，盡精微、道中庸、知新、崇禮，皆致知之屬也」。此録蓋誤。問：「如何『致廣大』？如何『盡精微』？」曰：「自家須要做聖賢事業，到聖賢地位，這是『致廣大』。然須是從洒掃應對進退間色色留意方得，這是『盡精微』。」問：「如何『極高明』？如何『道中庸』？」曰：「此身與天地並，這是『極高明』。若只説却不踏實地，無漸進處，亦只是胡説。也須是自家周旋委曲於規矩準繩之中，到俯仰無愧怍處始得，這是『道中庸』。」問：「如何『温故』？如何『知新』？」曰：「譬如讀論語，今日讀這一段所得是如此，明日再讀這一段所得又如此。兩日之間所讀同而所得不同，這便是『温故知新』。」問：「如何『敦厚』？如何『崇禮』？」曰：「若只是恁地敦厚却塊然無用，也須是見之運量酬酢，施爲注措之間發揮出來始得。」長孺謝云：「教誨親切明白，後學便可下工夫。」先生又諷誦「大哉聖人之道。洋洋乎發育萬物，峻極于天。優優大哉，禮儀三百，威儀三千，待其人然後行。故曰『苟不至德，至道不凝焉』」等數語而贊之曰：「這全在人。且如『發育萬物，峻極于天。禮儀三百，威儀三千』，甚次第大事只是一個人做了。然而下面又特地拈出，謂『苟不至德，至道不凝焉』，結這兩句最爲要切。須先了得『禮儀三百，威儀三千』，然後到得『發育萬物，峻極于天』去處。這一個『凝』字最緊。若不能凝則更没些子屬自家，須是凝時方得。所謂『至德』便是『禮儀三百，威儀三千』，所謂『至道』便是『發育萬物，峻極于天』，切須著力理會。」按章句，至德指其人，至道指「發育萬物，峻極于天」與「禮儀三百，威儀三千」兩節。此録亦誤。長孺請曰：「愚陋恐不能盡記先生之言，不知先生可以書爲一説如何？」先生笑曰：「某不立文字，尋常只是講論。適來所説盡之矣。若吾友得之於心，推而行之，一向用工，儘有無限，何消某寫出！若於心未契，縱使寫在紙上，看來是甚麽物事？吾友只在紙上尋討，又濟甚事！」長孺謝曰：「敢不自此探討力行！」曰：「且著力勉之！勉之！」長孺起，先生留飯，置酒三行，燕語久之，飯罷辭去，退而記之。訓長孺。

因言異端之學，曰：「嘗見先生答『死而不亡』説，其間數句『大率禪學只是於自己精神魂魄上認取一個有知覺之物，把持玩弄，至死不肯放捨』，可謂直截分曉。」曰：「何故只舉此數句，其他平易處都不説？只是務要痛快説話，只此便是病處。初在臨江見來劉固已疑其有此，今見果然。」問：「平日自己不知病痛，今日得蒙點破，却望指教如何醫治？」曰：「大凡自家見得都是，也且做一半是，留取一半且做未是。萬一果是，終久不會變著；萬一未是，將久浹洽，自然貫通。不可纔有所見，便就上面扭捏。如孟子中『養氣』一段，是學者先務。」問：「『養氣』一段不知要緊在甚處？」曰：「從頭至尾都要緊。」因指静香堂言：「今人説屋只説棟梁要緊，不成其他椽桷事事都不要？」以下訓琮。

問：「程子之言有傳遠之誤者，願先生一一與理會過。」曰：「今之所言與程子異者亦多矣。」曰：「節目小者不必論。且如金縢一説，程子謂，此但是周公發於誠心，不問有此理無此理。如聖人自在天理上行，豈有無此理而聖人乃爲之者！此等語恐誤。」曰：「然則有此理乎？」曰：「詳考金縢首尾，周公初不曾代武王死。」曰：「『以旦代某之身』却是如何？」曰：「武王有疾，周公恐是三后在天有所譴責，故以身代行事而請命焉耳。」先生舉「予仁若考」以下至「無墜天之降寶命」，曰：「此一段却如何解？」曰：「如古注之説，恐待周公太薄。」曰：「今却要如何説？」曰：「竊詳周公之意，蓋謂盡其材藝於鬼神之事者己所能也，己所能則己所當任其責，非武王之責也。受命帝庭而敷佑四方，定爾子孫而使民祗畏，是則武王之所能。若今三后以鬼神之事責武王，是『墜天之降寶命』也。」曰：「只務説得響快。前聖後賢都是恁地解説將來，如何一旦要改換他底？此非學者之先務。須於自家身己上理會，方是實學問。格物之學須是窮見實理，今若於聖人分上不能實見，何以學聖人？」曰：「自己一個身心元不理會，却只管去議論别人不是，枉了工夫。」曰：「平日讀至此有疑，願求是正。」曰：「只緣自己處工夫少，所以别人處議論多。且理會自家應事接物處與未應接時此心如何。」曰：「昨日先生與諸人答問心説，或謂存亡出入皆是神明之妙，或謂存底入底亦不是。先生之説云『入而存者，道心也；出而亡者，人心也』。琮謂通四句只是説人心，『操之則存，捨之則亡』，於是『出入無時，莫知其鄉』，言其所以危者如此。若是道心，則湛然常存，不惟無出亦自無入，不惟不捨，雖操亦無所用。」曰：「且道如何是人心？如何是道心？」曰：「心一也。方寸之間，人欲交雜則謂之人心，純然天理則謂之道心。」曰：「人心，堯舜不能無；道心，桀紂不能無。蓋人心不全是人欲，若全是人欲則直是喪亂，豈止危而已哉！只飢食渴飲、目視耳聽之類是也，易流故危。道心即惻隱、羞惡之心，其端甚微故也。」問：「『惟精惟一』，不知學者工夫多在『精』字上，或多在『一』字上？」曰：「『惟精惟一』是一樣説話。」曰：「琮意工夫合多在『精』字上。」曰：「如何見得？」曰：「譬如射，藝精則一，不精則二三。」曰：「如何得精？」曰：「須從克己中來。若己私未克則被粗底夾和在，何止二三？」曰：「『精』字只是於縫罅上見得分明，『一』字却是守處。」問：「如此恐『允執厥中』更無著力處？」曰：「是其效也。」

或問：「今日挑講，諸生所請何事？」曰：「萍鄉一士人問性無復。其説雖未是，其意却可進。」因言：「『克己復禮』，今人全不曾子細理會。」琮問：「克己銘一篇如顔子分上恐不必如此。」曰：「何故？」曰：「顔子『不遠復』，『有不善未嘗不知，知之未嘗復行』，安用張皇如此？」曰：「又只是議論別人。」又曰：「此『己』字未與物爲對，只己意發處便自克了。」問：「是『克家』之『克』非『克敵』之『克』也。」曰：「林三山亦有此說。大凡孔門爲仁，言雖不同，用工處都一般。」又問：「如『子貢問爲仁。子曰「工欲善其事，必先利其器。居是邦也，事其大夫之賢者，友其士之仁者」』，不知此言是築底處，或尚有進步處？」曰：「如何？」曰：「事賢、友仁方是利其器處。」曰：「亦是如此。」

「聖賢言語只管將來玩弄，何益於己？」曰：「舊學生以論題商議，非敢推尋立論。」曰：「不問如此。只合下立脚不是，偏在語言上去，全無體察工夫，所以神氣飛揚。且如仲方主張『克己』之説只是治己，還曾如此自治否？仁之爲器重、爲道遠，舉莫能勝，行莫能至。果若以此自任是大事，大事形神自是肅然，『無有師保，如臨父母』。曾子所謂『戰戰兢兢，如臨深淵，如履薄冰』，如此氣象，何暇輕於立論！仲方此去，須覺識見只管遲鈍，語言只管畏縮，方是自家進處。」琮起謝云：「先生教誨之言可謂深中膏肓，如負芒刺。自惟病根生於『思而不學』，於是不養之氣襲而乘之，『徵於色，發於聲』而不自知也。孟子曰『持其志，毋暴其氣』，琮雖不敏，請事斯語矣！」曰：「此意固然。志不立，後如何持得？」曰：「更願指教。」曰：「『大學之道在明明德，在新民』，是立志處。」

晦庵先生朱文公語類卷第一百十九

朱子十六

訓門人七

欲速之患終是有，如一念慮間便出來，如看書欲都了之意是也。以下訓方。

方行屋柱邊轉，擦下柱上黑。見云：「若『周旋中規，折旋中矩』，不到得如此。」大率多戒方欲速也。

方云：「此去當自持重以矯輕。」先生曰：「舊亦嘗戒擇之以安重。」

方云：「此去欲看論語，如何？」曰：「經皆好看，但有次第耳。」前此嘗令方熟看禮記。

臨行請教。曰：「累日所講無非此道，但當勉之。」又曰：「持守可以自勉，惟窮理須講論，此尤當勉。」又曰：「經書正須要讀。如史書要見事變之血脈不可不熟。」又曰：「持敬工夫愈密愈精。」因曰：「自浮沉了二十年只是説取去，今乃知當涵養。」

包顯道言：「楊子直論孟子『四端』，也説得未是。」先生笑曰：「他舊曾去晁以道家作館，晁教他校正闢孟子説，被以道之説入心後，因此與孟子不足。後來所以抵死要與他做頭抵，這亦是拗。人纔拗便都不見正底道理。諸葛誠之嘗言，孟子説『性善』説得來緩，不如説惡底較好。那説惡底便使得人戒謹恐懼後方去爲善。不知是怎生見得偏後，恁地蹺蹊。嘗見他執得一部呂不韋呂覽，到[二]道裏面煞有道理，不知他見得是如何。晁以道在經筵講論語畢，合當解孟子，他説要莫講。高宗問他如何。曰：『孟子與孔子之道不同，孔子尊王，孟子却教諸侯行王道。』由此遭論去國。他當時也是博學，負重名，但是而今將他幾個劄子來看却不可曉，不知是如何。李覯也要罵孟子。不知只管要與孟子做頭抵做甚？你且揀個小底來罵也得。」義剛。

包顯道領生徒十四人來，四日皆無課程。先生令義剛問顯道所以來故，於是次日皆依精舍規矩説論語。一生説「時習」章。先生曰：「只是熟，故説，到説時自不肯休了。而今人所以恁地作輟者只是未熟。『以善及人而信從者衆』，此説地步闊。蓋此道理天下所公共，我獨曉之而人不曉得也自悶。今『有朋自遠方來』則從者衆，故可樂。這個自是地位大段高了。『人不知而不愠』也是難，愠不是大段怒，但心裏略有不平底意便是愠。此非得之深、養之厚，何以至此？」一生説「務本」章。先生曰：「『君子務本，本立而道生』，這是掉開説。凡事若是務本時，道便自然生。此若拈定孝弟説，下面自不要這兩句了。」又曰：「愛是仁之發，謂愛是仁却不得。論性則仁是孝弟之本，惟其有這仁所以能孝弟。仁是根，孝弟是發出來底；仁是體，孝弟是用；仁是性，孝弟是仁裏面事。某嘗謂孟子論『四端』處説得最詳盡，裏面事事有，心、性、情都説盡。心是包得這兩個物事。性是心之體，情是心之用；性是根，情是那芽子。惻隱、羞惡、辭遜、是非皆是情。惻隱是仁之發，謂惻隱是仁却不得，所以説道是仁之端也。『端』便是那端緒子。讀書須是子細，『思之弗得，弗措也；辨之弗明，弗措也』，如此方是。今江西人皆是要偷然[二]自在，纔讀書便要求個樂處，這便不是了。某説，若是讀書尋到那苦澀處方解有醒悟。康節從李挺之學數，而曰：『但舉其端勿盡其言，容某思之。』它是怕人説盡了，這便是有志底人。」因言：「聖人漉得那天理似泥樣熟。只看那一部周禮無非是天理，纖悉不遺。」一生説「三省」章。先生曰：「忠是發於心而形於外。信也是心裏發出來，但却是就事上説。而今人自謀時思量得無不周盡，及爲人謀，則只思量得五六分便了，這便是不忠。『與朋友交』非謂要安排去罔他爲不信，只信口説出來，説得不合於理便是不信。謀是主一事言，信是泛説。」一生説「敬事而信」章。先生曰：「大事小事皆要敬，聖人只是理會一個『敬』字。若是敬時方解信與愛人、節用、使民，若是不敬，則其他都做不得。學而一篇皆是就本領上説。如治國，禮樂刑政尚有多少事，而夫子却只説此五項者，此蓋本領所在。」一生説「入孝出弟」章。先生曰：「夫子只是泛恁地説，説得較寬，子夏説得較力。他是説那誠處，『賢賢易色』是誠於好善，『事父母能竭其力』是誠於事〔三〕親，『事君能致其身』是誠於事君，『與朋友交，言而有信』是誠於交朋友。這説得都重，所以恁地説。他是要其終而言。道理也是恁地，但不合説得大力些。」義剛〔四〕問：「『賢賢易色』，如何在先？」曰：「是有那好善之心底方能如此。」一生説「温良恭儉」章。先生曰：「夫子也不要求之於己而後得，也不只是有此五德。若説求之於己而後得，則聖人又無這般意思。這只是説聖人謹厚退讓，不自以爲聖賢，人自然樂告之。『夫子之求之也』，此是反語。言夫子不曾求，不似其它人求後方得，這是就問者之言以成語，如『吾聞以堯舜之道要湯，未聞以割烹也』。伊尹不是以堯舜之道去要湯是定，這只是表得不曾割烹耳。」一生説「顔子不愚」章。先生曰：「聖人便是一片赤骨立底天理，光明照耀，更無蔽障。顔子則是有一重皮了。但其他人則被這皮子包裹得厚，剥了一重又一重，不能得便見那裏面物事。顔子則皮子甚薄，一剥便爆出來。夫子與他説，只是要與它剥這一重皮子。它緣是這皮子薄，所以一説便曉，更不要再三。如説與它『克己復禮』，它更不問如何是克己、如何是復禮，它便曉得，但問其自如何而已。」以下訓楊。義剛。

先生謂顯道曰：「久不相見，不知年來做得甚工夫？」曰：「只據見成底書讀。」夔孫録云：「包顯道侍坐，先生方修書，語之曰：『公輩逍遥快活，某便是被這事苦。』包曰云云。」先生曰：「聖賢已説過，何待更去理會他？但是不恁地，恁地都不濟事。」次日又言：「昨夜睡不着，因思顯道恁地説不得，若是恁地，便不是『自强不息』底道理。人最是怕陷溺其心，而今顯道輩便是以清虚寂滅陷溺其心，劉子澄輩便是以務求博雜夔孫録作「求多務博」。陷溺其心。『周公思兼三王以施四事，其有不合者仰而思之，夜以繼日。幸而得之，坐以待旦』，聖賢之心直是如此。」已而其生徒復説「孝弟爲仁之本」。先生曰：「説得也都未是。」因命林子武説一過。既畢，先生曰：「仁是根，惻隱是根上發出底萌芽，親親、仁民、愛物便是枝葉。」次日，先生親下精舍大會學者。夔孫録云：「顯道請先生爲諸生説書。」先生曰：「荷顯道與諸兄遠來，某平日説底便是了，要特地説又似無可説。而今與公鄉里平日説不同處，只是争個讀書與不讀書，講究義理與不講究義理。如某便謂是須當先知得方始行得，如孟子所謂詖、淫、邪、遁之辭何與自家事？而自家必欲知之何故？若是不知其病痛所自來，少間自家便落在裏面去了。孔子曰『詩，可以興，可以觀，可以群，可以怨；邇之事父，遠之事君，多識於鳥獸草木之名』，那上面六節固是當理會，若鳥獸草木之名，何用自家知之？但是既爲人則於天地之間物理須要都知得方可。若頭上髻子便十日不梳，後待如何？便一月不梳待如何？但須是用梳方得。張子曰『書所以維持此心，一時放下，則一時德性有懈』，也是説得『維持』字好，蓋不讀書則此心便無用處。今但見得些子便更不肯去窮究那許多道理，陷溺其心於清虚曠蕩之地却都不知，豈可如此！直卿與某相聚多年，平時看文字甚子細，數年在三山也煞有益於朋友，今可爲某説一遍。」直卿起辭。先生曰：「不必多讓。」顯道云：「可以只將昨日所説『有子』章中之。」於是直卿略言此章之指，復歷述聖賢相傳之心法。既畢，先生曰：「仁便是本，仁更無本了。若説孝弟是仁之本，則是頭上安頭、以脚爲頭。伊川所以將『爲』字屬『行』字讀，蓋孝弟是仁裏面發出來底。『性中只有個仁義禮智，何嘗有個孝弟來』，它所以恁地説時，緣是這四者是本，發出來却有許多事，千條萬緒皆只是從這四個物事裏面發出來。如愛便是仁之發，纔發出這愛來時便事事有：第一是愛親，其次愛兄弟，其次愛親戚，愛故舊，推而至於仁民，皆是從這物事發出來。人生只是個陰陽，那陰中又自有個陰陽，陽中又自有個陰陽，物物皆不離這四個。而今且看：如天地便有個四方，以一歲言之便有個四時，以一日言之便有個晝夜昏旦，以十二時言之便是四個三，若在人則只是這仁義禮智這四者。如這火爐有四個角樣，更不曾折了一個。方未發時便只是仁義禮智，及其既發則便有許多事，但孝弟至親切，所以行仁以此爲本。如這水流來下面做幾個塘子，須先從那第一個塘子過。那上面便是水源頭，上面更無水了。仁便是本，行仁須是從孝弟裏面過，方始到那第二個、第三個塘子，但據某看，孝弟不特是行仁之本，那三者皆然。如親親、長長，須知親親當如何，長長當如何。『年長以倍則父事之，十年以長則兄事之，五年以長則肩隨之』，這便是長長之道。事君時是一般，與上大夫言是一般，與下大夫言是一般，這便是貴貴之道，如此便是義。事親有事親之禮，事兄有事兄之禮。如今若見父不揖後謂之孝弟可不可？便是行禮也由此過。孟子説『孩提之童無不知愛其親，及其長也無不知敬其兄』，若是知得親之當愛、兄之當敬而不違其事之之道，這便是智。只是這一個物事，推於愛則爲仁，宜之則爲義，行之以遜則爲禮，知之則爲智。」良久，顯道云：「江西之學大要也是以行己爲先。」先生曰：「如孝弟等事數件合先做底也易曉，夫子也只略略説過。如孝弟、謹信、泛愛、親仁，也只一處恁地説。若是後面許多合理會處須是從講學中來。不然，爲一鄉善士則可，若欲理會得爲人許多事則難。」義剛。

先生因論楊書，謂：「江南人氣粗勁而少細膩，浙人氣和平而力弱，皆其所偏也。」楊。

浩作卷子，疏已上條目爲問。先生逐一説過了。浩乞逐段下疏數語。先生曰：「某意思到處或説不得，説得處或寫不得。此據所見盡説了。若寫下未必分明，却失了先間言語。公只記取，若未安，不妨反覆。」訓邵浩。

砥初見，先生問：「曾做甚工夫？」對以近看大學章句，但未知下手處。曰：「且須先操存涵養，然後看文字，方始有浹洽處。若只於文字上尋索，不就自家心裏下工夫，如何貫通？」問：「操存涵養之道如何？」曰：「纔操存涵養，則此心便在。」仲思問：「操存未能無紛擾之患。」曰：「纔操便存。今人多於操時不見其存，過而操之，愈自執捉，故有紛擾之患。」此下訓砥。

問：「有事時須應事接物，無事時此心如何？」曰：「無事時亦只如有事時模樣，只要此心常在也。」又問：「程子言『未有致知而不在敬』，如何？」曰：「心若走作不定，如何見得道理？

且如理會這一件事未了，又要去理會那一件事，少間都成没理會。須是理會這事了方去理會那事。」又問：「只是要主一？」曰：「當如此。」又問：「思慮難一如何？」曰：「徒然思慮濟得甚事。某謂若見得道理分曉自無閑雜思慮，人之所以思慮紛擾，只緣未實見得此理，若實見得此理，更何暇思慮。『天下何思何慮』，不知有甚事可思慮也。」又問：「伊川嘗教人静坐，如何？」曰：「亦是他見人要多思慮，且以此教人收拾此心耳，若初學者亦當如此。」

用之問：「動容周旋未能中禮，於應事接物之間未免有礙理處，如何？」曰：「只此便是學，但能於應酬之頃逐一點檢，便一一合於理，久久自能中禮也。」砥。訓礪。

問論孟疑處。曰：「今人讀書有疑皆非真疑。某雖説了，只做一場話説過，於切己工夫何益！向年在南康，都不曾與諸公説。」次日求教切己工夫。曰：「且如論語説『孝弟爲仁之本』，因甚後便可以爲仁之本？『巧言令色鮮矣仁』，却爲甚不鮮禮、不鮮義而但鮮仁？須是如此去着實體認，莫要纔看一遍不通，便掉下了。蓋道本無形象，須體認之可矣。」以下訓燀。

問：「私欲難克，奈何？」曰：「『爲仁由己，而由人乎哉』。所謂『克己復禮爲仁』者正如以刀切物，那刀子乃我本自有之器物，何用更借别人底？不[五]認我一己爲刀子而克之，則私欲去而天理見矣。」

陳芝廷秀以謝昌國尚書書及嘗所往來詩文來見。且曰：「每嘗讀書須極力苦思，終爾不似。」曰：「不知所讀何書？」曰：「尚書、語、孟。」曰：「不知又何所思？」曰：「只是於文義道理致思爾。」曰：「也無大段可思，聖賢言語平鋪說在裏。如夫子說『學而時習之』，自家是學何事便須著時習，習之果能說否？『有朋自遠方來』果能樂不樂？今人學所以求人知，人不見知果能不愠否？至孟子見梁王便說個仁義與利。今但看自家所爲是義乎，是利乎？向内便是義，向外便是利，此甚易見。雖不讀書，只恁做將去，若是路陌正當，即便是義。讀書是自家讀書，爲學是自家爲學，不干別人一錢事，別人助自家不得。若只是要人道好，要求人知，便是爲人，非爲己也。」因誦子張「問達」一章，語音琅然，氣節慷慨，聞者聳動。道夫。以下訓芝。

廷秀問：「今當讀何書？」曰：「聖賢教人都提切己說話，不是教人向外，只就紙上讀了便了。自家今且剖判一個義利，試自睹當自家今是要求人知，要自爲己？孔子曰『君子喻於義，小人喻於利』，又曰『古之學者爲己，今之學者爲人』。孟子曰『亦有仁義而已矣，何必曰利』，孟子雖是爲時君言，在學者亦是切身事。大凡爲學且須分個内外，這便是生死路頭。今人只一言一動、一步一趨，便有個爲義爲利在裏，從這邊便是爲義，從那邊便是爲利；向内便是入聖賢之域，向外便是趨愚不肖之途。這裏只在人劄定脚做將去，無可商量。若是已認得這個了，裏面煞有工夫，却好商量也。」顧謂道夫曰：「曾見陸子静『義利』之說否？」曰：「未也。」曰：「這是他來南康，某請他說書，他却說這義利分明，是說得好。如云『今人只讀書便是爲利。如取解後又要得官，得官後又要改官。自少至老，自頂〔六〕至踵，無非爲利』，説得來痛快，至有流涕者。今人初生稍有知識，此心便恁疊疊地去了，干名逐利浸浸不已，其去聖賢日以益遠，豈不深可痛惜！」道夫。

先生謂陳廷秀曰：「今只理會下手做工夫處，莫問他氣禀與習。只是是底便做，不是底莫做，一直做將去。那個萬里不留行，更無商量。如今推説雖有許多般樣，到做處只是是底便做。一任你氣禀物欲，我只是不恁地。如此則『雖愚必明，雖柔必强』，氣習不期變而變矣。」道夫。

爲學有用精神處，有惜精神處；有合著工夫處，有枉了工夫處。要之，人精神有得亦不多，自家將來枉用了亦可惜，惜得那精神便將來看得這文字。某舊讀書，看此一書只看此一書，那裏得恁閑工夫録人文字。廷秀、行夫都未理會得這個工夫在。今當截頭截尾，劄定脚跟將這一個意思帖在上面，上下四旁都不管他，只見這物事在面前。任你孔夫子見身也還我理會這個了，直須抖擻精神，莫要昏鈍，如救火治病，豈可悠悠歲月。道夫。

廷秀問：「某緣不能推廣。」曰：「而今也未要理會如此。如佛家云『只怕不成佛，不怕成佛後不會説話』，如公却是怕成佛後不會説話了。」廷秀又問：「莫是見到後自會恁地否？」曰：「不用恁地問。如今只用下工夫去理會，見到時也着去理會，見不到時也着去理會。且如見得此段後如何便休得？自著去理會。見不到時也不曾説自家見不到便休了，越著去理會，理會到死。若理會不得時，亦無可奈何。」道夫。

陳芝拜辭，先生贈以近思録，曰：「公事母，可檢『幹母之蠱』看，便自見得那道理。」因言：「易傳自是成書，伯恭都摭來作閫範，今亦載在近思録。某本不喜他如此，然細點檢來，段段皆是日用切近功夫而不可闕[七]者，於學者甚有益。」友仁。

問每日做工夫處。曰：「每日工夫只是常常唤醒，如程先生所謂『主一之謂敬』，謝氏所謂『常惺惺法』是也。然這裏便是致知底工夫，程先生曰『涵養須是敬，進學則在致知』，須居敬以窮理，若不能敬，則講學又無安頓處。」

問：「『主一無適』亦是遇事之時也須如此。」曰：「於無事之時這心却只是主一，到遇事之時也是如此。且如這事當治不治，當爲不爲，便不是主一了。若主一時坐則心坐，行則心行，身在這裏，心亦在這裏。若不能主一，如何做得工夫？」又曰：「人之心不正，只是好惡昏了他。孟子言『平旦之氣，其好惡與人相近者幾希』，蓋平旦之時得夜間息得許久，其心便明則好惡公：好則人之所當好，惡則人之所惡，而無私意於其間。過此時則喜怒哀樂紛擾於前，則必有以動其氣，動其氣則必動其心，是『梏之反覆』而夜氣不能存矣。雖得夜間稍息而此心不能自明，是終不能善也。」

問：「每常遇事時也分明知得理之是非，這是天理，那是人欲。然到做處又却爲人欲引去，及至做了又却悔。此是如何？」曰：「此便是無克己工夫，這樣處極要與他掃除打疊。如一條大路又有一條小路，自家也知得合行大路，然被小路有個物事引著，不知不覺走從小路去，及至前面荆棘蕪穢，又却生悔。此便是天理人欲交戰之機，須是遇事時便與克下，不得苟且放過。明理以先之，勇猛以行之。若是上智聖人底資質，它不用著力自然循天理而行，不流於人欲。若賢人之資次於聖人者，到得遇事時固不會錯，只是先也用分別教是而後行之。若是中人之資須大段著力，無一時一刻不照管克治始得。曾子曰『仁以爲己任不亦重乎，死而後已不亦遠乎』，須是如此做工夫。其言曰『戰戰兢兢，如臨深淵，如履薄冰。而今而後吾知免夫，小子』，直是恁地用功方得。」

語黄先之病處，數日諄諄。先之云：「自今敢不猛省！」曰：「何用猛省？見得這個是要緊便拽轉來。如東邊不是便挈過西邊，更何用猛省！只某夜來説得不力，故公領得尤未切。若領會得切，只眼下見不是便一下打破沙瓶便了。公今只看一個身心是自家底，是別人底？是自家底時今纔挈轉便都是天理，挈不轉便都是人欲。要識許多道理是爲自家，是爲別人？看許多善端是自家本來固有，是如今方從外面强取來附在身上？只恁地看便灑然分明。『未之思也，夫何遠之有』，纔思便在這裏。某嘗説孟子雞犬之喻也未甚切，雞犬有求而不得，心則無求而不得，纔思便在這裏，更不離步。莊子云『其熱焦火，其寒凝冰，其疾俛仰之間而再撫四海之外』，心之變化如此，只怕人自不求。如桀、紂、盜跖，他自向那邊去，不肯思。他若纔會思便又在這裏。心體無窮，前做不好便換了後面一截，生出來便是良心、善性。」賀孫。

昨夜與先之說「思則得之」。纔思便在這裏，這失底已自過去了。自家纔思，這道理便自生，認得著莫令斷始得。一節斷，一節便不是，今日恁地一節斷了，明日又恁地一節斷，只管斷了，一向失去。賀孫。

德輔言：「自承教誨，兩日來讀書覺得只是熟時自見道理。」曰：「只是如此，若忽下趨高以求快，則都不是。『下學而上達』，初學直是低。」以下訓德輔。

德輔言：「今人看文字義理如何得恁不細密？」曰：「只是不曾仔細讀那書，枉用心錯思了。孔子說『吾嘗終日不食、終夜不寢以思，無益，不如學也』正謂這樣底。所謂『思而不學則殆』，『殆』者，心隉杌危殆不安。尹和靖讀得伊川說話煞熟，雖不通透，渠自有受用處。呂堅中作尹墓誌、祭文，云尹於六經之書『耳順心通，如誦己言』。嘗愛此語說得好，但和靖却欠了思。」

問汪長孺所讀何書。長孺誦大學所疑。先生曰：「只是輕率。公不惟讀聖賢之書如此，凡說話及論人物亦如此，只是不敬。」又云：「長孺氣粗，故不仔細。爲今工夫須要静，静多不妨，今人只是動多了静。静亦自有說話，程子曰『爲學須是静』。」又曰：「静多不妨。纔静事都見得，然總亦只是一個敬。」愳。

長孺向來自謂有悟，其狂怪殊不可曉，恰與金溪學徒相似。嘗見受學於金溪者便一似嚇下個甚物事，被他撓得來恁地。又如有一個蟲在他肚中，螬得他自不得由己樣。某之[八]皆譬云，長孺、叔權皆是爲酒所使，一個善底只是發酒慈，那一個便酒顛。必大。

姜叔權也是個資質好底人，正如吴公濟相似。汪長孺正好得他這般人相處，但叔權也昏鈍，不是個撥著便轉、挑著便省底，於道理只是慢慢思量後方説得。若是長孺説話，恁地横後跳躑，他也無奈他何。道夫。

問孟子「如不得已」一段。曰：「公念得『如不得已』一句字重了，聲高。但平看便理會得。」因此有警，以言語太粗急也。訓振。

先生問：「日間做甚工夫？」震曰：「讀大學章句、或問，玩味先生所以警策學者著實用工處。」曰：「既知工夫在此，便把大學爲主，我且做客，聽命於大學。」又問：「或問中載諸先生敬之説，震嘗以『整齊嚴肅』體之於身，往往不能久。此心又未免出入，不能自制。」曰：「只要常常操守，人心如何免得出入！正[九]如人要去又且留住他，莫教他去得遠。」訓震。

椿臨行請教。曰：「凡人所以立身行己、應事接物，莫大乎誠敬。誠者何？不自欺、不妄之謂也。敬者何？不怠慢、不放蕩之謂也。今欲作一事，若不立誠以致敬，説這事不妨胡亂做了，做不成又付之無可奈何，這便是不能敬。人面前底是一樣，背後又是一樣；外面做底事，内心却不然。這個皆不誠也。學者之心，大凡當以誠敬爲主。」訓椿。

紹興甲寅良月，先生繇經筵奉祠，待命靈芝，杞往見。首問〔一〇〕：「曾作甚工夫？」曰：「向蒙程先生曰端蒙賜教，謂人之大倫有五，緊要最是得寸守寸，得尺守尺。」曰：「如何得這寸，得這尺？」曰：「大概以持敬爲本，推而行之於五者之間。」曰：「大綱是如此。」顧蘇兄云：「凡人爲學須窮理，窮理以讀書爲本。孔子曰『好古敏以求之』，若不窮理便只守此，安得有進底工夫？如李兄所云固是。且更窮理就事物上著〔一一〕，窮得這個道理到底了，又却窮那個道理。如此積之以久，窮理益多，自然貫通。窮理須是窮得到底方始是。」杞云：「莫『致知在格物』否？」曰：「固是。大學論治國、平天下許多事，却歸在格物上。凡事事物物各有一個道理，若能窮得道理，則施之事物，莫不各當其位。如『人君止於仁，人臣止於敬』之類，各有一至極道理。」又云：「凡萬物莫不各有一道理，若窮理則萬物之理皆不出此。」曰：「此是『萬物皆備於我』？」曰：「極是。」訓杞〔一二〕。

初投先生書，以此心不放動爲主敬之説。先生曰：「『主敬』二字只恁地做不得，須是内外交相養。蓋人心活物，吾學非比釋氏，須是窮理。」書中有云：「近乃微側爲學功用，知此事乃切己事，所係甚重。」先生舉以語朋友云：「誠是如此。」以下訓士毅。

問：「窮理莫如隨事致察，以求其當然之則。」曰：「是如此。」問：「人固有非意於爲過而終陷於過者，此則不知之失。然當不知之時正私意物欲方蔽錮，切恐雖欲致察而不得其真。」曰：「這個恁地兩相擔閣不得，須是察。」問：「程子所謂『涵養須用敬，進學則在致知』，不可除一句。」曰：「如此方始是。」又曰：「知與敬是先立底根脚。」

「講論自是講論，須是將來自體驗。説一段過又一段，何補！某向來從師，一日説話，晚頭如温書一般，須子細看過。有疑則明日又問。」問：「士毅尋常讀書須要將説心處將自體之以心，言處事處推之以事，隨分量分曉方放過，莫得體驗之意否？」曰：「亦是。」又曰：「體驗是自心裏暗自講量一次。」廣録云：「或問：『先生謂講論固不可無，須是自去體認。如何是體認？』曰：『體認是把那聽得底自去心裏重復思繹過。伊川曰「時復思繹，浹洽於中則説矣」。某向來從師，日間所聞説話，夜間如温書一般，一一子細思量過。方有疑，明日又問。』」

士毅稟歸，請教。曰：「只前數日説底便是，只要去做工夫，如飲食在前須是去喫他方知滋味。」又曰：「學者最怕不知蹊徑，難與他説。今日有一朋友將書來，説從外面去，不知何益。不免説與他，教看孟子『存心』一段。人須是識得自家物事，且如存，若不識得他如何存得？如今既知蹊徑，且與他做去。只如主敬、窮理不可偏廢，這兩件事如踏一物一般，踏著這頭，那頭便動。如行步，左足起，右足自來。」又曰：「更有一事，如今學者須是莫把做外面事看。人須要學，不學便欠闕了他[一三]底，學時便得個恰好。」

「人須做工夫方有疑。初做時事定是觸着相礙，没理會處。只如居敬、窮理，始初定分作兩段。居敬則執持在此，纔動則便忘了也。」問：「始學必如此否？」曰：「固然。要知居敬在此，動時理便自窮。只是此話，工夫未到時難説。」又曰：「但能無事時存養教到，動時也會求理。」

問：「如何是反身窮理？」曰：「反身是着實之謂。」又曰：「向自家體分上求。」以下訓枅。

問：「天理真個難明，己私真個難克，望有以教之。」先生罵曰：「公不去用力，只管説道是難。孟子曰『道若大路然，豈難知哉？人病不求耳』，往往公亦知得這個道理好，纔下手，見未有入頭處，便説道是難而不肯用力，所以空過了許多月日，可惜！可惜！公若用力久，亦自有個入頭處，何患其難［一四］？」

枅嘗問先生：「自謂矯揉之力雖勞，而氣稟之偏自若；警覺之念雖至，而惰怠之習未除。異端之教雖非所願學，而芒忽之差未能辨；善、利之間雖知所決擇，而正行、惡聲之念或潛行而不自覺。先覺之微言奥論，讀之雖間有契而不能浹洽於心意之間」云云。曰：「所論皆切問近思。人之爲學惟患不自知其所不足，今既知之，則亦即此而加勉焉耳。爲仁由己，豈他人所能與？惟讀書窮理之功，不可不講也。」

先生語枅曰：「看公意思好，但本原處殊欠工夫。莫如此過了日月。可惜！」

晦庵先生朱文公語類卷第一百二十

朱子十七

訓門人八 雜訓諸門人者爲此卷。

因説林擇之，曰：「此人曉事非其他學者之比。」徐又曰：「到他己分，事事却暗。」文蔚。

先生問堯卿：「近看道理所得如何？」曰：「日用間有些着落，不似從前走作。」曰：「此語亦是鶻突，須是端的見得是如何。譬如飲食須見那個是好喫，那個滋味是如何，不成説道都好喫。」淳。

問堯卿：「今日看甚書？」曰：「只與安卿較量下學處。」曰：「不須比安卿。公年高，且據見定底道理受用。安卿後生有精力，日子長，儘可闊着步去。」淳。

李丈問：「前承教，只據見定道理受用。某日用間已見有些落着，事來也應得去，不似從前走作。」曰：「日用間固是如此，也須隨自家力量成就去看如何。」問：「工夫到此自是不能間斷得？」曰：「『博學、審問、慎〔一〕思、明辯、篤行』，這個工夫常恁地。昔李初平欲讀書，濂溪曰：『公老，無及矣，只待某説與公，二年方覺悟。』他既讀不得書，濂溪説與他，何故必待二年之久覺悟？二年中説多少事，想見事事説與他。不解今日一説，明日便悟，頓成個别一等人，無此理也。公雖年高，更著涵養工夫。如一粒菜子中間含許多生意，亦須是培壅澆灌方得成。不成説道有那種子在此，只待他自然生根生苗去。若只見道理如此便要受用去，則一日止如一日，一年止如一年，不會長進。正如菜子無糞去培壅、無水去澆灌也。須是更將語、孟、中庸、大學中道理來涵養。」淳。義剛同。

堯卿問：「事來斷制淳録作「置」。不下，當何以處之？」曰：「便斷制不得也着斷制，不成掉了。」又問：「莫須且隨力量做去？」曰：「也只得隨力量做去。」又問：「事有至理，理有至當十分處。今已看得七八分，待窮來窮去，熟後自解到那分數足處。」曰：「雖未能從容，只是熟後便自會，只是熟，只是熟。」義剛。淳録略。

傅誠至叔請教。曰：「聖賢教人甚分曉，但人不將來做切己看，故覺得讀所做時文之書與這個異。要之，只是這個書。今人但見口頭道得，筆下去得，紙上寫得，以爲如此便了。殊不知聖賢教人初不如是，而今所讀亦自與自家不相干涉也。」道夫。

與楊通老説：「學問最怕悠悠。讀書不在貪多，未能讀從後面去，且温習前面已曉底。一番看，一番別。」賀孫。

通老問：「孟子説『浩然之氣』，如何是浩然之氣？」先生不答。久之，曰：「公若留此數日，只消把孟子白去熟讀。他逐句自解一句，自家只排句讀將去自見得分明，却好來商量。若驀地問後，待與説將去也徒然。康節學於穆伯長，每有扣請，必曰『願開其端，勿盡其意』，他要待自思量得。大凡事理若是自去尋討得出來，直是别。」賀孫。

語通老：「早來説無事時此理存，有事時此理亡。無他，只是把事做等閑，須是於事上窮理方可。理於事本無異，今見事來别把做一般看，自然錯了。」可學。

周公謹問：「學者理會文字又却昏了，若不去看，恐又無路可入。」曰：「便是難。且去看聖賢氣象，識他一個規模。若欲盡窮天下之理亦甚難，且隨自家規模大小做去。若是迫切求益亦害事，豈不是私意！」泳。

李公謹問：「讀書且看大意，有少窒礙處且放過，後來旋理會。如何？」曰：「公合下便立這規模便不濟事了。纔恁地立規模只是要苟簡，小處曉不得也終不見大處。若説窒礙，到臨時十分不得已只得且放下。如何先如此立心！」賀孫。

語敬子曰：「讀書須是心虚一而静，方看得道理出。而今自家心只是管外事，硬定要如此，要别人也如此做，所以來這裏看許多時文字都不濟事，不曾見有長進。是自家心只在門外走，與人相抵拒在這裏，不曾入得門中，不知屋裏是甚模樣。這道理本自然，不消如此。如公所言說得都是，只是不曾自理會得公身上事，所以全然無益。只是硬樁定方法抵拒將去，全無自然意思，都無那活底水，只是聚得許多死水。」李曰：「也須是積將去。」曰：「也只積得那死水，那源頭活水不生了。公只是每日硬用力推這車子，只見費力。若是有活水來，那車子自轉，不用費力。」李曰：「恐纔如此說，不善聽者放寬便不濟事。」曰：「不曾教你放寬。所以學問難，纔說得寬便不着緊，纔太緊又不濟事。寬固是便狼狽，然緊底下梢頭也不濟事。」僩。

敬子問：「人患多懼，雖明知其不當懼，然不能克。莫若且强制此心使不動否？」曰：「只管强制也無了期。只是理明了自是不懼，不須强制。」僩。

胡叔器問：「每常多有恐懼，何由可免？」曰：「須是自下工夫，看此事是當恐懼不當恐懼。遺書云『治怒難，治懼亦難。克己可以治怒，明理可以治懼』，若於道理見得了，何懼之有？」義剛。

問叔器：「看文字如何？」曰：「兩日方在思量顏子樂處。」先生疾言曰：「不用思量。他只道［二］『博我以文，約我以禮』後見得那天理分明，日用間義理純熟後不被那人欲來苦楚，自恁地快活。而今只去博文約禮便自見得，今却索之於杳冥無朕之際，去何處討這樂處？將次思量得成病。而今一部論語說得恁地分明，自不用思量，只要着實去用工。前日所說人心、道心便只是這兩事，只去臨時思量那個是人心、那個是道心。便顏子也只是使人心聽命於道心，不被人心勝了道心。今便須是常常揀擇教精，使道心常常在裏面如個主人，人心只如客樣。常常如此無間斷，便能『允執厥中』。」義剛。

胡問靜坐用功之法。曰：「靜坐只是恁靜坐，不要閑勾當，不要閑思量，也無法。」問：「靜坐時思一事則心倚靠在事上，不思量則心無所倚靠，如何？」曰：「不須得倚靠。若然，又是道家數出入息、目視鼻端白一般，他亦是心無所寄寓，故要如此倚靠。若不能斷得思量，又不如且恁地，也無害。」淳。義剛録同。又曰：「靜坐、息閑雜思量，則養得來便條暢。」

胡叔器患精神短。曰：「若精神少也只是做去，不成道我精神少便不做。公只是思索義理不精，平日讀書只泛泛地過，不曾貼裏細密思量。公與安卿之病正相反。安卿思得義理甚精，只是要將那粗底物事都掉了。公又不去義理上思量，事物來皆奈何不得，只是不曾向裏去理會。如入市見鋪席上都是好物事，只是自家没錢買得；如書册上都是好説話，只是自家無奈他何。如黄兄前日説忠恕。忠恕只是體用，只是一個物事，猶形影，要除一個除不得。若未曉，且看過去，那時復把來玩味，少間自見得。」叔器曰：「安之在遠方。望先生指一路脈，去歸自尋。」曰：「見行底便是路，那裏有别底路來？道理星散在事物上，却無總在一處底。而今只得且將論、孟、中庸、大學熟看。如論語上看不出，少間就孟子上看得出。孟子上底只是論語上底，不可道孟子勝論語。只是自家已前看不到，而今方見得到。」又問：「『優游涵泳，勇猛精進』字如何？」曰：「也不須恁地立定牌榜，淳録作「做題目」。也不須恁地起草，只做將去。」又問：「應事當何如？」曰：「士人在家有甚大事？只是着衣喫飯，理會眼前事而已。其他天下事，聖賢都說十分盡了。今無他法，爲高必因丘陵，爲下必因川澤，自家只就他說話上寄搭些工夫，便都是我底。某舊時看文字甚費力，如論、孟，諸家解有一箱，每看一段必檢許多，各就諸說上推尋意脈，各見得落着然後斷其是非。是底都抄出，一兩字好亦抄出。雖未如今集注簡盡，然大綱已定。今集注只是就那上刪來，但人不着心守見成說，只草草看了。今試將精義來參看一兩段所以去取底是如何，便自見得。大抵事要思量，學要講，如古人一件事有四五人共做，自家須看那人做得是，那人做得不是。又如眼前一件事有四五人共議，甲要如此，乙要如彼。自家須見那人說得是，那人說得不是。便待思量得不是，此心曾經思量一過，有時那不是底發我這是底。如十個物事，團九個不着，那一個便着，則九個不着底也不是枉思量。又如講義理有未通處，與朋友共講，十人十樣說，自家平心看那個不是。或他說是底却發得自家不是底，或十人都說不是有時因此發得自家是底。所以適來說，有時是這處理會得，有時是那處理會得，少間便都理會得。只是自家見識到，別無法。學者須是撒開心胸，事事逐件都與理會過。未理會得底且放下，待無事時復將來理會，少間甚事理會不得！」義剛。

林恭甫問：「論語記門人問答之辭，而堯曰一篇乃記堯、舜、湯、武許多事，何也？」曰：「不消恁地理會文字，只消理會那道理。譬如喫飯，椀中盛得飯，自家只去喫，看那滋味如何，莫要問他從那處來。堯曰一篇，某也嘗見人說來，是夫子嘗誦述前聖之言，弟子類記於此。先儒亦只是如此說。然道理緊要却不在這裏，這只是外面一重，讀書須去裏面理會。譬如看屋須看那房室間架，莫要只去看那外面墻壁粉飾。如喫荔枝須喫那肉，不喫那皮。公而今却是剥了那肉，却喫那皮核。讀書須是以自家之心體驗聖人之心。少間體驗得熟，自家之心便是聖人之心。某自二十時看道理便要看那裏面，嘗看上蔡論語，其初將紅筆抹出，後又用青筆抹出，又用黄筆抹出，三四番後又用墨筆抹出，是要尋那精底。看道理須是漸漸向裏，尋到那精英處方是。如射箭：其初方上垜，後來又要中帖，少間又要中第一暈，又要中第二暈，後又要到紅心。公而今只在垜之左右或上或下，却不要中的，恁地不濟事。須是子細看，看得這一般熟後，事事書都好看，便是七言雜字也有道理。未看得時正要去緊要處鑽，少間透徹，則無書不可讀。而今人不去理會底固是不足說，去理會底又不知尋緊要處，也却討頭不著。」義剛。

子升問：「向來讀書病於草草，所以多疑而無益。今承先生之教，欲自大學温去。」曰：「然。只是着便把做事。如說持敬，便須入隻脚在裏面做，不可只作說話看了。」木之。

子升問：「主一工夫兼動静否？」曰：「若動時收斂心神在一事上，不胡亂思想，東去西去，便是主一。」又問：「由敬可以至誠否？」曰：「誠自是真實，敬自是嚴謹。如今正不要如此看，但見得分曉了，便下工夫做將去，如『整齊嚴肅』、『其心收斂』、『常惺惺』數條，無不通貫。」木之。

子升問遇事心不存之病。曰：「只隨處警省，收其放心，收、放只在自家俄頃瞬息間耳。」或舉先生與吕子約書有「知其所以爲放者而收之則心存矣」，此語最切要。又問曾子謂孟敬子「君子所貴乎道者三」之意。曰：「曾子之意且將對下面『籩豆之事則有司存』説。言君子動容貌要得遠暴慢，正顔色要得近信，出辭氣要得遠鄙倍，此其本之所當先者。至於『籩豆之事則有司存』，蓋末而當後者耳，未説到做工夫上。若説三者工夫，則在平日操存省察耳。」木之。

黎季成問：「向來工夫零碎，今聞先生之誨，乃見得人之所任甚重，統體通貫。」曰：「季成只是守舊窠窟，須當進步。」蓋卿。

敬之黄名顯子。問：「理既明於心，須又見這樣子方始安穩。」曰：「學問思辨亦皆是學，但學是習此事，思是思量此理者。只説見這樣子又不得，須是依樣去做。然只依本畫葫蘆又不可，須是百方自去尋討始得。」寓。

語敬之：「今看文字專要看做裏面去。如何裏面也更無去處，不看得許多言語？這裏只『主一無適』，『敬以直内』，涵養去。嘗謂文字寧是看得淺，不可太深；寧是低看，不可太高。蓋淺近雖未能到那切近處，更就上面推尋却有見時節。若太深遠，更無回頭時。恰似人要來建陽，自信州來，行到崇安歇了，却不妨，明日更行須會到。若不問來由，一向直走過均亭去，迤邐前去，更無到建陽時節。」寓。

語敬之曰：「這道理也只是如此看，須是自家自奮迅做去始得。看公大病痛只在個懦弱，須是便勇猛果決，合做便做。不要安排，不要等待，不要靠別人，不要靠書籍言語，只是自家自檢點。公曾看易，易裏説陽剛陰柔，陰柔是極不好。」賀孫。

語黄敬之：「須是打撲精神，莫教恁地慢。慢底須是矯教緊，是極不好。」賀孫

語黄敬之：「須是打撲精神，莫教恁地慢。慢底須是矯教緊，緊底須是莫放教慢。」賀孫。〔三〕

語敬之曰：「敬之意氣甚弱，看文字都恁地遲疑不決，只是不見得道理分明。」賀孫問：「先生向令敬之看孟子。若讀此書透，須自變得氣質否？」曰：「只是道理明自然會變。今且説讀孟子，讀了只依舊是這個人，便是不曾讀，便是不曾得他裏面意思，孟子自是孟子，自家身己自是自家身己。讀書看道理也須着些氣力打撲精神，看教分明透徹，方於身上有功。某近來衰晚，不甚着力看文字。若舊時看文字，有一段理會未得須是要理會得，直是辛苦。近日却看得平易。舊時須要勉强説教得方了，要知初間也着如此着力。看公如今只恁地慢慢，要進又不敢進，要取又不敢取，只如將手恁地探摸，只怕物事觸了手相似。若恁地看文字，終不見得道理，終不濟事，徒然費了時光。須是勇猛向前，匹馬單鎗做將去看如何，只管怕個甚麽？『彼丈夫

也，我丈夫也，吾何畏彼〔四〕哉』，他合下也有許多義理，自家合下也有許多義理；他做得，自家也做得。某近看得道理分明，便是有甚利害、有甚禍福直是不怕。只是見得道理合如此便做將去。」賀孫。

黄敬之有書，先生示人傑。人傑云：「其説名義處或中或否。蓋彼未有實功，説得不濟事。」曰：「也須要理會，若實下工夫，亦須先理會名義都要着落。彼謂『易者心之妙用，太極者性之本體』，其説有病。如伊川所謂『其體則謂之易，其理則謂之道，其用則謂之神』，方説得的當。然伊川所謂『體』字與『實』字相似，乃是該體、用而言。如陰陽動静之類，畢竟是陰爲體、陽爲用，静而動，動而静，是所以爲易之體也。」人傑云：「向見先生云，體是形體，却是着形氣説，不如説該體、用者爲備耳。」曰：「若作形氣説，然却只説得一邊。惟説作該體、用乃爲全備，却統得下面『其理則謂之道，其用則謂之神』兩句。」人傑。

「某平生不會懶，雖甚病，然亦一心欲向前做事，自是懶不得。今人所以懶，未必是真個怯弱，自是先有畏事之心〔五〕。纔見一事，便料其難而不爲。緣先有個畏縮之心，所以習成怯弱而不能有所爲也。」昌父云：「某平生自覺血氣弱，日用工夫多只揀易底事做。或尚論人物，亦只取其與己力量相近者學之，自覺難處進步不得也。」曰：「便當這易處而益求其所謂難，因這近處而益求其所謂遠，不可只守這個而不求進步。縱自家力量到那難處不得，然不可不勉慕而求之。今人都是未到那做不得處便先自懶怯了，雖是怯弱，然豈可不向前求其難者遠者！但求之，無有不得。若真個著力求而不得，則無如之何也。」趙曰：「某幸聞諸老先生之緒言，粗知謹守而不敢失墜爾。」曰：「固是好，但終非活法爾。」僩。

昌父辭，請教。曰：「當從實處作工夫。」可學。

饒幹廷老問：「今之學者不是忘便是助長。」曰：「這只是見理不明耳。理是自家固有底，從中而出如何忘得？使他見之之明如飢而必食、渴而必飲，則何忘之有？如食而至於飽則止，飲而至於滿腹則止，又何助長之有？此皆是見理不明之病。」道夫。

先生謂饒廷老曰：「觀公近日都汩没了這個意思。雖縣事叢冗，自應如此，更宜做工夫。」蓋卿。

二彭尋、蠡。初見，問平居做甚工夫。曰：「爲科舉所累，自時文外不曾爲學。」曰：「今之學者多如此，然既讀聖人書，當反身而求可也。」二公頗自言其居家實踐等事。曰：「躬行固好，亦須講學。不講學，遇事便有嵲屼不自安處。講學明則坦坦地行將去。此道理無出聖人之言，但當熟讀深思。且如人看生文字與熟文字自是兩般，既熟時他人説底便是我底。讀其他書不如讀論語最要，蓋其中無所不有。若只躬行而不講學，只是個鶻突底好人。」又曰：「論語只是個坯璞子，若子細理會，煞有商量處。」謨。

語泉州趙公曰：「學固不在乎讀書，然不讀書則義理無由明。要之，無事不要理會，無書不要讀。若不讀這一件書便闕了這一件道理，不理會這一事便闕這一事道理。要他底須着些精彩方得，然泛泛做又不得，故程先生教人以敬爲本，然後心定理明。孔子言『出門如見大賓』云云也是散説要人敬，但敬便是個關聚底道理，非專是閉目静坐，耳無聞、目無見，不接事物然後爲敬。整齊收斂，這身心不敢放縱便是敬。嘗謂『敬』字似甚字？恰似個『畏』字相似。」寓。

蕭兄問心不能自把捉。曰：「自是如此。蓋心便能把捉自家，自家却如何把捉得他！唯有以義理涵養耳。」又問：「『持其志』如何却又要主張？」曰：「志是心之發，豈可聽其自放而不持之？但不可硬守定耳。」蓋卿。

問曾光祖曰：「公讀書有甚大疑處？」曰：「覺見持敬不甚安。」曰：「初學如何便得安？除是孔子方始『恭而安』。今人平日恁地放肆，身心一下自是不安。初要持敬也須有些勉强，但須覺見有些子放去，便須收斂提掇起教在這裏，常常相接，久後自熟。」又曰：「雖然這個也恁地把捉不得，須是先理會得個道理，而今學問便只要理會一個道理。『天生烝民，有物有則』，有一個物便有一個道理，所以大學之道教人去事物上逐一理會得個道理。若理會一件未得直須反覆推究研窮，行也思量，坐也思量；早上思量不得，晚間又把出思量；晚間思量不得，明日又思量。如此豈有不得底道理！若只略略地思量，思量不得便掉了，如此千年也理會不得，只管責道是自家魯鈍。某常謂此道理無他，只是要熟。只是今日把來恁地看過，明日又把來恁地看過，看來看去，少間自然看得。或有看不得底，少間遇着別事没巴没鼻，也會自然觸發，蓋爲天下只是一個道理。」賀孫。

光祖說：「大學首尾該貫，此處必有脱字。初間看便不得如此。要知道理只是這個道理，只緣失了多年，卒急要尋討不見。待只管理會教熟，却便這個道理初間略見得些少時也似。」曰：「生恁地自無安頓去處，到後來理會熟了，便自合當如此。如一件器用掉在所在多年，卒乍要討，討不得。待尋來尋去忽然討見，即是元初的定底物事。」賀孫。

光祖說：「治國、平天下皆本於致知、格物，看來只是敬。」又舉伊川說「内直則外無不方」。曰：「伊川亦只是大體如此說。看來世上自有一般人，不解恁地内直外便方正，只是了得自身己，遇事應物都顛顛倒倒没理會。大學須是要人窮理。今來一種學問正坐此病，只說我自理會得了，其餘事皆截斷不必理會，自會做得，更不解商量，更不解講究，到做出都不合義理。所以聖人說『敬以直内』又說『義以方外』，是見得世上有這般人。學者須是要窮理，不論小事大事都識得通透，直得自本至末、自項[六]自踵並無些子夾雜處。若說自家資質恁地好，只消恁地做去，更不解理會其他道理，也不消問别人，這倒是夾雜，倒是私意。」賀孫。

光祖告行，云：「蒙教誨讀大學，已略知爲學之序。平日言語動作亦自常去點檢。又恐有發露而不自覺，乞指示箴戒。」曰：「看公意思遲重，不到有他過。只是看文字上更子細加功，更須着些精采。」賀孫。

曾問：「讀大學已知綱目次第了，然大要用工夫，恐在『敬』之一字。前見伊川說『敬以直內，義以方外』處。」先生曰：「能『敬以直內』矣，亦須『義以方外』，方能知得是非，始格得物。不以義方外則是非好惡不能分別，物亦不可格。」曾又問：「恐敬立則義在其中，伊川所謂『弸諸中，彪諸外』，是也。」曰：「雖敬立而義在，也須認得實方見得。今有人雖胸中知得分明，說出來亦是見得千了百當，及到應物之時顛倒錯謬，全是私意。不知聖人所謂敬義處全是天理，安得有私意？」因言：「今釋老所以能立個門户恁地，亦是他從旁窺得近似。他所謂敬時亦却是能敬，更有『笠影』之喻。」卓。

程次卿自述：「向嘗讀伊洛書。妄謂人當隨事而思，視時便思明，聽時便思聰。視聽不接時皆不可有所思，所謂『思不出其位』。若無事而思，則是紛紜妄想。」曰：「若閑時不思量義理，到臨事而思已無及。若只塊然守自家個軀殼，直到有事方思，閑時都莫思量，這却甚易，只守此一句足矣。聖賢千千萬萬在這裏何用？如公所說，則六經語孟之書皆一齊不消存得。以孔子之聖也只是好學：『我非生而知之者，好古敏以求之者也』，『文武之道未墜於地，在人。賢者識其大者，不賢者識其小者，莫不有文武之道焉。夫子焉不學？而亦何常師之有！』若說閑時都莫思，則世上大事小事都莫理會，如此却都無難者。事事須先理會，知得了方做得、行得。何故中庸却不先説『篤行之』，却先説『博學之，審問之，謹思之，明辨之』？大學何故却不先説『正心誠意』，却先説致知是如何如何？孟子却説道『詖辭知其所蔽，淫辭知其所陷，邪辭知其所離，遁辭知其所窮』？若如公説，閑時都不消思量。」季通問：「程君之意是如何？」曰：「他只要理會自家這心在裏面，事至方思，外面事都不要思量理會。」蔡云：「若不理會得世上許多事，自家裏面底也怕理會不得。」曰：「只據他所見，自守一個小小偏枯底物事，無緣知得大體。」因顧賀孫曰：「公鄉間陳叔向正是如此。如他説格物云：『物是心，須是格住這心。致知如了了的當，常常知覺。』他所見既如彼，便將聖賢説話都入他腔裏面，不如此則他所學無據。這都是不曾平心讀聖賢之書，只把自家心下先頓放在這裏，却捉聖賢説話壓在裏面。如説隨事而思，無事不消思，聖賢也自有如此説時節，又自就他地頭説。只如公説『思不出其位』，也不如公說，這『位』字却不是只守得這軀殼。這『位』字煞大，若見得這意思，天下甚麽事不關自家身己？極而至於參天地、贊化育，也只是這個心，都只是自家分内事。」蔡云：「陸子静正是不要理會許多。王道夫乞朝廷以一監書賜象山，此正犯其所忌。」曰：「固是。」蔡云：「若一向是禪時也終是高。」曰：「只是許多模様，是甚道理如此？若實見得自家底分明，看彼許多道理不待辨而明。如今諸公説道這個也好，某敢百口保其自見不曾分明。如云洛底也是，蜀底也是，某定道他元不曾理會得。如熙豐也不是，元祐也不是，某定保他自元不曾理會得。如云佛氏也好，老氏也好，某定道他元不曾理會得。若見得自底分明，是底直是是，非底直是非，那得恁地含含胡胡怕觸着人，這人也要周旋，那人也要周旋！」賀孫。

程又問：「某不是説道閑時全不去思量，意謂臨事而思，如讀書時只思量這書。」曰：「讀書時思量書，疊了策時都莫思量去，行動時心下思量書都不得。在這裏坐只思量這裏事，移過那邊去坐便不可思量這裏事。今日只思量今日事，更不可思量明日事。這不成説話！試自去平心看聖賢書，都自説得盡。」賀孫。

吴伯英初見，問：「書如何讀？」曰：「讀書無甚巧妙，只是熟讀。字字句句對注解子細辯認語意。解得一遍是一遍工夫，解得兩遍是兩遍工夫，工夫熟時義理自然通貫，不用問人。」先生問：「居常看甚文字？」曰：「曾讀大學。」曰：「看得如何？」曰：「不過尋行數墨，解得文義通，自不曾生眼目於言外求意。」曰：「如何是言外意？」曰：「且如臣之忠、子之孝、火之熱、水之寒，只知爲臣當忠、爲子當孝、火性本熱、水性本寒，不知臣之所以忠、子之所以孝、火之所以熱、水之所以寒。」曰：「格物只是就事物上求個當然之理。若臣之忠，臣自是當忠；子之孝，子自是當孝。爲臣試不忠，爲子試不孝，看自家心中如何？火熱水寒，水火之性自然如此。凡事只是尋個當然，不必過求，便生鬼怪。」僩。

吴伯英問：「某當從致知、持敬，如此用工夫？」曰：「此自吾友身上合做底事，不須商量。」蓋卿。

吴伯英問持敬之義。曰：「且放下了持敬，更須向前進一步。」問：「如何是進步處？」曰：「心中若無一事時便是敬。」蓋卿。

吴伯英講書。先生因曰：「凡人讀書須虚心入裏玩味道理，不可只説得皮膚上。譬如一食物，滋味盡在裏面，若舐噬其外而不得其味，無益也。」

問器遠所學來歷。曰：「自年二十從陳先生。其教人讀書但令事事理會，如讀周禮便理會三百六十官如何安頓，讀書便理會二帝三王所以區處天下之事，讀春秋便理會所以待伯者予奪之義。至論身己上工夫，説道：『「形而上者謂之道，形而下者謂之器」，器便有道，不是兩樣，須是識禮樂法度皆是道理。』」曰：「禮樂法度，古人不是不理會。只是古人都是見成物事，到合用時便將來使。如告顔淵『行夏之時，乘殷之輅』只是見成物事。如學字一般，從小兒便自曉得，後來只習教熟。如今禮樂法度都一齊散亂，不可稽考，若着心費力在上面，少間弄得都困了。」賀孫。

器遠言：「少時好讀伊洛諸書。後來見陳先生，却説只就事上理會較着實。若只管去理會道理，少間恐流於空虚。」曰：「向見伯恭亦有此意，却以語孟爲虚着[七]。語孟開陳許多大本原，多少的實可行，反以爲恐流於空虛，却把左傳做實，要人看。殊不知少間自都無主張，只見許多神頭鬼面，一場没理會，此乃是大不實也。又只管教人看史書，後來諸生都衰了。如潘叔度臨死却去討佛書看，且是止不得。緣是他那裏都無個捉摸，却來尋討這個。如人乘船，一齊破散了，無奈何，將一片板且守得在這裏。」又曰：「孟子曰『作於其心，害於其事；作於其事，害於其政』。若不就自家身心理會教分明，只道有些病痛不妨，待有事來旋作安排，少間也把捉得一事了，只是有些子罅縫，少間便是一個禍端。這利害非輕，假饒你盡力極巧，百方去做，若此心有些病根，只是會不好。」又曰：「又有説道，身己自着理會，一種應出底事又自着理會。這分明分做兩邊去，不知古人説修身而天下平，須説做不是始得。大學云『物格而後知至，知至而後意誠』云云，今來却截斷一項，只便要理會平天下，如何得！」又曰：「聖門之中，得其傳者惟顏子。顏子之問，夫子之答有二項：一則問爲仁，一則問爲邦。須知得那個是先、那個是後，也須從『克己復禮』上做來，方可及爲邦之事，這事最分曉可見。」又曰：「公適來説君舉要理會經世之學。今且理會一件要緊事，如國家養許多歸明、歸正及還軍年老者，費糧食供之，州郡困乏，展轉二三十年，都縮手坐視其困。器遠且道合如何商量？去之則傷恩，養之則益困。若壯資其力而老棄其人是大不可，須有個指實。」器遠言：「鄉間諸先生嘗懷見先生之意，却不得面會剖析使這意思合。」又曰：「某不是要教人步步相循都來入這圈套，只是要教人分別是非教明白，是底還他是，不是底還他不是。大家各自着力、各自撑柱，君盡其職，臣效其功，各各行到大路頭，自有個歸一處。是乃不同之同乃所以爲真同也。若乃依阿鶻突、委曲包含、不别是非，要打成一片，定是不可。」賀孫。

器遠問：「初學須省事方做得工夫。」曰：「未能應得事，終是省好，然又怕要去省却有不省病痛。某嘗看有時做事要省些工夫，到得做出却有不好，却不厭人意。且如出路要減些用度令簡便，到要用時没討處也心煩，依前是不曾省得，若可無事時且省儘好。若主家事，及父母在上當代勞役，終不成掉了去閑所在坐不管。省事固好，然一向不經歷，到得事來却會被他來倒了。」問：「處鄉黨固當自盡，不要理會别人。若有事與己相關、不可以不説當如何？」曰：「若合説便着説，如所謂『若要我頭也須説』。若是不當自家説與其人不可説，則只得不説。然自家雖然是不説，也須示之以不然之意。只有個當説與不當説，若要把他不是處做是説，便决是不可！」賀孫。

曹問：「先生所解『致知格物』處，某即就這上做去。如未能到貫通處，莫也無害否？」曰：「何謂無害？公只是不曾學。豈有不貫通處？學得熟便通，且如要去所在須是去到方得。若行得一日又説恐未必能到，若如此怎生到得？天下只有一個道理緊包在那下，撒破便光明，那怕不通？」曹叔遠。

又問：「如孟子言『勿忘，勿助長』却簡易，而今要從細碎做去，却怕不能貫通。」曰：「『勿忘，勿助長』自是言養氣，試取孟子説處子細看。大凡爲學最切要處在吾心身，其次便是做事，此是的實緊切處。又那裏見得如此？須是聖人之言。今之學者須是把聖人之言來窮究，見得身心要如此，做事要如此。天下自有一個道理若大路然，聖人之言便是那引路底。」賀孫。

江文卿博識群書，因感先生之教，自咎云：「某五十年前枉費許多工夫記許多文字。」曰：「也不妨。如今若理會得這要緊處，那許多都有用。如七年十載積疊得柴了，如今方點火燒。」賀孫。

謂江文卿曰：「『多聞，擇其善者而從之；多見而識之』，公今却無擇善一着。聖人擇善便是事不遺乎理。公今知得便拽轉前許多工夫自不妨，要轉便轉，更無難者。覺公意思尚放許多不下，説幾句又漸漸走上來，如車水相似，又滚［八］將去。」又曰：「東坡説話固多不是，就他一套中間又自有精處。如説易，説甚性命全然惡模樣。如説書却有好處，如説帝王之興，受命之祥，如河圖、洛書、玄鳥、生民之詩固有是理，然非以是爲先。恨學者推之過詳，流入讖緯，後人舉從而廢之，亦過矣。這是他説得好處。公却不記得這般所在，亦是自家本領不明。若理會得原頭正，到得看那許多方有辨別。如程先生與禪子讀碑，云：『公所看都是字，某所看都是理。』似公如今所説亦都是字，自家看見都是理。」賀孫。

周兄良問：「某平時所爲，把捉這心教定，一念忽生，則這心返被他引去。」曰：「這個亦只是認教熟，熟了便不如此。今日一念纔生，有以制之，明日一念生又有以制之，久後便無此理。只是這邊較少，那邊較多，便被他勝了。如一車之火，以少水勝之，水撲處纔滅而火又發矣。又如弱人與强人相牽一般，强人在門外，弱人在門裏，弱底不能勝，便被他强底拖去了，要得勝他，亦只是將養教力壯後自然可以敵得他去，非别有個道理，也只在自家心有以處之耳。孟子所謂捨則亡、操則常存在此。大學所謂忿懥、好樂等事，亦是除了此心則心自然正，不是把一個心來正一個心。」又曰：「心只是敬。程子所謂『主一無適』，主一只是專一。如在這裏讀書，又思量做文字，又[九]思量别事去，皆是不專。」又曰：「見得徹處，徹上徹下只是一個道理，須是見得實方是。見得鐵定，如是便爲善，不如是便爲惡，此方是見得實。」卓。

諸生說書畢，先生曰：「諸公看道理，尋得一綫子路脈着了，說時也只是恁地，但於持守處更須加工夫。須是着實於行己上做得三兩分始得，只恁說過不濟事。」周貴卿曰：「非不欲常常持守，但志不能帥氣，後臨事又變遷了。」曰：「只是亂道！豈是由他自去？正要待他去時撥轉來。『爲仁由己，而由人乎哉』，『止，吾止也；往，吾往也』。」義剛。

李周翰請教，屢歎年歲之高未免時文之累。曰：「這須是自見得，從小兒也須讀孝經論語來，中間何故不教人如此？曾讀書也須疑着。某所編小學，公且子細去看，也有古人說話，也有今人説話，且看是如何。古人都自少涵養好了。」後因説「至善」，又問作時文。先生曰：「讀書纔説要做文字使，此心便錯了。若剩看得了，到合説處便説，當不説處不説也得，本來不是要人説得便了。如時文也只不出聖賢不多説話翻謄出來，且如到説忠信處他也會説做好，只是與自身全不相干。」因舉：「在漳州日，詞訟訖，有一士人立庭下。待詢問，乃是要來從學。居泉州，父母遺學舉業，乃厭彼，要從學。某以其非父母命，令且歸去，得請再來，始無所礙。然其有所見如此，自別」。賀孫。

吴寀直翁問：「學亦頗知自立，而病痛猶多，奈何？」曰：「未論病痛，人必全體是而後可以言病痛。譬如純是白物事了，而中有黑點始可言病痛。公今全體都未是，何病痛之可言！設雖有善，亦只是黑上出白點，特其義理之不能已與氣質之或美耳。大抵人須先要趨向是，若趨向正底人，雖有病痛，也是白地上出黑花。此特其氣禀之偏，未能盡勝耳，要之白地多也。趨向不正底人，雖有善，亦只是黑地上出白花，却成差異事。如孔門弟子亦豈能純善乎？然終是白地多，可愛也。人須先拽轉了自己趨向始得。孔子曰『苟志於仁矣，無惡也』，既志於義理自是無惡，雖有未善處只是過耳，非惡也。以此推之，不志於仁則無善矣，蓋志在於利欲，假有善事亦偶然耳，蓋其心志念念只在利欲上。世之志利欲與志理義之人自是不干事，志利欲者便如趨夷狄禽獸之徑，志理義者便是趨正路。鄉里如江德功、吴公濟諸人，多少是激惱人，然其志終在於善。世亦有一種不激惱人底，又見人説道理他也從而美之，見人非佛老他亦從而非之，但只是胡亂順人情説而心實不然，不肯真個去做，此最不濟事。」伯羽。

「某人來説書，大概只是捏合來説，都不詳密活熟。此病乃是心上病，蓋心不專静純一，故思慮不精明。要須養得此心令虛明專静，使道理從裏面流出便好。」銖曰：「豫六二『介于石，不終日，貞吉』，正謂此。」曰：「然。」張仁叟問：「何以能如此？莫只在静坐否？」曰：「自去檢點。且一日間試看此幾個時在内，幾個時在外？小説中載趙公以黑白豆記善惡念之起，此是古人做工夫處。如此檢點，則自見矣。」又曰：「讀書須將心帖在書册上，逐字看得各有着落，方好商量。須是收拾此心令專静純一，日用動静間都在，不馳走散亂，方看得文字精審，如此方是有本領。」銖。

先生語陳公直曰：「讀書且逐些子理會，莫要攙動他别底。今人讀書多是從頭一向看到尾，都攪渾了。」道夫。

先生嘗謂劉學古曰：「康節詩云『閑居謹莫説無妨』，蓋道無妨便是有妨，要做好人則上面煞有等級，做不好人則立地便至，只在把住、放行之間爾。」道夫。

彦忠問：「居常苦私意紛攪，雖即覺悟而痛抑之，然竟不能得潔静不起。」先生笑曰：「此正子静『有頭』之説，却是使得。惟其此心無主宰，故爲私意所勝。若常加省察使良心常在，見破了這私意只是從外面入，縱饒有所發動，只是以主待客、以逸待勞，自家這裏亦容他不得。此事須是平日着工夫，若待他起後方省察，殊不濟事。」道夫。

林士謙初見，問仁智自得處。曰：「仁者得其爲仁，智者得其爲智，豈仁智之外更有自得？公此問不成問。且去將論語從『學而時習』讀起，孟子將梁惠王讀起，大學從『大學之道在明明德』讀起，中庸從『天命之謂性』讀起。某之法是如此，不可只摘中間一兩句來理會，意脈不相貫。」淳。

蘇宜久辭，問歸欲觀易。曰：「而今若教公讀易只看古注并近世數家注，又非某之本心。若必欲教公依某之易看，某底又只説得三分，自有六七分曉不得，亦非所以爲教。看來易是個難理會底物事，卒急看未得，不若且未要理會。聖人云『詩、書、執禮，皆雅言也』，看來聖人教人不過此數者。公既理會詩了，只得且理會書，理會書了，便當理會禮。禮之爲書浩瀚難理會，卒急如何看得許多？且如個儀禮也是幾多頭項。某因爲思得一策，不若且買一本温公書儀歸去子細看。看得這個，不惟人家冠、昏、喪、祭之禮便得他用，兼以之看其他禮書，如禮記、儀禮、周禮之屬少間自然易，不過只是許多路徑節目。温公書儀固有是有非，然他那個大概是。」僩。

廖晉卿請讀何書。曰：「公心放已久，精神收拾未定，無非走作之時。可且收斂精神，方好商量讀書。」繼謂之曰：「玉藻九容處且去子細體認，待有意思，却好讀書。」時舉。

厚之臨别請教，因云：「看文字生。」曰：「日子足便熟。」可學。

陳希周請問讀書修學之門。曰：「所謂讀書者只是要理會這個道理。治家有治家道理，居官有居官道理，雖然頭面不同，然又只是一個道理。如水相似，遇圓處圓，方處方，小處小，大處大，然亦只是一個水耳。」時舉。

先生謂鄭光弼子直曰：「書雖是古人書，今日讀之，所以蓄自家之德。却不是欲這邊讀得些子便搬出做那邊用，易曰『君子以多識前言往行以蓄其德』，公今却是讀得一書便做得許多文字，馳騁跳躑，心都不在裏面。如此讀書，終不干自家事。」又曰：「義利之辨，正學者所當深知。」道夫。

子合純篤，膚仲疏敏。道夫。

先生謂正甫任忠厚，遂安人。「精神專一」。僩。

鍾唐傑問「窮理、持敬」。曰：「此事不用商量。若商量持敬，便不成持敬，若商量窮理，便不成窮理，須令實理在題目之後。」蓋卿。

問丘次孟言：「嘗讀曲禮、遺書、康節詩，覺得心意快活。」曰：「他本平鋪地説在裏，公却帖了個飛揚底意思在上面，可知是恁地。康節詩云『真樂攻心不奈何』，某謂此非真樂也，真樂便不攻心。如顔子之樂，何嘗恁地！」曰：「次孟何敢望康節，直塗之人爾。」曰：「塗人却無許多病。公正是肚裏有許多見識、道理，攪得恁地叫喚來。」又舉曲禮成誦。先生曰：「但曲禮無許多叫喚。」曰：「次孟氣不足。」曰：「非氣不足，乃氣有餘也。」道夫。

語元昭：「且要虛心，勿要周遮。」元昭以十詩獻，詩各以二句命題，如「實理」之類，節節推之。先生指立命詩兩句：「『幾度風霜猛摧折，依前春草滿池塘』，既說道佛老之非又却流於佛老，此意如何？」元昭曰：「言其無止息。」曰：「觀此詩與賢說話又異，此只是要鬬勝。知道安用許多言！顏子當時不曾如此，此只是要人知，安排飣餖出來便不是。末篇極致尤不是，如何便到此直要撞破天門！前日說話如彼，今日又如此，只是說話。」可學。

元昭告歸。先生曰：「歸以何爲工夫？」曰：「子細觀來平生只是不實，當於實處用工夫。」曰：「只是粗，除去粗便是實。」曰：「每嘗觀書多只理會大意，元不曾子細講究。」曰：「大意固合理會，文義亦不可不講究，最忌流於一偏。明道曰『與賢說話却似扶醉漢，救得一邊，倒了一邊』，今之學者大抵皆然，如今人讀史成誦，亦是玩物喪志。學者若不理會得，聞這說話又一齊棄了，只是停埋攤布使表裏相通方可。然亦須量力。若自家力不及，多讀無限書，少間埋没於其間，不惟無益，反爲所害。近日學者又有一病，多求於理而不求於事，求於心而不求於身。如說『一日克己復禮，天下歸仁』，既能克己則事事皆仁，天下皆歸仁於我。此皆有實迹，而必曰『天下皆歸吾仁之中』，只是無形無影。自龜山以來皆如此說。徐承叟亦云，見龜山說如此。」

先生問元昭：「近來頗覺得如何？」曰：「自覺此心不實。」曰：「但不要窮高極遠，只於言行上點檢便自實。今人論道，只論理不論事，只説心不説身。其説至高而蕩然無守，流於空虛異端之説。且如『天下歸仁』只是天下與其仁，程子云『事事皆仁』是也。今人須要説天下皆歸吾仁之中，其説非不好，但無形無影，全無下手脚處。夫子對顏子『克己復禮』之目，亦只是就視聽言動上理會，凡思慮之類，皆『動』字上包了，不曾更出『非禮勿思』一條。蓋人能制其外，則可以養其内。固是内是本、外是末，但偏説存於中，不説制於外，則無下手脚處，此心便不實。外面儘有過言、過行更不管，却云吾正其心，有此理否？浙中王蘋信伯親見伊川來，後來設教作怪。舒州有語録之類，專教人以『天下歸仁』，纔見人便説『天下歸仁』，更不説『克己復禮』。」璘。

楊丞問心思擾擾。曰：「程先生云『嚴威整肅則心便一』，一則自無非僻之干，只纔整頓起處便是天理，無別天理，但常常整頓起，思慮自一。」璘。

黄達才言思不能精之病。曰：「硬思也不得。只要常常提撕莫放下，將久自解有得。」義剛。

立之問：「某常於事物未來、思慮未萌時覺見有惺惺底意思，故其應變接物雖動，却有不動之意存。未知是否？」曰：「應變接物只要得是。如『敬以直内，義以方外』，此可以盡天下之事。若須要不動，則當好作事處又蹉過了。」時舉。

李伯誠曰：「打坐時意味也好。」曰：「坐時固是好，但放下脚、放開眼便不恁地了，須是臨事接物時長如坐時方可。如挽一物樣，待他要去時硬挽將轉來方得。」義剛。

張以道請誨。曰：「但長長照管得那心便了，人若能提掇得此心在時煞争事。」義剛。

劉炳韜仲以書問格物未盡，處義未精。曰：「此學者之通患。然受病不在此，這前面別有受病處。」余正叔曰：「豈其自然乎？」曰：「都不干別事，本不立耳。」伯羽。

鄭昭先景紹請教。曰：「今人却是倒置，古人學而後仕，今人却反仕而後學。其未仕也非不讀書，但心有所溺，聖賢意思都不能見。科舉也是奪志，今既此〔一〇〕亦須汲汲於學。爲學之道，聖經賢傳所以告人者已竭盡而無餘，不過欲人存此一心，使自家身有主宰。今人馳騖紛擾，一個心都不在軀殼裏。孟子曰『學問之道無他，求其放心而已』，又曰『存其心，養其性，所以事天也』，學者須要識此。」道夫。

丘玉甫作別，請益。曰：「此道理儘説只如此。工夫全在人，人却聽得頑去聲。了，不曾真個做。須知此理在己，不在人，得之於心而行之於身方有得力，不可只做册子工夫。如某文字説話，朋友想都曾見之。想只是看過，所以既看過依舊只如舊時，只是將身掛在理義邊頭，不曾真個與之爲一。須是決然見得未嘗離、不可相捨處，便自然着做不能已也。」又曰：「學者肯做工夫，想是自有時。然所謂時者不可等候，只自肯做時便是也。今學者自不以爲飢，如何强他使食？自不以爲渴，如何强他使飲？」必大。

江元益問入德。曰：「德者，己之所自有，入德只是進得底。且如仁義禮智，自家不得便不是自家底。」榦。

江元益問：「門人勇者爲誰？」曰：「未見勇者。」榦。

林叔和別去，請教。曰：「根本上欠工夫，無歸宿處。如讀書、應事接物固當用功，不讀書、不應事接物時如何？」林好主葉正則之説。曰：「病在先立論，聖賢言語却只將來證他説。凡讀書須虚心，且似未識字底，將本文熟讀平看，今日看不出，明日又看，看來看去，道理自出。」閎祖。

周元卿問：「讀書，有時半板前心在書上，半板後忽然思慮他事，口雖讀，心自在別處，如何得心只在書上？」曰：「此最不可。『不誠無物』，雖讀猶不讀也。『誠者物之終始』，如半板已前心在書上，則只在半板有始有終，半板以後心不在焉，則無物矣。」壯祖。

謂諸友曰：「鄭仲履之學只管從小小處看，不知經旨初不如此。觀書當從大節目處看，程子有言『平其心，易其氣，闕其疑，則聖人之意可見矣』。」蓋卿。

方叔弟問：「平居時習，而習中每覺有愧，何也？」曰：「如此只是工夫不接續，要習須常令工夫接續則得。」又問尋求古人意思。曰：「某嘗謂學者須是信又須不信，久之，却自尋得個可信底道理則是真信也。」大雅。

先生以林一之問卷示諸生，曰：「一之恁地沉淪不能得超脱。他説生物之心，我與那物同便會相感。這生物之心只是我底，觸物便自然感。非是因那物有此心，我方有此心。且赤子不入井、牛不觳觫時，此心何之？須常粧個赤子入井、牛觳觫在面前方有此惻隱之心，無那物時便無此心乎？又説義利作甚？此心纔有不存便錯了。未説到那義利處。」淳。

林一之問：「先生説動静莫只是動中有静、静中有動底道理？」曰：「固是如此。然何須將來引證？某僻性最不喜人引證。動中静、静中動，古人已説了，今更引來要如何引證得是？但與此文義不差耳，有甚深長？今自家理會這處便要將來得使，恁地泛泛引證作何用！明道言介甫説塔不是上塔，今人正是説塔，須是要直上那頂上去始得，説得濟甚事？如要去取咸陽，一直去取便好，何必要問咸陽是如何廣狹，城池在那處，宮殿在那處？亦何必説是雍州之地？但取得其地便是。今恁地引證，恰似要説咸陽，元不曾要取他地。」寓。

郭叔雲問：「爲學之初在乎格物，物物有理，從何處下手？」曰：「人個個有知，不成都無知，但不能推而致之耳。格物是格物理至徹底處。」又云：「致知、格物只是一事，非是今日格物、明日又致知。格物以理言，致知以心言。」恪。

先生教郭曰：「爲學切須收斂端嚴，就自家身心上做工夫，自然有所得。」恪。

與馮德貞[一一]説爲己、爲人。曰：「若不爲己，看做甚事都只是爲别人，雖做得好亦不關己。自家去從師也不是要理會身己，自家去取友也不是要理會身己，只是漫恁地，只是要人説道也曾如此，要人説道好。自家又識得甚麽人，自家又有幾個朋友，這都是徒然。説道，看道理不曾着自家身己，如何會曉得？世上如此爲學者多。只看爲己底是如何，他直是苦切，事事都是自家合做底事，如此方可，不如此定是不可。今有人苦學者，他因甚恁地苦？只爲見這物事是自家合做底事，如人喫飯是自家肚飢定是要喫。又如人做家主要錢使，在外面百方做計，壹錢也要將歸。這是爲甚如此？只爲自家身上事。若如此爲學，如何會無所得？」賀孫。

余〔一二〕國秀問治心、修身之要。以爲雖知事理之當爲，而念慮之間多與日間所講論相違。曰：「且旋恁地做去，只是如今且説個『熟』字。這『熟』字如何便得到這地位？到得熟地位自有忽然不可知處。不是被你硬要得，直是不知不覺得如此。」賀孫。

國秀問：「向曾問身心性情之德，蒙批誨云云。宋傑竊於自己省驗見得此心未發時，其仁義禮智之體渾然未有區别。於此敬而無失，則發而爲惻隱、羞惡、辭遜、是非之情自有條理而不亂。如此體認，不知是否？」曰：「未須説那『敬而無失』與『未有區别』，及『自有條理而不亂』在。且要識認得這身心性情之德是甚底模樣。説『未有區别』亦如何得？雖是未發時無所分别，然亦不可不有所分别。蓋仁自有一個仁底模樣物事在内，義自有個義底模樣物事在内，禮、智皆然。今要就發處認得在裏面物事是甚模樣，故發而爲惻隱必要認得惻隱之根在裏面是甚底物事，發而爲羞惡必要認得羞惡之根在裏面是甚底物事，禮、智亦如之。譬如木有四枝，雖只一個大根，然必有四根，一枝必有一根也。」又問：「宋傑尋常覺得資質昏愚，但持敬則此心虚静覺得好。若敬心稍不存則裏面固是昏雜，而發於外亦鶻突，所以專於『敬而無失』上用功。」曰：「這裏未消説敬與不敬在。蓋敬是第二節事，而今便把來夾雜説則鶻突了，愈難理會。且只要識得那一是一、二是二，便是虚静也要識得這物事，不虚静也要識得這物事。如未識得這物事時，則所謂虚静亦是個黑底虚静，不是白底虚静。而今須是要打破那黑底虚静，换做個白净底虚静，則八窗玲瓏無不融通，不然則守定那裏底虚静，終身黑淬淬地莫之通曉也。」壽。〔一三〕

問先生答余國秀云「須理會得其性情之德」。曰：「須知那個是仁義禮智之性，那個是惻隱、羞惡、恭敬、是非之情，始得。」問：「且如與人相揖便要知得禮數合當如此，不然則『行矣而不著，習矣而不察』。」曰：「常常恁地覺得，則所行也不會大段差舛。」胡泳。

用之舉似：「先生向日曾答蔡丈書，承喻『以禮爲先』之説，又『「似識造化」之云不免倚於一物，未知親切工夫耳。大抵濂溪説得的當，通書中數數拈出「幾」字。要當如此瞥地即自然有個省力處，無規矩中却有規矩，未造化時已有造化』，此意如何？」曰：「『幾』個〔一四〕要得，且於日用處省察，善便存放這裏，惡便去而不爲，便是自家切己〔一五〕處。古人禮儀都是自少理會了，只如今人低躬唱喏，自然習慣。今既不可考，而今人去理會合下便别將做一個大頭項。又不道且理會切身處，直是要理會古人因革一副當，將許多精神都枉耗了，元未切自家身己在。」又曰：「只有大學教人致知、格物底便是就這處理會，到意誠、心正處展開去自然大。若便要去理會甚造化，先將這心弄得大了，少間都没物事説得滿。」賀孫。

林仲參問下學之要受用處。曰：「潑底椅卓在屋下坐便是受用，若貪慕外面高山曲水便不是受用底。」舉詩云：「『貧家净掃地，貧女好梳頭。下士晚聞道，聊以拙自修』，前人只恁地説了。」銖。

劉淮求教。曰：「某無别法，只是將聖賢之書虚心下氣以讀之。且看這個是，那個不是，待得一回推出一回新，便是進處。不然，只是外面事，只管做出去，不見裏滋味，如何責得他！」

趙恭父再見。問：「别後讀書如何？」曰：「近覺得意思却不甚迫切。」曰：「若只恁地據見定做工夫，却又有苟且之病去。」曰：「安敢苟且？」曰：「既不迫切便相將向這邊來，又不可不察。」又問：「切己工夫如何愈見得己私難勝？」曰：「這個也不須苦苦與他爲敵，但纔覺得此心隨這物事去便與他唤回來，便都没事。」

謂南城熊曰：「聖賢語言只似常俗人説話。如今須是把得聖賢言語凑得成常俗言語方是，不要引東引西。若説這句未通又引那句，終久兩下都理會不得。若這句已通，次第到那句自解通。」銖。

看文字不可過於疏，亦不可過於密。如陳德本有過於疏之病，楊志仁有過於密之病。蓋太謹密則少間看道理從那窮處去更插不入，不若且放下，放開闊看。燾。

器之看文字見得快。叔蒙亦看得好，與前不同。賀孫。

許敬之侍教，屢與言不合。曰：「學未曉理亦無害，說經未得其意亦無害。且須靜聽說話，尋其語脈是如何。一向强辯，全不聽所說，胸中殊無主宰，少間只成個狂忘〔一六〕人去。」淳。

淳叟問：「方讀書時覺得無靜底工夫，得〔一七〕有讀書之時，有虛靜之時。」曰：「某舊見李先生嘗教令靜坐。後來看得不然，只是一個『敬』字好，方無事時敬於自持，凡心不可放入無何有之鄉，須收斂在此。及應事時敬於應事，讀書時敬於讀書，便自然該貫動靜，心無時不存。」德明。

先生見劉淳叟閉目坐，曰：「淳叟待要遺物，物本不可遺。」大雅。

坐間有及劉淳叟事。曰：「不意其變常至此！某向往奏事時來相見，極口說陸子靜之學大謬。某因詰之云：『若子靜學術自當付之公論，公如何得如此說他？』此亦見他質薄處。然其初間深信之，畢竟自家喚做不知人。」賀孫。

辨姦論謂「事之不近人情者，鮮不爲大姦慝」，每常嫌此句過當，今見得亦有此樣人。某向年過江西與子壽對語，而劉淳叟堯夫獨去後面角頭坐都不管，學道家打坐。被某罵云：「便是某與陸丈言不足聽，亦有數年之長，何故恁地作怪！」義剛。

因論劉淳叟事，云：「添差倅亦可以爲。」論治三吏事，云：「漕自來爲之亦好，不然委别了事人。淳叟自爲太掀揭，故生事。」因論：「今趙帥可語，鹽弊，何不一言？」云：「某如何敢與？大率以沉審爲是，出位爲戒。」振。

陳寅仲問劉淳叟。曰：「劉淳叟，方其做工夫時也過於陳正己，及其狼狽也甚於陳正己。陳正己輕薄，向到那裏覺得他意思大段輕薄，每事只説道他底是。他資質本自捞攘，後來又去合那陳同父。兼是伯恭教他時只是教他權數了，伯恭教人不知是怎生地至此。」笑云：「向前見他門人有個祭文云，其有能底則教他立功名作文章，其無能底便語他『正心、誠意』。」義剛。

先生説：「陳正己，薛象先喜之者何事？」賀孫云：「想是喜其有才。汪長孺謂：『併無其才，全做事不成。』」曰：「叔權謂長孺『他日觀氣質之變，以驗進退之淺深』，此説最好。大凡人須是子細沉静，大學謂『知止而後有定，定而後能静，静而後能安，安而後能慮，慮而後能得』，如一件物事，自家知得未曾到這裏，所見未曾定，以無定之見遂要決斷此事，如何斷得盡！一件物事有長有短，自家須實見得他那處是長、那處是短，如今便一定把着他短處便一齊没他長處。若只如此，少間一齊不通。禮記云『疑事毋質，直而勿有』，看古人都是恁地不敢草草。周先生所以有『主静』之説，如蒙、艮二卦皆有静止之體。洪範五事『聽曰聰，聰作謀』，謀屬金，金有静密意思，人之爲謀亦欲静密。『貌曰恭，恭作肅』，肅屬水，水有細潤意思，人之舉動亦欲細潤。

聖人所以爲聖人，只是『動静不失其時，時止則止，時行則行』，聖人這般所在直是則得好。自家先恁地浮躁，如何要發得中節！做事便事事做不成，説人則不曾説得着實。」又曰：「老子之術自有退後一着。事也不攙前去做，説也不曾説將出，但任你做得狼狽了，自家徐出以應之。如人當紛争之際自去僻静處坐，任其如何，彼之利害長短一一都冷看破了，從旁下一着定是的當。此固是不好底術數，然較之今者浮躁、胡説亂道底人，彼又較勝。」因舉老子語：「『豫兮若冬涉川，猶兮若畏四鄰，儼若客，涣若冰將釋』，子房深於老子之學，曹參學之有體而無用。」賀孫。

問：「姜叔權自言終日無思慮，有『寂然不動』之意。德輔疑其已至。」曰：「且問他還能『感而遂通天下之故』否？須是窮理。若只如此則不須説格物、致知。」問：「如此則叔權之静未是至？」曰：「固是。」德輔。

戴明伯請教。曰：「且將一件書讀。聖人之言即聖人之心，聖人之心即天下之理。且逐段看令分曉，一段分曉又看一段，如此至一二十段亦未解便見個道理，但如此心平氣定，不東馳西騖，則道理自逐旋分明，去得自家心上一病便是一個道理明也。道理固是自家本有，但如今隔一隔了，須逐旋揩磨呼唤得歸。然無一唤便見之理。如金溪只要自得，若自得底是個善，若自得底非却如何？不若且虚心讀書。讀書切不可自謂理會得了，便理會得且只做理會不得。某見説不會底便有長進，不長進者多是自謂已理會得了底，如此則非特終身不長進，便假如釋氏三生十六劫，也終理會不得。」又云：「此心先錯用向東去，及至喚回西邊，又也只是那向東底心，但只列轉些頓放，元不曾改换。有一學者先佞佛，日逐念金剛大悲咒不停口。後來雖不念佛，來誦大學、論、孟，却依舊趕遍數，荒荒忙忙誦過，此亦只是將念大悲咒時意思移來念儒書爾。」必大。

括蒼徐元明、名琳。鄭子上同見。先生説：「『博學而詳説之，將以反説約也』，今江西諸人之學只是要約，更不務博。本來雖有些好處，臨事盡是鑿空杜撰。至於吕子約又一向務博而不能反約，讀得書多左牽右撰，横説直説皆是此理，只是不潔浄、不切要，有牽合無謂處。沈叔晦不讀書，不教人，只是所守者淺狹，只有些子道理便守定了，亦不博之弊。」璘。

陸深甫問爲學次序。曰：「公家庭尊長平日所以教公者如何？」陸云：「刪定叔祖所以見教者，謂此心本無虧欠，人須見得此心，方可爲學。」曰：「此心固是無虧欠，然須是事事做得是方無虧欠。若只説道本無虧欠，只見得這個便了，豈有是理！」因説：「江西學者自以爲得陸刪定之學，便高談大論，略無忌憚。忽一日自以爲悟道，明日與人飲酒，如法罵人。某謂賈誼云秦二世今日即位而明日射人。今江西學者乃今日悟道而明日罵人，不知所悟者果何道哉！」時舉。

包詳道書來言「自壬子九月一省之後」云云。先生謂顯道曰：「人心存亡之决只在出入息之間。豈有截自今日今時便鬼亂，已後便悄悄之理？聖賢之學是掯掯定定做，不知不覺自然做得徹。若如所言，則是聖賢修爲講學都不須得，只等得一旦怳然悟去，如此者起人僥倖之心。」義剛。

「看孫吉甫書見得是要做文字底氣習。且如兩漢、晉、宋、隋、唐風俗，何嘗有個人要如此變來？只是其風俗之變滚來滚去，自然如此。漢末名節之極，便變作清虚底道理，到得陳、隋以後都不理會名節，也不理會清虚，只是相與做一般纖豔底文字。君臣之間把這文字做一件大事理會，如進士舉是隋煬帝做出來，至唐三百年以至國初，皆是崇尚文辭。」鄭子上問：「風俗滚來滚去，如何到本朝程先生出來，便理會發明得聖賢道理？」曰：「周子、二程説得道理如此，亦是上面諸公那趲將來。當楊、劉時只是理會文字。到范文正、孫明復、石守道、李太伯、常夷甫諸人，漸漸刊落枝葉，務去理會政事，思學問見於用處。及胡安定出，又教人作『治道齋』，理會政事，漸漸那得近裏。所以周、程發明道理出來，非一人之力也。」璘。

先生謂杜叔高曰：「學貴適用。」

先生謂魯可幾曰：「事不要察取盡。」道夫。

或問徐子顔。曰：「其人有守，但未知所見如何。」文蔚。

今學者有兩樣：意思鈍底又不能得他理會得到德〔一八〕；意思快捷底雖能當下曉得，然又恐其不牢固。如龔郯伯理會也快，但恐其不牢固。賀孫。

先生問郭廷碩：「今如何？」曰：「也只如舊爲學。」曰：「賢江西人，樂善者多，知學者少。」又説：「楊誠齋廉介清潔，直是少。謝尚書和易寬厚，也煞樸直。昔過湘中時曾到謝公之家，頽然在敗屋之下，全無一點富貴氣，也難得。」又曰：「聞彭子壽造居甚大，何必如此！」又及一二人，曰：「以此觀謝尚書直是樸實。」祖道。

先生問：「湘鄉舊有從南軒遊者，爲誰？」佐對以「周奭允升、佐外舅舒誼周臣。外舅没已數歲，南軒答其論知言疑義一書載文集中。允升藏修之所正枕江上，南軒題曰『漣溪書室』。鄉曲後學講習其間，但允升今病不能出矣。」先生曰：「南軒向在靜江曾得書，甚稱説允升所見必别，安得其一來！次第送少藥物與之。」佐。

直卿告先生以趙友裕復有相招之意。先生曰：「看今世務已自没可奈何。只得隨處與人説，得識道理人多，亦是幸事。」賀孫。

呂德遠辭，云將娶，擬某日歸。及期，其兄云：「與舍弟商量了，且更承教一月却歸。」曰：「公將娶了，如何又恁地説？此大事，不可恁地。宅中想都安排了，須在等待，不可如此了。」即日歸。義剛。

季繹勸蔡季通酒，止其泉南之行。蔡決於先生，先生笑而不答。良久，云：「身勞而心安者爲之，利少而義多者爲之。」人傑。廣録云：「或有所欲爲，謀於先生。曰：『心佚而身勞爲之，利少而義多爲之。』」

先生看糊窗，云：「有些子不齊整，便不是他道理。」朱季繹云：「要好看却從外糊。」直卿云：「此自欺之端也！」賀孫。

晦庵先生朱文公語類卷第一百二十一

朱子十八

訓門人九總訓門人而無名氏者爲此卷。

朋友乍見先生者，先生每曰：「若要來此，先看熹所解書也。」過。

世昌問：「先生教人有何宗旨？」曰：「某無宗旨，尋常只是教學者隨分讀書。」文蔚。

讀書須是成誦方精熟。今所以記不得、説不去，心下若存若亡，皆是不精不熟之患。若曉得義理又皆記得固是好，若曉文義不得只背得，少間不知不覺自然相觸發，曉得這義理。蓋這一段文義横在心下自是放不得，必曉而後已。若曉不得又記不得，更不消讀書矣。横渠説「讀書須是成誦」，今人所以不如古人處只争這些子。古人記得故曉得，今人鹵莽，記不得故曉不得。緊要處、慢處皆須成誦，自然曉得也。今學者若已曉得大義，但有一兩處阻礙説不去，某這裏略些數句發動，自然曉得。今諸公盡不曾曉得，縱某多言，何益？無他，只要熟看、熟讀而已，別無方法也。卓。僩略。

一學者患記文字不起。先生曰：「只是不熟，不曾玩味入心，但守得册子上言語，所以見册子時記得，纔放下便忘了。若使自家實得他那意思，如何會忘？譬如人將一塊生薑來，須知道是辣；若將一塊砂糖來，便不信是辣。」端蒙。

謂：「一士友日向嘗收書，云『讀書不用精熟』，又云『不要思惟』。讀書正要精熟而言不用精熟，學問正要思惟而言不可思惟，只爲此兩句在胸中做病根。正如人食冷物留於脾胃之間，十數年爲害。所以與吾友相別十年只如此者，病根不除也。」蓋卿。

嘗見老蘇說他讀書：「孟子、論語、韓子及其他聖人之文，兀然端坐終日以讀者十〔二〕八年。方其始也，入其中而惶然，博觀於其外而駭然以驚。及其久也，讀之益精而其胸中豁然以明，若人之言固當然者，猶未敢自出其言也。時既久，胸中之言日益多，不能自制，試出而書之，已而再三讀之，渾渾乎覺其來之易矣。」又韓退之答李翊、柳子厚答韋中立書，言讀書用功之法亦可見。某嘗歎息，以爲此數人者但求文字言語聲響之工，用了許多功夫，費了許多精力，甚可惜也！今欲理會這個道理是天下第一至大至難之事，乃不曾用得旬月功夫熟讀得一卷書，只是泛然發問、臨時湊合，元不曾記得本文，及至問著，元不曾記得一段首尾，其能言者不過敷演己說，與聖人言語初不相干，是濟甚事！今請歸家正襟危坐，取大學、論語、中庸、孟子，逐句逐字分曉精切，求聖賢之意，切己體察，著己踐履，虛心體究。如是兩三年然後方去尋師證其是非，方有可商量，有可議論，方是「就有道而正焉」者。入道之門是將自家身己入那道理中去漸漸相親，久之與己爲一。而今人道理在這裏，自家身在外面，全不曾相干涉。

因言及釋氏，而曰：「釋子之心却有用處。若是好叢林得一好長老，他直是朝夕汲汲不捨，所以無有不得之理。今公等學道，此心安得似他！是此心元不曾有所用，逐日流蕩放逐，如無家之人。思量一件道理不透，便颺去聲。掉放一壁，不能管得，三日五日不知拈起，每日只是悠悠度日，説閑話逐物而已。敢説公等無一日心在此上！莫説一日，一時也無；莫説一時，頃刻也無。悠悠漾漾似做不做，從生至死忽然無得而已。今朋友有謹飭不妄作者亦是他資禀自如此，然其心亦無所用，只是閑慢過日。」或云：「須是汲汲。」曰：「公只會説汲汲，元不曾汲汲。若是汲汲用功底人自別，他那得工夫説閑話？精專懇切無一時一息不在裏許。思量一件道理直是思量得徹底透熟，無一毫不盡。今公等思量這一件道理，思量到半間不界便掉了，少間又看那一件。那件看不得又掉了，又看那一件。如此没世不濟事。若真個看得這一件道理透，入得這個門路，以之推他道理也只一般。只是公等不曾通得這個門路，每日只是在門外走，所以都無入頭處，都不濟事。」又曰：「若是大處入不得，便從小處入，東邊入不得，便從西邊入。及至入得了，觸處皆是此理。今公等千頭萬緒，不曾理會得一個透徹，所以東解西模，便無一個入頭處。」又曰：「學道做工夫須是奮厲警發，悵然如有所失，不尋得則不休。如自家有一大光明寶藏被人偷將去，此心還肯放捨否？定是去追捕尋捉得了方休。做工夫亦須如此。」僩。

諸公來聽説話，某所説亦不出聖賢之言。然徒聽之亦不濟事，須是便去下工夫始得。近覺得學者所以不成頭項者，只緣聖賢説得多了，既欲爲此又欲爲彼。如夜來説「敬以直內，義以方外」，若實下工夫見得真個是敬立則内直，義形而外方，這終身可以受用。今人却似見得這兩句好，又見説「克己復禮」也好，又見説「出門如見大賓」也好。空多了，少間却不把捉得一項周全。賀孫。

「今學者看文字不必自立説，只記得前賢與諸家説便得。而今看自家如何説終是不如前賢，須盡記得諸家説方有個襯簟處，這義理根脚方牢，這心也有殺泊處。心路只在這上走，久久自然曉得透熟。今公輩看文字大概都有個生之病，所以説得來不透徹。只是去巴攬包籠他，元無實見處。某舊時看文字極難，諸家説盡用記。且如毛詩，那時未似如今説得如此條暢。古今諸家説蓋用記取，閑時將起思量：這一家説得那字是、那字不是，那一家説得那字不是、那字是，那家説得全是，那家説得全非。所以是者是如何，所以非者是如何。只管思量，少間這正當道理自然光明燦爛，在心目間如指諸掌。今公們[二]只是紐捏巴攬來説，都記得不熟，所以這道理收拾他不住，自家也使他不動，他也不服自家使，相聚得一朝半日又散去了，只是不熟。這個道理，古時聖賢也如此說，今人也如此說，說得大概一般。然今人說終是不似，所爭者只是熟與不熟耳。縱使說得十分全似猶不似在，何況和那十分似底也不曾看得出？」敬子云：「而今每日只是優游和緩，分外看得幾遍，分外讀得幾遍，意思便覺得不同。」曰：「而今使未得優游和緩，須是苦心竭力下工夫方得。那個優游和緩須是做得八分九分成了，方使得優游和緩，而今便說優游和緩只是泛泛而已矣。這個做工夫須是放大火中鍛煉，鍛教他通紅、溶成汁、瀉成鋌方得。今只是略略火面上熁得透，全然生硬，不屬自家使在，濟得甚事！須是縱橫舒卷皆由自家使得，方好搦成團、捺成匾，放得去、收得來方可。某嘗思，今之學者所以多不得力、不濟事者只是不熟。平生也費許多功夫看文字，下梢頭都不得力者正緣不熟耳。只緣一個不熟，少間無一件事理會得精。呂居仁記老蘇說，平生因聞『升裏轉，斗裏量』之語遂悟作文章妙處。這個須是爛泥醬熟，縱橫妙用皆由自家，方濟得事也。」僩。

某煞有話要與諸公說，只是覺次序未到。而今只是面前小小文義尚如此理會不透，如何說得到其他事？這個事須是四方上下、小大本末一齊貫穿在這裏，一齊理會過。其操存踐履處固是緊要，不可間斷。至於道理之大原固要理會，[三]纖悉委曲處也要理會，制度文爲處也要理會，古今治亂處也要理會，精粗大小無不當理會。四邊一齊合起，功夫無些罅漏。東邊見不得，西邊須見得；這下見不得，那下須見得。既見得一處，則其他處亦可類推。而今只從一處去攻擊他，又不曾着力，濟得甚事！如坐定一個地頭，而他支脚也須分布擺陣。如大軍厮殺相似，大軍在此坐以鎮之，游軍依舊去别處邀截，須如此作功夫方得。而今都只是悠悠，礙定這一路略略拂過，今日走來挨一挨又退去，明日亦是如此，都不曾抓着那痒處，何況更望掐着痛處！所以五年十年只是恁地，全不見長進。這個須是勇猛奮厲、直前不顧去做，四方上下一齊着到方有個入頭。孔子曰「仁遠乎哉？我欲仁，斯仁至矣」，這個全要人自去做。孟子所謂奕秋只是爭這些子，一個進前要做，一個不把當事。某八九歲時讀孟子到此未嘗不慨然奮發，以爲爲學須如此做工夫。當初便有這個意思如此，只是未知得那棋是如何着，是如何做功夫。自後更不肯休，一向要去做功夫。今學者不見有奮發底意思，只是如此悠悠地過，今日見他是如此，明日見他亦是如此。

因建陽士人來請問，先生曰：「公們如此做工夫大故費日子，覺得今年只似去年，前日只是今日，都無昌大發越底意思。這物事須教看得精透後一日千里始得，而今都只泛泛在那皮毛上理會，都不曾抓着那痒處，濟得甚事！做工夫一似穿井相似，穿到水處自然流出來不住，而今都乾燥，只是心不在，不曾着心。如何説道出去一日便不曾做得工夫？某常説正是出去路上好做工夫。且如出十里外，既無家事炒又無應接人客，正好提撕思量道理。所以學貴時習，到時習自然説也。如今不敢説時習，須看得見那物事方能時習。如今都看不見，只是不曾入心，所以在窗下看，纔起去便都忘了。須是心心念念在上，便記不得細注字也須時時提起經正文在心，也争事。而今都只在那皮毛上理會，盡不曾抓着痒處。若看得那物事熟時，少間自轉動不得，自家脚纔動，自然踏着那物事行。」又云：「須是得這道理入心不忘了，然後時時以義理澆灌之。而今這種子只在地面上，不曾入地裏去，都不曾與土氣相接着。」

「學者悠悠是大病。今覺諸公都是進寸退尺，每日理會些小文義，都輕輕地拂過，不曾動得皮毛上。這個道理規模大，體面闊，須是四面去包括，方無走處。今只從一面去，又不曾着力，如何可得？且如曾點、漆雕開兩處，漆雕開事言語少，難理會；曾點底須子細看他是樂個甚底，是如何地樂。不只是聖人說這個事可樂便信着，他原是自見得個可樂底，依人口說不得。」又曰：「而今持守便打疊教浄潔，看文字須着意思索，應接事物都要是當。四面去討他，自有一面通處。」又曰：「如見陳厮殺，擂着鼓只是向前去，有死無二，莫更回頭始得。」胡泳。

或言：「在家衮衮，但不敢忘書册，亦覺未免間斷。」曰：「只是無志。若說家事，又如何汩没得自家？如今有稍高底人也須會擺脱得過，山間坐一年半歲是做得多少工夫。只恁地也立得個根脚。若時往應事亦無害，較之一向在事務裏衮是争那裏去！公今三五年不相見又只恁地悠悠，人生有幾個三五年耶！」賀孫。

或有來省先生者。曰：「别後讀何書？」曰：「雖不敢廢學，然家間事亦多，難得全功。」

曰：「覺得公今未有個地頭在，光陰可惜！不知不覺便是三五年。如今又去赴官，官所事尤多，益難得餘力。人生能得幾個三五年？須是自强。若尋得個僻静寺院做一兩年工夫，須尋得個地頭可以自上做將去。若似此悠悠，如何得進？」廣。

某見今之學者皆似個無所作爲、無圖底人相似。人之爲學，當如救火追亡，猶恐不及。如自家有個光明寶藏被人奪去，尋求趕捉，必要取得始得。今學者只是悠悠地無所用心，所以兩年、三年、五年、七年相别，及再相見只是如此。僩。

謂諸生曰：「公皆如此悠悠，終不濟事。今朋友着力理會文字，一日有一日工夫，然尚恐其理會得零碎，不見得周匝。若如諸公悠悠，是要如何？光陰易過，一日減一日，一歲無一歲，只見老大。忽然死着，思量來這是甚則劇，恁地悠悠過了。」賀孫。

某平日於諸友看文字相待甚寬，且只令自看。前日因病，覺得無多時月，於是大懼。若諸友都只恁悠悠，終於無益，只要得大家盡心看得這道理教分明透徹。所謂道理也只是將聖賢言語體認本意，得其本意則所言者便只此道理，一一理會令十分透徹，無些罅縫蔽塞方始住。每思以前諸先生盡心盡力理會許多道理，當時亦各各親近師承，今看來各人自是一説。本來諸先生之意初不體認得，只各人挑載得些去自做一家説話，本不曾得諸先生之心。某今惟要諸公看得道理分明透徹，無些小蔽塞。某之心即諸公之心，諸公之心即某之心，都只是這個心。如何有人說到這地頭？又如何有人說不得這地頭？這是因甚恁地？這須是自家大段欠處。賀孫。

先生痛言諸生工夫悠悠，云：「今人做一件事，没緊要底事也着心去做方始會成，如何悠悠會做得事！且如好寫字底人，念念在此，則所見之物無非是寫字底道理。又如賈島學作詩，只思『推』、『敲』兩字，在驢上坐，把手作推、敲勢。大尹出，有許多車馬人從，渠更不見，不覺犯了節。只此『推』、『敲』二字計甚利害？他直得恁地用力，所以後來做得詩來極是精高。今吾人學問是大小大事，却全悠悠若存若亡，更不着緊用力，反不如他人做没要緊底事，可謂倒置，諸公切宜勉之！」時舉。

諸友只有個學之意，都散漫，不恁地勇猛，恐度了日子。須着火急痛切意思，嚴了期限，趲了工夫，辨〔四〕幾個月日氣力去攻破一過，便就裏面旋旋涵養。如攻寨須出萬死一生之計，攻破了關限始得。而今都打寨未破，只循寨外走。道理都咬不斷，何時得透！淳。

謂諸生曰：「公說欲遷善改過而不能，只是公不自去做工夫。若恁地安安排排，只是做不成。如人要赴水火，這心纔發便入裏面去。若說道在這裏安排，便只不成。看公來此逐日只是相對，默坐無言，恁地慢騰騰，如何做事？」數日後，復云：「坐中諸公有會做工夫底，有病痛底，某一一都看見，逐一救正他。惟公恁地循循默默，都理會公心下不得，這是幽冥暗弱，這是大病。若是剛勇底人，見得善別還他做得透，做不是處也顯然在人耳目，人皆見之。前日公說『風雷益』，看公也無些子風意思，也無些子雷意思。」賀孫。

「某於相法，却愛苦硬清癯底人，然須是做得那苦硬底事。若只要苦硬，亦不知爲學，何貴之有？而今朋友遠處來者或有意於爲學，眼前朋友大率只是據見定了，更不求進步。而今莫説更做甚工夫，只真個看得百十字精細底也不見有」。或曰：「今之朋友大率多爲作時文妨了工夫。」曰：「也不曾見做得好底時文，只是剽切亂道之文而已。若要真個做時文底也須深資廣取以自輔益，以之爲時文莫更好。只是讀得那亂道底時文求合那亂道底試官，爲苟簡蔑裂底工夫。他亦不曾子細讀那好底時文，和時文也有時不子細讀得。某記少年應舉時嘗下視那試官，説：『他如何曉得我底意思！』今人盡要去求合試官，越做得那物事低了。嘗見已前相識問做賦者甚麽樣讀書，無書不讀。而今只念那亂道底賦有甚見識？若見識稍高，讀書稍多，議論高人，豈不更做得好文字出？他見得底只是如此，遂互相倣傚，專爲苟簡滅裂底工夫。」歎息者久之。僩。

看來如今學者之病多是個好名。且如讀書，却不去子細考究義理教極分明，只是纔看過便了，只道自家已看得甚麽文字了，都不思量於身上濟得甚事。這個只是做名聲。其實又做得甚麽名聲？下梢只得人説他已看得甚文字了。這個非獨卓丈如此，看來都如此。若恁地也是枉了一生。賀孫。

今學者大抵不曾子細玩味得聖賢言意，却要懸空妄立議論。一似喫物事相似，肚裏其實未曾飽，却以手鼓腹向人説：「我已飽了。」只此乃是未飽，若真個飽者，却未必説也。人人好做甚銘、做甚贊，於己分上其實何益？既不曾實讀得書，玩味得聖賢言意，則今日所説者是這個話，明日又只是這個話，豈得有新見邪？切宜戒之！時舉。

今朋友之不進者皆有「彼善於此爲足矣」之心，而無求爲聖賢之志，故皆有自恕之心而不能痛去其病。故其病常隨在，依舊逐事物流轉，將求其彼善於此亦不可得矣。大雅。

昌父言：「學者工夫多間斷。」曰：「聖賢教人只是要救一個間斷。」文蔚。

因説學者工夫間斷，謂：「古山和尚自言『喫古山飯，阿古山矢，只是看得一頭白水牯』，今之學者却不如他。」文蔚。

有一等朋友始初甚鋭意，漸漸疏散，終至於忘了。如此是當初不立界分做去。士毅。

今來朋友相聚，都未見得大底道理。還且謾恁地逐段看，還要直截盡理會許多道理教身上没些子虧欠？若只恁地逐段看，不理會大底道理，依前不濟事。這大底道理如曠闊底基址，須是開墾得這個些[五]，方始架造安排有頓放處。見得大底道理方有立脚安頓處，若不見得大底道理，如人無個居着，趁得百十錢歸來也無頓放處，況得明珠至寶安頓在那裏？自家一身都是許多道理。人人有許多道理，蓋自天降衷，萬理皆具，仁義禮智、君臣父子、兄弟朋友夫婦，自家一身都擔在這裏。須是理會了，體認教一一周足，略欠缺些子不得。須要緩心，直要理會教盡。須是大作規模，闊開其基，廣闢其地，少間到逐處即看逐處都有頓放處。日用之間只在這許多道理裏面轉，喫飯也在上面，上床也在上面，下床也在上面，脱衣服也在上面，更無些子空闕處。堯、舜、禹、湯也只是這道理。如人刺繡花草，不要看他繡得好，須看他下針處；如人寫字好，不要看他寫得好，只看他把筆處。賀孫。

先生問：「諸公莫更有甚商量？」坐中有云：「此中諸公學問皆溺於高遠無根，近來方得先生發明，未據[六]有問。將來有所疑，却寫去問。」先生曰：「却是『以待來年然後已』説話，此只是不曾切己立志。若果切己立志，睡也不着，起來理會。所以『發憤忘食』，『終日不食，終夜不寢』去理會。今人有兩般見識：一般只是談虚説妙，全不切己，把做一場説話了；又有一般人説此事難理會，只恁地做人自得，讓與他們自理會。如人交易，情願批退帳待别人典買。今人情愿批退學問底多。」謙。

「諸公數日看文字但就文字上理會，不曾切己。凡看文字非是要理會文字，正要理會自家性分上事。學者須要主一，主一當要心存在這裏方可做工夫。如人須尋個屋子住，至於爲農、工、商、賈方性[七]其所之。主者無個屋子，如小人趁得百錢亦無歸宿。孟子説『求其放心』已是兩截。如常知得心在這裏，則心自不放。」又云：「無事時須要知得此心。不知此心恰似睡困，都不濟事。今看文字又理會理義不出，亦只緣主一工夫闕。」植。時舉同。

先生一日謂諸生曰：「某患學者讀書不求經旨、談説空妙，故欲令先通曉文義、就文求意，下梢頭往往又只守定册子上言語，却看得不切己。須是將切己看，玩味入心、力去行之，方有所益。」端蒙。

學者説文字或支離泛濫，先生曰：「看教切己。」文蔚。

「學者講學多是不疑其所當疑，而疑其所不當疑。不疑其所當疑，故眼前合理會處多蹉過；疑其所不當疑，故枉費了工夫。金溪之徒不事講學，只將個心來作弄，胡撞亂撞。此間所以令學者入細觀書做工夫者，正欲其熟考聖賢言語，求個的確所在。今却考索得如此支離，反不濟事。如某向來作或問，蓋欲學者識取正意，觀此書者當於其中見得此是當辨、此不足辨。删其不足辨者令正意愈明白可也，若更去外面生出許多議論，則正意反不明矣。今非特不見經文正意，只諸家之説亦看他正意未著。」又曰：「中庸言『慎思』，何故不言深思，又不言勸［八］思？蓋不可枉費心去思之，須是思其所當思者，故曰『慎思』也。」必大。

或問：「向蒙見教，讀書須要涵泳、須要浹洽。因看孟子千言萬語只是論心。七篇之書如此看，是涵泳工夫否？」曰：「某爲見此中人讀書大段鹵莽，所以説讀書須當涵泳，只要子細看玩尋繹，令胸中有所得爾。如吾友所説又襯貼一件意思硬要差排，看書豈是如此？」或曰：「先生涵泳之説乃杜元凱『優而游之』之意。」曰：「固是如此，亦不用如此解説。所謂『涵泳』者只是子細讀書之異名。與人説話便是難。某只是説一個『涵泳』，一人硬來安排，一人硬來解説。此是隨語生解，支離延蔓，閑説閑講，少間展轉只是添得多，説得遠，却要做甚？若是如此讀書，如此聽人説話，全不是自做工夫，全無巴鼻。可知是使人説學是空談。此中人所問大率如此，好理會處不理會，不當理會處却支離去説，説得全無意思。」蓋卿。

或解「居處恭，執事敬，與人忠」，云：「須是從裏面做出來，方得他外面如此。」曰：「公讀書便是多有此病。這裏面又那得個裏面做出來底説話來？只是居處時便用恭，執事便用敬，與人時便用忠，『雖之夷狄，不可棄也』。不過只是如此説。大凡看書須只就他本文看教直截，切忌如此支離蔓衍，拖脚拖尾，不濟得事。聖賢説話那一句不直截？如利刃削成相似。雖以孔子之語渾然温厚，然他那句語更是斬截。若如公，説一句更用數十字去包他，則聖賢何不逐句上更添幾字教他分曉？只看濂溪二程、横渠們説話無不斬截有力，語句自是恁地重。無他，所以看得如此寬緩無力者，只是心念不整肅，所以如此。緣心念不整肅所以意思寬緩，都凑泊他那意思不着，説從别處去。須是整肅心念，看教他意思嚴緊，説出來有力，四方八面截然有界限始得。如今説得如此支蔓，都不成個物事，其病只在心念不整肅上。」僩。

讀書之法只要落窠槽。今公們讀書不曾落得那窠槽，盡只是走向外去思量，所以都説差去。如初間大水瀰漫，少間水既退，盡落低窪處方是入窠槽。今盡是泛泛說從別處去。某常以爲書不難讀，只要人緊貼就聖人言語上平心看，他文義自見。今都是硬差排，思其所不當思，疑其所不當疑，辨其所不當辨，盡是枉[九]了，濟得甚事！僩。

「某嘗說文字不難看，只是讀者心自嶢崎了，看不出。若大著意思反復熟看，那正當道理自湧出來。不要將那小意智、私見識去間亂他，如此無緣看得出。如千軍萬馬從這一條大路去，行伍紀律自是不亂。若撥數千人從一小路去，空攪亂了正當底行陣，無益於事。」又曰：「看書且要依文看得大概意思了，却去考究細碎處。如今未曾看得正當底道理出便落草了，墮在一隅一角上，心都不活動。這個似轉水車相似，只撥轉機關子，他自是轉，連那上面磨子篩籮一齊都轉，自不費力。而今一齊說得枯燥，無些子滋味，便更看二十年也只不濟事。須教他心裏活動轉得，莫着在那角落頭處。而今諸公看文字，如一個船閣在淺水上轉動未得，無那活水泛將去，更將外面事物搭載放上面，越見動不得。都是枉用了心力、枉費日子。天下道理更有幾多，若只如此看，幾時了得！某而今一[一〇]自與諸公們說不辨[一一]，只覺得都無意思。所願諸公寬著意思，且看正當道理，教他活動有長進處方有所益，如一條死蛇弄教他活。而今只是弄得一條死蛇，不濟事。」僩。

學者須要無事時去做得功夫，然後可來此剖決是非。今纔一不在此便棄了這個，至此又却臨時逐旋尋得一兩句言語來問，則又何益！壽昌。

或曰：「某尋常所學多於優游浹洽中得之。」曰：「若遽然便以爲有所見亦未是。大抵於『博學、審問、謹思、明辨』，且未可説『篤行』，只這裏便是浹洽處。孔子所以『好古敏以求之』，其用力如此。」謨。

人合是疑了問，公今却是揀難處來問，教人如何描摸？若説得公又如何便曉得？若升高必自下。今人要入室奥須先入門入庭，見路頭熟，次第入中間來。如何自階裏一造要做後門出！伊川云「學者須先就近處」。賀孫。

而今人聽人説話未盡，便要争説。亦須待他人説教盡了，他人有説不出處更須反覆問。教説得盡了，這裏方有處置在。賀孫。

或人請諸經之疑，先生既答之，復曰：「今雖盡與公説，公盡曉得，不於自家心地上做工夫，亦不濟事。」道夫。

諸公所以讀書無長進，緣不會疑。某雖看至没緊要底物事亦須致疑，纔疑便須理會得徹頭。僩。

或謂：「問難只是作話頭，不必如此。」曰：「不然。到無疑處不必問，疑則不可不問。今如此云云，不是惡他人問，便是自家讀書未嘗有疑。」可學。

讀語録玩了却不如乍見者勇於得，此是病。方。

諸生請問不切。曰：「群居最有益，而今朋友乃不能相與講貫，各有疑忌自私之意。不知道學問是要理會個甚麽？若是切己做工夫底，或有所疑，便當質之朋友，同共商量，須有一人識得破者已是講得七八分，却到某面前商量，便易爲力。今既各自東西，不相講貫，如何得會長進！欲爲學問，須要打透這些子放令開闊，識得個『以能問於不能，以多問於寡』底意思方是切於爲己。」時舉。

或問太極。曰：「看如今人與太極多少遠近？」或人自説所讀書。曰：「徒然説得一片，恁地多不濟事。如今且要虚心，心若不虚，雖然恁地問，待別人恁地説看〔一二〕不入。他聽之如不聞，只是他自有個物事横在心下。如顔子，人道他『得一善則拳拳服膺而不失』，他不曾自知道『得一善拳拳服膺而不失』；他『見不善未嘗不知，知之未嘗復行』，他不曾自知道『見不善未嘗不知，知之未嘗復行』；他『不遷怒，不貳過』，他不曾自知道『不遷怒，不貳過』。他只見個道理當如此。易曰『君子以虚受人』，書曰『惟學遜志』，舊有某人來問事，略不虚心，一味氣盈色滿。當面與他説，他不全聽得。」賀孫。

「天下之理有長有短、有大有小，當各隨其義理看。某看得學者有個病：於他人如此説處又討個義理，責其不如彼説，於其如彼説處又責其不如此説。」因舉所執扇反復爲喻，曰：「此扇兩邊各有道理。今學者待他人説此邊道理便翻轉那一邊難之，及他説那一邊却又翻轉這一邊難之。」必大。

問：「氣質之害直是今人不覺。非特讀書就他氣質上説，只如每日聽先生説話，也各以其所偏爲主，如十句有一句合他意，便硬執定這一句。」曰：「是如此。且如仲山甫一詩，蘇子由專歎美『既明且哲，以保其身』二句，伯恭偏喜『柔嘉維則』一句。某問何不將那『柔亦不茹，剛亦不吐』以下四句做好？某意裹又愛這四句。」問：「這四句如何？」曰：「也自剛了。」問：「剛底終是占得分數多？」曰：「也不得，只是比柔又較争。」胡泳。

質敏不學乃大不敏。有聖人之資必好學，必下問。若就自家杜撰，更不學，更不問，便已是凡下了。聖人之所以爲聖也，只是好學下問。舜自耕稼陶漁以至於帝，無非取諸人以爲善。孔子説禮吾聞諸老聃，這也是學於老聃方[一三]知得這一事。賀孫。

先生因學者少寬舒意，曰：「公讀書恁地縝密固是好，但恁地逼截成一團，此氣象最不好，這是偏處。如一項人恁地不子細固是不成道理，若一向蹙密，下梢却展拓不去。明道一見謝顯道，曰：『此秀才展拓得開，下梢可望。』」又曰：「於詞氣間亦見得人氣象。如明道語言固無甚激昂[一四]，看來便見寬舒意思。龜山，人只道恁地寬，看來不是寬，只是不解理會得，不能理會得。范純夫語解比諸公説理最平淺，但自有寬舒氣象，儘好。」賀孫。

因人之昏弱而箴之曰：「人做事全靠這些子精神。」節。

有言貧困不得專意問學者。曰：「不干事。世間豈有無事底人？但十二時看那個時閑，一時閑便做一時工夫，一刻閑便做一刻工夫，積累久自然別。」或又以離遠師席、不見解注爲説。曰：「且如某之讀書，那曾得師友專守在裏？初又曷嘗有許多文字？也只自著力耳。」或曰：「先生高明，某何敢望？」曰：「如此則全未知自責。『堯舜與人同耳』，曷當[一五]有異？某嘗謂此皆是自恕之語，最爲病痛。」道夫。

或言氣禀昏弱，難於爲學。曰：「誰道是公昏弱？但反而思之便强，便明，這氣色打一轉。」

或問：「某欲克己而患未能。」曰：「此更無商量。人患不知耳，既已知之便合下手做，更有甚商量？『爲人由己，而由人乎哉』。」雉。

或言：「今且看先生動容周旋以自檢。先生所著文義，却自歸去理會。」曰：「文義只是目下所行底，如何將文義别做一邊看？若不去理會文義，終日只管相守閑坐，如何有這道理？文義乃是躬行之門路，躬行即是文義之事實。」賀孫。

或問：「人固欲事事物物理會，然精力有限，不解一一都理會得。」曰：「固有做不盡底。但立一個綱程，不可先自放倒。也須静着心、實着意，沉潛反覆，終久自曉得去。」祖道。

或說「居敬、窮理」。曰：「都不須如此說。如何說又怕居敬不得？窮理有窮不去處？豈有此意〔一七〕！只是自家元不曾居敬，元不曾窮理，所以說得如此。若真個去窮底，豈有窮不得之理？若心堅便是石也穿，豈有道理了窮不得之理？而今說又怕有窮不得處，又怕如何，又計較如何，都是枉了。只恁勇猛堅決向前去做，無有不得之理，不當如此遲疑。如人欲出路，若有馬便騎馬去，有車便乘車去，無車便徒步去。只是從頭行將去，豈有不到之理？」僩。燾録云：「問：『理有未窮，且只持敬否？』曰：『不消恁地說。持敬便只管持將去，窮理便只管窮將去。如說前面萬一持不得、窮不得處又去別生計較，這個都是枉了思量。然亦只是不曾真個持敬、窮理，若是真個曾持敬、窮理，豈有此說？譬如出路，要乘轎便乘轎，要乘馬便乘馬，要行便行。都不消思量前面去不得時又着如何，但當勇猛堅決向前。那裏要似公說居敬不得處又着如何，窮理不得處又着如何。古人所謂心堅石穿，蓋未嘗有做不得底事。如公幾年讀書不長進時，皆緣公恁地，所以搭滯了。』又曰：『聖人之言本自直截。若裏面有屈曲處，聖人亦必說在上面。若上面無底，又何必思量從那屈曲處去？都是枉了工夫。』」

或問：「格物一項稍支離。」曰：「公依舊是個計較利害底心下在這裏。公且試將所說行將去看何如，若只管在這裏擬議如何見得？如做得個船且安排槳楫，解了繩，放了索，打將去看，却自見涯岸。若不放船去，只管在這裏思量，怕有風濤，又怕有甚險，如何得到岸？公今恰似個船全未曾放離岸，只管計較利害，聖賢之說那尚恁地？『子路有聞，未之能行，唯恐有聞』。如今說了千千萬萬，却不曾去下得分寸工夫。」又曰：「聖人常說『有殺身以成仁』，今看公那邊人，教他『殺身以成仁』，道他肯不肯？決定是不肯。纔説着，他也道是怪在。」又曰：「『吾未見剛者』，聖人只是要討這般人，須是有這般資質方可將來磨治。詩云『追琢其章，金玉其相』，須是有金玉之質，方始琢磨得出。若是泥土之質，假饒你如何去裝飾，只是個不好物事，自是你根脚本領不好了。」又曰：「如讀書只是理會得便做去，公却只管在這裏説道如何理會。伊川云『人所最可畏者便做』。」賀孫。

先生問學者曰：「公今在此坐是主静，是窮理？」久之未對。曰：「便是公不曾做工夫。若不是主静，便是窮理，只有此二者。既不主静，又不窮理，便是心無所用，閑坐而已。如此做工夫，豈有長進之理？佛者曰『十二時中除了着衣喫飯是别用心』，夫子亦云『造次必於是，顛沛必於是』，須是如此做工夫方得。公等每日只是閑用心，問閑事、説閑話底時節多，問緊要事、究竟自己底事時節少。若是真個做工夫底人，他自是無閑工夫説閑話、問閑事。聖人言語有幾多緊要大節目都不曾理會，小者固不可不理會，然大者尤緊要。」僩。

或問：「致知當主敬。」又問：「當如先生説次第觀書。」曰：「此只是説話，須要下工夫方得。」蓋卿。

諸公且自思量，自朝至暮，還曾有頃刻心從這軀殼裏思量過否？僩。

賢輩但知有營營逐物之心，不知有真心，故識慮皆昏。觀書察理皆草草不精，眼前易曉者亦看不見，皆由此心雜而不一故也。所以前輩語初學者必以敬，曰「未有致知而不在敬者」。今未知反求諸心，而胸中方且叢雜錯亂未知所守，持此雜亂之心以觀書察理，故凡工夫皆從一偏一角做去，何緣會見得全理？某以爲諸公莫若且收斂身心、盡掃雜慮，令其光明洞達，方能作得主宰〔一八〕，方能見理，不然亦終歲而無成耳。大雅。〔一九〕

「諸公皆有志於學，然持敬工夫大段欠在。若不知此，何以爲進學之本？程先生云『涵養須用敬，進學則在致知』，此最切要。」游和之問：「不知敬，如何持？」曰：「只是要收斂身心，莫令走失而已。今人精神自不曾定，讀書安得精專？凡看山看水，風吹草動，此心便自走失，何以爲學？諸公切宜勉此！」南升。

先生語諸生曰：「人之爲學，五常百行，豈能盡常常記得？人之性惟五常爲大，五常之中仁尤爲大，而人之所以爲是仁者，又但當守『敬』之一字。只是常求放心，晝夜相承，只管提撕，莫令廢惰，則雖不能常常盡記衆理，而義禮智信之用自然隨其事之當然而發見矣。子細思之，學者最是此一事爲要，所以孔門只是教人求仁也。」壯祖。

或曰：「每常處事或思慮之發，覺得發之正者心常安，其不正者心常不安。然義理不足以勝私欲之心，少間安者却容忍，不安者却依舊被私欲牽將去。及至事過又却悔，悔時依舊是本心發處否？」曰：「然。只那安、不安〔二〇〕處便是本心之德。孔子曰『志士仁人無求生以害仁，有殺身以成仁』，求生如何便害人〔二二〕？殺身如何便成仁？只是個安與不安而已。」又曰：「不待接事時方流入於私欲，只那未接物時此心已自流了。須是未接物時也常剔抉此心教他分明，少間接事便不至於流。上蔡解『爲人謀而不忠』云：『爲人謀而忠非特臨事而謀，至於平居静慮，思所以處人者一有不盡，則非忠矣。』此雖於本文説得來大過，然却如此。今人未到爲人謀時方不忠，只平居静慮閑思念時，便自懷一個利便於己、將不好處推與人之心矣。須是於此處常常照管得分明方得。」僩。

或問：「静時見得此心，及接物時又不見。」曰：「心如何見得？接物時只要求個是。應得是便是心得其正，應得不是便是心失其正，所以要窮理。且如人唱若〔二三〕須至誠還他喏，人問何處來須據實説某處來，即此便是應物之心，如何更要見此心？浙間有一般學問又是得江西之緒餘，只管教人合眼端坐，要見一個物事如日頭相似便謂之悟，此大可笑。夫子所以不大段説心，只説實事，便自無病。至孟子始説『求放心』，然大概只要人不馳騖於外耳，其弊便有這般底出來，以此見聖人言語不可及。」學蒙。

或問：「覺得意思虚静時應接事物少有不中節者。纔是意思不虚静，少間應接事物便都錯亂。」曰：「然。然公又只是守得那塊然底虚静，雖是虚静，裏面黑漫漫地。不曾守得那白底虚静，濟得甚事！所謂虚静者，須是將那黑底打開成個白底，教他裏面東西南北玲瓏透徹，虚明顯敞，如此方唤做虚静。若只確守得個黑底虚静，何用也？」僩。

有問：「程門教人説敬，却遺了恭，中庸説『篤恭而天下平』又不説敬。如何恭、敬不同？」曰：「昔有人曾以此問上蔡。上蔡云：『不同。恭是平聲，敬是側聲。』」舉坐大笑。先生曰：「不是如此理會，隨他所説處理會。如只比並作個問頭又何所益？」謙。

先生嘗語在坐者云：「學者常常令道理在胸中流轉。」過。

先生見學者解説之際或似張大，即語之曰：「説道理不要大驚小怪。」過。

今之學者只有兩般，不是玄空高妙，便是膚淺外馳。

張洽因先生言近來學者多務高遠，不自近處著工夫，因言：「近來學者誠有好高之弊。昔有問伊川：『如何是道？』伊川曰：『行處是。』又問明道『如何是道？』明道令於君臣、父子、兄弟上求。諸先生之言不曾有高遠之説。」先生曰：「明道之説固如此。然君臣、父子、兄弟之間各有個當然之理，此便是道。」

因説今人學問，云：「學問只是一個道理。不知天下説出幾多言語來，若内無所主一，隨人脚跟轉，是壞了多少人！吾人日夜要講明此學，只爲要理明學至，不爲邪説所害，方是見得道理分明。聖賢真可到，言話真不誤人。今人被人引得七上八下，殊可笑。」謙。

或問左傳疑義。曰：「公不求之於六經、語、孟之中，而用功於左傳。且左傳有甚麽道理？

縱有能幾何？所謂『棄却甜桃樹，緣山摘醋梨』，天之所賦於我者如光明寶藏，不會收得，却上他人門教化一兩錢，豈不哀哉！　只看聖人所説無不是這個大本，如云『天高地下，萬物散殊，而禮制行矣；　流而不息，合同而化，而樂興焉』。不然，子思何故説個『天命之謂性，率性之謂道，修道之謂教』？此三句是怎如此説？是乃天地萬物之大本大根，萬化皆從此出。人若能體察得，方見得聖賢所説道理皆從自己胸襟流出，不假他求。某向嘗見呂伯恭愛與學者説左傳，某嘗戒之曰：『語、孟、六經許多道理不説，恰限説這個。縱那上有些零碎道理，濟得甚事？』伯恭不信，後來又説到漢書。若使其在，不知今又説到甚處，想益卑矣，固宜爲陸子靜所笑也。子靜底是高，只是下面空疏，無物事承當。伯恭底甚低，如何得似他？」又曰：「人須是於大原本上看得透，自然心胸開闊，見世間事皆瑣瑣不足道矣。」又曰：「每日開眼便見這四個字在面前，仁、義、禮、智。只趯着脚指頭便是。這四個字若看得熟，於世間道理沛然若决江河而下，莫之能禦矣。若看得道理透，方見得每日所看經書無一句一字一點一畫不是道理之流行，見天下事無大無小、無一名一件，不是此理之發見。如此方見得這個道理渾淪周遍不偏枯，方見得所謂『天命之謂性』底全體。今人只是隨所見而言，或見得一二分，或見得二三分，都不曾見那全體，不曾到那極處，所以不濟事。」僩。

「浙中朋友，一等底只理會上面道理，又只理會一個空底物事，都無用，少間亦只是計較利害；一等又只就下面裏會事，眼前雖粗有用，又都零零碎碎了，少間只見得利害。如横渠説釋氏有『兩末之學』，兩末，兩頭也，都是那中間事物轉關處都不理會。」賀孫問：「如何是轉關處？」曰：「如致知、格物，便是就事上理會道理。理會上面底却棄置事物爲陳迹，便只説個無形影底道理；然若還被他放下來，更就事上理會又却易。只是他已見得上面一段物事不費氣力，省事了，又那肯下來理會！理會下面底又都細碎了。這般道理須是規模大，方理會得。」遂舉「伊川説『曾子易簀，便與有天下，行一不義、殺一不辜不爲一同』，後來説得來便無他氣象。大底却可做小，小底要做大却難，小底就事物細碎上理會。」賀孫。

先生問浙間事。某曰：「浙間難得學問，會説者不過孝、悌、忠、信而已。」曰：「便是守此四字不得，須是從頭理會來，見天理從此流出便是。」炎。

謂邵武諸友：「公看文字看得緊切好。只是邵武之俗不怕不會看文字，不患看文字不切，只怕少寬舒意思。」賀孫。

方伯謨以先生教人讀集注爲不然。蔡季通丈亦有此語，且謂「四方從學之士稍自負者，皆不得其門而入，去者亦多」。某因從容侍坐，見先生舉以與學者云：「讀書須是自肯下工夫始得。某向得之甚難，故不敢輕説與人。至於不得已而爲注釋者，亦是博採諸先生及前輩之精微寫出與人看，極是簡要，省了多少工夫。學者又自輕看了，依舊不得力。」蓋是時先生方獨任斯道之責，如西銘、通書、易象諸書方出，四方辨詰紛然。而江西一種學問又自善鼓扇學者，其於聖賢精義皆不暇深考，學者樂於簡易，甘於詭僻，和之者亦衆，然終不可與入堯舜之道。故先生教人專以主敬、窮理爲主，欲使學者自去窮究，見得道理如此便自能立，不待辨説而明，此引而不發之意。其爲學者之心蓋甚切，學者可不深味此意乎？炎。

或問：「所謂『窮理』，不知是反己求之於心，惟復是逐物而求於物？」曰：「不是如此。事事物物皆有個道理，窮得十分盡方是格物。不是此心，如何去窮理？不成物自有個道理，心又有個道理。枯槁其心，全與物不接，却使此理自見，萬無是事。不用自家心，如何別向物上求一般道理？不知物上道理，却是誰去窮得？近世有人爲學專要説空説妙，不肯就實却説是悟。此是不知學，學問無此法。纔説一『悟』字，便不可窮詰，不可研究，不可與論是非，一味説入虛談，最爲惑人。然亦但能謾得無學底人，若是有實學人，如何被他謾？纔説『悟』，便不是學問。奉勸諸公且子細讀書。書不曾讀，不見義理，乘虛接渺，指摘一二句來問人，又有漲開其説來問，又有牽甲證乙來問，皆是不曾有志樸實頭讀書。若是有志樸實頭讀書，真個逐些理會將去，所疑直是疑亦有可答。不然彼已無益，只是一場閑説話爾，濟得甚事！且如讀此一般書只就此一般書上窮究，册子外一個字且莫兜攬來炒，將來理明，却將已曉得者去解得未曉者。如今學者將未能解説者却去參解説不得者，鶻突好笑，悠悠歲月，只若人耳。」謙。

或問：「所守所行似覺簡易，然茫然未有所獲。」曰：「既覺得簡易自合有所得，却曰茫然無所獲者如何？」曰：「比之以前爲學多岐，今來似覺簡略耳。愚殊不敢望得道，只欲得一個入頭處。」曰：「公之所以無所得者，正坐不合簡易。揚子雲曰『以簡以易，焉支焉離』，蓋支離所以爲簡易也。人須是『博學之，審問之，謹思之，明辨之，篤行之』，然後可到簡易田地。若不如此用工夫，一蹴便到聖賢地位，却大段易了，古人何故如此『博學、審問、謹思、明辨、篤行』乎？夫是五者無先後、有緩急。不可謂博學時未暇審問，審問時未暇謹思，謹思時未暇明辨，明辨時未暇篤行。五者從頭做將下去，只微有少差耳，初無先後也。如此用工，他日自然簡易去。謨録注云：「包顯道以書論此，先生面質如此。」孟子曰『博學而詳說之，將以反說約也』，語云『博我以文，約我以禮』，須是先博然後至約，如何便先要約得？人若先以簡易存心，不知『博學、審問、謹思、明辨、篤行』，將來便入異端去。」去僞。謨同。

先生言：「此兩日甚思諸生之留書院者，不知在彼如何。孔子在陳思魯之狂士。孟子所記本亦只是此說。『狂狷』即『狂簡』，『不忘其初』即『不知所以裁之』。當時隨聖人在外底却逐日可照管他，留魯者却不見得其所至如何，然已說得『成章』了。成章是有首有尾，如異端亦然。釋氏亦自說得有首有尾，道家亦自說得有首有尾。大抵未成者尚可救，已成者爲是[一三]慮。」時先生在郡中。必大。

或云：「嘗見人說，凡是外面尋討入來底都不是。」曰：「喫飯也是外面尋討入來，若不是時須在肚裏做病，如何又喫得安穩？蓋飢而食者即是從裏面出來。讀書亦然，書固在外，讀之而通其義者却自是裏面事，如何都喚做外面入來得？必欲盡捨詩書而別求道理，異端之說也。」琮。

天下道理自平易簡直。人於其間只是爲剖析人欲以復天理，教明白洞達，如此而已。今不於明白處求，却求之於偏旁處，縱得些理，其能幾何！今日諸公之弊却自要說一種話，云「我有此理，他人不知」，安有此事？只是一般理，只是要明得，安有人不能而我獨能之事？如此則是錯了！可學。

「學者同在此，一般講學，及其後說出來便各有差誤。要其所成有上截底無下截，有下截底無上截，有皮殼底無肚腸，有肚腸底無皮殼。不知是如何？」必大曰：「工夫有間斷，亦是氣質之偏使然。」曰：「固是氣質，然大患是不子細。嘗謂今人讀書得如漢儒亦好。漢儒各專一家，看得極子細。今人纔看這一件又要看那一件，下梢都不曾理會得。」必大。

看二十五條，曰：「此正與前段相反，却有上截無下截。天資高底固有能不爲富貴所累，然下此者亦必思所以處之。『貧而樂』者固勝如『無諂』，『富而好禮』者固勝如『無驕』，若未能『無諂』、『無驕』底，亦須且於此做工夫。頃見一文集云，有一人天資善弈，極高，遂入京見國手。國手與之下了，但云：『可隨我諸處，看我與人弈。』如此者半年遂遣之。其人曰：『某隨逐許時，未蒙教得有所長。』國手曰：『汝棋本高，但未曾識低着，却恐與人下時錯了。我帶你去半年只是欲汝識低着耳。』」因論棋，又曰：「默堂集中亦載一說：有兩個對弈，方爭一段，甚危。其人忽舍所爭，却別於閑處下一着，衆所不曉。既畢，或問之。曰：『所爭處已自定，此一着亦有利害，不可不急去先下一着，然對者固未必曉。』問者曰：『既見得其人未必曉，又何用急去下？』曰：『在彼雖可忽，在我者不可不盡耳。』天下事皆當如此，不獨弈也。」㽦。

政和有客同侍坐。先生曰：「這下人全不讀書。莫說道教他讀別書，只是要緊如六經、漢書、唐書、諸子，也須着讀始得。又不是大段直錢了，不能得他讀。只問人借將來讀也得。如何一向只去讀時文？如何擔當個秀才名目在身己上？既做秀才，未說道要他理會甚麼高深道理，也須知得古聖賢所以垂世立教之意是如何，古今盛衰、存亡、治亂事體是如何，從古來人物議論是如何，這許多眼前底都全不識，如何做士人！須是識得許多，方始成得個人。」又云：「向來人讀書爲科舉計已自是末了，如今又全不讀而赴科舉又末之末者。若以今世之所習，雖做得官，貴窮公相也只是個没見識底人。若依古聖賢所教做去，雖極貧賤，身自躬耕而胸次亦自浩然，視彼污濁卑下之徒曾犬彘之不若。」又曰：「如今人也須先立個志趣始得。還當自家要做甚麼人，是要做聖賢，是只要苟簡做個人？天教自家做人，還只教恁地便是了？閑時也須思量着。聖賢還是元與自家一般，還是有兩般？天地交付許多與人，不獨厚於聖賢而薄於自家。是有這四端，是無這四端？只管在塵俗裏面衮，還曾見四端頭面，還不曾見四端頭面？且自去看。最難説是意趣卑下，都不見上面許多道理。公今如只管去喫魚鹹，不知有芻豢之美。若去喫芻豢，自然見魚鹹是不好喫物事。」又云：「如論語説『學而時習之』，公且自看平日是曾去學，不曾去學？曾去習，不曾去習？學是學個甚麽？習是習個甚麽？曾有説意思，無説意思？且去做好。讀聖賢之書，熟讀自見。如孟子説『亦有仁義而已』，這也不待注解。如何孟子須教人舍利而就義？如今人如何只去義而趨利？」賀孫。

問曾點。曰：「今學者全無曾點分毫氣象。今整日理會一個半個字有下落猶未分曉，如何敢望他？他直是見得這道理活潑潑地快活。若似而今諸公樣做工夫，如何得似它？」問：「學者須是打疊得世間一副當富貴利禄底心，方可以言曾點氣象，方有可用功處。」曰：「這個大故是外面粗處。某常説這個不難打疊，極未有要緊，不知别人如何。正當是裏面工夫極有細碎難理會處要人打疊得，若只是外面富貴利禄，此何足道！若更這處打一個〔二四〕透，説甚麽學？正當學者裏面工夫多有節病。人亦多般樣。而今自家只見得這個重便説難打疊，它人病痛又有不在是者。若人人將這個去律它，教須打併這個了方可做那個，則其無此病者却覺得緩散無力，急這一邊便緩却那一邊。所以這道理極難，要無所不用其力。莫問他急緩先後，只認是處便奉行，不是處便緊閉，教他莫要出來。所以説『是故君子無所不用其極』，『是故君子戒慎乎其所不覩，恐懼乎其所不聞。莫見乎隱，莫顯乎微』，又曰『仁以爲己任，不亦重乎』，四方八面盡要照管得到。若一處疏闕，那病痛便從那疏處入來。如人廝殺，凡山川途徑、險阻要害，無處不要防守。如姜維守蜀，它只知重兵守着正路，以爲魏師莫能來，不知鄧艾却從陰平、武都而入，反出其後。它當初也説那裏險阻，人必來不得。不知意之所不備處纔有縫罅，便被賊人來了。做工夫都要如此，所以這事極難，只看『是故君子無所不用其極』一句便見。而今人有終身愛官職不知厭足者，又有做到中中官職便足者，又有全然不要只恁地懶惰因循，我也不要官職，我也無力爲善，平平過者，又有始間是好人、末後不好者，又有始間不好、到末好者。如此者多矣。又有做到宰相了猶未知厭足，更要經營久做者。極多般樣。」僩。

先生過信州，一士子請見，問爲學之道。曰：「『道二，仁與不仁而已矣』，聖人千言萬語，只是要教人做人。」文蔚。

先生曰：「相隨同歸者，前面未必程程可説話；相送至此者，一別又不知幾年。有話可早商量。」久而無人問。先生遂云：「學者須要勇決，須要思量，須要著業。」又云：「此間學者只有過底，無有不及底。」在大桂鋪説。震。

與或人説：「公平日説甚剛氣，到這裏爲人所轉都屈了。凡事若見得了，須使堅如金石。」

舊看不尚文華、薄勢利之類説話便信以爲然，將謂人人如在。後方知不然。此在資質。學者輕俊者不美，樸厚者好。振。

先生因言：「學者平居議論多頹塌，臨事難望它做得事。」遂説：「一姓王學者後來狼狽，是其平時議論亦專是回互。有一處責曾子許多時用大夫之簀，臨時不是童子説則幾失易簀。王便云：『這是曾子好處。既受其簀，若不用之，必至取怒季孫，故須且將來用。』大抵今之學者多此病，如學夫子便學他『微服過宋』，『君命召，不俟駕』，『見南子』與『佛肸召』之類。有多少處不學，只學他這個。」胡泳。

大率爲善須自有立。今欲爲善之人不可謂少，言〔一二五〕多顧浮議，浮議何足恤！蓋彼之是非，干我何事！亦是我此中不痛切耳。若自着緊，自痛切，亦何暇恤它人之議哉！大雅。

或言某人好善。曰：「只是徇人情與世浮沉，要教人道好。又一種人見如此却欲矯之，一味只是説人短長，道人不是，全不反己。且道我是甚麽人，它是如何人，全不看他所爲是如何，我所爲是如何，一向只要胡亂説人。此二等人皆是不知本領，見歸一偏，坐落在窠臼中不能得出，聖賢便不如此。」謙。

因説：「而今人須是它曉得方可與它説話。有般人説與眼前事尚不曉，如何要他知得千百年英雄心事？」燾。

有一朋友輕慢，去後因事偶語及之。先生曰：「何不早說，得某與他道？」坐中應曰：「不欲說。」曰：「他在却不欲說，去後却後面說他，越不是。」端蒙。

因論諸人爲學，曰：「到學得争綱争紀，學却反成個不好底物事。」楊曰：「大率是人小故然。又各人合下有個肚私見識，世間書人無所不有，又一切去附會上，故皆偏側違道去。」先生甚然之。楊。

門人有與人交訟者，先生數責之，云：「欲之甚則昏蔽而忘義理，求之極則争奪而至怨仇。」賀孫。

每夜諸生會集，有一長上纔坐定便閑話。先生責曰：「公年已四十，書讀未通，纔坐便說别人事。夜來諸公閑話至二更，如何如此相聚不回光反照作自己工夫，却要閑說。」歎息久之。賀孫。

有侍坐而困睡者，先生責之。敬子曰：「僧家言，常常提起此志令堅强，則坐得自直，亦不昏困。纔一縱肆，則嗒然頽放矣。」曰：「固是。道家修養也怕昏困，常要直身坐，謂之『生腰坐』。若昏困倒靠，則是死腰坐矣。」因舉小南和尚少年從師參禪，一日偶靠倚而坐，其師見之，叱曰：「『得恁地無脊梁骨！』」小南悚然，自此終身不靠倚坐。」又舉徐處仁知北京日，早晨會僚屬治事訖，復穿秉會坐設廳上〔二六〕。徐多記覽，多說平生履歷州郡利害、政事得失及前言往行。終日危坐，僚屬甚苦之。嘗暑月會坐，有秦兵曹者瞌睡，徐厲聲叱之起，曰：「某在此說話，公却瞌睡，豈以某言爲不足聽耶？未論某是公長官，只論鄉曲，亦是公丈人行，安得如此！」叫客將掇取秦兵曹坐椅[二七]子去。問：「徐後來做宰相却無聲譽。」曰：「他只有治郡之才。」僩。

有學者每相揖畢，輒縮左手袖中。先生曰：「公常常縮着一隻手是如何？也似不是舉止模樣。」義剛。

先生讀書屏山書堂。一日，與諸生同行登臺，見草盛，命數兵耘草，分作四段令各耘一角。有一兵逐根拔去，耘得甚不多，其它所耘處一齊了畢。先生見耘未了者，問諸生曰：「諸公看幾個耘草，那個快？」諸生言諸兵皆快，獨指此一人以爲鈍。曰：「不然。某看來此卒獨快。」因細視諸兵所耘處草皆去不盡，悉復呼來再耘。先生復曰：「那一兵雖不甚快，看它甚子細，逐根去令盡。雖一時之難，却只是一番工夫便了。這幾個又着從頭再用工夫，只緣其初欲速苟簡，致得費力如此。看這處便是學者讀書之法。」寓。

留丞相以書問詩集傳數處。先生以書示學者曰：「他官做到這地位，又年齒之高如此，雖在貶所，亦不曾閑度日。公等豈可不惜寸陰！」友仁。

先生氣疾作，諸生連日皆無問難。一夕，遣介召入卧内，諸生亦無所請。先生怒曰：「諸公恁地閑坐時是怎生地？恁地便歸去强，不消得恁地遠來！」義剛。

大有事用理會在，某今只是覺得後面日子短促了，精力有所不逮，然力之所及亦不敢不勉，思量着有萬千事要理會在自是不容已。只是覺得後面日子大故催促人，可爲慨歎耳！

先生言：「日來多病，更無理會處，恐必不久於世。諸公全靠某不得，須是自去做工夫始得。且如看文字須要此心在上面，若心不在上面，便是不曾看相似，所謂『視之不見，聽之不聞』只是『心不在焉』耳。」時舉。

先生不出，令入卧内相見，云：「某病此番甚重。向時見文字也要議論，而今都怕了。諸友可各自努力，全靠某不得。」時舉。

「講學須要著實。向來諸公多見得不明却要做一罩説。」語次，云：「目前諸友亦多有識門户者。某旦暮死耳，不敢望大行，且得接續三四十年説與後進令知亦好。」可學〔二八〕。

先生一日腰疼甚，時作呻吟聲。忽曰：「人之爲學，如某腰疼方是。」在坐者皆不能問。泳久而思之，恐是爲學工夫意思接續，自然無頃刻之忽忘，然後進進不已。痛楚在身，雖欲無之而不可得，故以開諭學者。其警人之意深矣。胡泳。

因説工夫不可間斷，曰：「某若臂痛，常以手擦之，其痛遂止。若或時擦或時不擦無緣見效，即此便是做工夫之法。」正叔退，謂文蔚曰：「擦臂之喻最有味。」文蔚。

晦庵先生朱文公語類卷第一百二十二

東萊 子約及門人附[一]

伯恭因[二]言，少時多愛使性氣[三]，纔見使令者不如意，便躁怒。後讀論語至「躬自厚而薄責於人」，遂更不復如此。[四]某嘗問路德章，不知[五]曾見東萊説及此否。廣。[六]

某嘗謂，人之讀書寧失之拙，不可失之巧；寧失之低，不可失之高。若[七]伯恭之弊，盡在於巧。伯羽。

伯恭説義理，太多傷巧，未免杜撰。子静使氣，好爲人師，要人悟。一本云：「吕太巧，杜撰。陸喜同己，使氣。」閎祖。

吕伯恭教人看文字也粗。有以論語是非問者。伯恭曰：「公不會看文字，管他是與非做甚？但有益於我者、切於我者看之，足矣。」且天下須有一個是與不是，是處便是理，不是處便是咈理，如何不理會得？賜。

或問：「東萊陸象山之學如何[八]？」先生曰：「伯恭失之多，子静失之寡。」柄。

東萊聰明，看文理却不子細。向嘗與較程易，到噬嗑卦「和而且治〔九〕」，一本「治」作「治」〔一〇〕。據「治」字於理爲是，他硬執要做「治」字。「和」已有治意，更下「治」字不得。緣他先讀史多，〔一一〕所以看粗着眼陳本無「多所」以下七字，有「失多而雜」四字。〔一二〕讀書須是以經爲本，而後讀史。義剛。按，陳淳録同而少異。〔一三〕

說同父，因謂：「呂伯恭烏得爲無罪？恁地横論却不與他剖說打教破，却和他都自被包裹在裏。今來伯恭門人却亦有爲同父之行〔一四〕者，二家打成一片，可怪。君舉只道某不合與說，只是他見不破。天下事不是是便是非，直截兩邊去，如何恁地含糊鶻突。某鄉來與說許多，豈是要眼前好看？青天白日在這裏，而今人雖不見信，後世也須有人看得此說，也須回轉得幾人。」又歎惜久之，云：「今有一等自恁地高出聖人之上，一等自恁地陷身污濁，要擔頭出不得。」賀孫。〔一五〕

李德之問：「繫辭精義編得如何？」先生曰：「編得亦雜，只是前輩說話有一二句與繫辭相雜者皆載。只如『觸類而長之』，前輩曾說此便載入，更不暇問是與不是。」蓋卿。

或問東萊所編〔一六〕繫辭精義。曰：「這文字雖然是裒集得做一處，其實於本文經旨多有難通者。如伊川先生說話與横渠先生說話，都有一時意見如此故如此說，若用本經文一二句看得亦自通，只要成片看便上不接得前，下不帶得後。如程先生說孟子『勿忘，勿助長』，只把幾句來説敬。後人便將來説此一章，都前後不相通，接前不得，接後不得。若知得這般處是假借來説敬，只恁地看也自見得程先生所以説之意，自與孟子不相背馳。若此等處最不可不知。」賀孫。

人言何休爲公穀忠臣，某嘗戲伯恭爲毛鄭之佞臣。道夫。

上蔡説「思無邪」一條未甚親切。東萊詩記編在擗初頭。看他意只説得個「詩可以怨」底意思〔一七〕，如何説「思無邪」！賀孫。〔一八〕

或曰：「先儒以三百篇之義皆『思無邪』。」先生笑曰：「如呂伯恭之説亦是如此。讀詩記序説一大段主張個詩，説三百篇之詩都如此。看來只是説得個『可以怨』，言詩人之情寬緩不迫、優柔温厚而已。只用他這一説，便瞎却一部詩眼矣。」僩。〔一九〕

問：「如先生説，『思無邪』一句却如何説？」先生曰：「詩之意不一，求其切於大體者，惟『思無邪』足以當之。非是謂作者皆無邪心也，爲此説者乃主張小序之過。詩三百篇大抵好事足以勸，惡事足以戒。如春秋中好事至少，惡事至多。此等詩，鄭漁仲十得其七八。如將仲子詩只是淫奔，艾軒亦見得。向與伯恭論此，如桑中等詩，若以爲刺則是抉人之陰私而形之於詩，賢人豈宜爲此？伯恭云：『只是直説。』答之云：『伯恭如見人有此事，肯作詩直説否？伯恭平日作詩亦不然。』伯恭曰：『聖人「放鄭聲」又却取之，如何？』答〔二〇〕曰：『放者，放其樂耳；取者，取其詩以爲戒。今所謂鄭、衛樂，乃詩之所載。』伯恭云：『此皆是雅樂。』曰：『雅則大雅、小雅，風則國風，不可紊亂。言語之間亦自可見。且如清廟等詩是甚力量！鄭、衛風如今歌曲，此等詩豈可陳於朝廷宗廟！此皆司馬遷之過，伯恭多引此爲辨。嘗語之云：『司馬遷何足證！』子約近亦以書問『止乎禮義』，答之云『詩有止乎禮義者，亦有不止乎禮義者』。」可學。〔二一〕

義剛〔二二〕問東萊之學。先生〔二三〕曰：「伯恭門於史時却分外去子細，〔二四〕於經却不甚知〔二五〕理會。嘗〔二六〕有人問他：『忠恕，楊氏、侯氏之説孰是？』他却説：『公是〔二七〕如何恁地不會看文字？這個都好。』不知他〔二八〕是如何看來。他要説爲人謀〔二九〕不盡心爲忠。知〔三〇〕傷人害物爲恕，恁地時他方説不是。」義剛曰：「他也是相承那江浙間一種史學，故恁地。」先生曰：「史甚麽學？只是見得淺。」義剛。

先生問某〔三一〕：「向見伯恭有何説？」某對〔三二〕曰：「吕丈勸令看史。」先生〔三三〕曰：「他此意便是不可曉。某尋常非特不敢勸學者看史，亦不敢勸學者看經，〔三四〕只語孟亦不敢便教他看，且令看大學。伯恭動勸人看左傳、遷史，令子約諸人抬扛〔三五〕得司馬遷不知大小，恰比作〔三六〕孔子相似。」伯豐。

伯恭、子約宗太史公之學，以爲非漢儒所及，某嘗痛與之辨。子由古史言馬遷「淺陋而不學，疏略而輕信」，此二句最中馬遷之失，伯恭極惡之。古史序云「古之帝王，其必爲善，如火之必熱，水之必寒；其不爲不善，如騶虞之不殺，竊脂之不穀」，此語最好。某嘗問伯恭：「此豈馬遷所能及？」然子由此語雖好，又自有病處，如云「帝王之道以無爲宗」之類。他只說得個頭勢大，然〔三七〕下面工夫又皆空疏。亦猶馬遷禮書云「大哉禮樂之道！洋洋乎鼓舞萬物，役使群動」，說得頭勢甚大，然下面亦空疏，却引荀子諸說以足之。又如諸侯年表盛言形勢之利，有國者不可無，末却云「形勢雖强，要以仁義爲本」。他上文本意主張形勢，而其末却如此說者，蓋他也知仁義是個好底物事不得不說，且說教好看。如禮書所云亦此意也。伯恭極喜渠此等說，以爲遷知「行夏之時，乘殷之輅，服周之冕」，爲得聖人爲邦之法，非漢儒所及。此亦衆所共知，何必馬遷？然遷嘗從董仲舒遊，史記中有「余聞之董生云」，此等語言亦有所自來也。遷之學也說仁義，也說詐力，也用權謀，也用功利，然其本意却只在於權謀、功利。又如伯夷傳孔子正說〔三八〕伯夷「求仁得仁，又何怨」，他一傳中首尾皆是怨辭，盡說壞了伯夷。子由古史皆刪去之，盡用孔子之語作傳，豈可以子由爲非，馬遷爲是？可惜子由〔三九〕死了，此論至死不曾明。聖賢以六經垂訓，炳若丹青，無非仁義道德之說。今求義理不於六經，而反取疏略淺陋之子長，亦惑之甚矣！僩。

木之〔四〇〕問：「東萊大事記有續春秋之意，中間多主史記。」曰：「公鄉里主張史記甚盛，其間有不可說處，都與他出脫得好。如貨殖傳，便說他有諷諫意之類，不知何苦要如此？世間事是還是，非還非，黑還黑，白還白，通天通地，貫古貫今，决不可易。若使孔子之言有未是處也只還他未是，如何硬穿鑿説！」木之又問：「左氏傳合如何看？」曰：「且看他紀載事迹處。至如説道理全不似公穀。要知左氏是個曉了識利害底人，趨炎附勢。如載劉子『天地之中』一段，此是極精粹底。至説『能者養之取〔四一〕福，不能者敗以取禍』，便只説向禍福去了。大率左傳只道得禍福利害底説話，於義理上全然理會不得。」又問：「所載之事實否？」曰：「也未必一一實。」子升問：「如載卜妻敬仲與季氏生之類，是如何？」曰：「看此等處便見得是六卿分晉、田氏篡齊以後之書。」又問：「此還是當時特故撰出此等言語否？」曰：「有此理。其間做得成者如斬蛇之事，做不成者如丹書狐鳴之事。看此等書，機關熟了，少間都壞了心術。莊子云『有機械者必有機事，有機事必有機心，有機心〔四二〕則純白不備。純白不備者，道之所不載也』。今浙中於此二書極其推尊，是理會不得。」因言：「自孟子後聖學不傳，所謂『軻之死不得其傳』。如荀卿説得自〔四三〕頭緒多了，都不純一。至揚雄，所説底話又多是莊老之説。至韓退之，唤做要説道理，又一向主於文詞。至柳子厚却反助釋氏之説。因言異端之教，漢魏以後只是老莊之説。至唐〔四四〕時肇法師，釋氏之教始興。其初只是説，未曾身爲。至達磨面壁九年，其説遂熾。」木之。

説要編通鑑綱目不成，以爲伯恭大事記忒藏頭亢腦，又題目之類太多。寓。〔四五〕

先生言〔四六〕「伯恭解説文字甚〔四七〕尖巧。渠曾被人説不曉事，故作此等文字出來極傷事。」敬之問：「大事記所論如何？」曰：「如論公孫洪等處亦傷太巧。」德明。

東萊自不合做這大事記。只他那時自感疾了，一日要做一年。若不死，自漢武至五代只千來年，他三年自可了此文字。人多云，其解題煞有工夫。其實他當初作題目却煞有工夫，只一句要包括一段意。解題只見成，檢令諸生寫。伯恭病後，既免人事應接，免出做官，若不死，大段做得文字。賀孫。

因說伯恭少儀外傳多瑣碎處，曰：「人之所見不同。某只愛看人之大體大節活絡〔四八〕處，這般瑣碎便懶看。伯恭又愛理會這處，其間多引忍恥之說，最害義。此等語，〔四九〕蓋〔五〇〕緣他資質弱，與此意有合，遂就其中推廣得大。想其於忠臣義士死節底事却〔五一〕不愛。他亦有詩，說張巡、許遠那時不應出來。」〔五二〕

或言：「東萊館職策、君舉治道策頗涉清談，不如便指其事說，自包治道大原意。」曰：「伯恭策止緣裏面說大原不分明，只自恁地依傍說，更不直截指出。」賀孫。

東萊文鑑編得泛，然亦見得近代之文。如沈存中律歷一篇，說渾天亦好。淳。〔五三〕

先生方讀文鑑而學者至。坐定。語學者曰：「伯恭文鑑去取之文，若某平時看不熟者也不敢斷他，有數般皆某熟讀底，今揀得也無巴鼻。如詩，好底都不在上面，却載那衰颯底，把作句法又無好句法，把作好意思又無好意思，把作勸戒又無勸戒。」林擇之云：「他平生不會作詩。」

先生云：「此等有甚難見處？」義剛。按，陳淳録同而略，今附，云：〔五四〕「呂伯恭〔五五〕文鑑去取未足爲定論。」

觀呂子約書有論讀詩及劉壯輿字畫一段。先生曰：「某之語詩與子約異。詩序多附會，須當觀詩經。渠平日寫書來，字畫難曉。昔日劉元城戒劉壯輿，謂此人字畫不正，必是心術不明，故寫此一段與之。」子約書又云：「昨讀左傳劉康公說『民受天地之中以生』，下云『君子勤禮，小人盡力』，見得古人說道理平實、不張皇，而著實下手處隨貴賤高卑皆有地位。非如後世此之爲可而彼之爲不可，人有所不可爲，道有所不可行也。」先生曰：「此一段議論却好。」可學。以下子約。〔五六〕

「可憐子約一生辛苦讀書，只是竟與之說不合。今日方接得他三月間所寄書，猶是論『寂然不動』，依舊主他舊說。時子約已死。它硬說『寂然不動』是耳無聞，目無見，心無思慮，至此方是工夫極至處。伊川云『要有此理，除是死也』，幾多分曉！某嘗答之云：『洪範五事：貌曰恭，言曰從，視曰明，聽曰聰，思曰睿。若如公說則當云：〔五七〕貌曰僵，言曰啞，視曰盲，聽曰聾，思曰塞。方得。還有此理否？』渠至死此論〔五八〕不曉，不知人如何如此不通？」用之云：「釋氏之坐禪入定者〔五九〕便是無聞無見，無思無慮。」曰：「然。它是務使神輕去其體，其理又不同。神仙則使形神相守，釋氏則使形神相離。佛家有『白骨觀』，初想其形從一點精氣始，漸漸胞胎孕育，生産稚乳，長大壯實，衰老病死，以至屍骸胖脹枯僵，久之化爲白骨。既想爲白骨，則視其身

常如白骨，所以厭棄脱離，而無留戀之念也，此又釋氏工夫之最下者。」僩。［六〇］

答子約書云：「目下放過了合做底親切工夫，虚度了難得少壯底時日。」方子。

呂子約死，先生曰：「子約竟齎著許多渾突［六一］道理去矣！」賀孫。

先生問曰［六二］：「呂子約近況如何？」曰：「呂丈在鄉里，方取其家來，骨肉得團聚不至落寞。」曰：「得渠書，多説仙郡士友日夕過從，以問學爲樂。罪大責輕，遷客得如此，過分矣。亦是仙郡士友好學樂善，豈非衡州流風餘韻所及乎！」嗟歎久之。又問曰：「識章茂獻否？」曰：「嘗見之，亦蒙教誨。」曰：「江西士大夫如茂獻亦難得。」又言：「吴伯豐有見識，力學不倦。」祖道因言伯豐自植立事。曰：「此某知之有未盡，不意伯豐能如此。」祖道。

伯恭門徒氣宇厭厭，四分五裂，各自爲説，久之必至銷歇。子静則不然，精神緊峭，其説分明，能變化人，使人旦異而晡不同，其流害未艾也。道夫。以下門人。

叔度應童子進士詞科，然竟以不能隨世俛仰，不肯一日置其身於仕路也。道夫。

自叔度以正率其家，而子弟無一人敢爲非義者。道夫。

叔度與伯恭爲同年進士，年又長，自視其學非伯恭比，即俯首執弟子禮而師事之，略無難色，亦今世之所無耳。道夫。［六三］

晦庵先生朱文公語類卷第一百二十三

陳君舉 陳同父 葉正則附。

孝宗池本作「光宗」。嘗問陳君舉云：「聞卿博學。」君舉因奏云：「臣平生於周官粗嘗用心。有周官說數篇，容繕寫進入。」大概推周官制度亦自詳密，但說官屬不悉以類聚，錯總互見，事必相關處却多含糊。或者又謂有互相檢制之意，此尤不然。何聖人不以君子長者之道待其臣？既任之而復疑之耶？殊不知大行人司儀掌賓客之事，當屬春官而乃領於司寇者，蓋諸侯朝覲、會同之禮既畢，則降而肉袒請刑，同寇主刑故也。職方氏辨正封疆之事，當屬地官而乃領於司馬者，蓋諸侯有罪則六師移之，不得有其土地，司馬主兵，有威懷諸侯之義故也。」或問：「冬官司空掌何事？」曰：「次第是掌土田之事。蓋職方氏但正其疆域之制，至申畫井地、創置纖悉必屬於司空，而今亡矣。」僩用。〔一〕

先生問德粹：「去年何處作考官？」對以永嘉。問：「曾見君舉否？」曰：「見之。」曰：「說甚話？」曰：「說洪範及春秋左傳。〔二〕」先生曰：「洪範如何說？」滕〔三〕曰：「君舉以爲讀洪範方知孟子之『道性善』。如前言五行、五事，則各言其德性而未言其失，及過於皇極則方辨其失。」先生曰：「不然。且各還他題目，一則五行，二則五事，三則八政，四則五紀，五則皇極，至其後庶徵、五福、六極，乃權衡聖道而著其驗耳。」又問：「春秋如何説？」滕云：「君舉云：『世人疑左丘明好惡不與聖人同，謂其所載事多與經異。此則有説。且如晉先蔑奔，人但謂先蔑奔秦耳。此乃先蔑立嗣不定，故書「奔」以示貶。』」先生曰：「是何言語！先蔑實是奔秦，如何不書『奔』？且書『奔秦』謂之『示貶』，不書『奔』則此事白不見，何以爲褒？昨説與吾友所謂『專於博上求之，不反於約』，乃謂此耳，是乃於穿鑿上益加穿鑿。疑誤後學。」可學因問：「左氏識見如何？」先生曰：「左氏乃一個趨利避害之人。要置身於穩地而不識道理於大倫處，皆錯，觀其議論往往皆如此。且大學論所止，便只説君臣父子五件，左氏豈知此？如云『周鄭交質』而曰『信不由中，質無益也』，正如田客論主而責其不請喫茶。使孔子論此肯如此否？尚可謂其好惡同聖人哉？又如論宋宣公事曰『宋宣公可謂知人矣。立穆公，其子饗之，命以義夫』，是何等言談？」可學曰：「此一事，公羊議論却好。」先生曰：「公羊乃儒者之言。」可學又問：「林黄中亦主張左氏，如何？」先生曰：「林黄中却會占便宜。左氏疏脱多在『君子曰』，渠却把此殃苦劉歆。昔吕伯恭亦多勸學者讀左傳，常〔四〕語之云：『論孟聖賢之言不使學者讀，反使讀左傳？』伯恭曰：『讀論孟使學者易向外走。』因語之云：『論孟却向外走，左氏却不向外走？讀論孟皆[五]且先正人之見識，以參他書，無所不可。此書自傳惠公元妃，孟子起便没理會。』大抵春秋自是難看。今人説春秋有九分九釐不是，何以知聖人之意是如此？平日學者問春秋，且以胡文定傳語之。」可學。

先生問：「赴試用甚文字？」賀孫以春秋對。曰：「春秋爲仙鄉陳、蔡諸公穿鑿得盡。諸經時文愈巧愈鑿，獨春秋爲尤甚，天下大抵皆爲公鄉里一變矣。」賀孫。[六]

「陳君舉得書云：『更望以雅頌之音消鑠群慝，章句訓詁付之諸生。』問他看如何是雅頌之音？今只有雅頌之辭在，更没理會，又去那裏討雅頌之音？便都只是瞞人。又謂某前番不合與林黄中、陸子静諸人辨，以爲『相與詰難，竟無深益。蓋刻畫太精，頗傷易簡；矜持已甚，反涉吝驕』。不知更如何方是深益。若孟子之闢楊、墨，也只得恁地闢。他説『刻畫太精』便只是某不合説得太分曉，不似他只恁地含糊。他是理會不得，被衆人擁從，又不肯道我不識，又不得不説，説又不識，所以不肯索性開口道這個是甚物事，又只恁鶻突了。子静雖占姦不説，然他見得成個物事，説話間便自然有個痕跡可見。只是人理會他底不得，故見不得，然亦易見。子静只是人未從，他便不説；及鈎致得來便直是説，方始與你理會。至如君舉，胸中有一部周禮都撑腸拄肚，頓着不得。如遊古山詩又何消説着[七]？只是他稍理會得便自要説，又説得不着。如東坡、子由見得個道理更不成道理，又却便開心見膽，説教人理會得。」又曰：「他那似得子静！

子靜却是見得個道理，却成一部禪。他和禪識不得。」賀孫。

「古人紀綱天下，凡措置許多事都是心法從這裏流出，是多少正大！今若去逐些子搜抉出來評議，恐不得。凡看文字也須待自有忽然湊合見得異同處，若先去逐些安排比並便不是。」因問：「君舉說漢、唐好處與三代暗合，是如何？」曹曰：「亦只就事上看，如漢初待群臣不專執其權，略堂陛之嚴不恁地操切，如財散於天下之類。」先生曰：「這也自是事勢到這裏，見得秦時君臣之勢如此間隔，故漢初待宰相如此。然而蕭何是多少功勞！幾年宰相，一旦繫獄，這喚做操切[八]。又如周勃終身有功，後來也下獄對問。又如賈誼書中所說是如何？財用那時自寬饒，不得不散在郡縣。且如而今要散在郡縣，得也不得？上面又不儲蓄，財賦閑在那裏，只是每年合天下之所入不足以供一年之用，一月之入不足以供一月之用，逐時挨展將去。將漢初來看，要散之郡縣得否？這只是閑說。第一項最是養許多坐食之兵，其費最廣。州郡自是州郡底，如許多大軍是如何區處？無祖宗天下之半而有祖宗所無之兵。如州郡兵還養在，何用！若留心太守，又會去教他攀些弓、射些弩，教他做許多模樣，也只是不忍將許多錢糧白地[九]與他。到有斷殺時，你道他與你去斷殺否？只是徒然！」問：「君舉曾要如何措置？」答[一〇]曰：「常常憂此，但措置亦未曾說出。」問：「看唐事如何？」曰：「聞之陳先生說，唐初好處也是將三省推出在外。這却從魏晉時自有裏面一項，唐初却盡屬之外，要成一體。如唐經禍變後便都有諸王出來克復，如肅宗事。及代宗後來，雖是郭子儀，也有個主出來。」曰：「三省在外，怕自隋時已如此，只唐時併屬之宰相。諸王克復，代宗事，只是郭子儀，怕别無諸王。唐官，看他六典將前代許多官一齊盡置得偏官，如何不冗？今只看漢初時官如何，到得元成間如何，又看東漢和時〔一一〕如何，到得〔一二〕東漢末時如何，到得三國魏晉以後如何。只管添，只管雜。」賀孫。

器遠言：「鄉間諸先生所以要教人就事上理會教着實，緣是向時諸公多是清談，終於敗事。」曰：「便是而今自恁地説，某尚及見前輩都不曾有這話。是三十年前如此，不曾將這個分作兩事。如所謂『推倒墻，撞倒壁』，如此粗話，那時都恁地〔一三〕，然〔一四〕恁地粗却有好處。南渡時有許多人出來做得事，經變故後將許多人都摧折了。到而今却是氣卑弱了，凡事都無些子正大，只是細巧。」曰：「陳先生要人就事上理會教實之意，蓋怕下梢用處不足。如司馬公居洛六任，只理會得個通鑑，到元祐出來做事却有未盡處，所以激後來之禍。如今須先要較量教盡。」曰：「便是如今都要恁地説話。如温公所做，今只論是與不是，只論〔一五〕合當做與不合當做，如何説他激得後禍？這是全把利害去説。温公固是有從初講究未盡處，也是些小事。如役法變得未盡，只是東南不便，他西北邊已自〔一六〕便之。那時節已自極了，温公〔一七〕只得如此做，若不得温公如此做，更自有一場出醜。今只將紙上語去看便道温公做得過當，子細看那時節，若非温公如何做？温公是甚氣勢！天下人心甚麽樣感動！温公直有旋乾轉坤之功。温公此心可以質天地，通幽明，豈容易及！後來吕微仲、范堯夫相〔一八〕用調亭之説，兼用小人，更無分别，所以成後日之禍。今人却不歸咎於調亭，反歸咎於元祐之政。若直是見得君子小人不可雜處，如何要委曲遮護得！蔡確也是卒急難去，也是猾。他置獄傾一從官得從官，置獄傾一參政得參政，置獄傾一宰相得做〔一九〕宰相。看温公那時已自失委曲了。如王安石罪既已明，向〔二〇〕後既加罪於蔡確之徒，論來安石是罪之魁首〔二一〕，却於其死又加太傅及贈禮皆備，想當時也道要委曲周旋他。如今看來，這般却煞不好。要好，便合當顯白其罪，使人知得是非邪正，所謂『明其爲賊，敵乃可服』，須是明顯其不是之狀。若更加旌賞，却惹得後來許多群小不服。今又都没理會，怕道要做朋黨，那邊用幾人，這邊用幾人，不問是非，不别邪正，下梢還要如何？某看來，天下事須是先論其大處，如分别是非邪正、君子小人端的是如何了，方好於中間酌量輕重淺深施用。」賀孫。

器遠言：「陳丈大意説，格君且令於事上轉移他心下歸於正。如蕭何事漢，令散財於外可以去其侈心，成其愛民之心。説北齊宣帝云云。」曰：「欲事君者豈可以此爲法？自元魏以下至北齊最爲無綱紀法度，自家却以爲事君法。」賀孫。

德粹問陳君舉福州事，先生曰：「無此，只是過當，作一添倅而一州之事皆欲爲之。益之初九曰『利用爲大作，元吉，無咎』，象曰『元吉，無咎，〔二二〕下不厚事也』，初九欲爲九四作事，在下本不當處厚事，以爲上之所任故爲之，而致元吉乃爲之，若不然，不惟已不安，而亦累於上。〔二三〕向編近思録，説與伯恭：『此一段非常有，不必入。』伯恭云：『既云非常有，則有時而有，豈可不書以爲戒？』及後思之，果然。」可學。〔二四〕

陳同父祭東萊文云：「在天下無一事之可少，而人心有萬變之難明。」先生曰：「若如此，則雞鳴狗盜皆不可無。」因舉易曰：「天下之動，貞夫一者也。天下何思何慮？同歸而殊塗，一致而百慮。天下何思何慮？」又云：「同父在利欲膠漆盆中。」閎祖。下陳同父。〔二五〕

同父才高氣粗，故文字不明瑩。要之，自是心地不清和也。道夫。

因言：「陳同父讀書譬如人看劫盜公案，看了，須要斷得他罪及防備禁制他，教做不得。它却不要斷他罪及防備禁制他，只要理會得許多做劫盜底道理，待學他做？」廣。

先生説：「看史只如看人相打，相打有甚好看處？陳同父一生被史壞了。」直卿亦言：「東萊教學者看史，亦被史壞。」泳。

或謂：「同父口説皇王帝霸之略而一身不能自保。」先生曰：「這只是見不破，只説個是與不是便了。若做不是，恁地依阿苟免以保其身，此何足道！若做得是，便是委命殺身，也是合當做底事。」賀孫。

陳同父學已行到江西，浙人信向已多。家家談王伯不説蕭何、張良，只説王猛；不説孔孟，只說文中子。可畏！可畏！可學。

葉正則說話只是杜撰，看他進卷可見大略。泳。以下葉正則。〔二六〕

葉進卷待遇集毀板，亦毀得是。淳。

或曰：「永嘉諸公多喜文中子。」曰：「然，只是小。它自知定學做孔子不得了，纔見個小家活子，便悅而趨之。譬如泰山之高它不敢登，見個小土堆子便上去，只是小。」僩。玖下之論，永嘉、永康之學。〔二七〕

見或人所作講義，不知如何如此。聖人見成言語明明白白，人尚曉不得，如何須要立一文字，令深於聖賢之言！如何教人曉得？戴肖望比見其湖南語說却平正，只爲說得太容易了，兼未免有意於弄文。賀孫。

「永嘉看文字，大字平白處都不看，偏要去注疏小字中尋節目以爲博。只如韋玄成傳廟議，渠自不理會得，却引周禮『守祧掌守先王先公之廟祧』注云：『先公之遷主藏於后稷之廟，先王之遷主藏於文武之廟。』遂謂周后稷別廟。殊不知太祖與三昭三穆皆各自爲廟，豈獨后稷別廟！」又云：「后稷不爲太祖，甚可怪也！」閎祖。

季通文〔二八〕及敬之皆云：「永嘉貌敬甚至。及與宮祠乃繳之，云：『朱某素來迂闊，臣所不取，但陛下進退人才不當如此。』」以明〔二九〕先生，先生云：「不曾見此文字。怎見得？」閎祖。

婺州士友只流從祖宗故事與史傳一邊去。其馳外之失不少，病在不曾於論語上加工。升卿。[三〇]

先生出示孫自修書，[三一]因言：「陸氏之學雖是偏，尚是要去做個人，若永嘉永康[三二]大不成學問，不知何故如此。他日用動静間全是這個本子，卒乍改换不得。如吕氏言漢高祖當用夏之忠，却不合黄屋左纛。不知縱使高祖能用夏忠[三三]，能[三四]乘商輅，亦只是個漢高[三五]，他[三六]骨子不曾改變。蓋本原處不在此。」銖。[三七]

晦庵先生朱文公語類卷第一百二十四

陸子静[一]

胡叔器[二]問象山師承。先生曰：「它們天資高[三]，不知師誰，然也不問師傳。學者多是就氣稟上做，解[四]偏了。」義剛。

性質。陸子美。精神。子静。若海。

節[五]問陸梭山同異辨。曰：「若本有，却如何掃蕩得？若本無，却如何建立得？他以佛氏亦曉得理。如他[六]既曉得理後，却將一個空底物事來口頭説時，佛不到今日了。他自見得他[七]一個道理，只是空。」又曰：「佛也只是理會這個性，吾儒也只理會這個性，只是他不認許多帶來底。」又記曰：「只是他不認帶來許多底。」[八]節。

向嘗[九]見陸子静與王順伯論儒釋，某嘗竊笑之。儒釋之分只争虚、實而已。如老氏亦謂「恍兮惚兮，冥中有物；窈兮冥兮，其中有精」，所謂「物」、「精」亦是虚。吾道雖有「寂然不動」，然其中粲然者存，事事有。節。

吴仁父説及陸氏之學。曰：「只是禪。初間猶自以吾儒之説蓋覆，如今一向説得熾，不復遮護了。渠自説有見於理，到得做處一向恁〔一〇〕私意做去，全不睹是。人同之則喜，異之則怒。至任喜怒，胡亂便打人駡人。後生纔登其門，便學得不遜無禮，出來極可畏。世道衰微，千變百怪如此。可畏！可畏！」木之。

又曰：〔一一〕「陸子静之學，他〔一二〕自是胸中無奈許多禪何了〔一三〕，看是甚文字不過假借以説其胸中所見者耳。據其所見，本自〔一四〕不須聖人文字得，他却須要以聖人文字説者，此正如販私鹽者本只是販私鹽，〔一五〕但〔一六〕上面須得數片鮝魚遮蓋方過得關津，不被人捉了耳。」廣。

吾儒頭項多，思量著得人頭痺。而今〔一七〕似陸子静樣不立文字也是省事，只是那書也不是分外底物事，都是説我這道理。從頭理會過更好。僩。

子静「應無所是〔一八〕以生其心」。閎祖。

汪長孺説：「江西所説『主静』，看其語是要不消主這静，只我這裏動也静，静也静。」先生云：「若如其言，天自春了夏、夏了秋、秋了冬，自然如此，也不須要『輔相』、『裁成』始得。」賀孫。

江西之學無了惻隱辭遜之心，但有羞惡之心。然不羞其所當羞，不惡其所當惡。有是非之心，是〔一九〕其所非，而〔二〇〕非其所是。方子。

潘恭叔說：「象山說得如此，待應事都應不是。」曰：「可知是如此〔二二〕，他所學、所說盡是杜撰，都不依見成格法。他應事也只是這般〔二二〕杜撰，如何得會是〔二三〕得〔二四〕合道理！某向與子静說話，子静以爲意見。某曰：『邪意見不可有，正意見不可無。』子静說道〔二五〕：『此是閑議論。』某曰：『閑議論不可議論，合議論則不可不議論。』」先生又曰：「大學不曾說『無意』，而說『誠意』。若無意見將何物去擇乎中庸？將何物去察邇言？論語中謂〔二六〕『無意』只是要無私意，若是正意則不可無。」先生又曰：「他之無意見則是不理會，只是胡撞將去。若無意見，成甚麽人在這裏！」節。〔二七〕

或問：「陸丈子静〔二八〕每見學者纔有說話，不曰『此只是議論』，即曰『此只是意見』。果如是則議論、意見皆可廢乎？」先生曰：「既不尚議論，則是默然無言而已；既不貴意見，則是寂然無思而已。聖門問學不應如此。若曰偏議論、私意見則可去，不當概以議論、意見爲可去也。」柄。

「禪學熾則佛氏之說大壞。緣他本來是大段着工夫收拾這心性，今禪說只恁地容易做去。佛法固是本不見大底道理，只就他本法中是大段細密，今禪說只一向粗暴。陸子静之學，看他千般萬般病只是〔二九〕在不知有氣禀之雜，把許多粗惡底氣都只〔三〇〕把做心之妙理合當恁地自然做將去。向在鉛山得他書云，看見佛之所以與儒異者止是他底全是利，吾儒止是全在義。某答他云，公亦只見得第二着。看他意只説吾儒絶斷得許多利欲便是千了百當，一向任意做出都不妨。不知初自受得這氣稟不好，今纔任意發出，許多不好底也只都做好商量了。只道這是胸中流出自然天理，不知氣有不好底夾雜在裏一齊衮將去，道害事不害事？看子静書信〔三一〕只見他許多粗暴底意思。可畏！其徒都是這樣，纔説得幾句便無大無小，無父無兄，只我胸中流出底是天理，全不着得些工夫。看來這錯處只在不知有氣稟之性。」又曰：「『論性不論氣，不備』，孟子不説到氣一截，所以説萬千與告子幾個，然終不得他分曉。告子以後，如荀揚之徒，皆是把氣做性説了。」賀孫。

陸子静説只是一心，一邊屬人心，一邊屬道心，那時尚説得好在。節。

先生謂祖道曰：「陸子静答賢書説個『簡易』字，他却説得〔三二〕錯了。『乾以易知，坤以簡能』是甚意思？如何只容易説過了。乾之體健而不息，行而不離，故易；坤則順其理而不爲，故簡。不是容易苟簡也。」祖道。

問象山言「『本立而道生』多却『而』字」。曰：「聖賢言語一步是一步。近來一種議論只是跳躑，初則兩三步做一步，甚則十數步作一步，又甚則千百步作一步，所以學之者皆顛狂。」方子。

陸子静説「克己復禮」，云，不是克去己私利欲之類，別自有個克處。又却不肯説破。某嘗代之下語云：「不過是要『言語道斷，心行路絶』耳。」因言：「此是陷溺人之深坑，學者切不可不戒！」廣。

有一學者云：「學者須是除意見。陸子靜説顔子克己之學非如常人克去一切忿欲利害之私，蓋欲於意念所起處將來克去。」先生痛加誚責，以爲：「此三字誤天下學者。自堯舜相傳至歷代聖賢書册上並無此三字。某謂除去不好底意見則可，若好底意見須是存留。如飢之思食，渴之思飲，合做底事思量去做皆意見也。聖賢之學如一條大路，甚次第分明。緣有『除意見』横在心裏便更不去做。如日間所行之事，想見只是不得已去做，纔做便要忘了，生怕有意見。所以目視霄漢，悠悠過日，下梢只成得個狂妄。今只理會除意見，安知除意見之心，又非所謂意見乎？」人傑。

先生又[三三]問：「曾見陸子壽志道據德説否？」對[三四]曰：「未也。其説如何？」先生曰：「大概亦好。」伯豐。

頃有一朋友作書與陸子靜，言陸之學蕩而無所執。陸復書言，蕩本是好，詩云[三五]「君子坦蕩蕩」，「堯舜『蕩乎無能名』」，[三六]詩云「蕩蕩上帝」，書云「王道蕩蕩」，皆以蕩爲善，豈可以爲不善邪？其怪如此！僩。

子靜常言顔子悟道後於仲弓，又曰易繫決非夫子作，又曰孟子無奈告子何。陳正己録以示人。先生申言曰：「正己也乖。」道夫。

楊至之問孟子「告子不得於言，勿求於心」處。〔三七〕先生云：「陸子静不着言語，以學正似告子，故常諱〔三八〕。」至之云：「陸且〔三九〕云，人不惟不知孟子高處，也不知告子高處。」先生語陸云，試説看。陸只鶻突説過。」先生因語諸生云：「陸子静説告子也高，也是他尚不及告子。告子將心硬制得不動，陸遇〔四〇〕事未必皆能不動。」植。

先生問人傑：「别後見陸象山如何？」答云：〔四一〕「枉〔四二〕都下相處一月，議論間多不合。」因舉戊戌春所聞於象山者，多是分别「集義所生，非義襲而取之」兩句。曰：「彼之病處正在此，其説『集義』却是『義襲』。彼之意蓋爲〔四三〕學者須是自得於己，不爲文義牽制方是集義。若以此義從而行之，乃是求之於外，是義襲而取之也。故其弊自以爲是，自以爲高，而視先儒之説皆與一〔四四〕不合。至如與王順伯書論釋氏義利公私皆説不着，蓋釋氏之言見性只是虚見，儒者之言性止是仁義禮智皆是實事。今專以義利公私斷之宜，順伯不以爲然也。」人傑。〔四五〕

江西士風好爲奇論，耻與人同，每立異以求勝。如陸子静説告子論性强孟子，又説荀子「性惡」之論甚好，使人警發，有縝密之功。昔荆公參政日作兵論藁，壓之硯下。劉貢父謁見，值客，徑坐於書院，竊取視之。〔四六〕既而以未相見而坐書院爲非，遂出就客次。及相見，荆公問近作，貢父以近作兵論對，乃竊荆公之意而易其文以誦之。〔四七〕則公〔四八〕退，碎其硯下之藁，以爲所論同於人也。〔四九〕皆是江西之風如此。淳。〔五〇〕

陸子静說「良知良能」、「四端」等處，且成片舉似經語，不可謂不是，但說人便能如此，不假修爲存養，此却不得。譬如旅寓之人，自家不能送他回鄉，但與說云：「你自有田有屋，大段快樂，何不便回去？」那人既無資送，如何便回去得？又如脾胃傷弱，不能飲食之人，却硬要將飯將肉塞入他口，不問他喫得與喫不得。若是一頓便理會得亦豈不好？然非生知安行者豈有此理？便是生知安行也須用學。大抵子思說「率性」，孟子說「存心養性」，大段說破。夫子更不曾說，只說「孝弟」、「忠信篤敬」，蓋能如此，則道理在其中矣。人傑。

因說象山，曰：〔五一〕「聖人教人，大概只是說孝弟忠信日用常行底話。人能就上面做將去則心之放者自收，性之昏者自著。如『心』、『性』等字，到子思、孟子方說得詳。」〔五二〕儒用。〔五三〕

聖賢教人有定本，如「博學、審問、謹思、明辨、篤行」是也。其人資質剛柔、敏鈍不可一概論，其教則不易。禪家教人〔五四〕更無定，今日說有定，明日又說無定，陸子静似之。聖賢之教無内外本末上下，今陸子静〔五五〕却要理會内，不管外面，却無此理。硬要轉聖賢之說爲他說，寧若爾說且作爾說，不可誣罔聖賢亦如此。〔五六〕

陸子静〔五七〕尋常與吾人說話會避得個「禪」字，及與其徒却只說禪。〔五八〕

曹叔遠問：「陸子静教人合下便是，如何？」先生曰：「如何便是？公看經書中還有此樣語否？若云便是，夫子當初引帶三千弟子日日說來說去則甚？何不云你都是了，各自去休？也須是做工夫始得。」又問：「或有性識明底合下便是後如何？」先生曰：「須是有那地位，方得。如『舜與木石俱，與鹿豕游；及聞一善言，見一善行，沛然若決江河，莫之能禦』，須是有此地位方得。如『堯舜之道孝悌』，不成說纔孝悌便是堯舜，須是誦堯言、行堯行，真個能『徐行後長』方是。」辛。〔五九〕

問：「陸象山道當下便是。」答云：〔六〇〕「看聖賢教人曾有此等語無？聖人教人皆從平實地上做去，所謂『克己復禮，天下歸仁』，直〔六一〕須是先克去己私方得。孟子雖云『人皆可以爲堯舜』，也須是『誦〔六二〕堯之言，行堯之道〔六三〕』方得。聖人教人〔六四〕，告顏子以『克己復禮』，告仲弓以『出門如見大賓，使民如承大祭』，告樊遲以『居處恭，執事敬，與人忠』，告子張以『言忠信，行篤敬』，這個是說甚底話？又平時告弟子也須道是『學而時習』、『行有餘力則以學文』，又豈曾說個當下便是底語？大抵今之爲學者有二病，一種只當下便是底，一種便是如公平日所習底，却是這中間一條路却〔六五〕不曾有人行得。而今人既不能知，但有聖賢之言可以引路。聖賢之言分分曉曉、八字打開，無些子回互隱伏說話。」卓。

有自象山來者。先生問：「見〔六六〕子静多說甚話？」曰：「恰如時文相似，只連片衮將去。」曰：「所說者何？」曰：「他只說『天地之性人爲貴』，人爲萬物之靈，人之〔六七〕所以貴與靈者，只是這心。其說雖詳多，只恁衮去。」先生曰：「信如斯言，雖聖賢復生與人說，也只得恁地。自是諸公以時文之心觀之，故見得它個是時文也。便若時文中説得恁地，便是聖賢之言也。公也須自反，豈可放過！」道夫。

陸子静學者欲執喜怒哀樂未發之中，不知如何執得？那事來面前只得應他，當喜便喜，當怒便怒，如何執得！文蔚。

先生問賀孫：「再看論語前面，見得意思如何？」曰：「初看有未通處，今看得通。如『孝弟爲仁之本』一章，初看未甚透，今却看得分曉。」先生曰：「如此等説話，陸象山都不看。凡是諸弟子之言便以爲不是而不足看，其無細心看聖賢文字直至[六八]如此。凡説未得處便將個硬説鬭倒了，不消看。後生纔入其門便學得他[六九]許多不好處，便悖慢無禮，便胡説亂道，更無禮律，只學得許多凶暴。可畏！可畏！不知如何學他許多不好恁地[七〇]？」賀孫又曰：「『孝弟爲仁之本』，集注云『學者務此，則仁道自此而生』，『此』字亦只指孝悌？」[七一]先生曰：「此段若無程先生説，終無人理會得透。看楊、謝諸説如何是理會得？謝説更乖，『孝弟非仁，乃近仁也』，不知孝弟非仁，孝弟是甚麽物事？孝弟便是仁，非孝弟外别有個[七二]仁，非仁外别有個[七三]孝弟。如諸公説，將體用一齊都没理會了。」賀孫。

因言讀書之法，曰：「一句有一句道理，窮得一句便得這一句道理。讀書須是曉得文義了，便思量聖賢意指是如何，要將作何用。」因坐中有江西士人問爲學，曰：「公門都被陸子静誤，教莫要讀書，誤公一生！使公到今已老，此心悵悵[七四]然如村愚拍盲無知之人，撞墻撞壁，無所知識。使得這心飛揚跳躑，渺渺茫茫都無所主，若涉大水，浩無津涯，少間便會失心去。何故？下此一等只會失心，别無合殺也。傅子淵便是如此。名夢泉，陸子静上足也。[七五]豈有學聖人之道，臨了却反有失心者！是甚道理？吁，誤人！誤人！可悲可痛！分明是被他塗其耳目，至今猶不覺悟。今教公之法只討聖賢之書逐日逐段分明理會，且降伏其心，遜志以求之，理會得一句便一句理明，理會得一段便一段義明，積累久之，漸漸曉得。近地有朋友便與近地朋友商量，近地無朋友便遠求師友商量，莫要閑過日子。在此住得旬日便做旬日工夫。公看此間諸公，每日做工夫都是逐段逐句理會，如此久之，須漸見得[七六]些道理。公今只是道聽塗説，只要説得。行若聖賢之道只是説得贏，何消做工夫？只半日便説盡了。『博學、審問、謹思、明辨』是理會甚事？公今莫問陸删定先生如何，只認問取自己便了。陸删定還替得公座[七七]？陸删定他也須讀書來，只是公那時見他不讀書便説他不讀書。他若不讀書，如何替[七八]得許多人先生？吁！誤人！誤人！」又曰：「從陸子静者不問如何，個個學得不遜。只纔從他門前過便學得悖慢無禮，無長少之節。可畏！可畏！」僩。

象山死，先生率門人往寺中哭之。既罷，良久，曰：「可惜死了告子！」此説得之文卿。泳。

因説陸子静，云：「這個只争些子，纔差了便如此。他只是差過去了，更有一項却是不及。

若使過底拗轉來却好，不及底趲向上去却好。只緣他纔高了便不肯下，纔到〔七九〕不及了便不肯向上。過底便道是只〔八〇〕就過裏面求個中，不及底也便道是〔八一〕只就不及裏面求個中，初間只差了些子，所謂『差之毫釐，繆以千里』。」又曰：「如伯夷之清，柳下惠之和，孟子便説道『隘與不恭，君子不由也〔八二〕』。如孔子説『逸民，伯夷、叔齊』，這已是甚好了，孔子自便道『我則異於是，無可無不可』。」又曰：「某看近日學問，高者便説做天地之外去，卑者便只管陷溺；高者必入於佛老，卑者必入於管、商。定是如此！定是如此！」賀孫。

或問：「陸象山大要説當下便是，與聖人不同處是那裏？」曰：「聖人有這般説話否？聖人不曾恁地説，聖人只説『克己復禮』，『一日克己復禮，天下歸仁』。他而今便〔八三〕截斷『克己復禮』一段，便道只恁地便了。不知聖人當年領三千來人積年累歲是理會個〔八四〕甚麼？何故不説道纔見得便教他歸去自理會便了？陸子静〔八五〕如今也有許多人來從學，亦自長久相聚，還理會個甚麼？何故不教他自歸去理會？只消恁地便了？且如説『堯舜之道，孝悌而已矣』，却似亦〔八六〕須是做得堯許多工夫方到得堯，須是做得舜許多工夫方到得舜。」又曰：「某看來如今説話只有兩樣，自淮以北不可得而知，自淮以南不出此兩字〔八七〕。如説高底，便如『當下便是』之説，世間事事都不管。這個本是專要成己而不要去成物，少間只見得上面許多道理切身要緊去處不曾理會，而終亦不足以成己。如那一項却去許多零零碎碎上理會，事事要曉得。這個本是要成物而不及於成己，少間只見得下面許多羅羅嘈嘈，自家自無個本領，自無個頭腦了，後去更不知得那個直是是，那個直是非，都恁地鶻鶻突突，終於亦不足以成物。這是兩項如此，真正一條大路却都無人識，這個只逐一次第行將去。那一個只是過，那一個只是不及，到得聖人大道只是個中。然如今人說那中也都說錯了，只說道恁地含含胡胡、同流合汚便喚做中。這個中本無他，只是平日應事接物之間，每事理會教盡，教恰好，無一毫過、不及之意。」賀孫。

「陸子靜之學只管說一個心恁地如何[八八]，本來是好底物事，上面更[八九]着不得一個字，只是人被私欲遮了。若識得這[九〇]一個心了，萬法流出，更都無許多事。他却是實見得個道理恁地，所以不怕天不怕地，一向胡叫胡喊。」又曰：「如東萊便是如何云云，是不得[九一]似他見得恁地直拔俊偉。下梢東萊學者一人自執一說，更無一人守其師說，亦不知其師緊要處是在那裏，都只恁地衰塌不起了，其害小。他學者是見得個物事便都恁地胡叫胡說，實是卒動他不得，一齊恁地無大無小便只[九二]是『天上天下，惟我獨尊』。若我見得，我父不見得便是父不似我，兄不見得便是兄不似我。更無大小，其害甚大。不待至後世，即今便是。」又曰：「南軒初年說却有些似他，如嶽麓書院記却只恁地說。如愛牛、如赤子入井，這個便是真心，若理會得這個心了都無事。後來說却不如此。子靜却雜些禪，又有術數，或說或不說。南軒却平直恁地說，却逢人便說。」又曰：「浙中之學，一種只說道理底又不似他實見得，若不識又不肯道我不識，便即含胡鶻突遮蓋在這裏。」又因説：「人之喜怒憂懼皆是人所不能無者，只是差些便不正。所以學者便要於此處理會，去其惡而全其善。今他便[九三]只説一個心了，[九四]便道是了，[九五]如何解[九六]得！雖曾子、顔子，是着多少氣力方始庶幾其萬一。」又曰：「孟子更説甚『性善』與『浩然之氣』，孔子便全不説，便是怕人有走作，便[九七]只教人『克己復禮』。到克盡己私、復還天理處，自是實見得這個道理，便是貼實底聖賢。他便[九八]只説恁地了便是聖賢，然無這般顛狂底聖賢。聖人説『克己復禮』便是真實下工夫，『一日克己復禮』，施之於一家則一家歸其仁，施之一鄉則一鄉歸其仁，施之天下則天下歸其仁，是真實從手頭過便爲[九九]飲酒必醉、食飯必飽。他門便説一日悟得『克己復禮』想見天下歸其仁，便是想象飲酒便能醉人，恰似説『如飲醇酎』意思。」又曰：「他是會説得動人，便得[一〇〇]人都恁地快活，便會使得人都恁地發顛發狂。某也會恁地説，使人便快活，只是不敢，怕壞了人。他之説，却是使人先見得這一個物事了，方下來做工夫，都[一〇一]是上達而下學，與聖人『下學上達』都不相似。然他纔見了便發顛狂，豈肯下來做？若有這個直截道理，聖人那裏教人恁地步步做上去？」賀孫。

陸子静分明是禪，但却成一個行户據[一〇二]處。如葉正則説，則只是要教人都曉不得。嘗得一書來，言世間自一般魁偉底道理自不亂於三綱五常。既説不亂三綱五常，又説別是個魁偉底道理，[一〇三]却是個甚麽物事？也是亂道。他不説破，只是籠統恁地説以謾人。及人理會得來都無效驗時，他又說便未曉他[一〇四]到這裏。他自要[一〇五]曉不得，他之說最誤人，世間獃人都聽[一〇六]他瞞，不自知。義剛。[一〇七]

許行父謂：「陸子静只要頓悟，更無工夫。」曰：「如此說不得，不曾見他病處說他不倒。大抵今人多是望風便罵將去，都不曾根究到底。且如[一〇八]見他不是，須子細推原怎生不是始得，此便是窮理。既知他不是處須知是處在那裏，他既錯了自家合當如何方始有進。子静固有病，而今人却不曾似他用功，如何便說得他！所謂『五穀不熟，不如稊稗』，恐反爲子静之笑也。且如看史傳，其間有多少不是處。見得他不是，便有個是底在這裏，所以無徒[一〇九]非學。」閎祖。

先生問：「曾見陸子静否？」可學對以：「尚[一一〇]在臨安，欲往見。或云，吾友方學，不可見。見，歸必學參禪。」先生曰：「此人言極有理。吾友不去見亦是。然更有一說：須修身立命，自有道理則自不走往他。若是自家無所守，安知一旦立脚得牢？正如人有屋可居，見他人有屋宇必不起健羡。若是自家自無住處，忽見人有屋欲借自家，自家雖欲不入，安得不入？切宜自作工夫。」可學。

守約問：「吾徒有往從陸子静者，多是舉得這下些小細碎文義。致得子静謂先生教人只是章句之學，都無個脱洒道理。其實先生教人豈曾如此？又有行不掩其言者，愈招他言語。」先生曰：「不消得如此說。是他行不掩言，自家又奈何得他？只是自點檢教行掩其言便得。看自家平日是合當恁地，不當恁地，不是因他説自家行不掩言，自家方始去行掩其言。而今不欲窮理則已，若欲窮理如何不在讀書講論？而今學者有幾個道〔一一一〕理會得章句？也只是渾淪吞棗，終不成又學他於章句外別撰一〔一一二〕個物事與他鬬。」又曰：「某也難説他，有多多少少某都不敢説他，只是因諸公問，不得不説。他是向一邊去拗不轉了，又不信人言語，又怎奈何他？自家只是理會自家是合當做。聖人説『言忠信，行篤敬』、『居處恭，執事敬，與人忠』等語，都是實語〔一一三〕，鐵定是恁地，無一句虛説。只是教人就這上做工夫，做得到便是道理。」賀孫。

「學者須是培養。今不做培養工夫，如何窮得理？程子言『動容貌，整思慮，則自生敬。敬只是主一也。存此則自然天理明』，又曰『整齊嚴肅則心便一，一則自是無非僻之干。此意但涵養久之，則天理自然明』，今不曾做得此工夫，胸中膠擾駁雜，如何窮得理？如它人不讀書是不肯去窮理，今要窮理，又無持敬工夫。從陸子靜學，如楊敬仲輩，持守得亦好，若肯去窮理須窮得分明。然它不肯讀書，只任一己私見，有似個稊稗。今若不做培養工夫，便是五穀不熟，又不如稊稗也。」次日又言：「陸子靜、楊敬仲有爲己工夫，若肯窮理當甚有可觀，惜其不改也。」德明。

至之舉似楊簡敬仲〔一一四〕詩云：「『有時父召急趨前，不覺不知造淵奧』，此意如何」？曰：「如此却二了。有個父召急趨底心，又有個造淵奧底心。纔二便生出無限病痛。蓋這個物事知得是恁地便行將去，豈可更帖着一個意思在那上？某舊見張子韶有個文字論仁義之實，云『當其事親之時，有以見其温然如春之意便是仁；當其從兄之際，有以見其肅然如秋之意便是義』。某嘗對其説，古人固有習而不察，如今却是略略地習却加意去察；古人固有由之而不知，如今却是略略地由却加意去知。」因笑云：「李先生見某説，忽然曰：『公適間説得好，可更説一遍看。』」道夫。

楊敬仲己易説雷霆事，身上又安得有？且要着實。可學。

「楊敬仲説，陽爻一畫者在己，陰爻一畫者應物底是。」先生云：「正是倒説了。應物者却是陽。」泳。

楊敬仲有易論。林黄中有易解，春秋解專主左氏。或曰：「林黄中文字可毁。」先生曰：「却是楊敬仲文字可毁。」泳。

撫學有首無尾，婺學有尾無首。潭學首尾皆無，只是與人説。泳。

有説悟者，有説端倪者。若説可欲是善，不可欲是惡，而必自尋一個道理以爲善，〔一一五〕非鄉人皆可爲堯舜之意。說悟者指金溪，說端倪者指湖南。人傑。

晦庵先生朱文公語類卷第一百二十五

老氏莊列等附[一]。

老子

康節嘗言「老氏得易之體，孟子得易之用」，非也。老子自有老子之體用，孟子自有孟子之體用。「將欲取之，必固與之」，此老子之體用也；存心養性，充廣其四端，此孟子之體用也。廣。

老子之術須自家占得十分穩便方肯做，纔有一毫於己不便便不肯做。閎祖。

老子之術謙沖儉嗇[二]，全[三]不肯役精神。閎祖。

問：「老子與鄉原如何？」曰：「老子是出人理之外，不好聲，不好色，又不做官，然害倫理。鄉原猶在人倫中，只是個無見識[四]底好人。」淳。[五]

列子

列子平淡疏曠。方子。

莊子

莊子比邵子見較高，氣較豪。他是事事識得又却蹴踏了，以爲不足爲。邵子却有規矩。方子。

李夢先問：「莊子、孟子同時，何不曾一相遇？又不聞相道及，林作「其書亦不相及」。是〔六〕如何？」先生曰：「莊子當時也無人宗之，他只是〔七〕在僻處自說，然亦止是楊朱之徒〔八〕。」問：「孟子與莊子同時否？」曰：「莊子後得幾年，然亦不爭多。」或云：「莊子都不說着孟子一句。」曰：「孟子平生足跡只在〔九〕齊、魯、滕、宋、大梁之間，不曾過大梁之南。莊子自是楚人，想見聲聞不相接。大抵楚地便多有此樣差異底人物學問，所以孟子說陳良曰『陳良，楚産也。悦周公、仲尼之道，北學于中國〔一〇〕』。」廣云：〔一一〕「如今看許行之說如此鄙陋，當時亦有數十百人從他，是如何？」曰：「不特此也，如莊子書中說惠施、鄧析之徒，與夫『堅白異同』之論，歷舉其說。是甚麽學問？然亦自名家。」或云：「他恐是借此以顯理？」曰：「便是禪家要如此。凡事須要倒説，如所謂『不管夜行，投明要到』，如『人上樹，口銜樹枝，手足懸空，却要答話』，皆是此意。」廣云：「通鑑中載孔子順與公孫龍辯説數語似好。」曰：「此出在孔叢子，其他説話又不如此。此書必是後漢時人撰者。若是古書，前漢時又都不見説是如何。其中所載孔安國書之類，其氣象萎苶，都不似西京時文章。」廣。

老莊

老子猶要做事在。到〔一二〕莊子都不要做了，又却説道他會做，只是不肯做。〔一三〕

「莊周是個大秀才，他都理會得，只是不把做事。觀其第四篇人間世及漁父篇以後，多是説孔子與諸人語，只是不肯學孔子，所謂『知者過之』者也。如説『易以道陰陽，春秋以道名分』等語，後來人如何下得？它直是似快刀利斧劈截將去，字字有着落。」公晦曰：「莊子較之老子較平帖些。」曰：「老子極勞攘。莊子得些，只也乖。莊子跌蕩。老子收斂，齊脚斂手。莊子却將許多道理掀翻説，不拘繩墨。〔一四〕莊子去孟子不遠，其説不及孟子者亦是不聞〔一五〕。今亳州明道宫乃老子所生之地。莊子生於蒙，在淮西間。孟子只往來齊、宋、鄒、魯，以至於梁而止，不至於南。然當時南方多是異端，如孟子所謂『陳良，楚産也，悦周公、仲尼之道，北學於中國』，又如説『南蠻鴂舌之人，非先王之道』，是當時南方多異端。」或問：「許行恁地低，也有人從之。」

曰：「非獨是許行，如公孫龍『堅白同異』之説是甚模樣？也使得人終日只弄這個。」漢卿問：「孔子順許多話却好。」曰：「出於孔叢子，不知是否？只孔叢子説話多類東漢人文，其氣軟弱，又全不似西漢人文。兼西漢初若有此等話，何故不略見於賈誼、董仲舒所述？恰限到東漢方突出來？皆不可曉。」按，李方子録一段上「不拘繩墨」而語不同。〔一六〕

問：「老子與莊子似是兩般説話。」曰：「莊子於篇末自説破矣。」問：「先儒論老子多爲之出脱，云老子乃矯時之説。以某觀之不是矯時，只是不見實理，故不知禮樂刑政之所出而欲去之。」曰：「渠若識得『寂然不動，感而遂通天下之故』，自不應如此。它本不知下一節，欲占一簡徑言之。然上節無實見，故亦不脱洒。今讀老子者亦多錯。如道德經云『名可名〔一七〕，非常名』，則下文有名、無名皆是一義，今讀者皆將『有』、『無』作句。又如『常無欲以觀其妙，常有欲以觀其徼』，只是説『無欲』、『有欲』，今〔一八〕讀者乃以『無』、『有』爲句，皆非老子之意。」可學。

莊列

孟子、莊子文章皆好。列子便〔一九〕有迂僻處，左氏亦然，皆好高而少事實。人傑。

莊、〔二〇〕周、列禦寇亦似曾點底意思。他也不是專學老子，吾儒書他都看來，不知如何被他晫〔二一〕見這個物事便放浪去了。今禪學也是恁地。〔二二〕淳。〔二三〕

因言，列子語，佛氏多用之。莊子全寫列子，又變得峻奇。列子語温純，柳子厚嘗稱之。佛家於心地上煞下工夫。賀孫。

列、莊本楊朱之學，故其書多引其語。莊子説「子之於親也，命也，不可解於心」，至臣之於君，則曰「義也，無所逃於天地之間」，是他看得那君臣之義却似是逃不得，不奈何，須着臣服他。更無一個自然相胥爲一體處，可怪！故孟子以爲無君，此類是也。大雅。

老莊列子

莊子是個轉調底。老子、列子又細似莊子。

「雷擊所在只一氣衮來，間有見而不爲害只緣氣未掤裂，有所擊者皆是已發。」蔡季通云：「人於雷所擊處收得雷斧之屬，是一氣擊後方始結成，不是將這個來打物。見人拾得石斧如今斧之狀，似細黃石。」因説道士行雷[二四]法。先生云：「今極卑陋是道士，許多説話全亂道。」蔡丈[二五]云：「禪家又勝似他。」先生云：「禪家已是九分亂道了，他又把佛家言語參雜在裏面。如佛經本自遠方外國來，故語音差異。有許多差異字，人都理會不得。他便撰許多符呪，千般萬樣，教人理會不得，極是陋。」蔡云：「道士有個莊老在上却不去理會。」先生曰：「如今秀才讀多少書，理會自家道理不出，他又那得心情去理會莊老。」蔡云：「無人理會得老子通透，大段鼓動得人，恐非佛教之比。」先生曰：「公道如何？」蔡云：「緣他帶治國、平天下道理在。」先生曰：「做得出也只是個曹參。」蔡云：「曹參却能盡其術。」先生曰：「也只是恁地，只是藏縮無形影。」因問蔡曰：「公看『道可道，非常道；名可名，非常名；無名天地之始，有名萬物之母』，是如何説？」蔡云：「只是無名是天地之始，有名便是有形氣了。向見先生説庚桑子一篇都是禪，今看來果是。」曰：「若其它篇亦自有禪話，但此篇首尾都是這話。」又問蔡曰：「莊子『虛無因應』，如何點？」曰：「只是恁地點。」「多有人將『虛無』自做一句，非是。他後面又自解如何是無，如何是因。」又云：「莊子文章只信口流出，煞高。」蔡云：「列子亦好。」先生云：「列子固好，但説得困弱，不如莊子。」問：「老子如何？」先生曰：「老子又較深厚。」蔡云：「看莊周傳説，似乎莊周師於列子。云先有作者知〔二六〕此，恐是指列子。」先生曰：「這自説這〔二七〕道理，未必是師列子。」蔡問：「『皆原於道德之意』是誰道德？」先生曰：「這道德只自是他道德。」蔡云：「人多作吾聖人道德。太史公智識卑下，便把這處作非細看，便把作大學、中庸看了。」先生曰：「大學、中庸且過一邊，公恁地説了，主張史記人道如何？大凡看文字只看自家心下，先自偏曲了，看人説甚麽事都只入這意來。如大路看不見，只行下偏蹊曲徑去。如分明大字不看，却只看從罅縫偏旁處去。如字寫在上面不看，却就字背下後面看。如人眼自花了，看見眼前物事都差了，便説道只恁地。」蔡云：「不平心看文字，將使天地都易位了。」先生曰：「道理只是這一個道理，但看之者情僞變態，言語文章自有千般萬樣。合説東却説西，合説這裏自説那裏，都是將自家偏曲底心求古人意。」又云：「如太史公説話，也怕古人有這般人，只自家心下不當如此。將臨川、何言、江默之事觀之，説道公羊、穀梁是姓姜人一手做，也有這般事。尚書序不似孔安國作，其文軟弱，不似西漢人文，西漢文粗豪；也不似東漢人文，東漢人文有骨肋；也不似東晉人文，東晉如孔坦疏也自得。他文是大段弱，讀來却宛順，是做孔叢子底人一手做。看孔叢子撰許多説話極是陋，只看他撰造説陳涉，那得許多説話正史都無之？他却説道自好，陳涉不能從之。看他文卑弱，説到後面都無合殺。」蔡云：「恐是孔家子孫。」曰：「也不見得。」蔡説：「春秋呂氏解煞好。」先生曰：「那個説不好？如一句經在這裏，説做褒也得，也有許多説話；做貶也得，也有許多説話。都自説得似。」又云：「如史記秦紀分明是國史，中間儘謹嚴。若如今人把來生意説也都由他説，春秋只是舊史録在這裏。」蔡云：「如先生做通鑑綱目是有意，是無意？須是有去取。如春秋，聖人豈無意？」曰：「聖人雖有意，今亦不可知，却妄爲之説不得。」蔡云：「左氏怕是左史倚相之後，蓋左傳中楚事甚詳。」先生曰：「以三傳較之，在左氏得七八分。」蔡云：「道理則穀梁乃七八分。或云，三傳中間有許多騃處都是其學者後來添入。」賀孫。

儒教自開闢以來，二帝三王述天理，順人心，治世教民，厚典庸禮之道。後世聖賢遂著書立言以示後世。及世之衰亂，方外之士厭一世之紛拏，畏一身之禍害，耽空寂以求全身於亂世而已。及老子唱其端，而列禦寇、莊周、楊朱之徒和之。孟子嘗闢之以爲無父無君，比之禽獸。然其言易入，其教易行。當漢之初，時君世主皆信其説而民亦化之。雖以蕭何、曹參、汲黯、太史談輩亦皆主之，以爲真足以先於六經，治世者不可以莫之尚也。及後漢以來，米賊張陵、海島寇謙之之徒遂爲盜賊。曹操以兵取陽平，陵之孫魯即納降款，可見其虚繆不足稽矣。僩。

老子道德經[二八]

道可道章第一

問：「老子『道可道』章，或欲以『常無』、『常有』爲句讀，而『欲』字屬下句者，如何？」曰：「先儒亦有如此做句者，不妥貼。」問：「『三十輻共一轂，當其無，有車之用』，『無』是車之坐處否？」曰：「恐不然。若以坐處爲無，則上文自是就輻轂而言，與下文户牖、埏埴是一例語。某嘗思之，無是轂中空處，惟其中空，故能受軸而運轉不窮，猶傘柄上木管子，衆骨所會者，不知名何。緣管子中空，又可受傘柄而闢闔下上。車之轂亦猶是也。莊子所謂『樞始得其環中以應無窮』亦此意。」僩。

谷神不死章第六

周莊仲[二九]問："'谷神不死是謂玄牝'，如何？"先生曰："谷神是那個虛而應物底物事。"又問："'常有欲以觀其徼'，'徼'之義如何？"先生曰："竅[三〇]是那邊竅，如邊界相似，是説那個[三一]應接處。向來人皆作'常無'、'常有'點，不若只作'常有欲'、'無欲'點。"義剛

問："原壤看來也是學那[三二]老子。"先生曰："他也不似老子，老子却不恁地。"莊仲曰："却似莊子模樣[三三]。"先生曰："是。便是夫子時已有這樣人了。"莊仲云："莊子雖以老子爲宗，然老子之文字[三四]却尚要出來應世，莊子却不如此。"先生曰："莊子説得較開闊、較高遠，然却較虛，走了老子意[三五]。若在老子當時看來，也不甚喜他如此説。"莊仲問："'道可道'如何解？"先生曰："道而可道則非常道，名而可名則非常名。"又問"玄"之義。先生曰："玄，只是深遠而至於黑窣窣地處，那便是衆妙所在。"又問"寵辱若驚，貴大患若身"。先生曰："向前[三六]理會，曉這一章[三七]不得。"義剛。

玄牝蓋言萬物之感而應之不窮，又言受而不先。如言"聖人執左契而不責於人"，契有左右，左所以銜右。言左契，受之義也。方子。

問"谷神不死"。曰："谷之虛也，聲達焉則響應之，乃神化之自然也。'是謂玄牝'，玄，妙

也。牝是有所受而能生物者也。至妙之理有生生之意焉，程子所以取老氏之説也。」人傑。

張以道問「載營魄」與「抱一能無離乎」之義。曰：「魄[三八]是一，魂是二；一是水，二是火。二抱一，火守水；魂載魄，動守静也。」義剛。

「專氣致柔」，只看他這個甚麽樣工夫。「專」非守之謂也，只是專一無間斷。「致柔」是到那柔之極處。纔有一毫發露便是剛，這氣便粗了。僩。

「老子之學只要退步柔伏，不與你争。纔有一毫主張計較思慮之心，這氣便粗了，故曰『致虚極，守静篤』，又曰『專氣致柔，能如嬰兒乎』，又曰『知其雄，守其雌，爲天下谿；知其白，守其黑，爲天下谷』。所謂『谿』、所謂『谷』只是低下處。讓你在高處，他只要在卑下處，全不與你争。他這工夫極難。常見畫本老子便是這般氣象，笑嘻嘻地，便是個退步占便宜底人。雖未必肖他，然亦是它氣象也。只是他放出無狀來便不可當。如曰『以正治國，以奇用兵，以無事取天下』，他取天下便是用此道。如子房之術全是如此。嶢關之戰，啗秦將以利，與之連和[三九]即回兵殺之。與項羽約和，已講解了即勸高祖追之。漢家始終治天下全是得此術，至武帝盡發出來。便即當子房閑時不做聲氣，莫教他説一語，更不可當。少年也任俠殺人，後來因黄石公教得來較細，只是都使人不疑他，此其所以乖也。莊子比老子便不同。莊子又轉調了精神，發出來粗。列子比莊子又較細膩。」問：「御風之説亦寓言否？」曰：「然。」僩。

古之爲善士章第十五

甘叔懷說：「先生舊常謂老子也見得此個道理，只是怕與事物交涉，故其言有曰『豫兮若冬涉川，猶兮若畏四鄰，儼若容』。」廣因以質於先生。曰：「老子說話大抵如此。只是欲得退步占姦，不要與事物接。如『治人事天莫若嗇』，迫之而後動，不得已而後已〔四〇〕，皆是這樣意思。故爲其學者多流於術數，如申韓之徒皆是也。其後則〔四一〕兵家亦祖其說，如陰符經之類是也。正如〔四二〕他說『以正治國，以奇用兵，以無事取天下』。據他所謂無事者乃是大奇耳，故後來如宋齊丘遂欲以無事竊人之國。如今道家者流又却都不理會得他意思。」廣。

將欲噏之章第三十六

問老氏柔能勝剛、弱能勝强之說。曰：「它便揀便宜底先占了。若這下，則剛柔寬猛各有用時。」德明。

上德不德章第三十八

郭德元問：「老子云『夫禮，忠信之薄而亂之首』，孔子又却問禮於他，不知何故？」曰：

「他曉得禮之曲折，只是他說這是個無緊要底物事，不將爲事。某初間疑有兩個老聃，橫渠亦意其如此。今看得〔四三〕來不是如此。他曾爲柱下史，故禮自是理會得，所以與孔子說得如此好。只是他又說這個物事不用得亦可，一似聖人用禮時反若多事，所以如此說。禮運中『謀用是作而兵由此起』等語，便自有這個意思。」文蔚。

反者道之動章第四十

問「反者道之動，弱者道之用」。曰：「老子說話都是這樣意思。緣他看得天下事變熟了，都於反處做起。且如人剛强咆哮，跳躑之不已，其勢必有時而屈，故他只務爲弱。人纔弱時却蓄得那精剛完全，及其發也自然不可當。故張文潛說老子惟静故能知變，然其勢必至於忍心無情，視天下之人皆如土偶爾。其心都冷冰冰地了，便是殺人也不恤，故其流多入於變詐刑名。太史公將他與申、韓同傳是非强安排，其源流實是如此。」廣。

易不言有無，老子言「有生於無」便不是。閎祖。

道生一章第四十二

一便生二，二便生四。老子却說「二生三」，便是不理會得。

名與身章第四十四

多藏必厚亡，老子也是説得好。義剛。

天下有道章第四十六

「天下有道却走馬以糞車」是一句，謂以走馬載糞車也。頃在江西見有所謂糞車者方曉此語。今本無「車」字，不知先生所見何本。僩。

治人事天章第五十九

老子言「治人事天莫若嗇。夫惟嗇是謂早服，早服謂之重積德，重積德則無不克」，他底意思只要收斂，不要放出。友仁。

儉德極好。凡事儉則鮮失。老子言「治人事天莫若嗇。夫惟嗇是謂早服，早服是謂重積德」，被它説得曲盡。早服者言能嗇則不遠而復，便在此也。重積德者言先已有所積，復養以嗇，是又加積之也。如修養者，此身未有所損失而又加以嗇養，是謂早服而重積。若待其已損而後養，則養之方足以補其所損，不得謂之重積矣。所以貴早服。早服者，早覺未損而嗇之也。

如某此身已衰耗，如破屋相似，東扶西倒，雖欲修養，亦何能有益耶！今年得季通書說，近來深曉養生之理，盡得其法。只是城郭不完，無所施其功也。看來是如此。僩。

老子「治人事天莫如嗇」，嗇，養也。先生曰：「『嗇』只是吝嗇之『嗇』，它說話只要少用些子。」舉此一段至「莫知其極。」〔四四〕

莊子南華真經〔四五〕

内篇養生第三

「『因者，君之綱』，道家之説最要這因，萬件事且因來做。」因舉史記老子傳贊云云「虛無因應，變化於無窮」。曰：「『虛無是體，與『因應』字當有〔四六〕一句。蓋『因應』是用因而應之之義云爾。」〔四七〕

因論「庖丁解牛」一段至「恢恢乎其有餘刃」，先生曰：「理之名如此。〔四八〕」僩。〔四九〕所見無全牛，熟。〔五〇〕

外篇天地第十二

「莊子云『各有儀則之謂性』，此謂『各有儀則』如『有物有則』，比之諸家差善。董仲舒云『質樸之謂性，性非教化不成』，性本自成，於『教化』下下〔五一〕一『成』字極害理。」可學。

節〔五二〕問：「『野馬也，塵埃也，生物之以息相吹也』，是如何？」曰：「他是言九萬里底風，也是這個又記此二字是「恁地」字。〔五三〕推去。『息』是鼻息出入之氣。」節。

問：「莊子『實而不知以爲忠，當而不知以爲信』，此語似好。」曰：「以『實』、『當』言『忠』、『信』也好〔五四〕，只是它意思不如此。雖實而我不知以爲忠，雖當而我不知以爲信。」問：「莊生他都曉得，只是却轉了説。」曰：「其不知處便在此。」僩。

外篇天運第十四

先生曰：「『天其運乎，地其處乎，日月其爭於所乎。孰主張是？孰綱維是？孰居無事推而行是？意者，其有機緘而不得已邪？意者，其運轉而不能白止邪？雲者爲雨乎？雨者爲雲乎？孰隆〔五五〕施是？孰居無事淫樂而勸是？』莊子這數語甚好，是他見得方説到此，其才高如老子。天下篇言『詩以導〔五六〕志，書以導事，禮以導行，樂以導和，易以導陰陽，春秋以導名分』，若見不分曉，焉敢如此道！要之，他病我雖理會得，只是不做。」又曰：「莊、老二書解注者甚多，竟無一人説得他本義出，只據他臆説。某若拈出便別，只是不欲得。」[五七]

「烈風」，莊子音作「厲風」。如此之類甚多。節。

參同契

先生以參同契示張以道云：「近兩日方令書坊開得，然裏面亦難曉。」義剛問：「曾景建謂參同契[五八]本是龍虎上經，果否？」先生曰：「不然。蓋是後人見魏伯陽有『龍虎上經』一句，遂僞作此經，大概皆是體參同契[五九]而爲，故其間有説錯了處。如參同中云『二用無爻位，周流行六虛』，二用者即易中用九、用六也。乾坤六爻，上下皆是有[六〇]位，唯用九、用六無位，故周流行於六虛。今龍虎經却錯説作虛危去。蓋討頭不見，胡亂牽合一字來説。」義剛。

「參同契所言『坎、離、水、火、龍、虎、鉛、汞』之屬，只是互换其名，其實只是精氣二者而已。精，水也，坎也，龍也，汞也；氣，火也，離也，虎也，鉛也。其法以神運精氣結而爲丹，陽氣在下，初成水，以火煉之則凝成丹。其説甚異。內外異色如鴨子卵，真個成此物。參同契文章極好，蓋後漢之能文者爲之，讀得亦不枉。其用字皆根據古書，非今人所能解，以故皆爲人妄解。世間本子極多。其中有云『千周粲彬彬兮，萬遍將可覩；神明或告人兮，魂靈忽自悟』，言誦之久則文義要訣自見。又曰『二用無爻位，周流行六虛』，二用者，用九、用六，九、六亦坎、離也。六虛者即乾坤之初、二、三、四、五、上六爻位也。言二用雖無爻位而常周流乎乾、坤六爻之間，猶人之精氣上下周流乎一身而無定所也。世有龍虎經，云在參同契之先，季通亦以爲好。及得觀之，不然，乃隱括參同契之語而爲之也。」僩。按，黃卓録大同，今附，云：[六一]「『鉛、汞、龍、虎、水、火、坎、離皆一樣是精氣。參同契盡被後人胡解。凡說鉛、汞之屬只是互換其名，其實只一物也。精與氣二者，而以神運之耳。精，水也，坎也，龍也，汞也；氣，火也，離也，虎也，鉛也。它之法只是以神運精氣結而爲丹，陽氣在下，初融爲水，火煉之以凝成丹。其說甚異，內外異色如雞卵，真個成此物。參同契文章極好，後漢之能文者爲之。其用字根據古書皆有出處，非今人所能解，故盡被人錯解。世間本子極多。其中有云[六二]「千周兮粲彬彬，用之萬遍斯可覩；鬼神將告子[六三]，神靈忽自悟」，言誦之久則文義要訣自見。又云「乾坤二用」，二用者，用九、用六也，九、六亦坎、離也。[六四]又云「二用無爻位，周流遍六虛」，今乾坤用九、用六，無爻位也。六虛者，乾之初九、九二、九三、九四、九五、上九，坤之初六、六二、六三、六四、六五、上六，六爻也。[六五]言二用雖無爻位，常周流乎乾、坤六爻之間，猶人身之精氣常周流乎人之一身而無定所也。又云「往來無定所，上下無常居」，亦此意也。世有龍虎經，或者[六六]以爲在參同契之先。嘗見季通說好。及觀之，不然，盡是隱括參同契爲之。如說「二用六虛」處，彼不知爲周易之「二用六虛」，盡錯解了，遂分說云有六樣虛，盡是亂說。參同契文章極好，念得亦不枉。其中心云，汝若不告人，絕聖道罪誅，言之著竹帛又恐漏泄天機之意。故但爲重覆反復之語，令人子細讀之自曉。其法皆[六七]其中，多不曉。』」

參同契爲艱深之詞，使人難曉。其中有「千周萬遍」之說，欲人之熟讀以得之也。大概其說以爲欲明言之恐泄天機，欲不説來又却可惜。人傑。

論修養

人言仙人不死。不是不死，但只是漸漸銷融了不覺耳。蓋他能煉其形氣使查滓都消融了，唯有那些清虚之氣，故能升騰變化。漢書有云「學神仙尸解銷化之術」，看得來也是好則劇，然久後亦須散了。且如秦漢間所説仙人後來都不見了，國初説鍾離權、吕洞賓之屬後來亦不見了。近來人又説劉高尚，過幾時也則休也。廣。

長孺説修養、般運事。先生曰：「只是屏氣減息，思慮自少，此前輩之論也。今之人傳得法時便授與人，〔六八〕未有不敗、不成病痛者。」

因論道家修養，有默坐以心縮上氣而致閉死者。先生曰：「心縮氣亦未爲是。某等〔六九〕嘗考究他妙法〔七〇〕，只要神形全不撓動，故老子曰『心使氣則强』，纔使氣便不是自然。只要養成嬰兒，如身在這裏坐，而外面行者是嬰兒，但無工夫做此。其導引法，只如消息，皆是下策。」淳。

「陰符經恐是唐李佺所爲，是他着意去做，學他古文。何故只因他説起便行於世？某向以語伯恭，亦〔七一〕以爲然。一如麻衣易，只是戴氏自做自解，文字自可認。」道夫曰：「向見南軒跋云『此真麻衣道者書也』。」曰：「敬夫看文字甚疏。」道夫。

問丘次孟謂：「陰符經所謂『自然之道靜，故天地萬物生；天地之道浸，故陰陽勝；陰陽相推，變化順矣』。此數語，雖六經之言無以加。」先生謂：「如他門丘此等見處儘得。」〔七二〕道夫。

陰符經云「天地之道浸」，這句極好。陰陽之道無日不相勝，只管逐些子換去〔七三〕，這個退一分，那個便進一分。道夫。

節〔七四〕問陰符經云「絕利一源」。曰：「絕利而止守一源。」節。

節〔七五〕問：「陰符經『三反晝夜』是如何？」曰：「三反如『學而時習之』，是貫上文言，言專而又審。『反』是反反覆覆。」節。

論道家神象

道家之學出於老子。其所謂「三清」，蓋倣釋氏「三身」而爲之爾。佛氏所謂「三身」：法身者，釋迦之本性也；報身者，釋迦之德業也；肉身者，釋迦之真身而實有之人也。今之宗其教者遂分爲三像而駢列之，則既失其指矣。而道家之徒欲倣其所爲，遂尊老子爲三清：元始天尊、太上道君、太上老君。而昊天上帝反坐其下。悖戾僭逆，莫此爲甚！且玉清元始天尊既非老子之法身，上清太上道君又非老子之報身，設有二像又非與老子爲一，而老子又自爲太清太上老君，〔七六〕蓋做釋氏之失而又失之者也。况莊子明言老聃之死，則聃亦人鬼爾，豈可僭居昊天上帝之上哉？釋老之學盡當毀廢。假使不能盡去，則老氏之學但當自祀其老子、關尹、列、莊之徒，以及安期生、魏伯陽輩。而他〔七七〕百祠自當領於天子之祠官，而不當使道家預之，庶乎其可也。僩。

論道家三清今皆無理會。如那兩尊已是詭名俠户了，但老子但〔七八〕是人鬼，如何却居昊天上帝之上？朝廷更不正其位次。又如真武本玄武，避聖祖諱故云「真武」。玄，龜也；武，蛇也。此本虚、危星形似之，故因而名。北方爲玄武七星，至東方則角亢心尾象龍，後〔七九〕故曰蒼龍；西方奎婁狀似虎，故曰白虎；南方張翼狀似鳥，故曰朱鳥。今乃以玄武爲真聖而作真龜蛇於下，已無義理。而又增天蓬、天猷及翊聖真君作四聖，殊無義理。所謂「翊聖」乃今所謂「曉子」者，真宗時有此神降，故遂封爲「真君」。義剛。

「道家行法只是精神想出，恐人不信故以法愚之。太史遷。呂與叔集記事〔八〇〕極怪。舊見臨漳有孫事道巡檢亦能此。」某〔八一〕云：「天下有許多物〔八二〕，想極，物自入來。」曰：「然。」可學。

晦庵先生朱文公語類卷第一百二十六

釋氏

孟子不闢老、莊而闢楊、墨，楊、墨即老、莊也。今釋子亦有兩般：禪學，楊朱也；苦行布施，墨翟也。道士則自是假，今無説可闢。然今禪家亦自有非其佛祖之意者，試看古經如四十二章等經可見。楊文公集傳燈録説西天二十八祖，知他是否？如何舊時佛祖是西域夷狄人，却會做中國樣押韻詩？今看圓覺云「四大分散，今者妄身當在何處」，即是竊列子「骨骸反其根，精神入其門，我尚何存」語。宋景文説楞嚴前面呪是他經，後面説道理處是附會。圓覺前數疊稍可看，後面一段淡如一段去，末後二十五定輪與夫誓語可笑。大雅。以下論釋氏亦出楊墨。

時舉〔一〕問：「佛老與楊、墨之學如何？」先生云：「楊、墨之説猶未足以動人。墨氏謂『愛無差等』，欲人人皆如至親，此自難從，故人亦未必信也。楊氏一向爲我，超然遠舉，視營營於利禄者皆不足道，此其爲説雖甚高，然人亦難學他，未必盡從。楊朱即老子弟子。人言孟子不闢老氏，不知但闢楊、墨則老、莊在其中矣。後世〔二〕佛氏之學亦出於楊氏。其初如不愛身以濟衆生之說，雖近於墨氏，然此說最淺近，未是他深處。後來是達磨過來，初見梁武帝[三]，武帝不曉其說，只從事於因果，遂去面壁九年。只說人心至善，即此便是，不用辛苦修行。又有人取莊、老之說從而附益之，所以其說愈精妙，然只是不是耳。又有所謂『頑空』、『真空』之說，頑空者如空灰[四]槁木，真空則能攝衆有而應變，然亦只是空耳。今不消窮究他，伊川所謂『只消就跡上斷他[五]便了。他既逃其父母，雖說得如何道理也使不得』，如此却自足以斷之矣。」時舉。

宋景文唐書贊說佛多是華人之譎誕者，攘莊周、列禦寇之說佐其高。此說甚好。如歐陽公只說個禮法，程子又只說義[六]理，皆不見他正贓，却是宋景文捉得他正贓。佛家先偷列子，列子說耳目口鼻心體處有六件，佛家便爲[七]六根，又三之爲十八戒。此處更舉佛經語與列子語相類處，當考。初間只有四十二章經，無恁地多。到東晉便有談議，小說及史多說此。如今之講師做一篇議總說之。到後來談議厭了，達磨便入來只靜坐，於中有稍受用處，人又都向此。今則文字極多，大概都是後來中國人以莊、列說自文，夾插其間，都没理會了。考[八]之者所執又只出禪學之下。淳。以下論釋氏出於莊老。

「老子說他一個道理甚縝[九]密。老子之後有列子，亦未甚至大段不好。人[一〇]說列子是鄭穆公之[一一]時人，然穆公在孔子前，而列子中說孔子則不是鄭穆公時人，乃鄭頃公時人也。列子後有莊子，莊子模倣列子，殊無道理。爲他是戰國時人便有縱橫氣象，其文大段豪偉。列子序中說老子，列子言語多與佛經相類，覺得是如此。疑得佛家初來中國，多是偷老子意去做經，如說空處是也。後來道家做清静經，又却偷佛家言語，全做得不好。佛經所謂『色即是空』處，他把色、受、想、行、識五個對一個『空』字說，故曰『空即是色。受、想、行、識亦復如是』，謂皆[一二]空也。而清淨經中偷此句意思却說『無無亦無』，只偷得他『色即是空』，却不曾理會得他『受、想、行、識亦復如是』之意，全無道理。佛家偷得老子好處，後來道家却只偷得佛家不好處。譬如道家有個寶藏被佛家偷去，後來道家却只取得佛家瓦礫，殊可笑也。人說孟子只闢楊、墨，不闢老氏。却不知道家修養之說只是爲己，獨自一身便了，更不管別人，便是楊氏爲我之學。」又曰：「孔子問老聃之禮，而老聃所言禮殊無謂，恐老聃與老子非一人，但不可考耳。」因說「子張學干祿」。先生曰：「如今科舉取者不問其能，應者亦不必其能，只是寫得盈紙便可得而推行之。如除擢皆然。禮官不識禮，樂官不識樂，皆是吏[一三]人做上去。學官只是備員考試而已，初不是有德行道藝可爲表率，仁義禮智從頭不識到尾。國家元初取人如此，爲之奈何！」明作。

佛氏乘虛入中國。廣大自勝之說、幻妄寂滅之論，自齋戒變爲義學。如遠法師、支道林皆義學，然又只是盜襲莊子之說。今世所傳肇論云出於肇法師，有「四不遷」之說，「日月歷天而不周，江河兢泛[一四]而不流，野馬飄鼓而不動，山嶽偃仆而常靜」，此四句只是一義，只是動中有靜之意，如適問所説東坡「逝者如斯而未嘗往也」之意爾。此是齋戒之學一變，遂又説出這一般道理來。及達磨入來，又翻了許多窠臼説出禪來，又高妙於義學，以爲可以直超徑悟。而其始者禍福報應之説又足以鉗制愚俗，以爲資足衣食之計。遂使有國、家者割田以贍之，擇地以居之，以相從陷於無父無君之域而不自覺。蓋道、釋之教皆一再傳而浸失其本真，有國、家者雖隆重儒學，而選舉之制、學校之法、施設注措之方，既不出於文字言語之工，而又以道之要妙無越於釋老之中，而崇重隆奉反在於彼。至於二帝三王述天理、順人心、治世教民、厚典庸禮之大法，一切不復有行之者。唐之韓文公、本朝之歐陽公以及關洛諸公，既皆闡明正道以排釋氏，而其言之要切，如傅奕本傳、宋景文李蔚贊、東坡儲祥觀碑、陳後山白鶴宮記，皆足以盡見其失。此數人皆未深知道而其言或出於强爲，是以終有不滿人意處。至二蘇兄弟晚年諸詩，自言不墮落則又躬陷其中而不自覺[一五]。僩。

道之在天下，一人説取一般。禪家最説得高妙去，蓋自莊、老來説得道自是一般物事，闃之[一六]在天地間。後來佛氏又放開説，大決藩籬，更無下落，愈高愈妙，吾儒多有折而入之，把聖賢言語來看全不如此。世間惑人之物不特尤物爲然，一語一言可取亦是惑人，况佛氏之説足以動人如此乎！有學問底人便不被它惑。處謙。[一七]

釋氏書其初只有四十二章經，所言甚鄙俚。後來日添月益，皆是中華文士相助撰集，如晉宋間自立講師，孰爲釋迦、孰爲阿難、孰爲迦葉各相問難，筆之於書，轉相欺誑，大抵多是剽竊老子、列子意思變换推行〔一八〕以其文説。大般若經帙〔一九〕甚多，自覺支離，故節縮爲心經一卷。楞嚴經只是强立一兩個意義只管疊將去，數節之後全無意味。若圓覺經本初亦能幾何？只鄙俚甚處便是，其餘增益附會者爾。佛學其初只説空，後來説動静，支蔓既甚，達磨遂脱然不立文字，只是默然端坐，使心静見理。此説一行，前面許多皆不足道，老氏亦難爲抗衡了。今日釋氏，其盛極矣，但程先生所謂「攻之者執理反出其下」。吾儒執理既自卑污，宜乎攻之而不勝也。説佛書皆能舉其支離篇章成誦，此不能盡記。謨。

因論佛，曰：「老子先倡説，後來佛氏又做得脱洒廣闊，然考其語多本莊、列。」公晦云：「曾聞先生説，莊子説得更廣闊似佛，後人〔二〇〕若有人推演出來，其爲害更大在。」銖。〔二一〕

因説程子「耳無聞，目無見」之語〔二二〕，答曰：「決無此理。」遂舉釋教中有「塵既不緣，根無所著，反流全一，六用不行」之説，蘇子由以爲此理至深至妙。蓋他意謂六根既不與六塵相緣，則收拾六根之用反復歸於本體而使之不行。顧烏有此理！廣因舉程子之説「譬如静坐時，忽有人唤自家，只得應他，不成不應」。曰：「彼説出楞嚴經。此經是唐房融訓釋，故説得如此巧。佛書中唯此經最巧。然佛當初也不如是説，如四十二章經，最先傳來中國底文字，然其説却自平實。道書中有真誥，末後有道授篇，却是竊四十二章經之意爲之。非特此也，至如地獄、託生妄誕之説，皆是竊他佛教中至鄙至陋者爲之。某嘗謂其徒曰：『自家有個大寶珠被他竊去了，却不照管，亦都不知，却去他墻根壁角竊得個破瓶破罐用，此甚好笑！』西漢時儒者説道理亦只是黄老意思，如揚雄太玄經皆是，故其自言有曰『老子之言道德，吾有取焉耳』。後漢明帝時佛始入中國，當時楚王英最好之，然都不曉其説，直至晉宋間其教漸盛。然當時文字亦只是將莊、老之説來鋪張，如遠法師〔二三〕諸論，皆成片盡是老、莊意思。直至梁會通間達磨入來，然後一切被他掃蕩，不立文字，直指人心。蓋當時儒者之學既廢絶不講，老佛之説又如此淺陋，被他窺見這個罅隙了，故横説竪説，如是張王，没奈他何。人纔聰明便被他誘引將去。嘗見畫底諸祖師，其人物皆雄偉，故杲老謂臨濟若不爲僧，必作一渠魁也。又嘗在廬山見歸宗像，尤爲可畏，若不爲僧，必作一〔二四〕大賊矣。」廣。

謙之問：「佛氏之空與老子之無一般否？」曰：「不同。佛氏只是空豁豁然，和有都無了，所謂『終日喫飯不曾咬破一粒米，終日着衣不曾掛着一條絲』。若老氏猶骨是有，只是清浄無爲，一向恁地深藏固守，自爲玄妙，教人摸索不得，便是把有無做兩截看了。」恪。以下雜論釋老同異。

「釋氏見得高底儘高。」或問：「他何故只説空？」先生云：「他〔二五〕説『玄空』又説『真空』。玄空便是空無物，真空即是有物，與吾儒説略同，但是它都不管天地四方，只是理會一個心。如老氏亦只是要存得一個神氣。伊川先生云『只就迹上斷便了』，不知它如此要何用？」

南升。

謙之問：「今皆以佛之説爲無，老之説爲空，空與無不同如何？」曰：「空是兼有無之名，爲道家之説[二六]半截有、半截無，已前都是無，如今眼下却是有，故謂之空。共[二七]佛家之説都是無，已前也是無，如今眼下也只[二八]是無，『色即是空，空即是色』。大而萬事萬物，細而百骸九竅，一齊都歸於無。終日喫飯却道是[二九]不曾咬着一粒米，滿身着衣却道是[三〇]不曾掛着一條絲。」賀孫。

問：「釋氏之無與老氏之無何以異？」先生云：「老氏依舊有，如所謂『無欲觀其妙，有欲觀其徼』是也。若釋氏，則以天地爲幻妄，以四大爲假合，則是全無也。」柄。

老氏只是要長生，節病易見。釋氏於天理大本處見得些分數，然却認爲己有，而以生爲寄。故要見得父母未生時面目，既見更不認作衆人公共底，須要見得爲己有，死後亦不失，而以父母所生之身爲寄寓。譬以舊屋破倒，即自跳入新屋。故黄蘗一僧有偈與其母云「先曾寄宿此婆家」，止以父母之身爲寄宿處，其無情義、絶滅天理可知。當時有司見渠此説便當明正典刑。若聖人此道則不然，於天理大本處見得是衆人公共底，便只隨他天理去，更無分毫私見。如此便倫理自明，不是自家作爲出來，皆是自然如此。往來屈伸，我安得而私之哉！大雅。

老氏欲保全其身底意思多。釋氏又却[三一]全不以其身爲事，自謂別有一物不生不滅。歐公嘗言老氏貪生，釋氏畏死，其説亦好。氣聚則生，氣散則死，順之而已，釋、老則皆悖之者也。廣。

問：「釋氏以天地萬物爲幻，老氏又却説及下截。如何？〔三二〕」曰：「老氏勝。」可學。

釋氏之説易窮，大抵不過如道家陰符經所謂「絶利一源，便到至道」。老子之學大抵以虚静無爲、冲退自守爲事，故其爲説常以懦弱謙下爲表，以空虚不毁萬物爲實。其爲治，雖曰「我無爲而民自化」，然不化者則亦不之問也。其爲道每每如此，非特「載營魄」一章之指爲然也。若曰「旁月日，挾〔三三〕宇宙，揮斥八極，神氣不變」者，是乃莊生之荒唐。其曰「光明寂照，無所不通，不動道場，遍周沙界」者，則又瞿曇之幻語，老子則初曷嘗有是哉！今世之論老子者必欲合二家之似而一之，以爲神常載魄而無所不之，則是莊釋之所談而非老子之意矣。僩。〔三四〕

有言莊、老、禪、佛之害者。先生曰：「禪學最害道。莊、老於義理絶滅猶未盡，佛則人倫已壞。至禪則又從許多義理掃滅無餘。以此言之，禪最爲害之深者。」頃之，復曰：「要其實則一耳。害未有不由淺而深者。」道夫。〔三五〕以下論釋老滅綱常。

或問佛與莊、老不同處。曰：「莊、老絶滅義理未盡至。佛則人倫滅盡，至禪則義理滅盡。」〔三六〕又曰：〔三七〕「佛初入中國止説修行，未有許多禪底説話。」學蒙。按李方子録止「義理滅盡」。〔三八〕

天下只是這道理，終是走不得。如佛老雖是滅人倫，然自是逃不得。如無父子，也〔三九〕却拜其師，以其弟子爲子，長者爲師兄，少者爲師弟。但是他〔四〇〕只護得個假底，聖賢便是存得個真底。夔孫。

佛老之學不待深辨而明。只是廢三綱五常，這一事已是極大罪名，其他更不消説。賀孫。

某人言：「天下無二道，聖人無兩虛〔四一〕。儒釋雖不同，畢竟只是一理。」某説道：「惟其天下無二道，聖人無兩心，所以有我底着他底不得，有他底着我底不得。若使天下有二道，聖人有兩心，則我行得我底，他行得他底。」節。以下儒釋之辨。

先生游鍾山書院，見書籍中有釋氏書，因而揭看。先君問：「其中有所得否？」曰：「幸然無所得。吾儒廣大精微、本末備具，不必它求」。季札。

釋老之書極有高妙者，句句與自家個同，但不可將來比方，煞誤人事。〔四二〕

先生問衆人曰：「釋氏言『牧牛』，老氏言『抱一』，孟子言『求放心』，皆一般，何緣不同」？節就問曰：「莫是無這理？」答〔四三〕曰：「無理煞害事。」節。

因舉佛氏之學與吾儒有甚相似處。「如云『有物先天地，無形本寂寥。能爲萬象主，不逐四時凋』，又曰『撲落非它物，縱横不是塵。山河及大地，全露法王身』，又曰『若人識得心，大地無寸土』，看他是甚麽樣見識！今區區小儒怎生出得他手？宜其爲他揮下也。此是法眼禪師下一派宗旨如此。今之禪家皆破其説，以爲有理路，落窠臼，有礙正當知見。今之禪家多是『麻三斤』、『乾屎橛』之説，謂之不落窠臼，不墮理路。妙喜之説便是如此。然又有翻轉不如此説時。」僩。

問：「儒釋之辨莫只是『虚』、『實』兩字上分別？」先生曰：「未須理會。自家己分若知得真則其僞自別，甚分明，有不待辨。」可學。

吾儒心雖虚而理則實。若釋氏，則一向歸空寂去了。柄。

儒釋言性異處只是釋言空，儒言實；釋言無，儒言有。德明。

釋氏虚，吾儒實；釋氏二，吾儒一。釋氏以事理爲不緊要而不理會。節。

節[四四]問：「先生以釋氏之説爲空、爲無理。以『空』言似不若『無理』二字切中其病。」答[四五]曰：「惟其無理是以爲空。它之所謂心、所謂性者，只是個空底物事，無理。」節。

曹問何以分別儒釋差處。先生曰：「只如説『天命之謂性』，釋氏便不識了，他只是説那空處，又無歸着。且如人心須是其中自有父子、君臣、兄弟、夫婦、朋友道理，是他便説道只是空覺，吾偏説則是實理。他云不染一塵、不捨一法，既不染塵，却如何不捨法？到了，他做得不徹，[四六]便與父子、君臣、兄弟、夫婦、朋友都不相親。吾儒做得到底便『父子有親，君臣有敬[四七]，兄弟有序，夫婦有别，朋友有信』。吾儒只認得一個誠實底道理，誠便是萬善骨子。」辛。

問佛氏所以差。曰：「從他[四八]劈初頭便錯了，如『天命之謂性』，他把這個便都[四九]做空虛説了。吾儒見得都是實。若見得到自家底從頭到尾小事大事都是實，他底從頭到尾都是空，恁地見得破，恁地[五〇]如何解説不通？又如『實際理地不受一塵，萬行叢中不捨一法』等語，這是他後來桀黠底，又撰出這一話來倚傍吾儒道理，這[五一]正所謂『遁辭知其所窮』。且如人生一世間須且理會切實處，論至切至實處不過是一個心，不過是[五二]一個身，這個[五三]若不自會做主，别[五四]更理會甚麽？然本[五五]所以識那切實處則莫切於聖人之書。聖人之書便是個引導人底物事，若舍此而它求，則亦别無門路矣。『舜人也，我亦人也。舜爲法於天下可傳於後世，我猶未免爲鄉人也，是則可憂也！憂之如何？如舜而已矣』，『高山仰止，景行行止』，只怕不見得，若果是有志之士，只見一條大路直上行將去，更不問着有甚艱難險阻。孔子曰『向道而行，忘身之老也，不知年數之不足也，俛焉日有孜孜，斃而後已』，自家立着志向前做將去，鬼神也避道，豈可先自計較、先自怕却？如此終於無成。」賀孫。

問：「攻乎異端，聖人之道步步着實，所以三綱正，九法敘。今釋氏自謂見性成佛，以空寂爲本，以一切有形皆爲幻妄，使人心失所底止，豈不爲害？世有假[五六]釋之似以亂周孔之實，不惟害己，又以教人，又且害人。[五七]」先生云：「釋氏説空便[五八]不是，但空裏面須有道理始得。若只説道我見個空底[五九]，不知他[六〇]有個實底道理，却做甚用得？譬如一淵清水清泠徹底，看來一如無水相似，他便道此淵只是空底，都[六一]不曾將手去探着是濕[六二]，不知道有水在裏面。此[六三]佛氏之見正如此。今學者貴於格物、致知，便要見得到底。如[六四]今人只是一班兩點見得些子，所以不到極處也。」[六五]

釋氏合下見得一個道理空虛不實，故要得超脱。蓋[六六]去物累方是無漏爲佛地位，其他有惡趣者皆是衆生餓鬼。只隨順有所修爲者猶是菩薩地位，未能作佛也。若吾儒合下見得個道理便實了，故首尾與之不合。大雅。

吾以心與理爲一，彼以心與理爲二。亦非固欲如此，乃是見處不同，使[六七]彼見得心空而無理，此見得心雖空而萬理咸備已。雖説心與理一，不察[六八]乎貴氣禀物欲之私是見得不真，故有此病。大學所以貴格物也。柄。[六九]

言釋氏之徒爲學精專，曰：「便是某常説吾儒這邊難得如此，看他下工夫直是自日至夜無一念走作別處去。如今[七〇]學者一時一日之間是多少閑雜念慮，如何得似他！只惜他所學非所學，枉了工夫。若吾儒邊人下得這工夫，是甚次第！如今學者有二病：好高，欲速，這都是志向好底如此。一則是所以學者失其旨，二則是所學者多端，所以紛紛擾擾，終於無所歸止。」賀孫。以下論釋氏工夫。

當[七一]初佛學只是説無存養底工夫，至唐六祖始教人存養工夫。當初儒學[七二]亦只是

說不曾就身上做工夫，至伊川方教人就身上做工夫，所以人謂伊川偷佛說爲己使。義剛。按，陳淳録同。〔七三〕

問釋氏入定、道家數息。先生曰：「他只要静則應接事物不差。孟子便也要存夜氣，然而須是理會『旦晝之所爲』。」曰：「吾儒何不傚他恁地？」先生曰：「他開眼便依舊失了，只是硬把捉。不如吾儒非禮勿視聽言動，戒謹恐懼乎不睹不聞，『敬以直内，義以方外』，都一切就外面攔截。」曰：「釋氏只是勿視、勿聽，無那『非禮』工夫。」先生曰：「然。」蔡季通〔七四〕因曰：「世上事便要人做，只管做〔七五〕它坐定做甚？日月便要行，天地便要運。」先生曰：「他不行不運固不是。吾輩是行是運，只是人運行得差。〔七六〕如今胡喜胡怒，豈不是差！他却〔七七〕是過之，今人又是〔七八〕不及。」榦。

又〔七九〕問：「昔有一禪僧每日〔八〇〕喚曰『主人翁惺惺着』，大學或問之中〔八一〕亦取謝氏『常惺惺法』之語，不知是同是異？」先生曰：「謝氏之說地步闊，於身心事物上皆有工夫。若如禪者所見，只看得個主人翁便了，其動而不中理者都不管矣。且如父子天性也，如〔八二〕父被他人無禮，子須當去救，他却不然。子若有救之心，便是被愛牽動了他〔八三〕，必〔八四〕便是昏了主人翁處。若如此惺惺，成甚道理！向日〔八五〕曾覽四家録，有些說話極好笑，亦可駭！大率是〔八六〕說若父母爲人所殺，無人〔八七〕一舉心動念方始名爲『初發心菩薩』，他所以叫『主人翁惺惺着』正要如此。『惺惺』字則同，所作工夫則異，豈可同日而語！」友仁。

問：「佛家却[八八]如何有『敬以直内』？」曰：「他有個覺察可以『敬以直内』，然與吾儒亦不同。他本是個不耐煩底人，故盡欲掃去。吾儒便有是有、無是無，於應事接物只要處得是。」榦。[八九]

徐子融有「枯槁有性無性」之論。先生曰：「性只是理，有是物斯有是理。子融錯處是認心爲性，義[九〇]與佛氏相似。只是佛氏磨擦得這心極精細，如一塊物事剥了一重皮，又剥一重皮，至剥到極盡無可剥處，所以磨弄得這心精光，它便認做性。殊不知此正聖人之所謂心，故上蔡云『佛氏所謂性，正聖人所謂心，佛氏所謂心，正聖人所謂意』，只是該得這理。佛氏元不曾識得這理一節，便認知覺運動做性。如視聽言貌，聖人則視有視之理，聽有聽之理，言有言之理，動有動之理，思有思之理，如箕子所謂『明』、『聰』、『從』、『恭』、『睿』是也。佛氏則只認那能視、能聽、能言、能思、能動底便是性。視明也得，不明也得；聽聰也得，不聰也得；言從也得，不從也得；思睿也得，不睿也得。它都不管，横來竪來，它都認做性。它最怕人説這『理』字，他[九一]都要除掉了，此正告子『生之謂性』之説也。」僴問：「禪家有以揚眉瞬目、知覺運動爲弄精魂而訶斥之者，何也？」曰：「便只是弄精魂。只是他磨擦得來精細有光彩，不如此粗糙爾。」問：「彼言一切萬物皆有破壞，惟有法身常住不滅。所謂『法身』便只是這個？」曰：「然。

不知你如何占得這物事住？天地破壞又如何被你占得這物事常不滅？」問：「彼大概欲以空爲體，言天地萬物皆歸於空，這空便是他體。」曰：「他也不是欲以空爲體。它只是説這物事裏面本空，著一物不得。」僩。以下論釋氏誤認心、性。

知覺之理是性所以當如此者。釋氏不知，他但知知覺，没這理，故孝也得，不孝也得。所以動而陽、静而陰者，蓋是合動不得不動，合静不得不静。節。

問：「聖門説『知性』，佛氏亦言『知性』，有以異乎？幸望先生開發蒙昧。[九二]」先生笑曰：「也問得好。據公所見如何？試説看。」友仁[九三]曰：「據友仁所見及佛氏之説者，此一性在心所發爲意，在目爲見，在耳爲聞，在口爲議論，在手能持，在足運奔，所謂『知性』者，知此而已。」先生曰：「且據公所見而言，若如此見得只是個無星之秤、無寸之尺。若此[九四]聖門，則在心所發爲意須是誠始得，在目雖見須是明始得，在耳雖聞須是聰始得，在口談論及在手、在足之類須是[九五]皆動之以禮始得。『夫天生烝民，有物有則』，若如公所見及佛氏之説，亦[九六]只有物無則了，所以與聖門有差。況孟子所説『知性』者，乃是『物格』之謂。」友仁。

釋氏棄了道心却取人心之危者而作用之，遺其精者取其粗者以爲道，如以仁義禮智爲非性而以眼前作用爲性是也。此只是源頭處錯了。人傑。

若是如釋氏道只是那坐底視底是，則夫子之教人也只説視聽言動底是便了，何故却説「非禮勿視，非禮勿聽，非禮勿言，非禮勿動」？如「居處」、「執事」、「與人交」止說「居處」、「執事」、「與人交」便了，何故於下面着個「恭」、「敬」、「忠」？如「出門」、「使民」也只說個「出門」、「使民」便了，何故却說「如見大賓」、「如承大祭」？孔子言「克己復禮爲仁」。厲聲言「復禮」二〔九七〕字。節。

釋氏只知坐底是，行底是。如坐，交脛坐也得，疊足坐也得，邪坐也得，正坐也得。將見喜所不當喜，怒所不當怒，爲所不當爲。他只是直衝去，更不理會理。吾儒必要理會理〔九八〕，坐之理當如尸，立之理當如齊，如頭容便要直。所以釋氏無理。〔九九〕

先生云：〔一〇〇〕「釋老稱其有見，只是見得個空虛寂滅，真是虛，真是寂無處，不知他所謂見者見個甚底？莫親於父子，他〔一〇一〕却棄了父子；莫重於君臣，他〔一〇二〕却絶了君臣；以至民生彝倫之間不可闕者，它一皆去之。所謂見者見個甚物？且如聖人『親親而仁民，仁民而愛物』；他却不親親，而剗地要仁民愛物。愛物時也則是食之有時，用之有節，見生不忍見死，聞聲不忍食肉。如仲春之月犧牲無用牝、不麛、不卵、不殺胎、不覆巢之類，則是〔一〇三〕如此而已。他則不食肉、不茹葷，以至投身施虎。此是何理？」卓。

儒者以理爲不生不滅，釋氏以神識爲不生不滅。龜山云「儒釋之辨，其差眇忽」，以某觀之真似冰炭！公謹。〔一〇四〕

「凡遇事先須識得個邪正是非，盡掃私見則至公之理自存。」大雅云：「釋氏欲驅除物累，至不分善惡皆欲掃盡，云凡聖情盡即如如佛，然後來往自由。吾道却只要掃去邪見。邪見既去，無非是處，故生不爲物累，而死亦然。」答〔一〇五〕曰：「聖人不説死。已死了更説甚事？聖人只説既生之後、未死之前，須是與他精細理會道理教是。胡明仲侍郎自説得好，『人，生物也，佛不言生而言死；人事，可見也〔一〇六〕，佛不言顯而言幽』，釋氏更不分善惡，只尊向他底便是好人，背他底便入地獄。若是個殺人賊，一尊了他便可生天。」大雅云：「于頔在傳燈録爲法嗣，可見。」答〔一〇七〕曰：「然。」大雅。

問儒釋。答〔一〇八〕曰：「據他説道明得心，又不曾得心爲之用；他説道明得性，又不曾得性爲之用。不知是如何？」又問：「不知先從他徑處入，然後却歸此？」答〔一〇九〕曰：「若要從徑入，是猶從近習求言職。須是見他都無所用。」泳。

佛書多有後人添入。初入中國只有四十二章經，但此經亦有添入者。且如西天二十八祖所作偈皆有韻，不知他當初如何有此，〔一一〇〕分明是後人增加。如楊文公、蘇子由皆不悟此，可怪！又其文字中至有甚拙者云云。如楞嚴經前後只是説呪，中間皆是增入。蓋中國好佛者覺其陋而加之耳。可學。以下論佛經。

佛初止有四十二章經，其説甚平。如言彈琴，弦急則絶，慢則不響，不急不慢乃是。大抵是偷得老莊之意。後來達磨出來一齊掃盡，至楞嚴經做得極好。柳宗元六祖塔銘有「中外融有粹孔習」。方子。

問：「心經如何？」曰：「本大般若經[一一一]六百卷，心經乃是節本。」曰：「他既說空又說色，如何？」曰：「他蓋欲於色見空耳。大抵只是要鶻突人。如云『實際中不立一法』，又云『不捨一法』此佛經語，記不全。之類，皆然。」問：「劫數如何？」曰：「他之說亦說天地開闢，但理會不得。□□經[一一二]云，到末劫人皆小，先爲火所燒成劫灰，又爲風所吹，又爲水所淹。水又成沫，地自生五穀，天上人自飛下來喫，復成世界。他不識陰陽，便恁地亂道。」問：「佛默然處如何？」曰：「是他到處。」曰：「如何『與灑掃應對合』？」曰：「蓋言精粗無二。」曰：「『活潑潑地』是禪語否？」曰：「不是禪語，是俗語。今有儒家字爲佛家所竊用而後人反以爲出於佛者，如『寺』、『精舍』之類不一。」可學。

佛書中說「六根」、「六塵」、「六識」、「四大」、「十二緣生」之類皆極精巧，故前輩學佛者必謂此孔子所不及。今學者且須截斷，必欲窮究其說恐不能得身已出來。[一一三]他底四大即吾儒所謂魂魄[一一四]。十二緣生在華嚴合論第十三銜[一一五]卷。佛說本言盡去世間萬事，其後黠者出却言「實際理地不染一塵，萬事門中不舍一法」。可學。

華嚴合論精密。閎祖。

「華嚴合論，其言極鄙陋無稽。不知陳了翁一生理會這個是有甚麽好處，也不會厭。可惜極好底秀才只恁地被它引去了。」又曰：「其言旁引廣諭說神說鬼，只是一個天地萬物皆具此理而已。經中本說得簡徑白直，却被注解得越没收殺。」或問金剛經大意。曰：「他大意只在須菩提問『云何住，云何降伏其心』兩句上。故說不應住法生心，不應住色生心。『應無所住而生其心』，此是答『云何住』。又說『若胎生，若卵生，若濕生，若化生，我皆令入無餘涅槃而滅度之』，此是答『云何降伏其心』。彼所謂『降伏』者非謂欲遏伏此心，謂盡降收世間衆生之心入它無餘涅槃中滅度，都教你無心了方是，只是一個『無』字，自此以後只管纏去，只是這兩句。如這卓子，則云若此卓子非名卓子，是名卓子。『若見諸相非相則見如來』，離一切相即名佛，皆是此意。要之只是說個『無』。」僩。

道夫〔一一六〕問：「龜山集中所答了翁書曰〔一一七〕華嚴大旨，不知了翁諸人何爲好之之篤？」曰：「只是見不透，故覺得那個好。以今觀之也是好，也是動得人。」道夫曰：「只爲他大本不立，故偏了。」先生默然良久，曰：「真所謂『詖』、『淫』、『邪』、『遁』，蓋詖者是它合下見得偏。儒者之道大中至正，四面均平。他〔一一八〕釋氏只見一邊，於那處都蔽塞了，這是『詖辭知其所蔽』。淫者是只見得一邊，又却說得周遮浩瀚，所以其書動數百卷，是皆陷於偏而不能返，這是『淫辭知其所陷』。邪者是它見得偏了，於道都不相貫屬，這是『邪辭知其所離』。遁者是它已離於道而不通，於君臣父子都已棄絶，見去不得却道道之精妙不在乎此，這是『遁辭知其所窮』。初只是詖，詖而後淫，淫而後邪，邪而後離，離而後遁。要之，佛氏偏處只是虛其理。理是實理，他却虛了，故於大本不立也。」因問：「温公解禪偈，却恐後人作儒佛一貫會了。」先生因誦之曰：「此皆佛之至陋者也，妙處不在此。」又問：「昔見〔一一九〕遺書云『釋氏於「敬以直内」則有之，「義以方外」則未也』，道夫於此未安。」先生笑曰：「前日童蜚卿正論此，以爲釋氏大本與吾儒同，只是其末異。某與之〔一二〇〕言正是大本不同。」因檢近思録有云「佛有一個覺之理可以『敬以直内』矣，然無『義以方外』。其『直内』者，要之其本亦不是」，顧謂道夫曰：〔一二一〕「這是當時記得全處，前者記得不完也。」又曰：「只無『義以方外』，則連『敬以直内』也不是了。」又曰：「程子謂『釋氏唯務上達而無下學，然則其上達處豈有是邪』亦此意。學佛者嘗云『儒佛一同』，某言：『你只認自家説不同。若果是，又何必言同？只這靠傍底意思便是不同，便道你底不是，我底是了。』」道夫。

試〔一二二〕將法華經看便見其誕。開口便説恒河沙數幾萬幾千幾劫，更無近底年代。又如佛受記某甲幾劫後却〔一二三〕成佛。某〔一二四〕有神通，何不便成就它做佛？何故待闕許久？又如住世羅漢猶未成佛，何故許多時修行無〔一二五〕長進？今被它撰成一藏説話遍滿天下，惑了多少人。勢須用退之盡焚去乃可絶。今其徒若聞此説，必曰此正是爲佛教者，然實繆爲此説，其心豈肯如此？此便是言行不相應實〔一二六〕處。今世俗有一等卑下底人，日〔一二七〕所爲不善，一旦因讀佛書稍稍收斂，人便指之〔一二八〕爲學佛之效，不知此特粗勝於庸俗之人耳。士大夫學佛者全不曾見得力，近世李德遠輩皆是也。今其徒見吾儒攻〔一二九〕排之説，曰〔一三〇〕此吾之迹耳，皆我自不以爲然者。如果是不以爲然，當初如何却恁地撰下？又如僞作韓歐列傳〔一三一〕之類，正如盜賊畏〔一三二〕捉事人，故意攤贓耳。伯豐。〔一三三〕

「楞嚴經本只是呪經〔一三四〕語，後來房融添入許多道理説話。呪語想亦淺近，但其徒恐譯出則人易之，故不譯。所以有呪者，蓋浮屠居深山之〔一三五〕中有鬼神蛇獸爲害，故作呪以禁之。緣他心靈故能知其性情，制馭得他。呪全是想法。西域人誦呪如叱喝，又爲雄毅之狀，故能禁伏鬼神，亦如巫者作法相似。」又云：「汀州人多爲巫，若巫爲祟，則以法〔一三六〕治之者全使不行。沈存中記水中金剛經不濕，蓋人心歸向深固，所感如此。」因言：「後世被他佛法横入來，鬼神也没理會了。」又曰：「世之所謂鬼神亦多是喫酒喫肉漢，見他戒行精潔、方寸無累底人，如何不生欽敬！」閎祖。

傳燈録極陋，蓋真宗時一僧做上之。真宗令楊大年删過，故出楊大年名，便是楊大年也曉不得。義剛。

問：「禪學從何起？」曰：「自梁武帝時達磨西來，初間也只是外面粗説，士大夫未甚信向。

及六傳至唐中宗時，有六祖禪學專就身上做工夫，直要求心見性。士大夫纔向裏者無不歸他去〔一三七〕。韓公當初若有向裏底工夫，亦早落在其中矣。」淳。〔一三八〕

因語禪家，云：「當初入中國只是〔一三九〕四十二章經。後來既久無可得說，晉宋而下始相與演義，其後義又窮，至達磨以來始一切掃除。然其初答問亦只分明說，到其後又窮，故一向說無頭話，如『乾矢橛』、『柏樹子』之類，只是胡鶻突人。既曰不得無語，又曰不得有語，道也不是，不道也不是。如此則使之東亦不可，西亦不可。置此心於危急之地，悟者爲禪，不悟者爲顛。雖爲禪亦是蹉了蹊徑，置此心於別處，和一身皆不管，故喜怒任意。然細觀之，只是於精神上發用。」某問：「渠既一向說空，及其作用又只是氣。」曰：「作用是心，亦是氣，渠自錯認了。渠雖說空，又要和空皆無，如曰『空生大覺中』之類。昔日了老專教人坐禪，杲老以爲不然，著正邪論排之。其後杲在天童，了老乃一向師尊禮拜，杲遂與之同。及死，爲之作銘。」問：「既〔一四〇〕要清静寂滅，如何不坐禪？」曰：「渠又要得有悟。杲舊甚喜子韶，及南歸，貽書責之，以爲與前日不同。今其小師録杲文字，去正邪論，與子韶書亦節却。」問：「病翁墓志中說官莆田事，如何？」曰：「佛家自說有體無用，是渠言如此，依實載之。」問：「禪僧有鳴鼓升坐死者，如何？」曰：「世念既去，自知得。只是能偃不卧床席耳，別無它說。」可學。〔一四一〕

或問：「禪家說無頭當底說話是如何？」曰：「他說得分明處却不是，只內中一句黑如漆者便是他要緊處，於此曉得時便盡曉得。他又愛説一般最險絶底話，如引取人到千仞之崖邊猛推一推下去，人於此猛省得便了。」或曰：「不理會得也是一事不了。」曰：「只此亦是格物。」祖道。

禪只是一個呆守法，如「麻三斤」、「乾屎橛」。他道理初不在這上，只是教他麻了心，只思量這一路，專一積久忽有見處便是悟。大要只是把定一心不令散亂，久後光明自發。所以不識字底人纔悟後便作得偈頌，悟後所見雖同，然亦有深淺。某舊來愛問參禪底，其説只是如此。其間有會説者却吹嘘得大。如杲佛日之徒自是氣魄大，所以能鼓動一世，如張子韶、汪聖錫輩皆北面之。閎祖。

郭德元問：「禪者云『「知」之一字，衆妙之門』，它也知得這『知』字之妙。」曰：「所以伊川説佛氏之言近理，謂此類也。它也微見得這意思，要籠絡這個道理。只是它用處全差，所以都間斷，相接不著。」僩問：「其所謂知，正指此心之神明作用者否？」曰：「然。」郭又問：「圭峰云『作有義事是省悟心，作無義事是狂亂心。狂亂由情念，臨終被業牽；省悟不由情，臨終能轉業』，又自注云：『此「義」非「仁義」之「義」，乃「理義」之「義」。』甚好笑。」曰：「它指仁義爲恩愛之義，故如此説。他雖説理義，何嘗夢見？其後杲老亦非之云：『「理義」之「義」便是「仁義」之「義」，如何把虚空打做兩截？』」僩。按黄卓録至「相接不着」同，以下詳略少異，今附，云：「『又圭峰云「此又非仁義之義，乃理義之義」，它指仁義爲恩愛，恩小□義，故如此説。圭峰禪師嗣者譯會禪師，若澤嗣北宗神秀禪師，所謂北宗六祖也。南宗慧能爲南宗六祖，皆傳法于五祖。北宗專主張這「却」字，南宗知之曰「知之一字，衆妙之門」。』僩問：『他之所謂知，正指此心之神明作用者，但不明理耳。』曰：『然。』」〔一四二〕

先生論〔一四三〕佛家説「會萬物於一己」：「若曉得這道理自是萬物一體，更何須會？若是曉不得，雖欲會，如何會得？」恪。

佛家「作用」引罽賓王問。某問：「他初説空，今却如此。」曰：「既無理亦只是無，聽亦此，不聽亦此。然只是認得第二個，然他後來又不如此説。傅大士云云。」曰：「他雖不如此，然卒走此不得？」曰：「然。」可學。

禪僧自云有所得而作事至〔一四四〕不相應，觀他又安有粹〔一四五〕面盎背氣象？只是將此一禪横置胸中，遇事將出，事了又收却〔一四六〕，渠〔一四七〕大抵只論説，不論行。昔日病翁見妙喜於其面前要逞自家話。渠於開喜升座，却云：「彦冲修行却不會禪，寶學會禪却不修行；所謂張三有錢不會使，李四會使又無錢。」皆是亂説。大抵此風亦有盛衰，紹興間最盛，閩中自有數人。可歎！可歎！先王之道不明，却令異端横出竪立。可學。

問德粹：「在四明曾到天童育王否？」曰：「到。」曰：「亦曾參得〔一四八〕禪？」曰：「有時夜静無事，見長老入室，亦覺心静。」先生笑，因問：「德光如何？」滕曰：「不問渠法門事，自是大管人事。」先生曰：「皆如此。今年往莆中弔陳魏公，迴途過雪峰，長老升堂説法且胡鶻過，及至接人却甚俗，只是一路愛便宜，纔説到六七句，便道仰山大王會打供，想見宗杲也[一四九]是如此。」又問：「咸傑[一五〇]如何？」曰：「臨死只是漸消削。」先生曰：「它平日只理會臨行一節，又却如此。」可學。[一五一]

釋氏「地」、「水」、「火」、「風」之説，彼所謂「地」、「水」如云魄氣，「火」、「風」如云魂氣。又説火、風先散，地、水後散，則其疾不暴；地、水先散，火、風後散，則其疾暴。德明。以下雜論。[一五二]

釋氏説，法身便是其[一五三]本性，報身便[一五四]是其德業，化身是其肉身。問：「報身是如何？」曰：「是他成就效驗底説話。看他畫毗盧遮那坐千葉蓮珠常富貴，便如吾儒説聖人備道全美相似。」庚。[一五五]

魯可幾問釋氏「因緣」之説。曰：「若看書『作善降之百祥，作不善降之百殃』，則報應之説誠有之，但他説得來不是。」又問：「陰德之説如何？」曰：「也只是不在其身則在其子孫耳。」道夫。

佛家不合將才作緣習。緣習是[一五六]宿緣。可學。

禪家以父子兄弟相親愛處爲有緣之慈。如虎狼與我非類，我却有愛及他如以身飼虎。便是無緣之慈，以此爲真慈。淳。按黄義剛録同。[一五七]

甘吉父問「仁者愛之理，心之德」。時舉因問：「釋氏説慈即是愛也，然施之不自親始，故愛無差等。」先生曰：「釋氏説『無緣慈』，記得甚處説『融性起無緣之大慈』。蓋佛氏之所謂慈並無緣由，只是無所不愛。若如愛親之愛，渠便以爲有緣，故如〔一五八〕父母棄而不養，而遇虎之飢餓，則捨身以食之，此何義理耶？」時舉。

問：「佛法如何是以利心求？」曰：「要求清淨寂滅超脱世界，是求一身利便。」可學。

釋氏之學務使神輕去其幹，以爲坐亡〔一五九〕立脱之備。其魄之未盡化者則流爲膏液，散爲珠琲，以驚動世俗之耳目，非老子「專氣致柔」之謂也。僩。

佛家多有「奪胎」之説，也如何見得？只是在理無此。淳。

問：「輪迴之説當時如何起？」曰：「自漢以來已有此説話。説得成了，因就此結果。」曰：「不知佛祖已有此説否？」曰：「今佛經存者亦不知孰爲佛祖之書。」厚之云：「或傳范淳夫是鄧禹後身。」曰：「鄧禹亦一好人，死許多時，如何魄識乃至今爲他人！」某云：「吕居仁詩亦有『狗脚朕』之語。」曰：「它又有『偷胎奪蔭』之説，皆脱空。」可學。

鄭問：「輪迴之説是佛家自創否？」曰：「自漢書載鬼處已有此話模樣了。元城語録載。温公謂『吾欲扶教耳』，温公也看不破，只是硬恁地説。」淳。

問説禪家言性，太陽之下置器處。曰：「此便是説輪迴。」可學。

或有言修後世者。先生曰：「今世不修却修後世，何也？」道夫。

德粹問：「人生即是氣，死則氣散。浮屠氏不足信。然世間人爲惡死，若無地獄治之，彼何所懲？」先生曰：「吾友且說堯舜三代之世無浮屠氏，乃比屋可封，天下太平。及其後有浮屠氏[一六〇]而爲惡者滿天下。若爲惡者必待死然後治之，則生人立君又焉用[一六一]？」滕云：[一六二]「嘗記前輩說，除却浮屠祠廟，天下便知向善[一六三]，莫是此[一六四]意？」先生曰：「自浮屠氏入中國，善之名便錯了。渠把奉佛爲善，如修橋道造路猶有益於人，以齋僧立寺爲善，善安在？所謂除浮屠祠廟便向善者，天下之人既不溺於彼，自然孝父母、悌長上，做一好人便是善。大抵今之佛書多是後世做文字者所爲。向見伯恭說曾看藏經，其中有至不成說話者。今世傳一二本經乃是其祖師所傳，故士大夫好佛者多爲黃[一六五]鼓。」某問：「道家之說云出於老子，今世道士又却不然。今之傳莫是張角術？」先生曰：「是張陵，見三國志。他今鬼[一六六]印乃『陽平治都功印』。張魯起兵之所又有祭酒，有都講祭酒。魯以女妻馬超，使爲之。其設醮用五斗米，所謂『米賊』是也。向在浙東祈雨設醮，拜得脚痛。自念此何以得雨？自先不信。」某問：「漢時如鄭康成注二禮，但云鬼神是氣。至佛入中國，人鬼始亂。」先生曰：「然。」可學。

問：「釋氏之失，一是自利，厭死生而學，大本已非；二是滅絕人倫；三是逕求上達，不

務下學，偏而不該。」答〔一六七〕云：「未須如此立論。」人傑。以下論釋氏無人倫之害。〔一六八〕

佛家説要廢君臣父子，他依舊廢不得。且如今一寺，依舊有長老之類，其名分亦甚嚴〔一六九〕，如何廢得！〔一七〇〕但皆是僞。義剛。

小道易行，易見效。漢文帝尚黄老〔一七一〕，而本朝李文靖公〔一七二〕便是釋氏之學致治也。孔孟之道規模大，若有理會得〔一七三〕，其〔一七四〕治又當如何！元壽。〔一七五〕

王質不敬其父母，曰：「自有物無始以來，自家是换了幾個父母了。」其不孝莫大於是。以此知佛法之無父，其禍乃至於此。使更有幾人如王質者〔一七六〕，則雖殺其父母亦以爲常。佛法説君臣父子兄弟等〔一七七〕，只説是偶然相遇。趙子直戒殺子文，末爲因報之説云：「汝今殺他，他再出世必殺汝。」此等言語乃所以啓其殺子，蓋彼安知不説道：「我今可以殺汝，必汝前身曾殺我？」賀孫。〔一七八〕

次日因余國秀解「物則」，語及釋氏，先生曰：「他佛家都從頭不識，只是認那〔一七九〕知覺運動做性，所以鼓動得許多聰明豪傑之士。緣他是高於世俗，世俗一副當污濁底事他是無了，所以人競趨他之學。元初也不如此。佛教初入中國只是修行説話，如四十二章經是也。初間只有這一卷經。其中有云，佛問一僧：『汝處家爲何業？』對曰：『愛彈琴。』佛問：『絃緩如何？』曰：『不鳴矣。』『弦急如何？』曰：『聲絶矣。』『急緩得中如何？』曰：『諸音普矣。』佛曰：『學道亦然。心須調適，道可得矣。』初問只是〔一八〇〕如此説。後來達磨入中國，見這般説話中國人都會説了〔一八一〕，遂又〔一八二〕換了話頭，專在〔一八三〕去面壁静坐默照，那時也只是如〔一八四〕此。到得後來遂又翻得許多禪底説話來，盡掉了舊時許多話柄。不必看經，不必静坐，越弄得來闊，其實只是作弄這些精神。」或曰：「彼亦有〔一八五〕以知覺運動爲形而下者，以空寂爲形而上者，如何？」曰：「便只是形而下者。他只是將知覺運動做玄妙説。」或曰：「如此則安能動人？必更有玄妙處。」曰：「便只是這個。他那妙處離這知覺運動不得，無這個便説不行。只是被他作弄得來精，所以横渠有『釋氏兩末』之論。只説得兩邊末梢頭，中間真實道理却不曾識。如知覺運動是其上一梢也，因果報應是其下一梢也。」或曰：「因果報應，他那邊有見識底亦自不信。」曰：「雖有不信底，依舊離這個不得。如他幾個高禪縱説高殺，也依舊掉舍這個不下，將去愚人。他那個物事没理會，捉撮他不得。你道他如此，他又説不如此。你道他是知覺運動，他又有時掉翻了。都不説時，雖是掉翻，依舊離這個不得。」或問：「今世士大夫所以晚年都被禪家引去者，何故？」曰：「是他底高似你。你平生所讀許多書，許多記誦文章，所藉以爲取利禄聲名之計者，到這裏都靠不得了，所以被他降下。他底是高似你，且是省力〔一八六〕，誰不悦〔一八七〕而趨之？王介甫平生讀許多書，説許多道理〔一八八〕，臨了捨〔一八九〕宅爲寺，却請兩個僧來住持他〔一九〇〕，是被他笑。你這個物事如何出得他！」或問：「今也不消學他那一層，只認依着自家底做便了。」曰：「固是。豈可學他？只是依自家底做，少間自見得他底低。」僩。

以下論士大夫好佛。

又說：〔一九二〕「老氏煞清高，佛氏乃爲逋逃淵藪。今看何等人，不問大人小兒、官員村人商賈、男子婦人，皆得入其門。最無狀是見婦人便與之對談。如杲老與中貴權要及士夫皆好。湯思退與張魏公如水火，杲老與湯、張皆好。」又云：「杲老乃是禪家之俠。」又云：「陳了翁好佛，說得來七郎八當。」〔一九二〕

又說：〔一九三〕「老氏見得煞高，佛氏敢望他！又說唐人方說佛。本朝士夫好佛者始初楊大年，後來張無盡。」又說：「張無垢參杲老，汪玉山被他引去，後來亦好佛。但汪丈爲人無果決，要〔一九四〕好佛又不見透，又不能果決而退。嘗見汪丈論楊大年好佛，後來守不定，汪丈甚不□好〔一九五〕。云是蘇子由記此，恐未必是。」南升。

問：「二蘇之學得於佛老，於這邊道理元無見處，所以其說多走作。」曰：「看來只是不會子細讀書。它見佛家之說直截簡易，驚動人耳目，所以都被引去〔一九六〕。聖人之書非細心研究不足以見之。某數日來〔一九七〕，因閑〔一九八〕思聖人所以說個『格物』字，工夫盡在這裏。今人都是無這個〔一九九〕工夫，所以見識皆低。然格物亦多般，有只格得一兩分而休者，有格得三四分而休者，有格得四五分、五六分者。格到五六分者已爲難得。今人元不曾格物，所以見識極卑，都被他引將去。二蘇所以主張個『一』與『中』者，只是要恁含糊不分別，所以横説竪説，善作惡作都不害道理也。然當時人又未有能如它之説者，所以都被他説動了。故某常〔二〇〇〕説，今人容易爲異説引去者只是見識低，只要鶻突包藏，不敢説破，纔説破便露脚手。所以都將『一』與『中』蓋了則無面目，無方所，人不得而非之。」僩。〔二〇一〕

問：「近世王日休立化，如何？」曰：「此人極不好，貪污異常。」曰：「既如此，何故立脱？」曰：「他平日坐必向西，心在於此，遂想而得。此乃佛氏最以爲下者。」程氏説「野狐精」，正是以如此爲不足貴。可學。

因説某人棄家爲僧，以其合奏官與弟，弟又不肖，母在堂無人奉養。先生蹙曰：「奈何棄人倫、滅天理至此！」某曰：「此僧乃其家之長子。」方伯謨曰：「佛法亦自不許長子出家。」先生曰：「縱佛許亦不可。」可學。

陳福公臨終親筆戒其子勿用浮屠〔二〇二〕，林子方〔二〇三〕力責之。人之卑陋乃如此！淳。

「本朝歐陽公排佛就禮法上論，二程就理上論，終不如宋景文公捉得正贓出。見李蔚傳贊論華人增加處。佛書分明是中國人附益。」問：「佛法所以傳至今，以有禍福之説助之？」曰：「亦不全如此，却是人佐佑之。初來只有四十二章經，至晉宋間乃談義，皆是剽竊老、莊，取列子爲多。其後達磨來又説禪，又有三事：一空，二假，三中。空全論空，假者想出世界，中在空假之中。

唐人多説假。」可學。以下論〔二〇四〕闢佛。

因論釋氏，先生曰：「自伊洛君子之没，諸公亦多聞闢佛氏矣。然終竟説他不下者，未知其失之要領耳。釋氏自謂識心見性，然其所以不可推行者何哉？爲其於性與用分爲兩截也。聖人之道必明其性而率之，凡修道之教無不本於此，故雖功用充塞天地而未有出於性之外者。釋氏非不見性，及到作用處則曰無所不可爲，故棄君背父無所不至者，由其性與用不相管也。」時魏才仲侍側，問其故。先生曰：「如今未有此病，然亦不可不知。譬如人食物，欲知烏喙之不可食須是認下這底是烏喙，知此物之爲毒則他日不食之矣。若不便認下，他日卒然遇之〔二〇五〕，不知其〔二〇六〕毒，未有不食之也。異端之害道，如釋氏者極矣〔二〇七〕。以身任〔二〇八〕道者安得不辨之乎！如孟子之辨楊、墨，正道不明而異端肆行，周、孔之教將遂絶矣。譬如火之焚將及身，任道君子豈可不拯救也！」

伊川謂「所執皆出禪學之下」，此説甚好。謂攻之者。淳。

韓退之、歐陽永叔所謂扶持正道、不雜釋老者也。然到得緊要處更處置不行，更説不去，便説得來也拙，不分曉。緣他不曾去窮理，只是學作文，所以如此。東坡則雜以佛老，到急處便添入佛老相和去聲。澒户孔切。瞞人。如粧〔二〇九〕鬼戲、放烟火相似，且遮人眼。如諸公平日擔當正道，自視如何，及纔議學校便説不行，臨了又却只是詞賦好，是甚麽議論！如王介甫用三經義取士。及元祐間議廢之，復詞賦，争辨一上，臨了又却只是説經義難考，詞賦可以見人之工拙易考。所争者只此而已，皆大可笑也！僩。〔二一〇〕

向來見人陷於異端者每以攻之爲樂，勝之爲喜。近惟覺彼之迷昧爲可憐，而吾道不振之可憂，誠實病傷不能自已。不知是年老氣衰而然邪，抑亦漸得情性之正而然也？道夫。〔二一一〕

晦庵先生朱文公語類卷第一百二十七

祖宗一[一]

事實[二]

太祖朝

漢高祖、本朝太祖有聖人之材。伯豐。

或言：「太祖受命，盡除五代弊法，用能易亂爲治。」先生曰：「不然。只是去其甚者，其他法令條目多仍其舊。大凡做事底人多是先其大綱，其他節目可因則因，此方是英雄手段。如王介甫大綱都不曾理會，却纖悉於細微之間，所以弊也。」儒用。

國初下江南，一年攻城不下，是時江州亦城守三年。蓋其國小，君臣相親，故能得人心如此。因説先世理評公仕江南死事及此。德明。

仁宗朝[三]

問：「章獻不如宣仁。然章獻輔仁宗，後來却無事。」曰：「亦是仁宗資質好。後來亦是太平日久宮中太寬，如雇乳母事，宣仁不知。[四]」可學。

英宗朝[五]

亞夫問「濮議」。曰：「歐公説不是，韓公、曾公亮和之。温公、王珪議是。范鎮、吕誨、范純仁、吕大防皆彈歐公，但温公又於濮安懿王邊[六]禮數太薄，須於中自有斟酌可也。歐公之説斷不可。且如今有人[七]爲人後者，一日所後之父與所生之父相對坐，其子來喚所後父爲父，終不成又喚所生父爲父！這自是道理不可如此[八]。試坐仁宗於此，亦坐濮王於此，使英宗過焉[九]，終不成都喚兩人爲父！只緣衆人道是死後爲鬼神不可考，胡亂呼都不妨，都不思道理不可如此。先時仁宗有詔云『朕皇兄濮安懿王之子，猶朕之子也』，此甚分明，當時只以此爲據足矣。」亞夫問：「古禮自何壞起？」先生曰：「自定陶王時已壞[一〇]。蓋成帝不立弟中山王，以爲禮，兄弟不得相入廟。乃立定陶王，蓋子行也。孔光以書盤庚殷之兄王争之，不獲。當時濮廟之争都是不曾好好讀古禮、見得古人意思，爲人後，爲之子，其義甚詳。」賀孫。

「濮議」之争結殺在王陶擊韓公，蔣之奇論歐公。伊川代彭中丞奏議似亦未爲允當，其後無收殺，只以濮國主其祀可見矣[一一]。天理自然，不由人安排。方子。

本朝許多大疑禮都措置未得。如濮廟事，英宗以皇伯之子入繼大統，後只令嗣王奉祭祀，天子則無文告。賀孫。

神宗朝

神宗鋭意爲治，用人便一向説[一二]信他。初用富鄭公，甚傾信鄭公[一三]。及論兵，鄭公曰：「願陛下二十年不可道着『用兵』二字。」神宗只要做，鄭公只要不做，説不相[一四]合。後來傾信王介父，終是坐此病。只管好用兵，用得又不着，費了無限財穀，殺了無限人，殘民蠹物之政皆從此起。西蕃小小擾邊只是打一陣退便了，今却去深入侵他疆界，纔奪得鄯州等空城便奏捷。朝廷不審，便命官發兵去守，依舊只是空城，城外皆是番人，及不能得歸朝廷，又發兵去迎歸，多少勞費！熙河之敗喪兵十萬，神宗臨朝大慟，自此得疾而終。後來蔡京用事，又以爲不可棄，可[一五]用兵復不利，又事幽燕，此亦自神宗啓之，遂至中朝傾覆。反思鄭公之言，豈不爲天下至論！義剛。陳淳録同。[一六]

神宗大概好用生事之人。如吴居厚在京西括民買鑊，官司鑄許多鑊，令民四口買一，五口則買二。其後民怨，幾欲殺之，吴覺而免，然卒稱旨。其後如蔡京欲舉行神宗時政，而所舉行者皆熙寧之政，非元豐神祖自行之政也。故了翁摭摘其失，以爲京但知［一七］得王安石之政而欺蔽不道，實不曾紹復元豐之政也。義剛。

神宗皇帝極聰明，於天下事無不通曉，真不世出之主，只是頭頭做得不中節拍。如王介甫爲相亦是不世出之資，只緣學術不正當遂誤天下。使神宗得一［一八］真儒而用之，那裏得來！此亦氣數使然。天地生此人便有所偏了。可惜！可惜！卓。

神宗事事留心。熙寧初闢闊京城至四十餘里，盡修許多兵備，每門作一庫以備守戒［一九］。如射法之屬皆造過，但造得太文，軍人劄地不曉。義剛。

熙寧作陣法令將士讀之，未廝殺時已被將官打得不成模樣了。義剛。

論臣木圖，云：「神宗大故留心邊事。自古人主何曾恁地留心。」義剛。

神宗［二〇］極喜陳殿院師錫，建人。文字［二一］，嘗於太學中取其程文閱之，每得則貯之錦囊中。及殿試編排卷子奏御，神宗疑非師錫之文。從頭閱之，至中間見一卷子，曰：「此必陳某之文也。」［二二］已而果然。儒用。

先生舉解卦云［二三］：「『無所往，其來復吉』，程傳以爲『天下之難已解而安平無事，則當修復治道、正綱紀、明法度，復先代明王之治』。夫禍亂既平，正合修明治道，求復三代之規模，却只便休了。兩漢以來人主還有理會正心、誠意否？須得人主如窮閻陋巷之士治心修身、講明義理，以此應天下之務、用天下之材，方見次第。」因言：「神廟，大有爲之主，勵精治道，事事要理會過，是時却有許多人材。若專用明道爲大臣，當大段有可觀。明道天資高，又加以學，誠意感格，聲色不動，而事至立斷。當時用人參差如此者〔二四〕，亦是氣數舛逆。」德明。〔二五〕

溫公日録中載厚陵事甚詳。林子中雜記中〔二六〕載裕陵事甚詳。方子。

哲宗朝

哲宗春秋尚富，平日寡言。一旦講筵説書至「乂用三德」，發問云：「只是此三者，還更有？」若〔二七〕有人會答時，就這裏推原却煞有好説話。當時被忽然問後，都答不得。義剛。

徽宗朝

老内侍黄節夫臣〔二八〕事徽宗，言道人林靈素有幻術，其實也無。如温革言，見鬼神者皆稗官，某不曾見。所作天人示現記，皆集衆人之妄。吏部親見節夫，聞其言如此。方子。

徽宗因見星變，即令衛士仆黨籍〔二九〕碑，云：「莫待明日引得蔡京又來炒。」明日，蔡以爲言。又下詔云：「今雖仆碑，而黨籍却仍舊。」義剛。

欽宗朝

伊川嘗説，今人都柔了。蓋自祖宗以來多尚寬仁，不曾用大刑之屬，由此人皆柔軟，四方無盜賊。後來靖康時多盜，蓋虜難方急，朝廷無暇治之耳。且如紹聖之後，山東、河北連年大飢而盜作，也皆隨即仆滅。但見長上云，若更遲以四五年，虜人不來，盜亦難禁之，蓋是飢荒極了。義剛。〔三〇〕

又〔三一〕言及靖康之禍，曰：「本朝全盛之時，如慶曆、元祐間，只是相共扶持這個天下，不敢做事、不敢動，被夷狄侮也只忍受之〔三二〕不敢與較，亦不敢施設一事，方得天下稍寧。積而至於靖康。一旦所爲如此，安得天下不亂！」卓。

高宗朝

方臘之亂，諸郡〔三三〕愚民望風響應。其間聚黨劫掠者皆假竊臘之名字，人人曰「方臘來矣」，所至瓦解。臘之婦紅裝盛飾，如后妃之象。以鏡置胸懷間，就日中行則光彩爛然，競傳以爲祥瑞。儒用。〔三四〕

籍溪嘗云，建炎間勤王之師所過州縣如入無人之境，恣行摽掠，公私苦之。有陳無玷者，以才略稱，嘗作某縣，宿戒邑人各備器械，候聞鍾聲則人執出[三五]，隨其所居相比排列。未幾，勤王之師入縣，將肆縱横之狀，即命擊鍾。邑人聞之，如其宿戒以出，師徒見其戈矛森列，不虞其有備若此也，相顧失色，遂整師以過，秋毫無犯。邑人德之。又，胡文定公之趨召命也，泛舟而下。無玷走吏致書戒其吏云：「計程到江黄間，有官船自下而上者可扣之，當是本官。」吏至彼，果有舟上者，一問得之。其善料事如此。蓋渠以事占之，知文定之不果造朝也。儒用。[三六]

曾光祖論及中興遺史之所[三七]載孟后過贛州時事，與鄉老所傳甚合。云太后至城中遭某賊放火，城中方[三八]且救火，連日不止，城外又有一隊賊來圍了城。先生曰：「其時也是無策。虜人是破了潭州後過來分隊至諸州，皆是緣港上來。太后先至洪州時，此間王修撰在彼作帥，覺得事勢不是，遂白扈駕執政，太后乃去。後三四日虜果至，王乃走。而[三九]其城中百姓乃[四〇]相率推一大寄居作首而降虜。」進賢姓傅者言是李侍郎。先生曰：「不必是[四一]說他名字。」又曰：「信州先降虜。[四二]」義剛。

苗、劉渡揚州[四三]煞殺了人，那不得過來底切骨怨。見他[四四]當時人骨肉相散失，沿路皆帖榜子，店中都滿，樹上都是。這邊宦者却恁地得[四五]！一日，康履與諸宦者出去觀潮，帳設塞街，所以[四六]軍人皆憤惋不平，後成苗、劉之變。王淵也是善戰，然未爲有大功，不及當時諸老將，一旦簽書樞密，人皆不服。一日早，只見街上閧閧地，人也[四七]不敢開門。從隙中窺時〔四八〕，但見人馬皆滿路，見苗傅左手提得王淵頭，右手提一劍以徇衆。少頃盡殺宦〔四九〕者，逃在人家夾壁中底也一齊捉出來殺之〔五〇〕。朱勝非却也未爲大乖，他當時被苗、劉做得來可畏了，不奈何只得且隱忍去調護他。〔五一〕他無狀時却〔五二〕不合説他調護甚有功，被義兵來剗地壞了他事。却〔五三〕是他要自居其功，這個却乖。當時若不殺了苗、劉也無了當，他若尚在那裏終是休不得。義剛。

論及楊公子〔五四〕，云：「當時也無甚大賊，不過只是盜賊而已。如李成之徒也只是劫掠，若無計則不過自去〔五五〕食人，皆不是做底事。」義剛。〔五六〕

建賊范汝爲本無技能，爲盜亦非其本心。其叔父名積中者，〔五七〕却素有包藏，陰結徒黨，置兵器滿倉厢中。其徒勸之舉事，每每猶豫若有所待。有不快於中者輒火十數家，且殺人。因〔五八〕劫之爲首，其人終不肯，但曰：「時未可，我決不能爲，汝輩可別推一人爲主。」衆遂擁戴汝爲，勢乃猖獗。建之士如歐陽穎士、施逵、吴琮者，善文章，多材藝，或已登科，皆望風往從之。置僞官，日以蕭、曹、房、杜自相標置，以漢祖、唐宗頌其功德。汝爲愚人，偃然當之。朝廷遣官軍來平賊。時秋稼已成〔五九〕熟，賊聞官軍且至，放水灌田，又以禾穟相結連，已而决堘去水。官軍至，不諳其山川道路。賊縱之山〔六〇〕，山路險隘，騎卒不能前。賊覺官軍已疲困，乃出平原以誘官軍。官軍出山，争趨田中，既爲結穟牽絆，又陷泥淖。賊因四面鏖擊之，官軍大敗。乘勝據建州三年，累降累叛。竟遣韓世忠來，方能勦除之。汝爲自縊，尸爲衆所焚，弗獲。初建人陸棠、謝尚有鄉曲之譽。陸乃龜山婿。爲士人時極端重，頗似有德器者。賊聲言：「使二人來招我，吾降矣。」朝廷遣之。既而賊有二心，乃拘繫久之。歐陽輩又説之日益切，因循遂爲賊用。賊敗，歐陽穎士、吴琮先誅死，陸、謝、施逵以檻車送行在。盜[六一]至中途，逵謂二人曰：「吾輩至，必死。與其戮於市朝且極痛楚，曷若早自裁？」二人曰：「何可得自死？」逵曰：「易爾。」乃密令人爲藥三元，小大形色俱相似，一乃無毒者。逵取無毒者服之，餘二人服即死。逵既至行在，歸罪於二人，理官無所考證，迄從末減，但編置湖南某州，中途又逃去，或爲道人，或爲行者，或爲人典庫藏，後迤浬望淮去。有喜其材者，以女妻之。住數月復北走降虜，改名宜生，登僞科後擢用甚峻。逆亮將犯淮南時，猶爲之奉使。比來時，邵武[六二]黄尚書通老爲館伴。黄幼與之同筆硯，雅相好，至是不欲見其人，以疾辭。遂改命[六三]張子公。宜生猶問子公：「通老安在？」子公以實對。欲扣虜中事，不可得。因登六和塔，子公領客，宜生先登，亟問之曰：「奉使得無首丘之念乎？」宜生曰：「必來。」言方終，介[六四]使至，宜生色爲之變。既歸即爲虜所誅。龍泉尉施慶之乃其族也。嘗舉宜生十數詩，内入使時題都亭驛詩云：「江梅的皪未全開，老倦無心上將臺。人在江南望江北，斷鴻聲裏送潮來。」又按蕭閑集注，宜生字朋望，建安浦城人，宣政間爲潁川教授，與宗室趙德麟友善。後仕劉豫。豫廢，歸其國，歷南臺郎中，刺隰、深二州，召爲禮侍，累遷侍講，道號「三住道人」。儒用。[六五]

東南論都，所以必要都建康者，以建康正諸方水道所湊，一望則諸要害地都在面前有相應處。臨安如入屋角房中，坐視外面，殊不相應。武昌亦不及建康。然今之武昌則非昔之武昌，吴都武昌乃今之武昌縣，地勢迫窄，只[六六]前一水爲險耳。鄂州正今之武昌，亦是好形勢，上可以通關陜，中可以向許洛，下可以通山東。若臨安，進只可通得山東及淮北而已。義剛。陳淳録同。[六七]

建康形勝於臨安。張魏公欲都建康，適值淮西兵變，魏公出而趙相入，遂定都臨安。庚。[六八]

前輩當南渡初，有言都建康者。人云建康非昔之建康，亦不可都。雖勝似坐杭州，如在深窟裏，然要得出近外，不若都鄂渚，應接得蜀中上一邊事體。看來其説也是。如今杭州一向偏在東南，終不濟事。記得岳飛初勵兵於鄂渚，有旨令移鎮江陵。飛大會諸將與謀，遍問諸將，皆以爲可，獨任士安不應。岳飛[六九]頗怒之。任對[七〇]曰：「大將所以移鎮江陵，若是時，某亦安敢不説？某爲見移鎮不是，所以不敢言。據[七一]某看，這裏已自成規摹，已自好了，此地可以阻險而守。若往江陵，則失長江之利，非某之所敢知。」飛遂與申奏，乞止留軍鄂渚。建康舊都所以好，却以石頭城爲險。此城之下，上流之水湍急，必渡得此水上這岸方得，所以建鄴可守。屯軍於此城之上，虜兵不可向矣。賀孫。

「建康形勢雄壯，然攻破着淮則只隔一水。欲進取則可都建康，欲自守則莫若都臨安。」或問江陵。曰：「江陵低在水中心，全憑藉[七二]堤，被他殺守堤之吏便乖。那堤一年一次築，只是土。」節。

先生脚疼卧息樓下，吟咏杜子美古柏行三數遍。賀孫侍立。先生云：「偶看中興小記，載勾龍如淵入争和議時言語。若果有此言，如何夾持前進以取中原？最可恨者，初來魏公既勉車駕到建康，當紹興七年時虜主已篡，高慶裔、粘罕相繼或誅或死。劉豫既見疑於虜，二子又大敗而歸，北方更無南向意。如何魏公纔因吕祉事見黜，趙丞相忽然一旦發回蹕臨安之議？一坐定着竟不能動，不知其意是如何！」因歎息久之云：「爲大臣謀國一至於此，自今觀之爲大可恨！若在建康，則與中原氣勢相接，北面顧瞻，則宗廟父兄生靈塗炭莫不在目，雖欲自已，有不能自已者。惟是轉來臨安，南北聲迹寖遠，上下宴安，都不覺得外面事，事變之來皆不及知，此最利害。方建康未回蹕時，胡文定公方被召，沿江而下。將至，聞車駕已還臨安，遂稱疾轉去。看來若不在建康也是徒然出來，做得甚事！是時有陳無玷者，字筠叟，在荆鄂間爲守，聞車駕還臨安，即令人齎錢酒之屬往接胡文定。吏人云：『胡給事赴召去多日。兼江面闊，船多，如何去尋得？』陳公[七三]云：『江面雖闊，都是下去船。你但望見有逆水上來底船便是給事船。』已而果然。當時講和本意，上不爲宗社、下不爲生靈、中不爲息兵待時，只是怯懼爲苟歲月計。從頭到尾，大事小事，無一件措置得是當。然到今日所以長久安寧者，全是宗社之靈。看當時措置，可驚！可笑！」賀孫。

張戒見高宗。高宗問：「幾時得見中原？」戒對曰：「古人居安思危，陛下居危思安。」陳同父極愛此對。方子。

張子韶人物甚偉，高廟時除講筵。嘗有所奏陳，上云：「朕只是一個至誠。」張奏云：「陛下對群臣時如此，退居禁中時不知如何？」云：「亦只是個誠。」又問：「對宮嬪時如何？」上方經營答語間，張便奏云：「只此便是不誠。」先生云：「高宗容諫，故臣下得以盡言。張侍郎一生學佛，此是用老禪機鋒。」德明。

高宗行達會稽，樓寅亮待次某縣丞，寓會稽村落中，出奏書乞建儲。高宗時年二十六七，大喜，即日除監察御史，遣黄院子懷勑牒物色授之。中使至其家，家人聞倉卒有聖恩，以爲得罪且死，相與環泣。寅亮出，使者自懷中出勑命，寅亮拜受，與使者俱詣行在所。此事國史不載。先生嘗欲聞於太史，俾之編入而不果，每以爲恨。方子。

岳飛嘗面奏，虜人欲立欽宗子來南京，欲以變換南人耳目，乞皇子出閤以定民心。時孝宗方十餘歲。高宗云：「卿將兵在外，此事非卿所當預。」是時有參議姓王者在候班，見飛呈劄子時手震。及飛退，上謂姓王者〔七四〕曰：「岳飛將兵在外，却來干與此等事，卿緣路來見他曾與甚麼人交？」王曰：「但見飛沿路學小書甚密，無人得知。」但以此推脱知〔七五〕了，但此等〔七六〕甚緊切，不知上何恁地説？如飛，武人，能慮及此亦大故是有見識。某向來在朝與君舉商量，欲拈出此等事，尋數件相類者一併上之，將其後裔乞〔七七〕加些官爵以顯之，未及而罷。義剛。

論及黄察院劾王醫師，先生曰：「今此東百官宅乃王醫師花園，後來籍爲百官宅。」黄直卿〔七八〕曰：「中貴只合令入大内中〔七九〕住，庶可免關節之類。」先生曰：「他若出來外面與人打關節也得。〔八〇〕更是今大内甚窄無去處了〔八一〕。便是而今都不是古。古人置宦者，正以他絶人道後可入宮，今却皆有妻妾、居大第，都與常人無異了〔八二〕，這都不是。出入又乘大轎。記得京師全盛時百官皆只乘馬，雖侍從亦乘馬。惟是元老大臣老而有疾底方賜他乘轎，然也尚辭遜，未敢便乘。今却百官不問大小盡乘轎，而宦者將命之類皆乘轎。見説虜中却不如此，中貴出入宮禁只獨自，若有命令只是自勒馬，亦無人引。裹一幞頭却取落兩隻脚在懷裏，自勒馬去，這却大故省〔八三〕。且如祖宗朝，百官都無屋住，雖宰執亦是賃屋。自神宗置東西府，宰相方有第，今却宦者亦作大屋。以祖宗全盛之天下而猶省費如此，今却不及祖宗天下之半而耗費却如此，安得不空乏！」義剛。

逆虜臨江，朝臣震怖，各津送其家屬他走。比虜騎退，家在都城者惟左相陳魯公康伯、黄端明尚書名中，邵武人，時爲左右。爾。高宗懲維揚之禍，故百官般家者不問。僩用。〔八四〕

問：「庚辰親征詔，舊聞出於洪景盧之手。近施慶之云，劉共甫實爲之。乃翁嘗從共甫見其草本。未知孰是。」曰：「是時陳魯公當國，命二公人爲一詔，後遂合二公之文而一之，前段用景盧者，後段用共甫者。」問：「此詔如何？」曰：「亦做得欠商量，蓋名義未正故也。記得汪丈嘗以此相問，某答曰：『此只當以淵聖爲辭。蓋前時屈己講和者猶以鑾輅在北之故，今其禍變若此，天下之所痛憤，復讎之義自不容已，以此播告則名正言順。如八陵廢祀等說，此事隔闊已久。[八五]』」儒用。

孝宗朝[八六]

孝宗小年極鈍。高宗一日出對廷臣云：「夜來不得睡。」或問云[八七]：「何故？」高宗[八八]云：「看小兒子讀書，凡二三百遍更念不得，甚以爲憂。」某人進云：「帝王之學只是[八九]要知興亡治亂，初不在記誦。」上意方少解。後來却恁聰明，試文字有不如法者，舉官必被責。邵武人[九〇]作省元，「五母雞」用「畒」字，孝宗大怒，欲剥[九一]放了。[九二]庚。[九三]

問壽皇爲皇子本末。曰：「本一上，殿官樓寅亮上言舉英宗故事，且謂太祖受命，而子孫無爲帝王者，當於太祖之下選一人養於[九四]宫中，他日皇子生只添一節度使耳。繼除臺官，趙忠簡公[九五]遂力贊於外。當時宫中亦有龃龉，故養兩人。後來皆是高宗自主張，未禪位前數日，忽批云：『宗室秀王諱。[九六]可追贈「秀王」，謚「安僖」。』先已安排了，若不然，壽皇如何處置！」可學。

高宗將禪位，先追贈秀王，謚安僖，[九七]可謂能盡父子之道者矣。僩。

某嘗謂士大夫不能盡言於壽皇，真爲自負。蓋壽皇受人言未嘗有怒色，但不樂時與人分疏辨析爾。道夫。

歲旱，壽皇禁中祈雨有應。一日，引宰執入視[九八]。恭父奏云：「此固陛下至誠感通，然天人之際其近如此，若他事一有不至，則其應亦當如此。願陛下深加聖慮，則天下幸甚！」恭父斯語頗得大臣體。因言梁丞相白蓮事。道夫。

壽皇直是有志於天下。要用人，嘗歎自家不如個孫仲謀能得許多人。賀孫。

壽皇合下若有一人夾持定，十五六年做多少事。道夫。

因言孝宗末年之政，先生云：「某嘗作孝宗挽辭，得一聯云『乾坤歸獨御，日月要重光』。」雉。

因論壽皇最後所用宰執[九九]如某人，某人[一〇〇]不知於上前說何事。某[一〇一]云：「某人却除大職名，與小郡。又有被批出與職名外任，却是知他不足取。」曰：「壽皇本英鋭，於此等皆照見。只是向前爲人所誤，後來欲安静厭人，唤起事端且如此打過，至於太甚，則又厭之。正如惡駿馬之奔踶而求一善馬騎之，至其駑鈍不前，則又不免加以鞭策。薛補闕曾論及某人。壽皇云：『亦屢以意導之而不去。』舉此亦可見。大抵作事不出於義理而出於血氣，久之未有不消鑠者。向來封事中〔一〇二〕亦嘗言及此。可學。

高宗大行，壽皇三年戴布幞頭，着布衫，遵行古禮，可謂上正千年之失。當時宰相不學，三日後却〔一〇三〕便服朝服。雖壽皇謙德，不欲以此喻群臣，然臣子自不當如此。可謂有父子而無君臣。賜。

孝宗居高宗喪，常朝時裹白幞頭，着布袍。當時臣下却依舊着紫衫。周洪道要着凉衫，王季海不肯，止用皂帶繫衫〔一〇四〕。今上登極常時着白綾背子，臣下却着凉衫，頗不失禮，而君之服遂失其舊。人傑。〔一〇五〕

晦庵先生朱文公語類卷第一百二十八

祖宗二[一]

法制

唐殿庭間種花柳，故杜詩云「香飄合殿春風轉，花覆千官淑景移」。又云「退朝花底散」，國朝惟植槐楸，鬱然有嚴毅氣象。又唐制，天子坐朝有二宮嬪引至殿上，故前詩起句云「户外昭容紫綬垂，雙瞻御座引朝儀」。至敬宗時方罷，止用小黃門引導，至今是如此。按：岑參詩「花迎劍佩星初落，柳拂旌旗露未乾」，亦殿庭種花柳之一證也。又杜贈田澄舍人有「舍人退食收封事，宮女開函進[二]御筵」，亦可爲二宮嬪之證。儒用。

舊時主上每日不御正殿。然自升朝官以上，凡在京者皆着去立朝[三]，候宰相奏事罷，却來押班，拜兩拜方了，禮是[四]如此。後來韓魏公不知如何偶然忘了，不及押班便歸第。御史中丞王陶即彈之，遂[五]去國。温公代爲御史[六]中丞，先奏云：「前王陶以彈宰相不押班而去國，今若宰相更不押班，則中丞無以爲職。須是令宰相押班，某方就職。」如此便是不押班也不是。〔七〕引見、上殿是兩事。今閤門引見便用舞蹈。近日多是放見，只是上殿拜於階下，直前奏事而已。惟授告門謝有舞蹈。文蔚。〔八〕

祖宗於舊〔九〕制雖不能守，然守得家法却極謹。舊時朝見皆是先引見閤門，閤門方引從殿下舞蹈後，乃得上殿，而今却都省了。本來朝見底皆是用一榜子上於閤門，閤門奏上方始引見。而今却於引見時，閤門積得這榜子，俟放見時却一併上，則都省了許多，只是殿下拜兩拜便上殿。這非惟是在下之人懶，亦是人主不能恁地等得，看它在恁地舞手舞脚。更是閤門也懶能教得他，及它有失儀又着彈奏。而今都是從簡易處去了。義剛。

中内尚書〔一〇〕主文字，皆〔一一〕過他處，天子亦頗禮之，或賜之坐，不係嬪御。亦掌印璽，多代御批，行出底文字只到三省。文蔚。

冊命之禮始於漢武帝之〔一二〕封三王，後遂不廢。古自有此禮，至武帝始復之耳。郊祀宗廟，太子皆有玉冊，皇后用金冊，記不審。宰相、貴妃皆用竹冊。及〔一三〕宰相宣麻，非是宣與宰相，乃是揚告王庭，令百官皆聽聞，以其人可用與否。首則稱道之文，後乃警戒之詞，如今云「於戲」以下數語是也。末乃云：「主者施行。」所謂「施行」者，行冊拜之禮也，李唐〔一四〕以來皆用之。至於本朝爲宰相者〔一五〕不敢當冊拜之禮，遂具辭免。三辭，然後許，只命書麻詞於誥以賜

之，便當册文，不復宣麻于廷，便是書以賜宰相。乃是獨宣誥命於宰相，而他人不得與聞，失古意矣。[一六]

近日拜表之禮甚異。論禮，班首合跪進，上面却有人來跪受，但進表後進者因跪而拜。今則進表者先拜，却跪進，其受者亦拜。此禮不可曉。文蔚。

「玄朗」諱起於真廟朝，王欽若之徒推得出，這也無考竟處。義剛。

某常疑本朝諱得那舊諱無謂。且如宣帝舊名病已，後來[一七]何曾諱？如[一八]平帝舊名亦不曾諱。如那虜中諱得又嶢崎，偏旁皆諱，謂如[一九]諱「敬」字，立人傍底也諱，下面着「言」字底也諱。近日朝廷祧了幾個祖諱却是，然「玄朗」却不祧。那聖祖莫較遠似諱宣祖些子[二〇]麽？義剛。

張以道曰：「秦王陵在汝州，太祖以下八朝陵在永安軍。翟興、翟俊父子嘗提兵至此，乏水，興禱之。天無雨，小溪平白湧洪流，六軍遂得水用。」義剛。

問：「景靈宮[二一]起於何代？」先生曰：「起於真廟。初只祀聖祖，諸帝后神御散於諸寺。其後神宗始祀聖祖於前殿，帝后於後殿。似此等禮數唐人亦無，且如唐人配廟只一后，餘后立别廟。本朝諸后俱配。」問：「人家配如何？先儒説只用元妃。伊川謂若所祭人是次妃生，即配以次妃。」曰：「此未安。古者諸侯一娶九女，元妃卒，次妃奉事。所謂次妃者乃元妃之妾，固不可同坐。若如後世士大夫家或三娶，皆人家女，雖同祀何害？所謂『禮以義起』也，唐人已如此。」可學云：「唐人立廟院，重氏族，固能如此。」先生曰：「唐人極有可取處。」可學。

用之問高子臯〔二二〕不竇不徑事。曰：「怕聖人須不如此。如不徑不竇只說安平無事時節。若當有寇賊患難，如何專守此以殘其軀，此柴之所以爲愚。聖人『微服而過宋』，微服是着那下賤人衣服。觀這意如此，只守不徑不竇之說不得。如途中萬一遇大盜賊也須走避，那時如何要不由小徑去得！然子臯也是守得定，若更學到變通處儘好，止緣他學有未盡處。」問：「學到時便如曾子之易簀？」曰：「易簀也只是平常時節。〔二三〕」又曰：「『子路使子羔爲費宰，子曰「賊夫人之子」』，不可爲政者正緣不能〔二四〕應變，他底却自正。」問：「子路之死與子臯事如何？」曰：「子路事更難說。」又曰：「如聖節就祝壽處拜四拜。張忠甫不出仕，嘗曰：『只怕國忌、聖節去拜佛不得。』這也如不竇不徑相似。」因說：「國家循襲這般禮數都曉不得。往往拜佛之事始於梁武帝，以私忌設齋，始思量聖節要寓臣子之意，又未有個所在奉安。」又曰：「尊號始於唐德宗，後來只管循襲，若不是人主自理會得，如何說？當神宗時群臣上尊號，司馬温公密撰不允詔書勸上不受，神宗便不受。自後並不用此。〔二五〕這只是神宗自見得，若不自見得，〔二六〕雖温公也要如此不得。且如三年喪，其廢如此長遠，當人主〔二七〕要行便行了，不〔二八〕見有甚不可行處。」賀孫。〔二九〕

唐人法服猶施之朝廷，今日惟祭祀不得已乃用，不復施之朝廷矣。且如今之冕，嵯峨而不安於首。古者佩玉，右徵角，左宮羽，今必不然。方子。〔三〇〕

「政和間〔三一〕嘗令天下州學生習大晟樂者皆着衣裳如古之制，及漆紗帽，但無頂爾。及諸州得解舉首貢至京師，皆若此赴元日朝。」或曰：「蒼梧雜志載『背子』，近年方有，舊時無之，只汗衫、襖子上便着公服。女人無背，只是大衣，命婦只有橫帔、直帔之異爾。背子乃婢婦之服，以其在背後，故謂之『背子』。」先生曰：「見説國初之時，至尊常時禁中，常只裹帽着背子，不知是如何。又見前輩〔三二〕説，前輩〔三三〕子弟平時家居皆裹〔三四〕帽着背，不裹〔三五〕帽便爲非禮。出門皆須具冠帶。今皆失了。從來人主常朝，君臣皆公服。孝宗簡便，平時着背，常朝引見臣下只是涼衫。今遂以爲常。如講筵早朝是公服，晚朝亦是涼衫。」庚。〔三六〕

古者車只六尺六寸。今五路甚大，嘗見人説秦太師制此，又高於京師舊日者。上面耀葉三層，皆高於舊日三寸，成尺二寸。周輅，孔子猶以爲侈，要乘殷輅。今路〔三七〕只是極其侈靡。庚。〔三八〕

因問陳庭秀臨安人。曰：「今行〔三九〕大禮，命從官一人立玉輅側以帛維之者〔四〇〕，名何官？」答〔四一〕曰：「名備顧問官，又曰執綏官。」先生笑曰：「然遍檢古今郊禮，安有所謂『備顧問官』、『執綏官』者？蓋此本太僕卿即執御之職。古者人君將升車，則御者先升，執轡中立以綏度左肩而雙垂之。綏如圓轡。君以兩手援綏而升，立車之左爲〔四二〕尊。魏公子無忌自駕，虛左方以迎侯生是也。行大禮，不敢坐。車行數步止。中書令宣詔，命千牛衛將軍升車〔四三〕千牛，擇武力者爲之。執長刀立車之右以防非常，所謂驂乘也。既升車，復行，望郊壇數步，復少駐，千牛將軍乃降立道左，車復行則執長刀前導而行。此唐制也。及政和修禮，脱千牛升車一節而但有『降車立道左』之文。初未嘗登，何降之有？所謂太僕卿執御之職，遂訛曰『執綏官』、『備顧問官』。然又不執綏，却立於輅側，恐其傾跌，以物維之。雖今之典禮官亦但曰『執綏官』、『備顧問官』也。今爲太常少卿者，便撥數日工夫將禮書細閱一過亦須略曉，而直爲此鹵莽也。周洪道嘗記渠作執綏官事，自云考訂精博。某問周：『何謂執綏官？』渠亦莫曉。又，綏本人君升車之所執，御者但授與君，則御者亦不可謂之『執綏官』。語曰『升車必正立執綏』，謂乘車者爾。」又曰：「今玉輅太重，轉動極難，兼雕刻既多，反不堅牢，不知何用許多金玉裝飾爲也？所以聖人欲乘殷之輅，取其堅質而輕便耳。仁宗、神宗朝兩造玉輅，皆以重大致壓壞。本朝尚存唐一玉輅，聞小而輕、捷而穩〔四四〕，諸輅之行，此必居先。或置之後則隱隱作聲。既有此輅，乘此足矣，何以更爲？聞後來此輅亦入虜中。」僩。

南渡以前，士大夫皆不甚用轎，如王荊公、伊川皆云不以人代畜。朝士皆乘馬。或有老病，朝廷賜令乘轎，猶力辭後受。自南渡後至今則無人不乘轎矣。庚。〔四五〕

今南班宗室多帶「皇兄」、「皇叔」、「皇伯」〔四六〕等冠於官職之上，非古者「不得以戚戚君」之意。王定國嘗言之神廟，欲令只帶某王孫或曾孫或幾世孫。且如越王下當云「越王幾世孫」，輔本此下云：〔四七〕「此説却是。不惟可免『戚君』之非禮，又可因而見其世系，稍全得些宗法。」後來定國得罪，皆〔四八〕指以爲離間骨肉。輔録止此。〔四九〕今宗室散無統紀，若使當時從定國之説，却有次序可考也。人傑。按，輔廣録同而有詳略。又按，李方子録同而略。〔五〇〕

本朝官制與唐大概相似，其曲折也〔五一〕不同。義剛。

又言：〔五二〕「祖宗，凡升朝官在京未有職事者每日赴班，纔有差遣則已。」廣。

給事中初置時，蓋欲其在内給事。或差除有不當，用捨有不是，要在裏面整頓了，不欲其宣露於外。今則不然，或有除授，小報纔出應〔五三〕遠近皆知了，給、舍方繳駁，乃是給事外也。這般所在都没理會。賀孫。

問：「或言六尚書得論臺諫之失，是否？」曰：「舊來左右丞得糾臺諫。嘗見長老言，神宗建尚書省，中爲令廳，兩旁則左右僕射、左右丞、左右司郎中。蔡京得政，奏言土地神在人〔五四〕方，是居人位，所以宰相累不利，建議將尚書省拆去。」因言：「蔡氏以『紹述』二字以拑〔五五〕天下士大夫之口，其實神宗良法美意變更殆盡。它人拆尚書省便如何了得！」德明。

問：「唐之人主喜用宦者監軍，何也？」曰：「是他信諸將不過，故用其素所親信之人。後來一向疏外諸將，盡用宦者。本朝太宗令王繼恩平李順有功，宰相擬以宣徽使賞之。太宗怒，切責宰相，以爲太重，蓋宣徽亞執政也，遂創『宣政使』處之。朝臣諸將中豈無可任者，須得用宦者？彼既有功，則爵賞不得吝矣。然猶守得這些意思，恐有[五六]宦者權重之患，及熙豐用兵遂皆用宦者。李憲在西，權任如大將。馴至後來，遂有童貫、譚稹之禍。」宦者其初只是走馬、承受之類，浸漸用事，遂至如此。僩。

「今之三衙即舊日之指揮使。朱溫由宣武節度使篡唐，疑忌他人，自用其宣武指揮使爲殿前指揮使，管禁衛諸軍。以至今日，其權益重。嘗見歐陽公記其爲某官時，殿帥之權猶輕，見從官不接坐，但傳語，不及獻茶。及再入爲執政，則禮數皆大異矣。」問：「何故如此？」曰：「也是積漸致然。是他權重後自然如此。」僩。

「皇城使有親兵數千人，今八厢貌士之屬是也。以武臣二員并内侍都知二員管之。本朝只此一項，令宦者掌兵而以武臣參之。」因笑曰：「此項又以制殿前都指揮之兵也。」僩。

太祖收諸鎮節度兵權置諸州指揮使，大州十數員，次州六七員，又次州三四員，每員[五七]管兵四五百人。本州自置營招兵而軍員管之，每遇陞[五八]則密院出宣付之。用紙一大幅，題其上曰「宣付指揮使某」，却不押號，而以御前大寶印之。軍員得此極重，有一人而得數宣者，蓋營中亦有數等品級遷轉也。指揮有廳、有射場，只在營中升降，不得出[五九]。樞密院行下文字曰宣，尚書省曰劄子。[六〇]僩。

「本朝祖宗積累之深，無意外倉卒之變。惟無意外之變，所以都不爲意外之防。且如而[六二]今樞密院號爲典兵，倉卒之際要得一馬使也沒討處。今樞密要發兵，須用去御前畫旨下殿前司然後可發，若有緊急事變，如何待得許多節次？漢宰相都帶羽林大將軍，[六一]所以倉卒之際便出得手、立得事、扶得傾危。今幸然無意外之變，若或有之，樞密且倉卒下手未得。」

苗、劉之事，今人多責朱、呂，當時他也是自做未得。古人定大難者不知是如何。不知范文正公[六三]、寇萊公人物是[六四]生得如何，氣貌是如何，平日飲食言語是如何樣底人。今不復得親身看，且得個依稀樣子，看是如何地。如今有志節擔當大事人，亦須有平闊廣大之意始得。」致道云：「若做不得，只得繼之以死而已。」答[六五]曰：「固是事極也不愛一死。但拚却一死，於自身道理雖僅得之，然恐無益於事，其危亡傾頹自若，奈何！如靖康，李忠愍之[六六]死於虜手亦可謂得其死。但當時便[六七]虜人感慨，謂中國有忠臣義士清節[六八]如此，可以不必相擾，引兵而退。得[六九]如此却於宗社有益，若自身既死，事變只如此，濟得甚事！當死[七〇]自是無可疑者。」賀孫。

今之總管乃國初之部署，後避英廟諱改爲[七一]。都監乃是唐之監軍，不知何時轉了。廣。

蔡元道所爲祖宗官制舊典，他只知懲創後來之禍，遂皆歸咎神宗不合輕改官制。事事以祖宗官制爲是，便説此是百王不可易之大[七二]典。殊不知後來所以放行踰越、任用小人，自是執法者偏私，何關改官制事！如武臣諸節度、副總管諸使所以恩禮隆異、俸給優厚者，蓋太祖初奪諸鎮兵權，恐其謀叛故置諸節度使，隆恩異數極其優厚，以收其心而杜其異志。及太宗、真宗以後則此輩或已老死，又無兵權。後來除授者自可殺其禮數，減其俸給，降其事權，而猶襲一時權宜苟且之制，爲子孫不可易之常典，豈不過哉！然祖宗時放行極艱其選，不過一二人、二三人。後來小人用事，凡宰相除罷及武臣寵倖宦者之徒無不得之，實法制不美[七三]有以啓之耳。及經變故，乃追咎輕越祖宗法度之過。不知此既開其可入之塗，彼孰不爲可入之塗以求合乎？僩。

神宗用唐六典改官制，頒行之。介甫時居金陵，見之人驚。曰：「上平日許多事無不商量來，只有此一大事却不曾商量。」蓋神宗因見唐六典書[七四]，遂斷自宸衷，鋭意改之，不日而定，初不曾與臣下商量也。僩。

唐初每事先經由中書省，中書做定將上，得旨再下中書，中書付門下。或有未當則門下繳駁，又上中書，中書又將上，得旨再下中書，中書又下門下。若事可行，門下即下尚書省，但[七五]主書填「奉行」而已，故中書之權獨重。本朝亦最重中書，蓋以造命可否進退皆由之也。門下雖有繳駁，依舊經由中書，故中書權獨重。及神宗皇帝[七六]倣唐六典，三省皆依此制而事多稽滯。故渡江以來，執政事皆歸一，獨諸司吏曹二十四曹。依舊分額各屬，三省吏人自分所屬而其上之綱領則不分也，舊時三省事各自由，不相侵越，不相聞知。中書自理會中書事，尚書自理會尚書事，門下自理會門下事。如有除授則宰執同共議定，當筆宰執判「過中」，中書吏人做上去，再下中書，中書下門下，門下下〔七七〕尚書。書行給舍繳駁，猶州郡行下事須幕職官僉押，如有不是得以論執。中書行下門下皆用門下省官屬僉押，事有未當則官屬得以執奏。僩。

「舊制，門下省有侍中，有門下侍郎；中書省有中書令、中書侍郎。改官制，神宗除去侍郎、中書令，只置門下、中書侍郎。後併尚書左右丞、門下中書、侍郎四員爲參政官。」或云：「始者昭文館大學士兼同中書、門下平章事，富鄭公等爲之。後改爲左右僕射，則蔡京、王黼首居是選，及改爲左右丞相，則某人等爲之，名愈正而人愈不逮前，亦何預名事？」曰：「只是實不正，使名既正而實亦正，〔七八〕豈不尤佳？」又曰：「人言王安石以『正名』之説馴致禍亂。且『正名』是孔子之言，如何便道王安石説得不是！使其名果正，豈不更佳？」僩。

問：「何故起居郎却大，屬門下省？起居舍人却小，屬中書省？」曰：「不知當初何故，只是胡亂牽挐得來使〔七九〕底便是。起居郎居左，起居舍人居右，故如此分大小。只緣改官制時初無斬新排列〔八〇〕理會底説。故如此牽拖舊職，不成倫序。」僩。

趙表之生做文官，纔到封王封安定郡王。便用換武。豈文官不可封王而須用〔八一〕武官邪？

又今宗正須以宗室武官者[八二]爲之，文官也只做得。世間一樣愚人便以此等制度爲百王不可易之法。僩。

唐沈既濟之説已如此，新添改官制而舊職名不除，所以愈見重復。然唐時猶自歸一，如藩鎮節度使、觀察使，民事兵事帥司事[八三]一人皆了。今既有帥，又有兵帥，[八四]又有家居節度使，便用費許多錢養許多大帥[八五]。見任事者請俸却寡，而家居守閑名者請俸却大。節度使請俸月千餘緡。又節度印，古者所以置旌節以爲儀衛而重其權。今却令帶之家居，請重俸是甚意謂[八六]？今爲福州安撫使而反不如威武軍節度使之請俸。[八七]「只改儒林、文林之屬，其他皆可通行。文官猶有古名，如武官諸階稱呼名[八八]有無意義者。」又曰：「四廂都指揮使又有甚諸色使，皆是虛名。只有三衙都指揮使真有職事。」又曰：「元豐以前武臣無宮觀，故武臣無閑者。凡武臣乞解軍職必出藩府，及元豐介甫相，置宮觀，方有閑者。」僩。

自朝散大夫以上、中奉大夫以下是舊日少卿監階，宮中大夫、太中大夫是大卿監階，官自通議大夫、宣奉大夫、通奉大夫，此以下是舊時左右僕射、尚書、中書、門下階官。僩。[八九]

本朝先未有祠禄，但有主管某宮、某觀公事者皆大官帶之，真個是主管本宮、本觀御容之屬。其他多只是監當差遣。雖嘗爲諫議官，亦有爲監當者，如監船埸、酒務之屬。自王介甫更新法，慮天下士大夫議論不合，欲一切彈擊罷黜，又恐駭物論，於是創爲宫觀祠禄以待新法異議之人。然亦難得，惟監司、郡守以上眷禮優渥者方得之，自郡守以下則盡送部中與監當差遣。後來漸輕，今則又輕，皆可以得之矣。僩。卓録同。[九〇]

祖宗置資格，自立個[九一]僥倖之門。且如武臣横行，最爲超捷異除[九二]，纔除横行便可越過諸使，許多等級皆不須歷，一向上去。然今人又不用除横行，横行猶用守這數級，只落階官則無所不可。祖宗之法本欲人遵守資格、謹重名器，而不知自置許多僥倖之路令人脱過。是甚意思？除是執法者大段把得定，不輕放過一個半個，無一毫私方執得住，不然便不可禁遏矣。不知當初立法何故如此？今猷底人便只要[九三]守此爲不可易之典，纔觸動着便説是變動祖宗法制，憂有禍亂[九四]也。睹個是[九五]始得。僩。

「初，蔡京更定幕職，推、判官謂之『分曹建院』。其説以爲節度使、觀察使在唐以治兵治財，在[九六]今則皆是閑稱呼，初無職事，而推、判官猶襲節度、觀察之名，甚無謂。又古者以軍興，故置參軍。今參軍等職皆治民事而猶循用參軍之號，亦無意謂。故分曹建院推、判等官，改爲司士曹事、司儀曹事。此類有六。參軍之屬改爲某院某院而盡除去節度、參軍之名，看來京改得這事自是[九七]。又如婦人封號，有夫爲秦國公而妻爲魏國夫人者，亦有封兩國者。秦檜妻封兩國，范伯達笑之曰：『一妻而爲兩國夫人，是甚義理！』故京皆改隨其夫號，如夫封建安郡則妻封建安郡夫人，夫封秦國則妻亦封秦國夫人，侯伯子男皆然。看來隨其夫稱極是。如淑人、碩人、宜人、孺人之類，亦京所定，各隨其夫官帶之。後人謂淑人、碩人非婦人所宜稱，看來稱碩人亦無妨，惟淑人則非所宜爾。但只有一節未善，有夫方封某郡伯而妻已先封爲某國夫人者，此則與京所改者相值，齟齬不可行。蓋其封贈格法如此，當初合并格法也與整頓過則無病矣。遂使人得以咎之，謂其法自相違戾如此〔九八〕。亦是京不子細，乘執粗改。後人以其出於京也，遂不問是非，一切反之。又如神宗所改官制。舊制凡通判太守出去皆帶吏部員外郎、吏部郎中，其見居職者則加以判流内銓、流外銓。豈有吏部官而可帶出治州郡者！故神宗皆爲諸郎，如朝奉郎、朝散郎、朝奉大夫、朝散大夫之類。所以朝散以下謂之員郎，蓋本員外郎之資敘；自朝奉大夫方謂之正郎，蓋吏部郎中資敘也。通判員郎，知州正郎。〔九九〕朝散郎、朝奉大夫之類有二十四階，分爲三等，每等八階，以別異雜流有出身無出身人，故有前行、中行、後行。有前行吏部員外郎，中行吏部員外郎，後行吏部員外郎。〔一〇〇〕又問知縣、通判、知州資敘。曰：「在法，做兩任知縣有關陞狀方得做通判，兩任通判有關陞狀方得爲知州，兩任知州有關陞狀方得爲提刑。提刑又有一節方得爲轉運。今巧宦者欲免州縣之勞，皆經營六院。蓋既爲六院便可經營寺、監、簿、丞，爲寺、監、簿、丞出來便可得小郡。他〔一〇一〕又不肯作郡，便欲經營爲郎官。郎官非作郡不得除，故又經營權郎官〔一〇二〕，却自權郎徑除卿、監、長、貳，則已在正郎官之右矣。又如法中非作縣不得作郡，故不作縣者必經營爲臨安倅。蓋既爲臨安倅則必得郡，更不復問先曾爲縣否也。人君深居九重，安知外間許多曲折？宰相雖知，又且苟簡，可以應副親舊。若是人君知得，都與除了這般體例。苟不作縣，雖爲臨安倅亦不免便使權卿、監，苟不作郡定不得除郎，爲卿、監者亦須已作郡人方得做，不得以寺、監、丞、簿等官權之，則人無僥倖之心矣。只緣當初立法不肯公心明白，留得這般掩頭藏倖底路徑，所以使人趨之。嘗記歐公説舊制，觀文殿大學士壓資政殿大學士，資政殿大學士壓觀文殿學士，觀文殿學士壓資政殿學士。後來改觀文兩學士都壓資政兩學士，而[一〇三]議者以見任者難爲改動。歐公以爲此不難，已任者勿改，而今除者始可也。以今觀之，亦何須如此勞攘？將見任者皆與改定又且[一〇四]何妨？不過寫换數字而已矣[一〇五]，又不會痛改[一〇六]，當時疑慮顧忌已如此。只緣自來立法建事不肯光明正大，只是如此委曲回護。其弊至於今日略欲觸動一事，則議者紛然，以爲壞祖宗法。故神宗憤然欲一新之，要改者便改。孝宗亦然，但又傷於太鋭，少商量。」僩。

「唐制，某鎮節度使、某州刺史觀察使此藩鎮所稱。使持節某州軍州事，此屬州軍所稱。其屬官則云某州軍事判官、某州軍事推官。今[一〇七]尚如此。若節鎮屬官則云節度推、判官，以自異於屬州。使與州各分曹案。使院有觀察判官、觀察推官，州院有知録，糾六曹官，爲六曹之長。凡兵事則屬使院，民事則屬州院，刑獄則屬司理院。三者分屬，不相侵越。司法專檢法，司户專掌倉庫。然司理既結獄，須推、判官簽押方爲圓備[一〇八]，不然則不敢結斷。本朝併省州院、使院爲一，如署銜但云知某州軍州事，軍州事則使院之職也。自併省二院而州郡六曹之職頗爲淆亂，司法、司理、司户三者尚仍其[一〇九]舊。知録管州院事，專主教民，今乃管倉庫，獨爲不得其職。所以六曹官惟知録免三日衙，以其職專，故優異之。此等事史書並不載，惟雜説中班駁見一二。舊嘗疑州院即是司理院。後閲范文正公集有云，如使院、州院宜併省歸一，方知不然。因曉州院、使院之別。使院，今之僉廳也。凡諸幕職官皆謂之當職官。如唐書所云，有事當罰則詔云自當職官以下以次受罰，有事當賞則云當職官以下以次受賞，謂自推、判官而下也。」又曰：「後來蔡京改六曹官名，頗得舊職，爲不淆亂。渡江以來，以其出於京也，皆罷之。」又問：「長史何官？」曰：「六朝時長史甚輕。次第只是奔走長官之前，有君臣之分，不得坐。至唐則甚重。蓋皇子既遥領正大帥，其群臣出爲藩鎮者則稱云副大帥某州長史。韓文、董晉官位可見。至唐中葉而長史、司馬、別駕皆爲貶官，不事事。蓋節度使既得自辟置官屬，如節度、觀察推、判官之屬。此既重則彼皆輕矣。」僩。

華州雲臺觀、南京鴻慶宫又[一一〇]有祖宗神像在，使人主管猶自[一一一]有説。若武夷山沖佑觀、臨安府洞霄宫，知他主管個甚麽？今太廟室深而堂淺，一代爲一室，堂則雖在室前而實同爲一堂。古人大底室事尚東向，堂事尚南向。賀孫。

今之修史者只是依本子寫，不敢增減一字。蓋自紹聖初，章惇爲相，蔡卞修國史，將欲以史事中傷諸公。前史官范純夫、黄魯直時〔一一二〕已去職，各令於開封府界内居住，就近報國史院取會文字。諸所不樂者逐一條問黄、范，又須疏其所以然至無可問方令去國〔一一三〕。後來史官因此懲創，故不敢有所增損也。按實録，是時史官趙彦若亦同於開封府〔一一四〕界居住。後趙彦若〔一一五〕安置澧州，范永州，黄黔州。儒用。

今立〔一一六〕學規非胡安定先生所撰者。仁宗皇帝〔一一七〕置州縣學，取湖學規矩頒行之。湖學之規必有義理，不如是其陋也。如第一條「謗訕朝政」之類，其出於蔡京行舍法之時有所改易乎？當時如徐節孝先生爲楚州教官，乃罷之而易以其黨。大抵本朝經王氏及蔡京用事後，舊章蕩然，可勝歎哉！人傑。

問學究一科沿革之故。曰：「此科即唐之明經是也。進士科則試文字，學究科但試墨義。有才思者多去習進士科，有記性者則應學究科。凡試一大經者兼一小經，每段舉一句，令寫上下文，以通不通爲去取。應者多是齊、魯、河、朔間人，只務熟讀，和注文也記得，故當時有『董五經』、『黄三傳』之稱。但是〔一一八〕未必曉文義，正如和尚轉經相似。又有司待之之禮亦不與進士等。進士入試之日，主文則設案焚香，垂簾講拜。至學究則徹幕以防傳義，其法極嚴，有渴水〔一一九〕至飲硯水而黔其口者，當時傳以爲笑。歐公亦有詩云『焚香禮進士，徹幕待諸生』。或云，「徹幕」乃「瞑目」字，亦非歐詩。尚須訂正。〔一二〇〕其取厭薄如此，荊公所以惡而罷之。但自此科一罷之後，人多不肯去讀書。」儒用。

熙寧三舍法，李定所定。崇觀三舍法，蔡京所定。胡德輝珵嘗作記。學者所以學爲忠與孝也。今欲訓天下士以忠孝，而學校之制乃出於不忠不孝之人，不亦難乎！淳。〔一二一〕

今之法，大概用唐法。淳。

律是歷代相傳，勑是太祖時修，律輕而勑重。如勑中刺面編配，律中無之，只是流若干里，即今之白面編管是也。勑中上刑重而下刑輕，如律中杖一百，實有一百，勑中則折之爲二十。五折一。今世斷獄只用勑，勑中無方用律。淳。〔一二二〕

淳〔一二三〕問：「三代之法或可見於律中？」答〔一二四〕曰：「律自秦漢以來歷代修改，皆不可得而見矣。如漢律文簡奥，後代修改，今亦不可見矣。」淳。

因言：「律極好，律即刑統。後來勑令格式，罪皆太重，不如律。乾道淳熙新書更是雜亂，一時法官不識制法本意，不合於理者甚多。又或有是計囑妄立條例者，如母已出嫁，欲賣産業，必須出母著押之類。此皆非理，必是當時有所〔一二五〕計囑而創此條也。孝宗不喜此書，嘗令修之，不知修得如何。」僩。

漢律，鄭康成〔一二六〕注，今和正文皆亡矣。淳。〔一二七〕

刑統大字是歷代相傳，注字是世宗時修。淳。

宋莒公曰：「『應從而違，堪供而闕』，此六經之亞文也。」謂子不從父不義之命，及力所不能養者，古人皆不以不孝坐之；　義當從而不從，力可供而不供，然後坐以不孝之罪。淳。

或問：「勑、令、格、式，如何分別？」曰：「此四字乃神宗皇帝〔一二八〕朝定法令〔一二九〕時綱領。本朝止有編勑，後來乃命群臣修定。元豐中，執政安燾等上所定勑令。上喻燾曰：『設於此而逆彼之至謂之「格」，設於此而使彼效之謂之「式」，禁於未然謂之「令」，治其已然謂之「勑」。修書者要當知此。若其書完具，政府總之，有司守之，斯無事〔一三〇〕。』此事載之已卯録，時出示學者。因記其文如此，然恐有脱誤處。神廟天資絶人，觀此數語直是分別得好。『格』如五服制度，某親當某服，某服當某時，各有限極，所謂『設於此而逆彼之至』之謂也。『式』如磨勘轉官、求恩澤封贈之類，只依個樣子寫去，所謂『設於此而使彼效之』之謂也。『令』則是〔一三一〕條令禁制其事不得爲、某事違者有罰之類，所謂『禁於未然』者。『勑』則是已結此事依條斷遣之類，所謂『治其已然』者。格、令、式在前，勑在後，則有『教之不改而後誅之』底意思。今但欲尊『勑』字，以勑居前，令、格、式在後，則與不教而殺者何異？殊非當時本指。」又問：「伊川云『介甫言律是八分書，是他見得如此』，何故？」曰：「律是刑統，此書甚好，疑是歷代所有傳襲下來。至周世宗，命竇儀注解過，名曰刑統，即律也。今世却不用律，只用勑令。大概勑令之法皆重於刑統。刑統與古法相近，故曰『八分書』。」「介甫之見必竟高於世俗之儒」，此亦伊川語，因論祧廟及之。

儒用。

某事合當如何，這謂之「令」。如某功得幾等賞，某罪得幾等罰，這謂之「格」。凡事有個樣子，如今家保狀式之類，這謂之「式」。某事當如何斷，某事當如何行，這謂之「勑」，而今人呼爲勑、令、格、式，據某看，合呼爲令、格、式、勑。勑是令、格、式所以〔一三二〕不行處，故繼之以勑。某在漳州曾編得户、婚兩門法。賀孫。

本合是先令而後勑，先教後刑之意。自荆公用事以來，方定爲勑、令、格、式之序。德明。

「唐藩鎮權重爲朝廷之患。今日州郡權輕却不能生事，又却無以制盜賊。」或曰：「此亦緣介甫刮刷州郡太甚。」曰：「也不專是介甫。且如仁宗時，淮南盜賊發，晁仲約知高郵軍，反以金帛牛酒使人買覓他去。富鄭公欲誅其人。范文正公謂他既無錢又無兵，却教他將甚去殺賊？得他和解得去，不殘破州郡，亦自好。只是介甫後來又甚，州郡禁軍有闕額處都不補，錢粮盡欲解發歸朝廷，謂之『封樁闕額禁軍〔一三三〕』，如係提刑司發。〔一三四〕」文蔚。

經制錢，宣和間用兵，經制使所創。總制錢，紹興初用兵，總制使所創。二人不記姓名。應干税錢物，雜色場、務納錢，每貫刻五十文作頭子錢。括之爲二色錢，以分毫積，計大計多，况其大者！辛。〔一三五〕

「經制錢，陳亨伯所創。蓋因方臘反，童貫討之，亨伯爲隨軍轉運使。朝廷以其權輕，又重爲經制使。患軍用不足，創爲此名以收州縣之財，當時大獲其利。然立此制時，明言軍罷而止，其後遂因而不改。至紹興四年，韓球又創總制錢，大略倣經制爲之。十一年經界法行，民間印典賣〔一三六〕契多，故〔一三七〕倍有所得，朝廷遂以此年立額。至次年則其數大虧，乃令州縣添補解發。自後州縣大困，朝廷亦知之。議者乃請就三年中取中制以立額。却不知中制者乃所添補之歲，其額尤爲重也，因仍至今。頃年得江西憲時，陛對日亦嘗爲孝宗言之。蓋此政是憲司職事。」又曰：「亨伯創經制錢時，其兄弟有名某者勸止之。不從。乃率其子姪哭於家廟，以爲作俑之罪，祖先將不祀矣。」廣。

德粹語婺源納銀之弊，方伯謨因問和買。先生言其初曰：「今日惟紹興最重。舊抛和買數時，兩浙運使乃紹興人。朝廷抛降三十萬匹與浙東，紹興受十四萬。是時都吏乃會稽縣人，會稽又受多。惟餘姚令不肯受，爲其民以瓦礫擲之，不得已受歸，而其數少，恨不記其名。」滕云：「婺源乃汪内翰鄉邑。汪知鄉郡，朝廷初降月樁時會諸縣令於廷。婺源令偶言丹陽鄉民頑，汪本此鄉人，以令爲譏之，先勒令受十分之四分三釐，至於今爲害。」先生曰：「疇昔創封樁時本無實數，只是賴州縣。且如常平中一項錢亦許樁數。提舉司錢今日又解，明日又解，解必有限，彼豈不來争？以此觀之，事皆係作始不是。」可學。

祖宗立法催科只是九分，纔破這一分便不催，但破得一百貫謂之「破分」便住。自曾丞相仲欽名瓌。〔一三八〕爲户部時便不用這法，須要催盡。至今所以如此。佫。

所在上供銀皆分配諸縣。獨建寧因吴公路作憲，算就鹽綱上納。雖是算在綱上，中間依舊科敷，諸縣甚者至科民間買納。後沈公雅來，却檢會前時行下指揮，遂罷買上供銀。道夫。

晦庵先生朱文公語類卷第一百二十九

祖宗三[一]

自國初至慶曆用人[二]

因論唐初、國初人才，云云。「國初人材是五代時已生得了。」德明。

太宗朝一時人多尚文中子，蓋見朝廷事不振而文中子之書頗説治道故也，然不得其要。范文正公雖有欲爲之心[三]，然也有[四]粗、不精密、失照管處[五]。卓。沈僩[六]録略。

范文正傑出之才。

某嘗謂，天生人才，自足得用。豈可厚誣天下以無人？自是用不到耳。且如一個范文正公，自做秀才時便以天下爲己任，無一事不理會過。一旦仁宗皇帝[七]大用之，便做出許多事業。今則所謂負剛大之氣者且先一筆鉤[八]，秤停得[九]到第四五等人氣宇厭厭布列臺諫，如何得事成！故某向謂，姓名未出而内外已知其爲[一〇]非天下第一等流矣。道夫。

植[一一]問：「先生前日曾論本朝惟范文正公振作士大夫之功爲多。不知使范公處韓公受顧命之時，處事亦能如韓公否？」曰：「看范公才氣亦須做得。」又曰：「祖宗以來，名相如李文靖、王文正諸公只恁地善，亦不得。至范文正時便大厲名節，振作士氣，故振作士大夫之功爲多。」植[一二]問：「范文正公[一三]作百官圖以獻，其意如何？」曰：「它只說如此遷轉即是公，如此遷轉即是私。呂許公當國，有無故躐等用人處，故范文正公[一四]進此圖於仁宗。」因舉詩云：「『誨爾序爵』，人主此事亦不可不知。假如有人已做侍御史，宰相驟擢作侍從，侍從[一五]雖官品高，然侍御史却緊要。爲人主者便須知把他擢作侍從，如何不把做諫議大夫之類。」植。

呂申公斥逐范文正諸人，至晚年復收用之，范公亦竭盡底蘊而爲之用，這見文正高處。忠宣辨歐公銘志事，這便是不及[一六]。道夫。

「近得周益公書論呂、范解仇事。曰：『初，范公在朝，大臣多忌之。及爲開封府，又爲百官圖以獻，因指其遷進遲速次序，曰某爲超遷，某爲左遷，如是而爲公，如是而爲私，意頗在丞相呂公[一七]。大申公也。[一八]呂不樂，由是落職，出知饒州。未幾，呂亦罷相。後呂申公[一九]再入，元昊方犯邊，乃以公經略西事，公亦樂爲之用。嘗奏記呂公云：「相公有汾陽之心之德，仲淹無臨淮之才之力。」後歐陽公爲范公神道碑，有「懽然相得，戮力平賊」之語，正謂是也。』公之子堯夫乃以爲不然，遂刊去此語。前書今亦不載集中[二〇]，疑亦堯夫所刪。他如叢談所記說得更乖。某謂呂公方寸隱微，雖未可測，然其補過之功使天下實被其賜，則有不可得而掩者。范公平日胸襟豁達，毅然以天下國家爲己任。既爲呂公而出，豈復更有匿怨之意？況公嘗自謂平生無怨惡於一人，此言尤可驗。忠宣固是賢者，然其規模廣狹與乃翁不能無間。意謂前日既排申公，今日若與之解仇，前後似不相應，故諱言之。却不知乃翁心事政不如此。歐陽公聞其刊去碑中數語，甚不樂也。」問：「後來正獻小申〔二二〕亦及識范公否？」曰：「正獻通判潁州時，歐陽公爲守。范公知青州，過潁，謁之。因見〔二三〕正獻曰：『太博近朱者赤。歐陽永叔在此，宜頻近筆硯。』異時同薦三人，則王荊公、司馬温公及正獻公也。其知人如此。」又曰：「呂公所引，如張方平、王拱辰、李淑之徒多非端士，終是不樂范公。張安道過失更多，但以東坡父子懷其汲引之恩，文字中十分説他好，今人又好看蘇文，所以例皆稱之。介甫文字中有説他不好處，人既不看，看又不信。」僩用。

因言仁宗朝，講書楊安國之徒一時聚得幾個樸純無能之人，可笑。先生曰：「此事緣范文正招引一時才俊之士聚在館閣。如蘇子美、梅聖俞之徒，此輩雖有才望，雖皆是君子黨，然輕儇戲謔，又多分流品。一時許公爲相，張安道爲御史中丞，王拱辰之徒皆深惡之，求去之未有策。而蘇子美又杜祁公壻，杜是時爲相，蘇爲館職兼進奏院。每歲院中賽神，例賣故紙錢爲飲燕之費。蘇承例賣故紙，因出己錢添助爲會，請館閣中諸名勝而分別流品，非其侶者皆不得與。會李定願與，蘇不肯，於是盡招兩軍女妓作樂爛飲，作爲傲歌。王勝之名直柔。句云『欹倒太極遺帝扶，周公孔子驅爲奴』，這一隊專探伺他敗闕，纔聞此句，拱辰即以白上。仁宗大怒，即令中官捕捉，諸公已皆[一二三]散走逃匿。而上怒甚，捕捉甚峻，城中喧然。於是韓魏公言於上曰：『陛下即位以來未嘗爲此等事。一旦遽如此，驚駭物聽。』仁宗怒少解，而館閣之士罷逐一空，故時有『一網打盡』之語。杜公亦罷相，子美除名爲民，永不叙復。子美居湖州，有詩曰『不及雞竿下坐人』，言不得比罪人引赦免放也。雖是拱辰、安道輩攻之甚急，然亦只這幾個輕薄做得不是。縱有時名，然所爲如此，終亦何補於天下國家邪？仁宗於是懲才士輕薄之弊。這幾個承意旨，盡援引純樸持重之人以愚仁宗。凡解經不過釋訓詁而已，如楊安國、彭乘之徒是也。是時張安道爲御史大夫[一二四]，助吕公以攻范。」卓。

問：「安定平日所講論今有傳否？」先生曰：「並無。薛士龍在湖州，嘗以書問之。回書云並無。如當初取湖州學法以爲太學法，今此法□[一二五]無？今日法乃蔡京之法。」又云：「祖宗以來學者但守注疏，其後便論道，如二蘇直是要論道，但注疏如何棄得！」可學。

義剛[一二六]問：「孫明復如何恁地惡胡安定？」先生曰：「安定較和易，明復却剛勁。」或曰：「孫泰山也是大故剛介。」先生曰：「明復未得爲介，石守道却可謂剛介。」義剛。

因言兼山、艾軒二氏中庸，曰：「程子未出時，如胡安定、石守道、孫明復諸人説話，雖粗疏、

未盡精妙，却儘平正，更如古靈先生文字都好。」道夫云：「只如諭俗一文，極爲平正簡易。」先生

曰：「許多事都説盡，也見他一個胸襟盡包得許多。」又曰：「大抵亦自有時。如程子未出而諸

公已自如此平正。」道夫。

「論安定規模雖少疏，然却廣大著實。如孫明復春秋雖過當，然占得氣象好。如陳古靈文

字尤好。嘗過台州見一豐碑，説孔子之道甚佳。此亦是時世漸好，故此等人出，有『魯一變』氣

象，其後遂有二先生。若當時稍加信重，把二先生義理繼之則可以一變，而乃爲王氏所壞。」

某〔二七〕問：「當時如此積漸將成而壞於王氏，莫亦是有氣數？」曰：「然。」可學。

德粹以明州士人所寄書納先生，因請問其書中所言。先生曰：「渠言『漢之名節，魏晉之曠

蕩，隋唐之辭章，皆懲其弊爲之』，不然。此只是正理不明，相衮將去遂成風俗。後漢名節至於

末年有貴己賤人之弊，如皇甫規，鄉人見之却問：『卿前在雁門食雁美乎？』舉此可見。積此不

已，其勢必至於虛浮入老莊。相衮到齊梁間又不復如此，只是作一般艷辭，君臣賡歌褻瀆之語，

不以爲怪。隋之辭章乃起於煬帝。進士科至不成科目，故遂衮纏至唐，及本朝然後此理復明。

正如人有病，今日一病，明日變一病，不成要將此病變〔二八〕彼病。」某問：「已前皆衮纏成風俗，

本朝道學之盛豈是衮纏？」先生曰：「亦有其漸。自范文正以來已有好議論，如山東有孫明復，

徂徠有石守道，湖州有胡安定，到後來遂有周子、程子、張子出。故程子平生不敢忘此數公，依

舊尊他。若如楊、劉之徒作四六駢儷之文，又非此比。然數人者皆天資高，知尊王黜霸，明義去利。但只是如此便了，於理未見，故不得中。」某問：「安定學甚盛，何故無傳？」先生曰：「當時所講止此，只此門人受去做官，死後便已。嘗言劉彝善治水，後來果然。彝有一部詩，遇水處便廣説。」〔二九〕某又問：「以前説後漢之風皆以爲起於嚴子陵，近來説又別。」先生曰：「前漢末極有名節人。光武起極崇儒重道尊經術，後世以爲法。如見樊英築壇場，猶待神明。嚴子陵直分明是隱士，渠高氣遠邁，直是不屈。」又論其不矯激，呂伯恭作祠堂記却云它中和。嘗問之：「嚴子陵何須如此説？使他有知，聞之豈不發一笑！」因説：「前輩如李泰伯門議論只説貴王賤伯。張大其説欲以劫人之聽，却是矯激，然猶有以使人奮起。今日須要作中和，將來只便委靡了。如范文正公作子陵祠堂記云：『先生之心出乎日月之上，光武之器包乎天地之外。微先生不能成光武之大，微光武豈能遂先生之高！』胡文定父子極喜此語。大抵前輩議論粗而大，今日議論細而小，不可不理會。」某問：「此風俗如何可變？」先生曰：「如何可變？只且自立。」可學。

閭辛方叔珪永嘉人。以書來，稱本朝人物甚盛而功業不及於漢唐，只緣是要去小人。先生曰：「是何等議論！小人如何不去得？自是不可和〔三〇〕合之物。『一薰一蕕，十年尚猶有臭』，觀仁宗用韓、范、富諸公，是甚次第！只爲小人所害。及韓、富再當國，前日事都忘了。富公一向畏事，只是要看經念佛，緣是小人在旁故耳。若謂小人不可去，則舜當時去『四凶』是錯了？」某[三一]問：「方君意謂不與小人競則身安，可以做事。」曰：「不去小人，如何身得安！」劉晦伯云：「有人説泰卦『内君子，外小人』爲君子在内、小人在外，小人道消，乃是變爲君子。」先生曰：「亦有此理。聖人亦有容小人處，又是一截事。且當看正當處。使小人變爲君子固好，只是不能得如此。」某[三二]云：「小人譖君子須加以朋黨叛逆。」曰：「如此則一網可打盡。雖是如此，然君子亦不可過當。如元祐諸公行蔡新州事却不是，渠固有罪，然以作詩行重責大不可。然當元祐時只行遣渠一人，至紹聖則禍甚酷。以此觀君子之於小人未能及其毫毛；而小人之於君子其禍常大，安可不去！」可學。

立事之人須是硬擔當，死生以之。如韓魏公之立英廟，英廟即位繼感風疾，魏公當時是鎮之以静。及英廟疾亟，迎立潁王。或曰：「若主上復安，將如之何？」魏公曰：「不過爲太上皇帝[三三]耳。」温公爲諫官，魏公甚苦之。及作魏公祠堂記，有數語形容魏公最好，是他見得魏公有不可及處。人傑。[三四]

富鄭公與韓魏公議不合，富恨之，至不弔魏公喪。富之[三五]守某州，魯直爲尉，久不之任，在路遷延。富有所聞，大怒。及到，遂不與交割，後幕幹勸之方肯。及魯直在史館修韓魏公傳，使人問富曾弔韓喪否。知其不曾，遂以此事送下案中遂成案底。後人雖欲修去此事，而有案底竟不可去。魯直也可謂乖，但魏公年年却使人去鄭公家上壽，恁地便是富不如韓較寬大。義剛。

歐公章疏言地震，山石崩入於海。某謂正是「羸豕孚蹢躅」之義。當極治時已自栽培得這般物在這裏了，故直至如今。道夫。

植又〔三六〕問：「王沂公云『恩欲己出，怨使誰當』，似此不可爲通法否？」曰：「它只説不欲牢籠人才，説使必出自我門〔三七〕。它亦未嘗不薦人才。」植。

植〔三八〕問：「本朝如王沂公，人品甚高，晚年乃求復相，何也？」曰：「便是前輩都不以此事爲非，所以至范文正方厲廉耻，振作士氣。」植又説：〔三九〕「如寇萊公也因天書欲復相。」先生曰：「固是。」植。

因論李忠定，曰：「君子能勤小物，故無大患。」閎祖。〔四〇〕

其於人言，思而後對。胡文恭碑。道夫。〔四一〕

先生因泛言交際之道，云：「先人曾有雜録册子，記李仲和之祖見居三衢。與包孝肅同讀書，一僧舍，每出入必經由一富人門，二公未嘗往見之。一日，富人俟其過門，邀之坐。二公託以他事不入。他日復招飯，意廑甚。李欲往，包公正色與語曰：『彼富人也，吾徒異日或守鄉郡，今妄與之交，豈不爲他日累乎！』竟不往。後十年，二公果相繼典鄉郡。」先生因嗟嘆前輩立己接人之嚴蓋如此，方二公爲布衣所志已如此，此古人所謂言行必「稽其所終，慮其所弊」也。或言：「近有爲鄉邑者泛接部内士民如布衣交，甚至狎溺無所不至。後來遇事入手，處之頗有掣肘處。」先生曰：「爲邑之長，此等處當有限節。若脱略繩墨，其末流之弊必至於此。包、李之事可爲法也。」時舉。

張乖崖云：「陽是人有罪而未書案子〔四二〕，尚變得；陰是已書案，更變不得。」此人曾見希夷來，言似〔四三〕太極圖。節。

力行〔四四〕問本朝宰相孰優。先生曰：「各有所長。」〔四五〕

晦庵先生朱文公語類卷第一百三十

祖宗四[一]

自熙寧至靖康用人

問荆公得君之故。曰：「神宗聰明絶人，與群臣説話往往領略不去，纔與介甫説，便有『於吾言無所不説』底意思，所以君臣相得甚懽。向見何萬一之少年時所著數論，其間有一[二]説云，本朝自李文靖公、王文正公當國以來，廟論主於安静，凡有建明便以生事歸之，馴至後來天下弊事極多。此説甚好。且如仁宗朝是甚次第時節！國勢却如此緩弱，事多不理。英宗即位已自有性氣要改作，但以聖躬多病，不久晏駕，所以當時謚之曰『英』。神宗繼之，性氣越緊，尤欲更新之。便是天下事難得恰好，却又撞着介甫出來承當，所以作壞得如此！」又曰：「介甫變法固有以召亂。後來又却不别去整理，一向放倒將去[三]，亦無緣治安。」儒用。[四]

論王荆公遇神宗，可謂千載一時，惜乎渠學術不是，後來直壞到恁田[五]地。問：「荆公初起便挾術數，爲後來如此？」曰：「渠初來只是要做事，到後面爲人所攻便無去就。不觀荆公日録無以知其本末。它直是强辯，邈視一世。如文潞公，更不敢出一語。」問：「温公所作如何？」曰：「渠亦只見荆公不是，便倒一邊。如東坡當初議論亦要變法，後來皆改了。」又問：「神宗元豐之政又却不要荆公。」曰：「神宗盡得荆公許多伎倆，更何用他？到元豐間事皆自做，只是用一等庸人備左右趨承耳。」又問：「明道、横渠初見時皆許以峻用，後來乃如此。莫是荆公説已行，故然？」曰：「正如吾友適説徐子宜上殿極蒙褒獎，然[六]却不行。」曰：「設使横渠、明道用於當時，神宗盡得其學，他日還自做否？」曰：「不然。使二先生得君却自公[七]心上爲之，正要大家商量，以此爲根本。君心既正，他日雖欲自爲亦不可。」又云：「富韓公召來，只是要去，語人云：『入見上，坐亦不定，豈能做事？』」某云：「韓公當仁廟再用時，與韓魏公在政府十餘年，皆無所建明，不復如舊時。」曰：「此時[八]事看得極好，當記取。」又問：「使范文正公當此定不肯回。」曰：「文正却不肯回，須更精密似前日。」可學。

汪尚書聖錫[九]嘗問某云：「了翁攻日録，其説是否？」應之曰：「不是。」曰：「如何不是？」曰：「若言荆公學術之謬，見識之差，誤神廟委任則可。處謙本[一〇]云：「若言荆公學術不正，負神廟委任之意，是非謬亂爲神廟聖學之害，則可。」却云日録是蔡卞增加，又云荆公自增加。如此則是彼所言皆是，但不合增加其辭以誣宗廟耳。又以其言『太祖用兵何必有名？真宗矯誣上天』爲謗祖

宗，此只是把持他，元不曾就道理上理會，如何說得他倒！」方子。處謙少異。〔一一〕

「荊公初作江東提刑，回來奏事，上萬言書。其間一節云：『今之小官俸薄不足以養廉，必當有以益之。然當今財用匱乏而復爲此論，人必以爲不可行。然天下之財未嘗不足，特不知生財之道，無善理財之人，故常患其不足。』神宗甚善其言。後來纔作參政，第二日便專措置理財，遍置回易庫以籠天下之利，謂周禮泉府之職正是如此。卻不知周公之制只爲天下之貨有不售，則商旅留滯而不能行，故以官錢買之使後來有欲買者，官中卻給與之，初未嘗以此求利〔一二〕也。」時舉云：「『凡國之財用取具焉』，則是國家有大費用皆給於此，豈得謂之不取利耶？朝廷財用但可支常費耳，設有變故之來，定無可以應之者〔一三〕。」曰：「國家百年承平，其實規模未立，特幸其無事耳。若有大變，豈能支邪？神宗一日聞回易庫零細賣甚果子之類，因云：『此非朝廷之體。』荊公乃曰：『國家創置有司，正欲領其繁細。若回易庫中，雖一文之物亦當不憚出納，乃有司之職。非人君所當問，若人君問及此，則乃爲繁碎而失體也。』其說甚高，故神宗信之。」時舉。

劉叔通言：「王介甫其心本欲救民，後來弄壞者乃過誤致然。」曰：「不然。正如醫者治病，其心豈不欲活人？卻將砒礵與人喫，及病者死卻云我心本欲救其病，死非我之罪，可乎？介甫之心固欲救人，然其術足以殺人，豈可謂非其罪？」僩。

「新法之行，諸公實共謀之，雖明道先生不以爲不是，蓋那時也是個合變時節，但後來人情洶洶，明道始勸之以不可做逆人情底事。及王氏排衆議行之甚力，而諸公始退散。」道夫問：「新法之行，雖塗人皆知其有害，何故明道不以爲非？」曰：「自是王氏行得來有害，若使明道爲之，必不至恁地狼狽。」問：「若專用韓、富，則事體如何？」曰：「二公也只守舊。」「專用温公如何？」曰：「他又別是一格。」又問：「若是二程出來擔負，莫須別否？」曰：「若如明道，十事須還他全別方得。只看他當時薦章謂其『志節慷慨』〔一四〕，則明道豈是循常蹈故、塊然自守底人！」道夫。

因語荆公，陸子静云：「他當時不合於法度上理會。」語之云：「法度如何不理會？只是他所理會非三代法度耳。」居甫問：「荆公節儉恬退，素行亦好。」曰：「他當時作此事已不合中。如孔子於飲食衣服之間亦豈務滅裂？它當初便只苟簡，要似一苦行然。」某問：「明道『共政』之說亦是權？」曰：「是權。若從此說縱未十分好，亦不至如它目〔一五〕之甚。」問：「章子厚說，温公以母改子，不是。此說却好。」曰：「當時亦是温公見得事急，且把做個〔一六〕題目。」問：「温公當路却亦如荆公，不通商量。」曰：「温公亦只是見得前日不是，己又已病，急欲救世耳。哲宗於宣仁有憾，故子厚輩得入其說，如親政次日即召中官。范淳夫疏，拳拳君臣之間只說到此，向上去不得，其如之何？」問：「宣仁不還政，如何？」曰：「王彦霖繫年録一段可見此〔一七〕。嘗對宣仁后[一八]論君子小人，彦霖云：『太皇於宮中須説與皇帝。』曰：『亦屢説，孫兒都未理會得。』觀此一節，想是以未可分付故不放下。宣仁性極剛烈，蔡新州之事行遣極重。」曰：「當時若不得范忠宣救，殺了他，他日諸公禍又重。」曰：「賴有此耳。」又問：「韓師朴、曾子宣建中事如何？」曰：「渠二人却要和會。子宣日録極見渠心迹。當時商量云，左除却軾、轍，右除却京、卞，此意亦好。後來元祐人漸多，頗攻其短，子宣却反悔，師朴無如之何。」又問：「蔡京之來乃師朴所引，欲以傾子宣。」曰：「京入朝，師朴遣子迎之十里，子宣却遣子迎之二十里。京既入，和二人皆打出。」可學。[一九]

荆公德行，學則非。若海。

「王氏新經儘有好處，蓋其極平生心力，豈無見得着處？」因舉書中改古注[二〇]數處，云：「皆如此讀得好。此等文字，某嘗欲看一過與摭撮其好者而未暇。」賀孫。木之録同。[二一]

世上有個[二二]「依本分」三字，只是無人肯行。且如蘇氏之學却尚[二三]成個物事，若王氏之學則[二四]都不成物事。不知怎生地，[二五]人却偏要去學，這便是不依本分。近看那[二六]博古圖更不成文理，更不可理會，也是怪。其中如[二七]説二「旅」字[二八]，王解[二九]曰「衆也」，這豈特王氏解作「衆」？自古解作「衆」，[三〇]他却要恁地説時則[三一]是説王氏較得[三二]些子。這便是要本[三三]取奉那王氏，但恁地也取奉得來不好。義剛。

王荆公嘗作兵論，劉貢父一日詣之，荆公未出，貢父於書院中硯底下取讀，皆記得，又頓放元處。待荆公出，論兵，貢父依荆公兵論説曰某策如此。荆公遂於硯下取兵論焚之。好異惡同如此。可學。〔三四〕

介甫其〔三五〕初與吕吉甫好時，常有〔三六〕簡帖往來。其一云：「勿令上知。」後來不足，吕遂繳奏之，神宗只〔三七〕胡亂藏掩了。但介甫只爲〔三八〕好人奉己，故與吕合。若東坡門，不順他則硬要治之，〔三九〕如何天生得他〔四〇〕恁地狠！義剛。

荆公後來所以全不用許多儒臣，也是各家都説得没理會。如東坡以前進説許多，如均户口、較賦役、教戰守、定軍制、倡勇敢之類，是煞要出來整理弊壞處。後來荆公做出，東坡又却盡底翻轉去〔四一〕，也無一事可做，如揀汰軍兵也説怕民怨，削進士恩例也説士人失望，恁地都一齊没理會始得。且如役法，當時只怕道衙前之役易致破蕩，當時於此合理會，如何得會破蕩？晁以道文集有論役法處，煞好。賀孫。

蜚卿問荆公與坡公之學。曰：「二公之學皆不正，但東坡之德行那裏得似荆公！東坡初年得〔四二〕用，未必其患不甚於荆公，但東坡後來見得荆公狼狽，所以却〔四三〕自改了。初年論甚生財，後來見青苗之法行得狼狽便不言生財。初年論甚用兵，如曰『用臣之言雖北取契丹可也』，後來見荆公用兵用得狼狽更不復言兵。他分明有兩截底議論。」道夫。

因論高甲人及葉祖洽，邵武泰寧人。［四四］曰：「此人本無才能，但時方尊尚介甫之學，祖洽多用其說，且因而推尊之，故作第一人。按編年，上好讀孟子，人未之知。時廷試進士，始用策，葉祖洽鄉人黃履在禁從，因以告之。祖洽試策皆援引孟子，故稱旨，擢爲第一。然其人品凡下，又不敢望，新進用事之人提拔不起，當時不甚擢用。元祐固是無緣用他，及至紹聖間復行『紹述』之說，依舊在閑處，其人［四五］無聊之甚，遂自詭以爲熙豐舊人，知熙豐事爲詳。又謂：『趙挺之亦熙豐舊人，嘗薦臣。今蒙擢在言路，乞召問之。』士大夫貪得患失，固無所不至，然未有若祖洽之甚者。」或謂：「此等人亦緣科第高，要做官職，牽引得如此。」曰：「只是自家無志。若是有志底自然牽引它不得，蓋他氣力大。如大魚相似，看是甚網都迸裂出去。纔被這些子引動，便是元無氣力底人。如張子韶、汪聖錫、王龜齡一樣底人，如何牽引得他！」義剛。僩用同。［四六］

曾子固初與介甫極厚善，入館後出倅會稽令。集中有詩云「知者尚復然，悠悠誰可語」，必是曾諫介甫來，介甫不樂，故其當國不曾引用。後介甫罷相，子固方召入，又却專一進諛辭，歸美神宗更新法度，得個中書舍人。丁艱而歸，不久遂亡。不知更活幾年，又做如何合殺。子宣在後，一向做出疏脱來［四七］。初，子宣有意調停，不主元祐，亦不主元豐，遂有建中靖國年號，如豐相之、陳瑩中、鄒志完輩，皆其所引。却又被諸公時攻其短，子宣不堪，有斥之使去國者。其弟子開曾［四八］有書與子宣云：「某人者皆時名流，今置閑處。」蓋爲是也。後韓忠彦欲擠子宣，遂引蔡京入來。子宣知之，反欲通慇懃於京。忠彥方遣其子迓京，則子宣之子已將父命迎之於二十里外矣。先時子宣攻京甚力，至是遂不復誰何。凡京有所論奏，不曰「京之言是」則曰「京之言善」，又不自知其疏脱。見〔四九〕之日録。德明。〔五〇〕

先生取荊公進〔五一〕鄴侯家傳者，令人傑讀之。〔五二〕又讀周益公〔五三〕跋。先生曰：「如益公說，則其事都不成做。」讀畢，〔五四〕人傑云：「鄴侯有智略，如勸肅宗先取范陽亦好。」先生曰：「此策誠善。彼勸肅宗以〔五五〕未可取兩京者，欲以兩京縶其四將，惜乎不用也！」人傑云：「荊公保甲行於畿甸，其始固咈人情，然〔五六〕元祐諸公盡罷之，却是壞其已成之法。」先生曰：「固是。近臨江〔五七〕張元德亦有此議論寄來。」因言：「元祐諸公大略有偏處，多如此。」人傑云：「如棄地與西夏亦未安。」先生曰：「當時如吕微仲自以爲不然。蓋吕是〔五八〕西人，知其利害，其他諸公所見恨不得納諸其懷，其意待西夏倔强時只欲卑巽請和耳。」因言：「本朝養兵蠹國，更無人去源頭理會，只管從枝葉上去添兵添將。太祖初定天下，將諸軍分隸州郡，特寄養耳，故〔五九〕謂之『第幾指揮』，謂之『禁軍』，明其爲禁衛也。其將校乃衙前，今所謂『都知兵馬使』，謂之『教練』，乃其軍之將也。若都監乃唐末監軍之遺制，鈐轄、都部署皆國初制也。部署即今之總管，今州鈐、路鈐、總管皆無職事，但大閱時供職一兩日耳。某在〔六〇〕潭州有八指揮，其制皆廢弛。而飛虎一軍獨盛，人皆謂辛幼安之力。以某觀之，當時何不整理親軍？自是可用。却更〔六一〕別創一軍，又增其費。又今之江上屯駐，祖宗時亦無之。某之意，欲使之更戍互換州郡，〔六二〕可以漸汰將兵。然這話難説，又今之兩淮、荆、襄義勇皆可用，但人多不之思耳。」人傑。〔六三〕

又曰：〔六四〕「温公可謂知、仁、勇。他那治〔六五〕國救世處是甚次第！其規模稍大，又有學問，其人嚴而正。」植。以下司馬文正公〔六六〕。

「司馬公憂國之心至垂絶猶未忘，道鄉先生亦然。切謂到此無可奈何，亦只得休矣。」先生曰：「全不念著却如釋氏之忘，若二公者又似太過。」問：「大子曳杖負手，逍遥而歌，却不然。」曰：「夫子猶言：『明王不興，天下孰能宗予！』依舊是要做他底。」德明。

曹兄問：「諸先生皆以爲司馬公許多年居洛只成就得一部通鑑，及到入朝却做得許多不好事。」先生曰：「道司馬公做得未善即是，道司馬公之失却不是，當時哲廟若有漢昭之明，便無許多事。」又曰：「不知有聖人出來，天下事如何處置？」因舉易云「井渫不食，行惻也；求王明，受福也」。卓。

范蜀公作温公墓誌乃是全用東坡行狀，而後面所作銘多記當時姦黨事。東坡令改之，蜀公因令東坡自作，因皆出蜀公名，其後却無事，若他〔六七〕依范所作，恐不免被小人掘了。義剛。

義剛曰：「温公力行處甚高〔六八〕陳本「高」字作「篤」，〔六九〕只是見得淺。」先生曰：「是。」義剛。

陳淳録同。〔七〇〕

司馬温公爲諫官，與韓魏公不合。其後作祠堂記，極稱其爲人，豈非自見熙豐之事故也？韓公真難得，廣大沉深！可學。

子思所謂「誠」包得温公所謂「不妄語」者，温公「誠」在子思「誠」裏。閎祖。

温公以正直中和爲德、聰察强毅爲才。先生曰：「皆是德也。聖人以仁智勇爲德，聰察便是智，强毅便是勇。」賜。〔七一〕

才有好底，有不好底；德有好底，有不好底。德者，得之於己；才者，能有所爲。如温公所言，才是不好底。既才是不好底，又言「才德兼全，謂之聖人」，則聖人一半是不好底！温公之言多説得偏，謂之不是則不可。節。〔七二〕

温公論才、德處未盡，如此則才都是不好底物矣。僩。〔七三〕

涑水記聞，吕家子弟力辨以爲非温公書。蓋其中有記吕文靖公數事，如殺郭后等。某嘗見范太史之孫某説親收得温公手寫藁本，安得爲非温公書！某編八朝言行録，吕伯恭兄弟亦來辨。爲子孫者只得分雪，然必欲天下之人從己則不能也。僩。

問：「明道論元祐事須並用張、蔡〔七四〕之黨。」曰：「明道只是欲與此數人者共變其法，且誘他入脚來做。」問：「如此却似任術？」曰：「處事亦有不能免者，但明道是至誠爲之，此數人者亦不相疑忌。然須是明道方能了此。後來元祐諸公治得此黨太峻，亦不待其服罪。温公論役法疏略，悉爲章子厚反駁，只一向罷逐，不問所論是非，却是太峻急。然當時如蔡確輩留得在朝廷，豈不害事！」德明。

「元祐諸賢議論大率凡事有據見定底意思，蓋矯熙豐更張之失而不知其墮於因循。既有個天下，兵須用練，弊須用革，事須用整頓。如何一切不爲得？」又曰：「元祐諸賢多是閉着門説道理底。後來見諸行事，如趙元鎮意思，是其源流大略可睹矣。」儒用。

范淳夫不可曉，招李方叔教其子范温[七五]輩，[七六]又嘗薦陳元輿自代。若道要純謹，李方叔初不純謹；若道要學術議論，元輿又不是這樣人。德明。

范淳夫純粹，精神短，雖知尊敬程子而於講學處欠缺。如唐鑑好[七七]，讀之亦不無憾。道夫。

范淳夫説論語較粗，要知却有分明好處，如唐鑑文章所以[七八]最好。不知當時也是此道將明，如何便教諸公都恁地白直！某嘗看文字，見説得好處便尋他來歷，便是出於好人之門。賀孫。

范淳夫講義做得條暢。此等正是他所長，説得出能如此分曉。伯豐。

唐鑑議論覺似迂緩不切。考其意，蓋王介甫秉政造新法，神考專意信之，以爲真可以振起國勢，一新其舊，故范氏之論每以爲此惟在人主身心之間而不在法。如言豐財在於節用，神考曰：「豈有着破皁襖、破皮鞋即能致國富邪！」公謹。［七九］

韓持國、趙清獻俱學佛。向在衢州見清獻公家書，雖佛尋常言語奉持亦謹，居家清謹［八〇］之甚。韓持國卧病，令家人奏樂於前，就床上輾轉稱快。以此而觀，則清獻所得多矣。德明。

問：「黄尚書履、安中邢和叔恕二人者［八一］少居太學，邢固俊拔，黄亦謹厚力學，後二人却如此狼狽。如何？［八二］」曰：「他固會讀書，只是自做人不好。然黄却是個白直底好［八三］人，只是昏愚無知［八四］無見識。而邢則罪過多。黄後來都被邢般得不好，［八五］緣黄昏愚［八六］又愛官職，所以被他引得不好。［八七］邢則有意於爲惡，又濟之以才，所以罪過大。［八八］」卓。［八九］

邢恕本不定疊，知隨州時，温公猶未絶之，與通書。只是明道、邵康節［九〇］看得好，康節詩云「慎勿輕爲西晉風」，明道語見上蔡録中「便不得不説」處。開封劊子事只是後來撰出，當時無此事，辨誣中有「妄謂」二字。德明。

莊仲問：「本朝名公有説得好者，於行上全不相應，是如何？」先生曰：「有一等人能談仁義之道，做事處却乖。此與鬼念大悲呪一般，更無奈何他處。」又曰：「只是知得不明之故。筆談言士人門做文字，問即不會、用則不錯者皆是也。豈可便以言取人！然亦不可以人廢言，説得好處須還他好始得。如孟子取陽虎之言，但其用意別耳。」友仁。

「學中策問，蘇程之學，二家當時自相排斥，蘇氏以程氏爲姦，程氏以蘇氏爲縱横。以某觀之，只有[九一]修仁宗實録，言老蘇之書大抵皆縱横者流，程子未嘗言也。如遺書説[九二]『賢良』一段，繼之以『得志』、『不得志』之説，却恐是説他。坡公在黄州猖狂放恣，『不得志』之説恐指此而言。」道夫問：「坡公與[九三]伊洛相排，不知何故？」曰：「他好放肆，見端人正士以禮自將，却恐他來檢點，故恁詆訾。」道夫曰：「坡公氣節有餘，然過處亦自此來。」曰：「固是。」又云：「老蘇辨姦，初間只是私意如此。後來荆公做不着，遂中他説。然荆公氣習，自是一個要遺形骸、離世俗底模様，喫物不知飢飽。嘗記一書載公於飲食絶無所嗜，惟近者必盡。左右疑其爲好也，明日易以他物而置此品於遠則不食矣，往往於食未嘗知味也。至如食釣餌，當時以爲詐，其實自不知了。近世吕伯恭亦然，面垢身污似所不卹，飲食亦不知多寡。要之，即此便是放心。辨姦以此等爲姦，恐不然也。老蘇之出，當時甚敬崇之，惟荆公不以爲然，故其父子皆切齒之。然老蘇詩云『老態盡從愁裏過，壯心偏傍醉中來』，如此無所守，豈不爲他荆公所笑？如上韓公書求官職，如此所爲，又豈不爲他荆公所薄！至如坡公著述，當時便[九四]得盡行所學則事亦未可知。從其遊者皆一時輕薄輩，無少行檢，就中如秦少游則其最也。諸公見他説得去更不契勘，當時若使盡聚朝廷之上，則天下何由得平！更是坡公首爲無稽，游從者從而和之，豈不害事！但其用之不久，故他許多敗壞之事未出。兼是後來群小用事又費力似他，故覺得他

個好。」道夫。〔九五〕

或問：「東坡若與明道同朝，能從順否？」曰：「這也未見得。明道終是和粹，不甚嚴厲。東坡稱濂溪只是在他前，不與同時同事。」因説：「當時諸公之争，看當時如此，不當論相容與不相容。只看是因甚麽不同，各家所争是争個甚麽。東坡與荆公固是争新法。東坡與伊川是争個甚麽？只看這處，曲直自顯然可見，何用别商量？只看東坡所説云：『幾時得與他打破〔九六〕！』這説話只要奮手捋臂、放意肆志、無所不爲便是，只看這處，是非曲直自易見。論來若説争只争個是非，若是，雖斬首穴胸亦有所不顧；若不是，雖日食萬錢、日遷九官亦只是不是。看來别無道理，只有個是非，若不理會得是非分明便不成人，若見得是非方做得人。這個是處便是人立脚底地盤，向前去，雖然更有裏面子細處，要知大原頭只在這裏。且要理會這個教明白始得，這個是處便即是道，便是所謂『天命之謂性，率性之謂道』。萬物萬事之所以流行只是這個，做得是便合道理，纔不是便是〔九七〕不合道理。所謂學問也只在這裏，所以大學要先格物、致知。一件物事固當十分好，若有七分好、三分不好也要分明，這個道理直是要分明，細入於毫髮，更無些子夾雜。」又云：「東坡如此做人，到少間便都排廢了許多端人正士，却一齊引許多不律底人來。如秦、黄雖是向上，也只是不律。因舉魯直飲食帖。東坡雖然疏闊却無毒，子由不做聲却險，少游文字煞弱，都不及衆人，得與諸蘇並稱是如何？子由初上書煞有變法意。只當是時非獨荊公要如此，然[九八]諸賢都有變更意。」賀孫。

胡謂[九九]：「東坡兄弟若用時，皆無益於天下國家否？」曰：「就他分限而言，亦各有用處；論其極，則亦不濟得事。」淳。

東坡你[一〇〇]只管駡王介甫。介甫固不是，但教你[一〇一]作宰相時，引得秦少游、黄魯直一隊進來壞了[一〇二]，更猛。淳。

東坡議論大率前後不同，如介甫未當國時是一樣議論，及後來又是一樣議論。公謹。

或問：「張安道爲人何如？」先生曰：「不好。如攻范黨時他大節自虧了。後來爲温公攻擊，章凡六七上，神宗不聽，遂除温公過翰林學士，而張居職如故。嘗見東坡爲温公神道碑，叙温公自翰林學士爲御史中丞，自御史中丞再爲翰林學士，心常[一〇三]疑之，此一節必有所以。後觀温公集，乃知温公以攻安道之故，再自御史過翰林。而東坡兄弟懷其平日待遇之厚，不問是非，極力尊之。故東坡删去此一節，不言其事，遂令讀者有疑安道不好。又劉公湖州人，忘其名謚。亦數章攻之，而不見其首三章，集中止有第四章，大概言，臣攻方平之短已具於前數奏中。記得是最言其不孝之罪，可惜不見。蓋東坡尊方平，而天下後世之人以東坡兄弟之故，遂爲東坡諱而隱其事，併毁其疏以滅蹤。某嘗問劉公之孫某求之，而其家亦已無本矣。方平常[一〇四]託某人買妾，其人爲出數百千買妾，方平受之而不償其直，其所爲皆此類也。安道是個秦不收、魏不管底人，他又爲正人所惡，那邊又爲王介甫所惡。蓋介甫是個修飭廉隅孝謹之人，而安道之徒平日苟簡放恣慣了，纔見禮法之士必深惡，如老蘇作辨姦以譏介甫、東坡惡伊川皆此類耳。論來介甫初間極好，他本是正人，見天下之弊如此，鋭意欲更新之，可惜後來立脚不正，壞了。若論他甚樣資質孝行，這幾個如何及得他！　他門平日自恣慣了，只見修飭廉隅不與己合者即深詆之，有何高見！卓。

温公自翰林學士遷御史中丞，累章論張方平所論不行，温公〔一〇五〕自中丞復爲翰林學士。東坡作温公神道碑，只説自中丞復爲翰林學士，却節去論方平事，爲方平諱也。某初時看更曉不得，後來看得温公文集，方知是如此。文蔚。

老蘇説得眼前利害事却好。學蒙。

三代節制之師，老蘇權論不是。謨。

東坡解經莫教説着處直是好！　蓋是他筆力過人，發明得分外精神。儒用

東坡天資高明，其議論文詞自有人不到處。如論語説亦煞有好處，但中間須有些漏綻出來。如作歐公文集序先説得許多天來底大，恁地好了，到結末處却只如此，蓋不止龍頭蛇尾矣！　當時若使他解虚心屈己，鍛煉得成甚次第來！木之。

或問：「東坡言『逝者如斯而未嘗往也，盈虚者如代而卒莫消長也』，此〔一〇六〕只是老子

『獨立而不改，周行而不殆』之意否？」曰：「然。」又問：「此語莫也無病？」曰：「便是不如此。既是『逝者如斯』，如何不往？『盈虛者〔一〇七〕如代』，如何不消長？既不往來、不消長，却是個甚底物事？這個道理，其來無盡，其往無窮，聖人但云『維天之命，於穆不已』，又曰『逝者如斯夫』，只是説個不已，何嘗説不消長、不往來？它本要説得來高遠，却不知説得不活了。既是『往者如斯，盈虛者如代』，便是這道理流行不已也。東坡之説便是肇法師『四不遷』之説也。」又云：「『盈虛者如代』，『代』字今來〔一〇八〕多誤作『彼』字。又〔一〇九〕『而吾與子之所共食』，『食』字多誤作『樂』字。嘗見東坡手寫本皆作『代』字、『食』字。頃年蘇季真刻東坡文集，嘗見問『食』字之義。答之云：『如「食邑」之「食」，猶言享也。史書言「食邑其中」，「食其邑」是這樣「食」字。今浙間陂塘之民「食利民户」亦此意也。』」又云：「碑本後赤壁賦『夢二道士』，『二』字當作『一』字，疑筆誤也。」僩。

須見得道理都透了而後能静，東坡云「定之生慧不如慧之生定較速」，此説得也好。淳。

或言：「東坡雖説佛家語亦説得好。」先生曰：「他甚次第見識！甚次第才智！它見得那一道明亦曾下工夫，是以説得那一邊透。今世説佛也不曾做得他工夫，説道也不曾做得此邊工夫，只是虛飄飄地沙魘過世。」謙。

問：「東坡與韓文〔一一〇〕如何？」曰：「平正不及韓公。東坡説〔一一一〕高妙處只是説佛，

其他處又皆粗。」〔一一二〕淳。〔一一三〕

東坡善議論，有氣節。若海。

東坡平時爲文論利害，如主意在那一邊，利處只管説那利，其間有害處亦都知，只藏匿不肯説，欲其説之必行。淳。

因説東坡刑賞忠厚之至論〔一一四〕「悉舉而歸之仁義」，如是則仁義乃是不得已而行之物，只是作得一癡忠厚。此説最礙理，學者所當察。可學。

因論二蘇刑賞忠厚之至論〔一一五〕極做得不是。先生曰：「用刑，聖人常有不得已之心；用賞，聖人嘗〔一一六〕有不吝予之意。此自是忠厚了，若更於罪之疑者從輕，於功之疑者從重，這尤是忠厚。此是兩截之事。」卓。

東坡南安學記説，古人井田封建不可行，今只有個學校而已。其間説舜遠不可及，得如鄭子産爲鄉校足矣。如何便決定了千萬世無人可以爲舜只得爲子産！又説古人於射時因觀者群聚遂行選士之法，此似今之聚場相撲作戲一般，可謂無稽之論。自海外歸來大率立論皆如此。淳。

温公墓碑云「曰誠，曰一」，人多議之，然亦未有害。「誠」者以其表裏言之，「一」者以其始終言之。人傑。

「坡公作温公神道碑叙事甚略，然其平生大致不踰於是矣，這見得眼目高處。」道夫曰：「其作富公碑甚詳。」曰：「温公是他已爲行狀，若富公，則異於是矣。」又曰：「富公在朝不甚喜坡公。其子弟求爲［一一七］此文恐未必得，而坡公鋭然許之。自今觀之，蓋坡公欲得此爲一題目以發明己意耳。其首論富公使虜事，豈苟然哉！」道夫曰：「向見文字中有云，富公在青州活飢民，自以爲勝作中書令二十四考，而使虜之功蓋不道也。坡公之文非公意矣。」曰：「須要知富公不喜，而坡公樂道而鋪張之意如何。」曰：「意者，富公嫌夫中國衰弱而夷狄盛强，其爲此舉實爲下策。而坡公則欲救當時之弊，故首以爲言也。」先生良久乃曰：「富公之策自知其下，但當時無人承當，故不得已而爲之爾，非其志也。使其道得行，如所謂選擇監司等事一一舉行，則内治既强，夷狄自服，有不待於此矣。於今乃增幣通和非正甚矣。坡公因紹聖元豐間用得兵來狼狽，故假此説以發明其議論爾。」道夫。

東坡記賀水部事，或云無此事，蓋喬同紿東坡以求詩爾。僩。

東坡薦秦少游，後爲人所論，他書不載，只丁未録上有。嘗謂東坡見識如此，若作相也，弄得成蔡京了。李方叔如許，東坡也薦他。庚。［一一八］

「東坡聰明，他豈不曉覺得？他晚年自知所學底倚靠不得。及與李昭玘書有云：『黄、秦輩挾有餘之資而騖於無涯之智，必極其所如，將安所歸宿哉？念有以反之。』」范堯夫［一一九］持兩端，兩邊都不惡他，也只是不是。如今說是說非都是閑說。若使將身己頓放在蘇、黄間未必不出其下，須是自家實見得〔一二〇〕强了他方說得他，如孟子闢楊、墨相似。這道理只是一個道理，只理會自家身己是本，其他都是閑物事。緣自家這一身是天造地設，已盡擔負許多道理，纔理會得自家道理則事物之理莫不在這裏。一語一默、一動一静、一飲一食皆有理，纔不是便是違這理。若盡得這道理方成個人，方可以柱天踏地，方不負此生。若不盡得此理，只是空生空死，空具許多形骸，空受許多道理，空喫了世間人飯。見得道理若是，世上許多閑物事都没要緊，要做甚麽？」又曰：「伊尹說『天之生斯民也，使先知覺後知，使先覺覺後覺。予，天民之先覺者也，予將以斯道覺斯民也。非予覺之而誰也』，『思天下之民，匹夫匹婦有不與被堯舜之澤者，若己推而納之溝中』。其自任以天下之重如此。」又曰：「聖人之心如青天白日，更無些子蔽翳。」又曰：「如今學者且要收放心。」又曰：「萬理皆具於吾心，須就自家身己做工夫方始應得萬物〔一二一〕萬事，所以大學說『在明明德，在新民』。」賀孫。

「看子由古史序說聖人『其爲善也，如冰之必寒、火之必熱，其不爲不善也，如騶虞之不殺、竊脂之不穀』，此等議論極好，程、張以後文人無有及之者。蓋聖人行事，皆是胸中天理自然發出來不可已者，不待〔一二二〕勉强有爲爲之。後世之論皆以聖人之事有所爲而然，周禮纖悉委曲去處却以聖人有邀譽於天下之意，大段鄙俚。此皆緣本領見處低了，所以發出議論如此。如陳君舉周禮説有『畏天命即人心』之語，皆非是聖人意。」因説：「歐公文字大綱好處多，晚年筆力亦衰。曾南豐議論平正，耐點檢。李泰伯文亦明白好看。」木之問：「老蘇文議論不正當。」曰：「議論雖不是，然文字亦自明白洞達。」木之。

論子由古史言帝王以無爲宗。因言：「佛氏學只是任它意所爲，於事無有是處。」德明云：「楊敬仲之學是如此。」先生曰：「佛者言『但願空諸所有，謹勿實諸所無』，〔一二三〕已讀之書皆欲忘却是要『空諸所有』。」德明。〔一二四〕

子由古史論，前後大概多相背馳，亦有引證不著。是他老來精神短，做物〔一二五〕事都忘前失後了。淳。

近見蘇子由語録大抵與古史相出入。它也是〔一二六〕説要「一以貫之」，但是他説得别。他都〔一二七〕只是守那一，説萬事都在一，〔一二八〕然而又不把一去貫，説一又别是一個物事模樣。義剛。按，陳淳録同而略。〔一二九〕

因説欒城集，先生曰：「舊時看他議論亦好，近日看他文字煞有害處。如劉原父高才傲物，子由與他書勸之謙遜下人，此意甚好。其間却云『天下以吾辯而以辯乘我，以吾巧而以巧困我，不如以拙養巧、以訥養辯』，如此則是怕人來困我，故卑以下之，此大段害事。如東坡作刑賞忠厚之至論，却説『懼刑賞不足以勝天下之善惡，故舉而歸於〔一三〇〕仁』，如此則仁只是個鶻突無理會底物事，故又謂『仁可過，義不可過』。大抵今人讀書不子細，此兩句却緣『疑』字上面生許多道理。若是無疑，罪須是罰，功須是賞，何須更如此？」或曰：「此病原起於老蘇。」先生曰：「看老蘇六經論則是聖人全是以術欺天下也。子由晚年作待月軒記，想他大段自說見得道理高，而今看得甚可笑。如說軒是人身，月是人性，則是先生下一個人身，却外面尋個性來合湊着，此[一三一]成甚義理！」[一三二]

蘇東坡子過、范淳夫子温皆出入梁師成之門，以父事之。然以其父名在籍中，亦不得官職。師成自謂東坡遺腹子，待叔黨如親兄弟，諭宅庫云：「蘇學士使一萬貫以下不須覆。」叔黨緣是多散金，卒喪其身。又有人失姓名[一三三]。師成妻死，温與過當以母禮喪之，方此疑忌彼一人[一三四]。不得已衰經而往，則彼一人[一三五]先衰経在帷下矣。可學。

黄魯直以元祐黨貶得放還，因爲荆南甚寺上[一三六]作塔記。人以此媒孽他，故又[一三七]再貶。所以蘇子由門皆閉門絶賓客。嘗[一三八]有人自蜀來，累日不得見。詢其鄰人，云：「他十數日必一出門外小亭上坐。」其人遂日候其出纔得一揖。子由讓其坐，且云：「待某入着衣服。」即入坐[一三九]，一向不出。庚。[一四〇]

黄魯直書浯溪碑是他最好底議論。而沙隨却説他不是，蓋云肅宗收復兩京、再造王室，其功甚大，不可短他。這事不如此。肅宗之收復京師，其功固可稱。至不待父命而即位，分明是簒。功過當作兩項説，不以相掩可也。沙隨之論大概要考甚細碎制度，不要人説義理，與致堂説皆相反。如云韓、趙、魏爲諸侯不爲不是，蓋爲周室微弱不可不立他，待自家强盛方可去治他。又云晉之所以爲三卿分者，是其初不合併得地太大，所以致得恁地。若如此，則周室爲諸侯所陵，亦謂之武王不合有此天下，可乎？漢匡衡當恭、顯用事不敢有言，至恭、顯死後方論他，遂爲王尊所劾。沙隨以爲人主之意不可回，宰相不可以諫他，反遭禍害。又唐劉蕡云，天子不可漏言，他却誦言於庭，使宦官之勢愈張。沙隨却云，劉蕡以布衣應直言極諫科，合如此説，縱殺身猶可以得名。豈有宰相與天子一體而不諫諍人主，布衣却可出來説！致堂説二疏是見元帝不足傅相，故持知止之義以求退，看他〔一四一〕是如此。若蕭望之，則不容於死，是不若二疏之先見。沙隨乃云不然，且引鄭忽之事爲證，又不着題，皆不成議論。庚。〔一四二〕

晁以道後來亦附梁師成，有人以詩嘲之曰「早赴朱張飯，隨賡蔡子詩。此回休倔强，凡事且從宜」。人傑。

先生看東都事略。文蔚問曰：「此文字如何？」曰：「只是説得一〔一四三〕個影子，適間偶看陳無己傳都不在〔一四四〕。」問曰：「他好處是甚事？」曰：「他最好是不見章子厚，不着趙挺之綿襖。傅欽之聞其貧甚，懷銀子見他欲以賙之，坐間聽他議論，遂不敢出銀子。如此等事他都不載。如黄魯直傳，魯直亦自有好處，亦不曾載得。」文蔚問：「魯直好在甚處？」曰：「他亦孝友。」文蔚。

陳後山與趙挺之、邢和叔爲友壻，皆郭氏壻也。後山推尊蘇、黄，不附王氏，故與和叔不協。時[一四五]後山在館中，差與南郊行禮。親戚謂其妻曰：「登郊臺率以夜半時，寒不可禁，須多辨[一四六]綿衣。」而後山家止有一裘，其妻遂於邢家借得一裘以與[一四七]。後山云：「我只有一裘，已着，此何處得來？」妻以實告。後山不肯服，亟令送還，竟以中寒感疾而卒。或曰：「非從邢借，乃從趙借也。」故或人祭文有云「囊無副衣」，即謂此也。趙挺之初亦是熙豐黨中人，附蔡元長以得進，後來見得蔡氏做得事勢不好了却去攻他。趙有三子：曰存誠[一四八]，曰思誠，曰明誠。明誠，李易安之夫也，文筆最高，金石録煞做得好。廣。

陳了翁氣剛才大，惜其不及用也。若海。以下了翁、元城、道鄉。[一四九]

陳了翁在貶竄中，與蔡京輩争辯不已，亦是他有智數，蓋不如此，則必爲京輩所殺矣。人傑。[一五〇]

僩嘗[一五一]問：「元城、了翁之剛，孰爲得中？」曰：「元城得中，了翁後來有太過處。元城只是居其位便極言無隱，罪之即順受。了翁後來做得都不從容了。所以元城嘗論其尊堯集所以[一五二]言之過，而戒之曰：『告君行己，苟己無憾，而今而後可以忘言矣。』」僩。

了翁有濟時之才。道鄉純粹，才不及他[一五三]。使了翁得志必有可觀。道夫。

先生問：「潮州前此有遷客否？」德明答以不知。因[一五四]言：「子由謫循州。元城經行梅州，當時或[一五五]有言劉器之好命，用事之人[一五六]擬竄某州，云：『且與他試命去[一五七]。』後來[一五八]放還居南都，尚康强，至宣和末年方殁[一五九]。只隔一年便有金虜之禍，使元城[一六〇]不死必召用。是時天下事被人作壞，已如魚爛了，如何整頓！一場狼狽不小。今日且是無人望。元城在南都，似個銀山鐵壁，地又當往來之衝。過者必見，歷歷爲説平生出處無少回護，群小雖睥睨，不敢動着他。」德明。[一六一]

鄒道鄉奏議不見於世。德父嘗刊行家集，龜山以公所彈擊之人猶在要路，今[一六二]集中無奏議。後來汪聖錫在三山刊龜山集，求奏議於其家，安止移書令勿刊，可惜！不知龜山猶以出處一事爲疑，故奏議不可不行於世。安止判院聞之，刻[一六三]於延平。德明。

問劉元承撻鄒志完舟人事。見晁氏家語。[一六四]先生曰：「道鄉赴貶所[一六五]到某州，元承爲太守。舟人覆云[一六六]，若載鄒正言，不敢取一文[一六七]錢。劉遂[一六八]撻之。」因云：「元承當蔡京用事時煞做好官。」德明。[一六九]

或問胡邦衡在新州十七八年不死。先生曰：「天生天殺，道之理也，人如何解死得人。」廣。

以下皆章、蔡等。[一七〇]

先生傷時世之不可爲，因歎曰：「忠臣殺身不足以存國，讒人搆禍，無罪就死。後人徒爲悲痛，奈何！劉莘老死亦不明，今其行狀似云死後以木匣取其首。或云服藥，或云取首級，皆無可考。國史此事是先君修，止云：『劉摯、梁燾相繼死嶺表，天下至今哀之。』初，文潞公之子及甫以劉莘老當言路，潞公欲除中書令。諸公議，恐事多易雜，若致繳駁，反傷老成，遂只除平章軍國重事，乃是爲安潞公計耳。渠家不悉，反終以爲怨。及甫以書與邢恕，有『粉昆、司馬昭』等語。邢恕收藏此柬，待黨事發，即以此嫁禍於劉、梁。本來『粉昆』之語乃指韓忠彥，蓋忠彥之弟嘉彥爲駙馬都尉，人呼爲『粉侯』，昆即兄也。後事發，文及甫下獄，供稱『司馬昭』是説劉摯，『粉』是説王巖叟，以其面白如粉。昆者，兄也；兄，况也，是説梁况之。故王巖叟雖已死，而二人皆以此重行貶竄以死。」賀孫。

龜山作周憲之墓銘，再三稱其劾童貫之疏，但尚書當時亦少索性。若海。

杲老爲張無盡所知。一日，語及元祐人才，杲問：「相公以爲如何？」張曰：「皆好。如温公，大賢也。」杲曰：「如此則相公在言路時，論他則甚？」張笑曰：「公便理會不得，只是後生死急要官做後如此。」廣。

章子厚與温公争役法，雖子厚悖慢無禮，諸公争排之，然據子厚説底却是。温公之説前後自不相照應，被他一一捉住病痛敲點出來。諸公意欲攻〔一七一〕之，所以排他出來〔一七二〕。又他是個不好底人，所以人人皆樂其去耳。僩用。〔一七三〕

永嘉周禮説序云：「本朝寬大，任子及於異姓，取士及於特奏，養兵及於剩員。甚者污吏有敘復，重辟有奏裁云云。」因言：「章子厚召還，過某處，蔡元長在焉。見次，元長曰：『公必作相。某有欲行某事，某事公可施行之。』因出一紙示章，如孤養院、漏澤園之類。章還之，曰：『待元長作相自行取。』後蔡入相，果奏行之。又如增衛士食錢之類，皆是取悦上下以爲竊權之計。」賀孫。[一七四]

問：「章、蔡之姦何如？」曰：「京之姦惡又過於惇。方惇之再入相也，京謁之於道，袖出一軸以獻惇，如學校法、安養院之類，凡可以要結士譽、買覓人情者具在。惇辭曰：『元長可留他時自爲之。』後京爲相率皆建明，時論往往歸之。至詣學時[一七五]自嘗饅頭，其中没見識士人以手加額，曰：『太師留意學校如此。』京之當國，費侈無度。趙挺之繼京爲相便做不行，挺之固庸人，後張天覺亦復無所措手足。京四次入相，後至斥[一七六]廢，終始[一七七]只用『不患無財，患不能理財』之説，其原自荆公。又以鹽鈔、茶引成櫃進入，上益喜，謂近侍曰：『此太師送到朕添支也。』由是内庭賜予，不用金錢，雖累巨萬，皆不費力。鈔法之行，有朝爲富商、暮爲乞丐者矣。」儒用。

康節謂章子厚曰：「以君之才於吾之學頃刻可盡，但須相從林下一二十年使塵慮銷散，胸中豁無一事，乃可相授。」道夫。[一七八]

蔡京在政府，問人材於其族子蔡子應，端明之孫。以張柔直名觷［一七九］對。張公［一八〇］時在部注擬，京令子應招之，授以門館。張至，以師禮自尊，京之子弟怪之。一日，張教京家子弟習走。其子弟云：「從來先生教某門慢行，今令習走，何也？」張云：「乃公作相久，敗壞天下。相次盜起，先殺汝家人，惟善走者可脱，何得不習！」家人以爲心風，白京。京愀然曰：「此人非病風。」召與語，問所以扶救今日之道及人材可用者。張公遂言龜山、楊公諸人姓名，自是京父子始知有楊先生。德明。［一八一］

某人作縣，臨行請教於某人。先生言，其姓名今忘記。某人曰：「張柔直在彼，每事可詢訪之。」某人到官，忽有旨，令諸縣造戰船。召匠計之，所費甚鉅。因憶臨行請教之語，亟訪策於張。張曰：「此事甚易，可作一小者，計其丈尺廣狹長短，即是推之則大者可見矣。」遂如其語爲之，比成推算，比前所計之費減十之三四。其後諸縣皆重有科斂，獨是邑不擾而辨［一八二］。後其人知紹興府，太后山陵，被旨令應副錢數萬結磚爲墻。其大小厚薄，呼磚匠於後圃依樣造之。會其直，比抛降之數減數倍。遂申朝廷，乞紹興自認磚墻。正中宦者欺弊，遂急阻其請，乞［一八三］只令紹興府應副錢，不得干預磚墻事。僩用。［一八四］

蔡京奏其家生芝，上擕鄆王等幸其第賜宴，云：「朕三父子勸卿一盃酒。」是時太子却不在，蓋已有廢立之意矣。義剛。

京當時不主廢立，故欽宗獨治童貫等，而京罪甚輕。義剛。

問：「蔡京何故得全首領，卒於潭州？」曰：「當時執政大臣皆他門下客，如吴元忠輩亦以[一八五]薦引，不無牽制處。虜人初一番退時是甚時節！臺諫却别不曾理會得事，三五個月只反倒得京，逐州[一八六]數百里慢慢移去，結末方移儋州。及到潭州，遂死。」問：「李伯紀丞相[一八七]後來當國時，京想已死否？不然則必如張邦昌，想已正典刑矣。」曰：「靖康名流多是蔡京晚年牢籠出來底人才，伯紀亦所不免。如李泰發是甚次第硬底人，亦爲京所羅致，他可知矣。」今衡州所刊劉諫議文集中有一帖與泰發，蓋微調[一八八]之。彼[一八九]遺史，京之愛妾二，曰慕容夫人，曰小李夫人。又童貫之子童五十者認以爲妹，生子脩，復尚主。小李出其下，怏怏求出，遂嫁宣贊舍人曹濟，後爲湖南兵馬都監。京死潭州，李氏殯之於一僧寺。儒用。

宣、政末年，論元祐學術事，如徐秉哲、孫覿輩説得更好。後來全是此等人作過，故曰：「天下有道，盜其先變乎！」德明。

宣、政間，鄆州有數子弟好議論士大夫長短，常聚州前邸店中。每士大夫過，但以嘴舒縮便是短長他，時人目爲「猪嘴」，以其狀似猪以嘴掘土。此數子弟因戲以其號自標，爲甚「猪嘴大夫」、「猪嘴郎」之屬。少間爲人告以私置官屬，有謀反之意，興大獄鍛煉。舊見一弟子[一九〇]載，今記不得。近看長編有一段，徽宗一日問執政：「東州逆黨何不爲處分了？」都無事之首尾，若是大反逆，事合有首尾，今看來只是此事。想李燾[一九一]也不曾見此事，只大略聞得一[一九二]項語言。德明。[一九三]

因論賈生治安策中「深計者謂之妖言」，曰：「宣、政間，凡『危』、『亡』、『亂』字皆不得用，不得説『亂』只説『治』，[一九四]安得無後來之禍？」又云：「世間有一種却是妖言。如葉夢得、宇文虚中二人所爲極是亂道，平日持論却甚正，每進言必勸人主以正心、修身爲先。其言之辨裁雖前輩有説不及處，正如鬼出來念大悲咒相似，正所謂『妖言』也。」又曰：「此等人多是有才、會説底，若使有好人在上收拾將去，豈不做好人？只緣時節不好，義理之心不足以勝其利欲之心，遂由徑捷出，無所不至。若逢治世，他擇利而行，知爲君子之爲美亦必知所趨向。治世之才亦那得個個是好人？但是好人多，自是相夾持在裏面，不敢爲非耳。」又問：「邢和叔、章子厚之才得[一九五]使其遇治世，能爲好人否？」曰：「好人多，須不至如此狼狽。然邢亦難識，雖以富、韓、馬、吕、邵、程，亦看他不破。」曰：「康節亦識得他。」曰：「亦只是就他皮膚上略點他耳。」又曰：「他家自有一本言行録，記他平日做作好處。頃於蒼峽見其家有子弟在彼作税官，以一本見遺，看來當初亦有得他力處。蓋元豐末，邢恕嘗説蔡持正變熙、豐法，召馬、吕，故言行録多記此等事。嘗見徐端立侍郎説，邢和叔之於元祐猶陳勝、吴廣之於漢，以其首事而先起也。」儒用。

小人不可與君子同處於朝。昔曾布當建中靖國初，專欲涵養許多小人，漸漸被他得志，曾布甚爲所陷，舉家繫獄。[一九六] 要之，要出來做時，小人若未可卒去，亦須與分明開說是非善惡使彼依自家話時，却以事付之。若分明與說是非，不依自家話時，自家只得去了。如何含含胡胡，我也做些，他也做些，都不與問那個是是、那個是非！久之未有不爲其所勝。若與說得是非通透了，他也自要做好人。他若既知得是非，又自要做大[一九七]，這須旋旋安頓，與在外好差使。吾人也無許多智巧對副他。兼是纔做一事，自家便把許多精神智巧對副他，自家心術已自壞了。明道先生若大用，雖是可以變化得小人，然亦須與明辨是非。舜去「四凶」，孔子誅少正卯，當初也須與他說是非。到得他自恃其高、不依聖人說話，只得去了。賀孫。

因言：「宇文虛中嘗從童貫開燕山，隨童貫亦多年，未嘗有一言諫童貫之失。後來却[一九八] 徽宗與其弟粹中說云[一九九]：『聞卿云，虛中也極善料事。朕方欲令在政府，而執政不可，不得已出之。』虛中後爲奉使，虜人留之，尊爲國師，凡事必咨問，甚敬信之。凡虜人制禮作樂、創法建置，皆虛中教之。後來虜人來[二〇〇] 取其家眷，秦檜盡發與之，以其子某爲河南安撫。或者謂虛中雖在虜中，乃爲朝廷嘗探伺虜動靜來報這下，多結豪傑欲爲內應，因其子爲帥。又，兀朮是時住蒙國，國中空虛，虛中遂欲叛，剋日欲發。兀朮聞之，遂亟走歸，殺虛中，而盡滅其族。或者以爲秦檜知虛中消息，密令人報虜中，云虛中欲叛，故虜人得先其未發誅之。」卓。

徽宗任郭藥師，其人甚狡獪，靖康之難正原於此。如李宗嗣，此人只是會說，却不似那郭底有謀。那個甚乖。義剛。

因論靖康執政，曰：「徐處仁曾忤蔡京來。舊做方面亦有聲，後却如此錯繆。孫傅略得，又[二〇一]好六甲神兵。時節不好，人材往往如此。」又曰：「張孝純守太原，被圍甚急，朝廷遣其子灝總師往救，却徘徊不進，坐視其父之危急而不卹，以至城陷。時節不好時首先是無了那三綱。」按，封氏編年載此甚詳。或曰：「京師再被圍時，張叔夜首領勤王之師以入。叔夜爲人亦好。」曰：「他當時亦不合領兵入城，只當駐在旁近處[二〇二]以爲牽制，且伸縮自如。一入城後便有許多掣肘處，所以迄無成功，至於扈從北狩。」僩用。

論李仁甫通鑑長編，曰：「近得周益公書，亦疑其間考訂未甚精密，因寄得數條來某看。他書靖康間事最疏略，如姚平仲劫塞則以爲出於李綱之謀，种師中赴敵而死則以爲迫於許翰之令。不知二事俱有曲折，劫寨一事決於姚平仲僥倖之舉，綱實不知。按，綱除知密院，辭免劄子内[二〇三]云：「方修戰具，嚴守備以俟援師，乘便迫虜使進不得攻、退無所掠，勢窮而遁。俟其渡河，半濟而擊，勝可萬全。而平仲引衆出城，幾敗乃事。然平仲受節制於宣撫，不關白於行營，二月八日夜半平仲之出，种師道不知之，在微臣實無所與。」當[二〇四]時執政如耿南仲輩方極力沮綱，幸其有以藉口，遂合爲一辭，謂平仲之出，綱爲其謀。師中之死，亦非翰之故。按，中興遺史云：「河北制置副使种師中軍真定，進兵解太原圍。去榆次三十里，金人乘間來突。師中欲取銀賞軍而輜重未到，故士心離散。又嘗約姚古、張灝兩軍同進，二人不至，師中身被數創，裹創力戰又一時，死之。朝廷議失律兵將，中軍統制官王從道朝服而斬於馬行市。」脱如所書則翰不度事宜，移文督戰固爲有罪。師中身爲大將握重兵，豈有見樞府一紙書，不量可否，遂忿然赴敵以死！此二事蓋出於孫覿所紀，故多失實。」問：「覿何如人？」曰：「覿初間亦説好話。夷考其行，不爲諸公所與，遂與王及之、王時雍、劉觀諸人阿附耿南仲，以主和議。後竄嶺表，尤銜諸公，見李伯紀輩，望風惡之。洪景盧在史館時没意思，謂靖康諸臣，覿尚無恙，必知其事之詳，奏乞下覿具所見聞進呈。秉筆之際，遂因而誣其素所不樂之人，如此二事是也。仁甫不審，多采其説，遂作正文書之，其他紀載有可信者反爲小字以疏其下，殊無統紀，遂令觀者信之不疑，極是害事。昔王允之殺蔡邕，也謂『不可使佞臣執筆在幼主旁，使吾[二〇五]蒙訕議。』允之用心固自可誅，然佞臣不可執筆則是不易之論。」儒用。

因論人物，云：「浙人極弱，却生得一宗汝霖至剛果。」某云：「明州近印忠簡遺事，讀之使人感憤流涕。如請駕還都之事皆備載，當時只是爲汪、黄所沮。」曰：「宗公奏劄曰：『陛下於近便[二〇六]處偶得二人爲相。』當時駕既南下，中原群盗四起。宗公使人招之，聞其名，皆來隸麾下。欲請駕還都，自將往河北討伐金虜。廟堂却行下，問所招人是何等色，以沮其策，遂至發病而死。舊嘗見知宗子壽，云高宗在南京時，有宗室十五太尉者名叔向[二〇七]，起兵於汝州，有數萬人，其謀主曰陳烈，叔向自稱『大王』。已而下詔召之，令以兵屬大將某人，身赴行在。叔向願以兵屬宗澤。陳烈曰：『朝廷不令屬宗澤，而自欲屬之，不可。』叔向曰：『然則何以爲策？』烈曰：『某有一策，提兵過河北，乃蕭王之舉。』是時詔下補烈通直郎。叔向既就召，烈不受官而去，終身不知所之。子燾云，向見叔向時，有一人常着道服隨之，疑即是陳烈。」可學。

「靖康之禍，縱元城、了翁諸人在亦了不得。」伯謨曰：「心腹潰了。」道夫。

問：「靖康之禍若得如前輩之賢[二〇八]者一二人，莫可主張否？」曰：「也難主張。胡文定謂龜山云：『使當時若早用其言，也須救得一半。』他這[二〇九]說得極公道。」道夫。

天下不可謂之無人才，如靖康、建炎間，未論士大夫，只如盜賊中是有多少人！宗澤在東京收拾得諸路豪傑甚多，力請車駕至京圖恢復。只緣汪、黃一力沮撓，後既無糧食供應，澤又死，遂散而爲盜，非其本心。自是當時不曾收拾得他，致爲飢寒所迫以苟旦夕之命。後來諸將立功名者往往皆是此時招降底人，所以成湯說「萬方有罪，在予一人」，聖人見得意思直是如此。儒用。按，黃卓錄有詳略，今附，云：[二一〇]「因言靖康、紹興間事，曰：『天下不可謂之無人才。如高宗初興，天下多少人才！自是高宗不能盡舉而用之。未說士大夫，只盜賊中是有幾個人才，朝廷既不能用，皆散而爲盜賊，可惜！可惜！[二一一]宗澤在東京，煞招收得諸路豪傑、盜賊，力請高宗還都，亦以圖恢復。被汪、黃讒譖，一面放散了，皆去而爲盜賊。當初高宗能聽宗澤、李伯紀輩須有少進步處，所以古人云「萬方有罪，在予一人」，怪他不得，你既不能用他，又無糧食與他喫，教他如何得？其勢只得散爲群盜，以苟旦夕之命而已。其中有多少人材。可惜！可惜！』」

問今日事，因及石子重是以其官召者，時爲福州撫幹。因史直翁薦，被召。如〔二一二〕廟堂不肯休，須着去。先生曰：「雖是如此，然亦濟得甚事！」因舉孟子言「或遠或近，或去或不去，歸絜其身而已」，又舉了翁云「在彼者是『舉爾所知』，在我者是『爲仁由己』」，遂言：「靖康初，張邦昌僭位，呂舜徒爲〔二一三〕門下侍郎。當時有言，他人不足惜，只舜徒可惜者。胡文定記其事云：『舜徒雖爲邦昌官，却能勸邦昌收回僞赦，迎太后垂簾，皆其力也。其人云，終是難分雪。』文定記此只到『終是難分雪』處便住，更無它語。」問：「只如狄梁公在武后時，當時若無梁公更害事。」曰：「梁公只是薦得張柬之數人，它已先死。如梁公爲周朝相，舜徒爲邦昌官，皆不可以訓。伊川論平勃，謂當以王陵爲正，是也。如舜徒輩一生踐履，適遭變〔二一四〕故，不幸有此事。今人合下便如此，却不得。」〔二一五〕

晦庵先生朱文公語類卷第一百三十一

祖宗五[一]

自南渡至今日用人上[二]

「孝宗初，起魏公用事。魏公議論與上意合，故獨付以恢復之任，公亦當之而不辭。然其居廢許時，不曾收拾人才，倉卒從事，少有當其意者。諸公多薦查元章、籥，江陵人。馮圓仲，方，蜀人。魏公亦素相知，辟置幕府。朝廷恐其進太鋭，遂以陳福公、唐立夫參其軍，以二人厚重詳審故也。然[三]唐立夫亦只是個清曠、會説話、好骨董、談禪底人，與魏公同鄉里，契分素厚，故令參其軍事。」因笑曰：「正如趙元鎮相似，那邊一面去督戰，這邊一面令回軍，成甚舉措！魏公既失利，遂用湯進之。未幾，虜人再來，湯往視師，辭不行。又命王瞻叔之望[四]，瞻叔又辭不行。蓋魏公初罷淮上宣撫時，朝廷命王治其錢穀事[五]。瞻叔極力搜索，軍士皆忿怨。若往，必有一場大疏脱，蓋是時軍士已肆言欲殺之矣。」周莊仲[六]云：「嘗見先生説，魏公被李顯忠、邵宏淵二將説動，故決意進兵。既而唐、陳二公皆不從。魏公令問二將，二將曰：『聞虜人積糧運芻於虹縣靈壁矣。秋高馬肥，必大舉南寇。今不〔七〕先其未發而破之，及其來，莫説某輩不肯用心。』二公聞此言，故亦從之。魏公既入奏事，淹留一兩月。及還則已六月矣，乘劇暑進兵，以至於敗。未幾，魏公薨，皆無人可用。幸而復與虜人講和，乃定。」儒用。

「張魏公初召來，搢紳甚喜。是〔八〕時湯進之在右揆，衆以爲魏公必居左。既而告庭雙麻，湯遷左，魏公居右，凡事皆爲湯所沮。魏公不得已出視師，言官尹穡陰摇撼〔九〕。一日，陳良翰邦彦上殿言及此。壽皇云：『安有此事！當今群臣誰出魏公之右者？恐是臺諫中陰有所沮，卿可宣諭之。』陳退，自念臺諫中某人某人姓名失記。皆主魏公，只有尹一人意異。然上旨如此，不可不宣諭，遂以上意達諸人。尹云：『某明日亦上殿。』既不見報，次日又上殿。繼而有旨，陳知建寧，魏公遂罷。」問：「湯後來罪責如何？」曰：「渠建議和親，以四州還之，而虜復犯淮，壽皇怒，免官，削爵土。」可學。

舊當〔一〇〕張魏公被召入相，議北征。某時亦被召辭歸，時〔一一〕嘗見欽夫與説，曰若相公誠欲出做，則當請旨盡以事付己，拔擢英雄智謀之士，一任諸己然後可爲。若欲與湯進之同做，決定是〔一二〕做不成，到〔一三〕後來果如此。然那時又除湯爲左相，却把魏公做右相。雖便得左相，湯做右相也不得。何況却把許多老大去爲他所制！後來乖。此只要濟事，故不察，外人見利害甚分明。賀孫。

問：「魏公何故亦嘗論列李丞相？」曰：「魏公初赴南京，亦主汪、黄，後以其人之不足主也，意思却都轉去[一四]。後居福州李公家，於彼相得甚懽。是時李公亦嘗薦魏公，曾惹言語。」又問：「魏公論李丞相章疏中有『修怨專殺』等語，似指誅宋齊愈而言，何故？」曰：「宋齊愈舊曾論李公來，但他那罪過亦非小小刑杖斷遣得了。」曰：「當時議論自是一般好笑。方召李丞相時，顔岐之徒論列謂張邦昌虜人所厚，不宜疏遠；李綱虜人所惡，不宜再用。幸而高宗語極好，云：『如朕之立，恐亦非虜人所樂！』遂得召命不寢。」又曰：「方南京建國時全無紀綱，自李公入來整頓一番，方略成個朝廷模樣，如僭竊及嘗受僞命之臣方行誅竄，死節之臣方行旌卹。然李公亦以此去位矣。」又曰：「便是天下事難得恰好。是時恰限撞着汪、黄用事，二人事事無能，却會專殺。如置馬伸於死地，陳東、歐陽徹之死皆二人爲之。」按，中興詔令御史臺勘到。宋齊愈自[一五]外至會議處，於卓子上取筆寫「張邦昌」三字，坐皆失色。儒用。

「魏公初以何右丞㮚[一六]薦爲太常簿，趙忠簡公時[一七]爲開封推官，相得甚懽，在圍城中朝夕論講濟時之策。魏公先達，力相汲引。遂除司勳員外郎，一向超擢，反在魏公上。嘗論天下人材，魏公劇談秦會之可用。趙云：『此人得志，吾輩安所措足邪！』魏公云：『且爲國事計，姑置吾人利害。』時趙公爲左，張公爲右，皆兼樞密院事。忽報兀朮大舉深入，朝廷震怖。時劉光世將重兵屯合肥，魏公親往視師，因奏記曰：『此決非兀朮，必劉豫遣其子姪麟、猊來寇耳。

臣往在關西，數與兀朮戰，熟其用兵利害。今觀此舉，決非其人。』魏公遂下令督戰。光世恐懼，謀欲退師而南，以與趙公平時有鄉曲雅，故遂私有請於趙。折彥質時知樞密院事，復助之請，遂徑自樞府下文字令光世退師。魏公聞之大怒，下令曰：『敢有一人渡江，即斬以徇！』光世聞之，復駐軍如故。此事雖謂之曲在趙公可也。已而拓皐大捷，虜騎遂退。魏公既還，絶口不言前功，欲以安趙公，與共國事也。而二公門下士互相排抵，魏公之門〔一九〕人至有作爲詩賦以嘲趙公者。趙公之迹不安，且有論之者，遂去。魏公獨相，乃力薦會之爲樞密使。及酈瓊叛於合肥。吕安老死之，魏公之迹亦不安，懇辭求去。高宗問：『誰可代卿者？』魏公復薦趙公，遂令魏公擬批召〔二〇〕。既出，會之謂其必薦之〔二一〕，就閤子語良久，魏公言不及之，會之色漸變。未幾，中使傳宣促進所擬文字，魏公遂就坐作劄子，封付中使，會之色變愈甚。魏公遂上馬去。及趙公再相，會之反謂之曰：『張德遠直恁無廉耻，弄壞得淮上事如此猶不知去。及主上傳宣來召相公來〔二二〕，方皇恐上馬去。』趙公以爲然。後又數數讒間之，趙公不能不信也。又如光世之罷，實當於罪；酈瓊叛去，豈不可舉能者？乃復以淮西之軍付光世，弄得都成私意。初，趙公極惡秦之爲人，不與通情。及趙公爲相，秦爲樞密使，每事惟趙公之命是聽。久而趙公安之，復深信之，又薦之，至與之並相。並相之後復不敢專，唯諾而已。忽一日高宗怒唐暉，趙公爲之分解。檜察上意惡暉，逡巡發一語云：『如唐暉樣人才也不難得。』又一日，趙公奏，恩平郡王乃建王之弟，建王乃恩平之兄。建州不過一郡之地，吳乃一大都會，恐弟之封不宜壓兄。檜察見高宗以慈壽意主於恩平，遂奏曰：『也不較此。』因此二事，高宗深眷之。又因力主和議，趙公罷，遂拜左相。他言語不多，只用兩句，那事都了。趙公不知魏公之無他，爲檜所排，得泉州。是時魏公知福州。二公相見，因說及曩日之事，趙公方知爲檜所中，相與太息而已。」或曰：「以檜之才，若用之以正，豈不能任恢復之責？」曰：「他亦只是閉着門在屋子裏做得，不知出門去又如何，這事難。」坐間多稱其能處置大事。曰：「他急時也荒忙無計策。他初一番講和，虜人以河南之地歸我[二三]，未幾敗盟，大舉入寇。邊報既至，大恐，不知所爲，顧盼朝士，問以計策，時張巨山微誦曰：『德無常師，主善爲師； 善無常主，協於克一。』檜心異之。衆人既退，獨留巨山坐，問適間之語。巨山曰：『天下之事各隨時節，不可拘泥。曩者相公與虜人講和者，時當講和也。今虜人既敗盟則曲在彼，我不得不應，亦時當如此耳。』因爲之畫策，召諸將爲戰攻之計。他大喜，即命巨山爲奏稾，倉卒不子細，起頭兩句云：『伊尹告成湯曰「德無常師，主善爲師」，孔子曰「陳力就列，不能者止」。』遂急書進呈。會之復喜，遂播告天下，決策用兵。已而劉信叔順昌大捷，虜人遂退，檜復專其功，大喜，亟擢用巨山至中書舍人，有無名子作詩嘲之，一聯云『成湯爲太甲，宣聖作周任』。」周莊仲云：「劉參政，大中之子，知某州，劉季章曾爲其館客，嘗與先生說云：『見其翁日録，覺得高宗之意極不樂魏公。』先生曰：『然。』劉曰：『有張御史者，川人，名戒，字定夫。魏公在川陝時，上書言利害。魏公喜，檄用之，倔强不從。魏公遂疏遠之，戒由是不樂。後酈瓊之叛，魏公去位。張爲御史，首論魏公。高宗喜，謂輔臣曰：「張戒論浚曰：『不臣之迹已見，跋扈之迹未明。』此兩句極當其罪。」謂其已罷宣撫使除樞密，而猶用宣撫使印除吏不已也。是時趙公奏曰：「此恐是一時不審之過，亦未至於不臣也。」秦檜徐進曰：「既爲臣子，恐亦不宜如此。」檜之乘機伺人主喜怒擠陷人，皆此類也。』」儒用按，此〔二四〕是時周秘、石公揆、李誼交章詆公，不特一張戒而已。儒用。又按，廖德明録大同，今附，云：〔二五〕「正之問寶學劉〔二六〕當初從魏公始末。先生云：『當時趙公且要持重，魏公却要大舉。有劉麟者舉兵略〔二七〕邊，朝廷不探虚實，以爲虜復大入，趙公震恐。張公出，視師江上，趙公手書云：「今日之事且須持重，未可輕戰。萬一失事，雖公不爲一身慮，如宗廟社稷何？」是時劉麟兵已爲折彦古敗於淮上，遁去。於是張公鼓舞，益爲大舉計，謂趙公怯敵。言者繼亦有論列，趙遂罷相。初，趙公遣熊叔雅相視川陜事宜，魏公亦遣寶學往。寶學見川中無兵無財，歸告魏公：「向者兵財如許尚不能集事，今實未可動。」魏公疑寶學附會趙公，時又欲令寶學帥淮西，代領酈瓊兵。寶學以爲此軍不可代，遂改除〔二八〕吕安老。安老願往，寶學爲陳利害，宜辭此行。安老以告魏公，魏公怒，於是出寶學知泉州。既而淮西果失師，酈瓊全軍遁虜，於是魏公罷相，帥福州。先是，秦相與吕相同在政府。吕相視師淮上，秦相盡改其規模。一時爲吕相所引用人多逐去，盡起在外諸賢，如胡文定、張子功、程伯禹諸人，布在朝列，實欲傾吕相也。後吕相召還，過某州，席大光邀留，告所以傾秦之術，以爲莫若先去黨魁。黨魁指文定也。秦竟爲吕相所傾，出知紹興府。是時富直柔者，富公之子，嘗於一寺中與秦相握臂款語，且及富公爲相時事。忽若有所思，徑入去，踰時不出，富怪之，須臾出云：「元來宰相要如此做。」一時會稽政事便放下不問，雖公筵亦只令〔二九〕通判處理會。趙公素鄙秦之爲人，魏公却薦秦相，遂再召除樞密使。既視事，一切不問，魏公出知福州，朝辭，上問：「孰可以代卿者？」魏公薦趙相。上云：「可一面批旨奏來」。魏公還堂，秦相迎之，以爲必薦己也。坐久無語，秦色變。少頃，中使傳宣云：「有旨，令作召趙相公文字來」。於是魏公指揮堂吏作文字奏上，秦大不樂。魏公去國，趙相至，秦譖魏公於趙公曰：「德遠到堂中尚未肯去，直到中使催促召相公文字方上馬。」趙公於是益不樂魏公。及趙公爲秦所傾，出知泉州，過福州與魏公相見，語及當時薦代之事，二公始豁然無疑。』先生又云〔三〇〕：『秦相自爲樞密使，不理會事。及與趙公並相，一切聽其所爲，皆富直柔教之也。直柔不才子，富公相業安有此哉！其後上頗厭趙公，爲秦所窺，只兩言傾去。是時有吳輝〔三一〕者，作舍人，求去。上云：「吳輝只管求去。」趙公力薦，乞且留此人。秦云〔三二〕：「似這般人才亦不難得。」上欲封普安郡王爲建王，恩平爲吳王。趙公以爲建一郡耳，吳古大國，事體不稱。秦奏云：「此亦只是虛名，有何不可？」趙公愕然，於是遂求去。』」壬子歲，先生再舉封吳國事與此不同，疑當以此爲正。〔三三〕按廖德明録意同，云：〔三四〕「『秦相初罷政，張忠獻、趙忠簡公〔三五〕當軸。是時虜入淮上，魏公出視師，遂起秦相知臨安。故事，前宰相召還，例賜茶藥繖蓋之屬。趙公並不檢舉。秦相使人禱魏公，公盡與合得禮數。魏公淮上方向進，趙公憂不便，奏乞退師保建康以南。既而虜兵却，言者攻趙相，謂進師非趙鼎意，坐是罷出。魏公獨相，遂挽秦相〔三六〕爲樞密使。秦一切唯唯，從公所爲。久之，始與公爭事。及呂安老廬州失師，魏公乞出，上不能留。因問：「卿去，孰可代者？」公遂薦趙相。上云：「卿可具文字來。」既退至都堂，秦迎之，有喜色，意其必薦己也。公坐久無語，秦色變。公乃指揮堂吏作召趙丞相〔三七〕文字。及趙公來，秦相譖魏公曰：「上意如此，德遠猶且彷徨。及中使宣索召相公文字，德遠〔三八〕方上馬去。」及言魏公所以短趙公者，由是二公爲深仇，故趙相居位不復牽挽魏公。其後因一僧與魏公生日，秦相治之甚峻，幾逮及公。又治趙相之子，獄未成。夜忽有一燈墜獄中，其上書二「反」字，明日獄具，罪當斬。秦檜不悦，欲加「誅族」〔三九〕文字，未上，檜死。』先生云：『若族趙相家，當時須連逮數十人。做到這裏自休不得，其勢須如曹操去。』」

「秦檜自〔四〇〕初罷相，出在某處，與客握手，夜語庭中。客偶說及富公事，秦忽掉手入內。客莫知其故。久之方出，再三謝客云：『荷見教。』客亦莫知所謂，扣問，乃答云：『處相位是〔四一〕不當起去。』是渠悔出，偶投其機，故發露如此。趙丞相初亦不喜之。及其再入，全然若無能，趙便謂其收斂，不做一聲，遂以執政處之，〔四二〕亦不知其如此。胡康侯初甚喜之，於家問中云：『秦會之歸自雲中〔四三〕，若得執政，必大可觀。』康侯全不見得後來事，亦是知人不明。」又云：「秦會之是有骨肋，惜其用之錯。」或問：「他何故不就攻戰上做？」曰：「他是見得這一邊難成功，兼察得高宗意向亦不決爲戰計〔四四〕。」賀孫。按，廖德明録意同，今附云：〔四五〕「問：『富直柔握手之語不審何說？』曰：『往往只是說富公後來去朝廷使河北被人讒間等事。秦老聞之，忽入去，久之不出，富訝之。後出云：「元來做宰相是不可去。」秦既再入，遂譖魏公於趙公。又因吴輝〔四六〕等二事傾去趙相，一向自做，更不肯去。胡和仲嘗勸秦云：「相公當國日久，中外小康，宜請老以順盈虛消息之理。」秦曰：「此事不然，我當時做這事，尚拖泥帶水，不曾了得。」問：「何事未了？」曰：「是未取得他中原。」曰：「若取中原必須用兵，相公是主和議者。」曰：「我從來固不主用兵。然虜自衰亂，不待用兵自可取。」後來楊安止亦有劄子勸秦相去位，秦相大率如對和仲者，於是不樂，安止遂坐此去國，不然安止亦須做從官。』先生曰：『不曉他要取中原之意。後來見陳國壽〔四七〕說，秦老初欲以此〔四八〕付國壽，擬除它廬帥。陳云：「苟朝廷任使，長沙、〔四九〕廣西皆内地。若邊帥當擇才，某於軍旅事素不習，恐敗事。」其議遂已。竊意秦老只是要兵柄入手，〔五〇〕若兵柄在手，後來必大段作怪。』」

張魏公本與趙忠簡公〔五一〕同心輔政。陳公輔排程氏乃因趙公，趙公去，已而吕安老敗，趙公復相。可學。

秦太師與吕並相。吕出甚所在，秦一時換了臺諫人物。吕聞之，不平。有客告之云，其黨魁乃胡文定，可逐去，則秦不足慮。呂如其言，歸而諷臺諫論之。秦爭於上前[五二]，遂併論秦。高宗欲罷其相，令人行詞。當時秦所引皆是好人，而立朝無過，人皆不平。行詞者遂求御批以疏其罪。高宗遂批與之，大略云：「其未相時説作相數月可以致治，既相皆無所建明。」後來秦再相，數年之後却奏過，以爲當初無過，爲人所讒。遂行下詞臣家索御批，既得之，則以納於高宗，其無禮不臣如此！按，鄭可學録此條云：[五三]「秦會之初罷相，高宗親批，付綦叔厚草麻，御書藏綦氏。及秦氣焰盛，自廣倅移某人知台州，於其家索出面[五四]納於高宗。[五五]」又，當時史館有宰臣拜罷録，已載此罷相時事，亦有士大夫録得此書。秦已改史館之書了，又行下收民間所藏者。德明。[五六]

先生云：「沈公雅言：『趙丞相鎮静，德量之懿而諳練事機，則恐於秦公不逮。』張子功以爲不然，且曰：『熹在都司日，忠簡爲相，有建議者，公必計曰：「如是則利在上而害在民，如是則害在上而[五七]利在民。今須如此行，則利澤均而公私便。」至秦公則僚屬凡有關白，默無一語，退而以[五八]屬諸吏，事出則皆吏輩所爲，而非復前日之所擬矣。』」道夫。按沈僩録少異，今附，云：[五九]「嘗見沈公雅云：『某嘗問張子功，趙忠簡與秦丞相二公孰能辦事？某以秦公爲能。』子功曰：『不然。某嘗爲都司事二公。每百官有稟白事件，趙公必當面剖析商量此事合如何行。如此行則利國，如此行則利民，如此則利民而害國，如此則利國而害民，如此則國與民俱利。當面便商量判斷了，僚屬便奉承以行。及至秦公，則百官凡有所稟白更無酬酢，略不可否，但付與吏人，少間更没理會，此事便沉埋了。如此，謂之秦公勝趙公，可乎？』」

因言：「陳同父上書乞遷都建康，而曰：『黄帝披山通道未嘗寧居，古之人君何嘗要安居？〔六〇〕今宫室臺榭、妃嬪媵嬙之盛如此，如何動得？』高宗本遷都建康了，却是趙忠簡打疊歸來。蓋初間虜人入寇，群臣勸高宗避之，忠簡力勸高宗躬往撫師，行至平江而止。繼而淮上諸將相繼獻捷，趙公得人望正在此時。已而欲返臨安，適張魏公來，遂堅勸高宗往建康。及淮師失律，趙公荒窘，遂急勸高宗移歸臨安，自此遂不復動矣。看趙忠簡〔六一〕後來也無奈何，其勢只〔六二〕與虜人講和。是時已遣王倫以二十事使虜，約不稱臣，以濁河爲界，此便是講和了。後來秦檜力排趙公，遂以不肯講和之罪歸之，使萬世之下趙公得全其名者，乃檜力也。」問張、趙二公優劣。曰：「若論理會朝政、進退人才，趙公又較縝密無疏失。若論擔當大事、竭力向前，則趙公不如張公。張公雖是竭力擔當，只是他才短，慮事疏處多。盡其才力方照管得，若才有些不到處，便弄出事來，便是難。趙公也是不諳軍旅之務，所以不敢擔當。萬一虜人來到面前，無以應之，不若退避耳。」僩。 按廖德明録自「問張、趙二公優劣」以下意同，今附，云：〔六三〕「或問：『趙忠簡公與魏公材品如何？』曰：『趙公於軍旅邊事上不甚諳練，於國事人才上却理會得精密，仍更持重，但其心未必如張公辦得爲國家擔當向前。自中興以來，廟堂之上，主恢復者前有李伯紀、後有張公而已，但張公才短，處事有疏略處。他前後許多事皆是竭其心力而爲之，少有照管不到處，便有疏脱出來。』」

秦老倡和議以誤國，挾虜勢以邀君，終使彝倫斁壞，遺親後君，此其罪之大者。至於戮及元老、賊害忠良，攘人之功以爲己有，又不與也。若海。

因話及秦丞相，某問：「當時諸公皆入虜，渠何以全家得還？」曰：「此甚可疑。當和親時，王倫自虜至，欲高宗屈膝，中外憤怒。秦公[六四]出，有人榜云：『秦相公是細作。』[六五]是時陳應之正同到廟堂問和親之故。秦云：『某意無他，但人主有六十歲老親在遠，須要取來相聚。』因顧左右，令取國書與應之看，乃是詔書。秦捲其前後，只見中間云：『不求而得，可謂大恩。』蓋指河南也。先生言畢云：「此事當記取，恐久後無人知之者。」當時虜中諸將爭權，廢劉豫，以河南歸我乃是獺辣，獺辣既誅，兀朮用事，又欲背約。是時命婁炤僉書密院，爲宣撫，辟鄭亨仲又一人，記不全。爲屬，至蜀見吴玠。玠曰：『某有一策。昔失陝西五路最爲要害，今虜人以河南歸我而陝西在其中，可謂失策，徐必悔悟。今不若移近蜀之兵進而據之，則猶庶幾。稍遲則不及事矣。』婁云：『此策固善，但某不敢專，須奏朝廷。』亨仲因力贊之，即草[六六]奏。未數日，虜兵已下陝西矣。當時下河南止用單使。有一相識姓名失記。爲蔡州平輿尉。一日弓手報：『天使至，縣尉當出迎。』曰：『天使何人？』曰：『北使。』曰：『我南朝官，不可拜北使。』曰：『如此則官人可歸矣。』乃爲辦兩車，并骨肉送之入南境。既而使到，縣官皆投拜，蓋本北人未换易[六七]者。」可學。

按沈僩録虜書事，乃言致堂，今附，云：[六八]「胡致堂明仲[六九]與秦檜争和議於朝堂。秦無語，但取金人所答國書，以手急卷，箝其兩頭，止留中間一行示明仲云：『不求而得，可謂大恩。』字如掌大。時虜人初以河南之地歸我也。先生親見致

堂說。」〔七〇〕

李泰發參政，在上前與秦相爭論甚力，每語侵，秦相皆不應。及李公奏事畢，秦徐曰：「李光無人臣之禮。」上始怒。德明。

周葵爲御史，欲按知臨安府某人。某人遂給一從官厚於檜者，曰：「端公將摇動公。」早朝，其人遂直入檜幕中，再三懇告。檜先奏事，遽擢葵爲起居郎。葵遂〔七一〕不得上，至省中與某從官相見，袖中出所欲上章奏，乃是臨安尹某。從官方悟其紿。可學。〔七二〕

「胡邦衡作書記當時事，其序云，有張扶者請檜乘副車，吕愿中作秦城王氣圖。他當初拜相罷去，極好。再來却曰：『前日但知道行則留，不行則去，今乃知不可去。』漸漸便到此田地。及至極處，亦顧其家，曹操下令云云是也。」問霍光。先生曰：「霍光無此心，只是弑許后一事不發覺，此大謬。」又問秦氏〔七三〕科第。先生曰：「曾與汪端明説此是指鹿爲馬，汪丈云只是無見識。」可學。〔七四〕

施全刺秦檜，或謂岳侯舊卒〔七五〕，非是。蓋舉世無忠義，這些正義忽然自他身上發出來。秦檜引問之曰：「你莫是心風否？」曰：「我不是心風。舉天下却〔七六〕要去殺番人，你獨不肯殺番人，我便要殺你〔七七〕。」賀孫。

秦會之入參時，胡文定公有書與友人〔七八〕：「吾聞之喜而不寐。」前輩看他都不破如

此。淳。[七九]

問胡文定公與秦丞相厚善之故。曰：「秦會之嘗爲密教，翟公巽時知密州，薦試宏詞。游定夫過密，與之同飯於翟，奇之。後康侯問人才於定夫，首以會之爲對，云：『其人類荀文若。』又云，無事[八〇]不會。後[八一]京城破，虜欲立張邦昌，執政而下，無敢有異議，惟會之抗疏以爲不可。康侯亦義其所爲，力言於張德遠諸公之前。後會之自海上歸，與聞國政，康侯屬望尤切，嘗有書疏往來，講論國政。康侯有詞掖講筵之召[八二]則會之薦也，然其雅意堅不欲[八三]，是必已窺見其隱微一二[八四]有難處者，故以老病辭。後來會之做出大疏脱，則康侯已謝世矣。定夫之後及康侯諸子，會之皆推[八五]用之。」時在坐范兄云：「定夫之子不甚發揚。秦老數求乃翁論語解序，因循[八六]不果録呈，其侄有知之者遂默記之。一日進見秦老[八七]及此，則舉其文以對，由是喜之。後故擢至侍從，是爲子蒙尊人。」又曰：「秦老當國，却留意故家子弟，往往被他牢籠出去，多墜[八八]家聲。獨胡明仲兄弟却有樹立，終是不歸附他。嘗問和仲先世遺文，因曰：『先公議論好，但只是行不得。』和仲曰：『聞之先人，所以謂之好議論政，以其可以措諸行事，何故却行不得？』答曰：『公不知，便是六經也有説得、行不得處。』此是這老子由中之言，看來聖賢説話，他只將做一件好底物事安頓在那裏。」又曰：「此老子[八九]千鬼百怪，如不樂這人，貶竄將去，却與他通慇懃不絶。一日，忽招和仲飯，意極拳拳。比其還家，則臺章已下，又送白金爲贐。按，程子山諸公在貶所俱有啓事謝其存問者，皆此類也。如欲論去之人，章疏多是自爲以授言者，做得甚好。傅安道諸公往往認得，如見彈洪慶善章，曰：『此秦老筆也。』」儒用。按，廖德明〔九〇〕録云：「『秦相曾語胡和仲云：「先丈議論固好，然行不得。」和仲問：「既是議論好，何故不可行？」秦云：「仲尼垂世立教且説個道理如此以示人，如何便一一行得？」一日，又語和仲云：「柳下惠降志辱身如何？」和仲對云：「降志辱身是下惠之和。未若伯夷、叔齊〔九一〕不降其志，不辱其身。」秦曰：「不然。也有合降志時、合辱身時。」』先生曰：『秦老自再相後，每事便如此。』陳剛云：『向見東萊説秦老語和仲云：「先丈説『敬以直内，義以方外』一句是，一句不是。我只是『敬以直内』。」』按，葉賀孫録意亦同，今附，云：〔九二〕「高宗朝胡寧和仲〔九三〕爲太常丞，上令取遺文看。寧遂告兄寅明仲〔九四〕。寅繕寫表進，更以副本獻秦丞相檜〔九五〕。檜看畢，即謂和仲曰：『都使不得。』和仲曰：『某聞之先人，皆是可用之語。丞相如何説使不得？』曰：『論語、孟子許多説話，那曾是盡使得？只是也要教後人知得有許多説話。』又一日，問和仲曰：『賢道「敬以直内，義以方外」是兩事，是一事？』和仲曰：『聞之先人，這只是一事。』檜曰：『便是〔九六〕賢後生不識，某看來只是上一句用得。』和仲曰：『這是聖人兩句法語如此〔九七〕，丞相如何説〔九八〕道只一句用得？』檜曰：『某平生所行只上一句。賢説須着下一句，賢且試方看。』聖賢法言無一非實用，檜只作好話説〔九九〕看過。平生如此，宜其誤國也。」又按，林可學〔一〇〇〕録云：「檜召五峰兄弟，五峰辭甚力。和仲言頗遜〔一〇一〕，遂再召赴闕。檜問：『來時明仲何言？』曰：『家兄令稟丞相，善類久廢，民力久困。』檜不答。問和仲曰：『「敬以直内」，只行向〔一〇二〕上一句，下一句只與賢行。』又曰：『文定文字甚好。』和仲進此文字，以副本納之。檜云：『只是行不得。』和仲再三問：『既好，何故行不得？』檜云：『孔、孟言語亦有行不得，寫在策上，只是且教人知得此。』」〔一〇三〕

秦太師死，高宗告楊郡王云：「朕今日始免得這膝褲中帶匕首。」乃知高宗平日常防秦之爲逆，但到這田地，匕首也如何使得！秦在虜中，知虜人已厭兵，歸又見高宗亦厭兵，心知和議必可成，所以力主和議。獺辣主事，始定和議。至次年，兀朮殺獺辣而畔盟，至順昌爲劉某〔一〇四〕所敗，至楚州又爲糧絶，兵師離敗方得成和，若不喫這兩着，亦恐未便成和。太后自虜歸，云某年月日虜人待之禮數有加，至某年月又加禮，又某年月又甚厚。今以年月考之，皆是我師克捷之時，故虜懼而加禮於彼〔一〇五〕，禮極厚乃是順昌之捷。高宗初見秦能擔當得和議，遂悉以國柄付之。被他入手了，高宗更收不上。高宗所惡之人，秦引而用之，高宗亦無如之何。高宗所欲用之人，秦皆擯去之。舉朝無非秦之人，高宗更動不得。蔡京門着數高，治元祐黨只一章疏便盡行遣了。秦太師〔一〇六〕死，有論其黨者不能如此，只管今日説兩個，明日又説兩個，不能得了。有薦張魏公者，高宗云：「朕寧亡國，不用張浚。」庚。〔一〇七〕

問：「秦相既死，如何又却不更張，復和親？」曰：「自是高宗不肯。當渠死後，乃用沈該、萬俟卨、魏道弼，又有一人。此數人皆是當時説和親者，中外既知上意。未幾，又下詔云：『和議出於朕意，故相秦檜只是贊成。今檜既死，聞中外頗多異論，不可不戒約。』甚沮人心。當初有一二件事皆不是，如檜家既保全而專治其黨，士大夫遭檜貶竄者叙復甚緩。渠死得甚好，若更在甚可畏。當時已欲殺趙丞相之家，既加以反逆，則牽聯甚衆，見説有三十餘家皆當坐，中外寒心。高宗亦甚厭惡之，但無如之何。」問：「所以至於如此者，何故？」曰：「『伊川云『人主致危亡之道非一，〔一〇八〕而逸欲爲甚』，渠當初一面安排，作太平調度以奉高宗，陰奪其權，又挾虜勢以爲重。」可學。

秦老既死，中外望治。在上人不主張，却用一等人物。當時理會秦氏諸公，又宣諭止了。當時如張子韶、范仲達之流，人已畏之，但前輩亦多已死。上借問魏矼〔一〇九〕。知〔一一〇〕是後來因逆亮起方少驚懼，用人才。籍溪輪對，乞用張魏公、劉信叔、王龜齡、查元章，又一人繼之。時有文集，謂之四賢集。可學。

徐師川在密院，荆、襄有密報，五府會議。師川曰：「今日朝廷視荆、襄乃無用地，何不棄之？」趙丞相爲參政，曰：「此乃上流，何可棄？」師川曰：「密院事何預參政？」趙曰：「某參知政事，此乃係政事之大者，安得不預！」遂策馬徑出。入文字，朝廷爲之罷師川，趙遂知院，爲帥未行，虜退師。可學。〔一一一〕

方伯謨問：「某人如何。」忘其姓名。先生曰：「對移縣丞一節，全處不下。」又問：「是當初未見得？」先生曰：「他當初感發踊躍，只是後來不接續。」語朱希真曰：「天下有一等人直是要文采，求進用。」因説及尹穡：「前日趙蕃稱他是好人。此乃狗彘所不爲，尚得爲好人？〔一一二〕」伯謨問：「他當初如何會許多年不出？」先生曰：「只是且礙過，及至上手則亂。渠初擢用，力言但得虜和，三二月綱紀自定。龔實之云：『便是他人耳聾，敢如此説！』如減冗官事是，但非其人，行之失人心。渠初除浙西制置，胡邦衡除浙東。邦衡搬家從蘇秀，迤邐欲歸鄉，因此罷。

陳魯公再用，因言於上曰：『胡銓般家固可罪，尚向北；尹穡般家乃向南。』上云：『無此事』。公云：『臣親見之。自古人主無與天下立敵之理。天下皆道不好，陛下乃力主張。』張魏公在督府，渠欲摇撼。一日，陳彦廣對言：『張某似有罷意』。上曰：『安有此事！方今誰出魏公上？（上每呼張相只曰『魏公』）必是臺諫中爲此，卿可宣諭。』陳見尹，道上意，尹云：『某請對。』數日，駕在德壽，批出，陳知建寧府，魏公亦罷。」某問：「當時諸公薦之，何故？」先生曰：「亦能文章，大抵以此取人，不考義理無以知其人，多爲所誤。如蘇子由用楊畏，畏爲攻向上三人，蘇終不遷。畏曰：『蘇公不足與矣。』乃反攻之。」可學。〔一一三〕

晦庵先生朱文公語類卷第一百三十二

祖宗六[一]

自南渡至今用人下[二]

「胡文定公傳家録，議論極有力，可以律貪起懦，但以上工夫不到。如訓子弟作郡處，末後説道『將來不在人下』，便有克伐之意。」子升兄[三]云：「有力行之意多而致知工夫少。」曰：「然。」木之。[四]

胡致堂之説雖未能無病，然大抵皆太過，不會不及，如今學者皆是不及。[五]

胡致堂説道理，無人及得他。以他才氣，甚麽事做不得！只是不通檢點，如何做得事成？事[六]未起而人已檢點我矣。僩。[七]

胡致堂議論英發，人物偉然。向嘗侍之坐，見其數盃後歌孔明出師表，誦張才叔自靖人自獻於先王義、陳了翁奏狀等，可謂豪傑之士也！讀史管見乃嶺表所作，當時並無一册文字隨行，只是記憶，所以其間有牴牾處。有人好誦佛書，致堂集〔八〕史傳中虜人姓名揭之一處，其人果收去念誦，此其戲也。又嘗解論語「舉直錯枉」章云，哀公是時威權已去，不知何以爲舉錯，但能以是權付之孔子，斯可矣。人傑。〔九〕

胡籍溪人物好，沈静謹嚴，只是講學不透。賀孫。〔一〇〕

藉溪胡公〔一一〕教諸生於功課餘暇，以片紙書古人懿行或詩文銘贊之有補於人者，粘置壁間。俾往來誦之，咸令精熟。若海。〔一二〕

呂居仁學術雖未純粹，然切切以禮義廉耻爲事，所以亦有助於風俗。今則全無此意。方子。

「呂居仁家往往自抬舉，他家人便是聖賢。其家法固好，然專恃此，以爲道理只如此却不是。如某人纔見長上便須尊敬以求教，見年齒纔小便要教他，多是如此。」人傑因曰：「此乃取其家法而欲施之於他人也。」人傑。

汪端明少從學於焦先生。汪既達時，從杲老問禪。怜焦之老，欲進之以禪，因勸焦登徑山見杲。杲舉「寂然不動，感而遂通」。焦曰：「和尚不可破句讀書。」不契而歸，亦奇士也。〔一三〕閎祖。

汪季路甚子細，但爲人性太寬，理會事不能得了。賀孫。

汪聖錫日以親師取友，多識前言往行爲事，故其晚年德成行尊，爲世名卿。若海。

汪聖錫不直潘子賤直前事，云：「無緣聽得殿上語。」向宣卿子諲〔一四〕云：「吾當時是言尹和靖某事，又爲朱子發理會卹典。子賤當時爲呂居仁所賣。」德明。

王龜齡學也粗疏。只是他天資高，意思誠慤，表裏如一，所至州郡上下皆風動。而今難得此等人。賀孫。

先生問：「曾文清有論語解，曾見否？」曰：「嘗見之，其言語簡。」先生曰：「其中極有好處，亦有先儒道不到處。某不及識之，想是一精確人，故解書言多簡。」某曰：「聞之，文清每日早，必正衣冠，讀論語一篇。」先生曰：「此所謂『學而時習之』，與今日學者讀論語不同。」可學。〔一五〕

因說永嘉之學，曰：「張子韶學問雖不是，然他却做得來高，不似今人卑污。」又曰：「上蔡多說知覺，自上蔡一變而爲張子韶。」學蒙。〔一六〕

「永嘉前輩覺得却到好，到是近日諸人無意思。陳少南，某向雖不識之，看他舉動煞好，雖是有些疏，却無而今許多纖曲。」賀孫問：「少南雖是疏，到在講筵議論實有正〔一七〕氣象。」曰：「然。近日許多人往往到自議論他。」賀孫。

吴才老叶韻一部，每字下注某處使作某音，亦只載得有證據底，只是一例子。泉州有板本。淳。〔一八〕

近世考訂訓釋之學，唯吴才老、洪慶善爲善。僩。〔一一九〕

林勳〔一二〇〕本政書每鄉開具若干字號田，田下註人姓名，是以田爲母，人爲子。説得甚好。淳。〔一二一〕

張戒，字定夫。自云始學夫子之道而無所得，乃看老子而願學焉。又看管子。與先吏部厚善，當時朝士皆敬之，雖有素喜陵人者亦不敢慢其文，謂之正平集。人傑。〔一二二〕

恭甫〔一二三〕再爲潭帥，律己愈謹，御吏愈嚴。某謂如此方是。道夫。

因給、舍繳駁事而大臣無所可否，云：「昔梁叔子將爲執政時，曾語劉樞云：『某若當地頭，有文字從中出，不當者如何，也須説教住了始得。』後梁已大用，而文字自中出者初不聞有甚執奏。劉樞深怪其事。後見錢某因言〔一二四〕説及丞相煞有力，中出文字日日有之，丞相每每袖回了而後已。自今觀之，又不見此。」賀孫。

「某人初登宰輔，奏逐姜特立。忽有旨召姜，乞出甚力，在六和塔待命，有旨免宣押。某人初過樞，天下屬望，首有召姜之命，經由樞密，曾無奏止，坐視丞相以近習故去國。其意只以入樞未久，恐説不行而去，爲人所笑，故放過此一着，是甚小事。」直卿云：「人日日常將義理夾持個身心，庶幾遇事住不得。若是平常底人也是難得不變，如某人，固謂世人屬望，但此事亦須不要官爵方做得。」先生曰：「固是。若是不要官爵如何放〔一二五〕得過？每看史策到這般地頭，爲之汗栗，一個身己便頓在兵刃之間。然漢唐時争議而死，愈死愈争，其争愈力。本朝用刑至寬而人多畏懦，到合説處反畏似虎。」至道因問：「武后事，狄梁公雖復正中宗，然大義終不明，做得似鶻突。」答〔二六〕曰：「當此時世只做得到恁地。狄梁公終死於周，然薦得張柬之迄能反正。」又問：「吕后事勢倒做得只如此，然武后却可畏。」答〔二七〕曰：「吕后只是一個村婦人，因戚姬遂迤邐做到後來許多不好。武后乃是武功臣之女，合下便有無稽之心，自爲昭儀便鴆殺其子以傾王后。中宗無罪而廢之，則武后之罪已定，只可便以此廢之，拘於子無廢母之義不得。吕后與高祖同起行伍，識兵略，故布置諸吕於諸軍。平勃之成功也，適值吕后病困，故做得許多脚手，平〔二八〕亦幸而成功。胡文定謂武后之罪當告於宗廟社稷而誅之。」又云：「中宗决不敢爲黜母之事，然而并中宗廢之又不得。當時人心惟是見武后以非罪廢天子，故疾之深；惟是見中宗以無罪被廢，故願復之切。若并中宗廢之，又未知何以收拾人心，這般處極難。」賀孫。

「耿直之向作浙漕時，有一榜子在諸處〔二九〕客位甚好，説用考課之法。應州縣官不許用援，有績可考，自發薦章。如考課在上而挾貴援者即降從〔三〇〕次等。今在鎮江亦然否？」答曰：「然。」曰：「得實否？」〔三一〕曰：「僻在山林，不知其詳，但知〔三二〕私謁不行。」曰：「向來耿守有一書説『子曰：〔三三〕「用之則行，舍之則藏，惟我與爾，有是夫〔三四〕」』。」某〔三五〕曰：「此義當如何説？」曰：「也只是前來説。若是如耿説，却是聖人學得些骨董要把來使，全不自心中流出。」某[三六]曰：「『伊尹耕於有莘之野而樂堯舜之道，舜飯糗茹草若將終身[三七]』，而濂溪先生却[三八]曰『志伊尹之所志，學顔子之所學』。伊尹耻君不及堯舜一，夫不得其所若撻於市，[三九]學者若横此心在胸中却是志於行，莫不可？」先生曰：「只恐[四〇]私，修身養性與致君澤民只是一理。」從周。

戴少望[四一]云：「洪景盧、楊廷秀争配享，俱出，可謂無黨。」先生曰：「不然。要無黨須是分别得君子、小人分明。某嘗謂凡事都分做兩邊，是底放一邊，非底放一邊；是底是天理，非底是人欲；是即守而勿失，非即去而勿留，此治一身之法也。治一家則分别一家之是非，治一邑則分别一邑之邪正，推而一州、一路以至天下，莫不皆然，此直上直下之道。若其不分黑白、不辨是非而猥曰『無黨』，是大亂之道也。」戴曰：「信而後諫，意欲委曲以濟事。」先生曰：「是枉尺直尋而可爲也。」閎祖。

耿京起義兵，爲天平軍節度使。有張安國者亦起兵，與京爲兩軍。辛幼安時在京幕下爲記室，方銜命來此致歸朝之義，則京已爲安國所殺。幼安後歸，挾安國馬上，還朝以正典刑。僩用。

辛幼安亦是個人才，豈有使不得之理？但明賞罰則彼自服矣。今日所以用之者，彼之所短更不問之，視其過當爲害者皆不之卹，及至廢置，又不敢收拾而用之。[四二]

孫逢吉從之煞好。初除便上一文字，盡將今所諱忌如「正心誠意」許多説話一齊盡説出，看來這是合着説底話。只如今人那個口道是〔四三〕，那個不多方去回避！賀孫。

先生謂若海曰：「令祖全節翁孝義篤至，又能堅正自守。當時權貴欲一見之，竟不爲屈。至於通判公，又爲張、趙所知，持論凜然，不肯阿附秦老，可謂『無忝於所生』者。前輩高風誠可敬仰，爲子孫者其忍不思所以奉承而世守之乎！」或曰：「今人志在趨利，聞人道及此等事則多非毀訕笑。」先生曰：「某嘗謂得他當面言之猶似可。又有口以爲是，心實非之，存在胸中不知不覺做出怪事者，玆尤可畏！」〔四四〕若海。

三山黄明陟名〔四五〕登是黄傳正名〔四六〕之父，〔四七〕其人樸實公介，爲甚處宰。〔四八〕初上任時〔四九〕，凡邑人來相〔五〇〕見者都請，〔五一〕但一揖〔五二〕後〔五三〕問：「諸公能打對否？」人皆不敢對。因云：「『天』對甚？」其中有人云：「對『地』。」又〔五四〕問：「『利』對甚？」云：「對『害』。」乃大聲云：「這便不是了。天下一切人都被這些子壞了。纔把『害』對『利』，便事事上只見得利害，更不問義理。〔五五〕須知道『義』乃對『利』〔五六〕，纔明得義、利，便自無乖争之事。自後只要如此分別，不要更到訟庭。」後來在任果能〔五七〕有政聲。此事雖近於迂闊，然却甚好，今不可多見矣。時舉。從周録云：「永福姓張者作知縣」云云。〔五八〕

天下事須論一個是不是後，却又論其中節與不中節。余古失於訐，然使其言見聽則〔五九〕不無所補。李湛〔六〇〕則所謂「不在其位，不謀其政」，要之却亦有以救其失也。如二子却所謂〔六一〕「中節不中節」者。道夫。

近世士大夫憂國忘家，每言及國事輒感憤慷慨者，惟於趙子直、黄文叔見之耳。黄，蜀人，名裳。〔六二〕僴。

先生聞黄裳文叔〔六三〕之死頗傷之，云：「觀其文字議論是一個白直響快底人，想是懊悶死了。言不行，諫不聽，要去又不得去，也是悶人！」因言：「蜀中今年煞死了係名色人，如胡子遠、吴挺，都是有氣骨底人。吴是得力邊將。」賀孫。

趙子直奉命將入蜀，請於先生，曰：「某將入蜀，蜀中亦無事可理會。意欲請於朝廷〔六四〕，得沿淮差遣，庶可理會屯田。」曰：「出於朝廷之意猶恐不得終其事，若自請以行，則下梢或有小事請乞不行便難出手。如薦舉小吏而不從其薦，或按劾小吏而不從其劾，或求錢米以補闕乏而不從其所求，這如何做？」賀孫。

趙子直政事都瑣碎，看見都悶人。曾向擇之云：「朱丈想得不喜某政事。」可知是不喜。賀孫。

或言趙子直多疑。先生曰：「諸公且言人因甚多疑？」魯可幾曰：「只是見不破爾。」道夫。

趙子直亦可謂忠臣，然以宗社之大計言之亦有未是處，不知何以見先帝。人傑。

論及「僞學」事，云：「熙豐〔六五〕後來被紹聖〔六六〕治時，却是熙豐〔六七〕曾去撩撥紹

聖[六八]來，而今却是平地起這件事出。」義剛。[六九]

先生云：「如某輩皆不能保，只是做將去，事到則盡付之。人欲避禍，終不能避。」德明。[七〇]

或曰：「今世士大夫不詭隨者亦有五六人。」曰：「此輩在向時本是闒茸人，不比數底。但今則上面一項真個好人盡屏除了，故這一輩稍稍能不變便稱好人，其實班固九品之中方是中下品人。若中中以上，不復有矣。」先生因問：「某人如何？」或曰：「也靠不得。」曰：「然。見他寫書來皆不可曉。頃在某處得書來，説學問又如何，資質又如何，讀書不長進又如何。某答之云：『不須如此[七一]，説話不濟事。若資質弱便放教剛，若過剛便教[七二]稍柔些，若懶便放教勤。讀論語便徹頭徹尾理會論語，讀孟子便徹頭徹尾理會孟子，其他書皆然。此等事本不用問人，問人只是杭唐日子，不濟事。只須低着頭去做，若做底自是不消問人。』這番又得他書亦不可曉。」或曰：「終是他於這利欲之場打不透，欲過這邊又捨彼不得，欲倒向那邊又畏友朋之議。又緣頃被某人抬獎得太過。正如個船閣在沙岸上，要上又不得，要下又推不動。」曰：「然。無一番大水來泛將去，這船終不動。要之，只是心不勇之故。某嘗歎息天下有些英雄人都被釋氏引將去，甚害事！且如昔日老南和尚，他後生行脚時已有六七十人隨着他參請，於天下叢林尊宿無不遍謁，無有可其意者。只聞石霜楚圓之名，不曾得去，遂特地去訪他。及到石霜，頗聞其有不可人意處。老南〔七三〕大不樂，徘徊山下數日不肯去見。後來又思量，既到此須一見而決。如是又數日，不得已隨衆入室。揭簾欲入，又舍不得拜他。如是者三，遂奮然曰：『爲人有疑不決，終非丈夫。』遂揭簾徑入，纔交談便被石霜降下。他這般人立志勇決如此。觀其三四揭簾而不肯入，他定不肯詭隨人也。〔七四〕某常說，怪不得今日士大夫，是他心裏無可作做，無可思量，『飽食終日，無所用心』，自然是只隨利欲走。間有務記誦爲詞章者，又不足以拔其本心之陷溺，所以個個如此。只緣無所用心故如此。前輩多有得於佛學，當利害禍福之際而不變者，蓋佛氏勇猛精進、清淨堅固之說猶足以使人淡泊有守，不爲外物所移也。若記覽詞章之學，這般伎倆如何救拔得他那利欲底窠窟動！」或曰：「某人讀書，只是摘奇巧爲文章以求富貴爾。」曰：「恁地工夫也只做得那不好底文章，定無氣魄，所以見〔七五〕他文字皆困善。某少年見上行一輩人〔七六〕未說如何，然〔七七〕個個有氣魄，敢擔當做事。而今人個個都恁地衰，無氣魄，也是氣運使然。而今秀才便有些氣魄，少年被做那時文都銷磨盡了，所以都無精彩，做事不成。」僩。

晦庵先生朱文公語類卷第一百三十三

祖宗七〔一〕

夷狄〔二〕

問：「本朝建國何故不都關中？」曰：「前代所以都關中者，以黄河左右旋繞所謂『臨不測之淵』是也。近東獨有函谷關一路通山東，故可據以爲險。又，關中之山皆自蜀、漢而來，至長安而盡。〔三〕若横山之險乃山之極高處，横山皆黄石山，不生草木。本朝則自横山以北盡爲西夏所有，山河之固與吾共之，反據高以臨我，是以不可都也。神宗鋭意欲取横山，蓋得横山則可據高以臨彼。然取横山之要又在永洛之城〔四〕，夏人以死争之，我師大敗。神宗聞喪師大慟，聖躬由是不豫。」按編年，重和元年，童貫命种師道、劉延慶等取夏國永和等寨，大敗夏人而還。六月，夏人納款。初，夏人恃横山諸險以抗中國。慶曆中，王嗣宗、范仲淹建議收之，會元昊納款而止。元豐中，李憲建議，又會王師失利，神宗厭兵，不克行。貫嘗從憲得其規摹。政和初，議進築，至是十餘年遂得横山之地。夏人失援，故納款。然國家是時已建平〔五〕燕之策，益以多故，其後西夏與女真有。乙巳冬，女真圍太原，夏人犯河外，則是橫山之取有以結怨於彼也。又曰：「神宗初即位，富韓公爲相，問爲治之要，富公曰：『須是二十年不説着「用兵」二字。』此一句便與神宗意不合。已而擢用王介甫，首以用兵等説稱上旨，君臣相得甚懽。時建昌軍司户王韶上平戎策，介甫力薦之。初爲秦鳳路經略，司機宜，後到[六]通遠軍，遂一戰而復熙河。捷書聞，上大喜，解白玉帶以賜介甫，賞其知人。又加韶爲龍圖閣待制，以爲熙河帥。熙河本鎮洮軍，因復其地改爲熙州。只是廣漠之鄉，有之不加益，無之不加損。狃於一勝之後，廟論一意主於用兵，三敗至於永洛，極矣。永洛之敗，徐禧死之。禧，師川之父，黄魯直之妹夫也。能文章，好談兵，也有進策行於世，文字甚好。二蘇之文未出，學者爭傳誦之。」僴用。

因論西夏事，曰：「當時事不可曉。看來韓、范亦無素定基本，只是逐旋做出。且如當時覆車敗將，這下方且失利，他之勢甚張，忽然自來納款求和，這全不可曉。後來不久，元昊遂死。不知他不死數年又必有甚姦謀，大未可知。且如當時朝廷必欲他稱臣，遂使契丹號令之。契丹方且[七]以爲功，朝廷正未有所處，又却二國自相侵凌，不爾則當時又須費力。大抵西人勇健喜鬬，一二[八]五年必一次爲邊害。本朝韓、范、張魏公諸人，他只是一個秀才，於這般事也不大段會。只是被他忠義正當，故做得恁地。」道夫。

或問：「范文正公經理西事，看得多是收拾人才。」曰：「然。如滕子京、孫元規之徒素無行節，范公皆羅致之幕下。後犯法，又極力救解之。如劉滬、張亢亦然。蓋此等人是有才底，做事時須要他用，但〔九〕會用得他。」又云：「范公嘗立一軍爲『龍猛軍』，皆是招收前後作過黥配底人，後來甚得其用。時人自〔一〇〕目范公爲『龍猛指揮使』。」又曰：「方范公起用事時，軍政全無統紀，從頭與他整頓一番。其後却只務經理内地，養威持重，專行淺攻之策，以爲得寸則吾之寸，得尺則吾之尺。卒以此牽制夏人，遣使請和。」儒用。

人主好勤遠略底也是無意思。當初高麗遣使來，朝廷只就他使者以禮答遣之，神宗却要别差兩使去。緣他那裏知文，故兩使皆信〔一一〕從，皆是文人。高麗自是臣屬之國，如何比得契丹！契丹自是敵國。義剛。

神宗其初要結高麗去共攻契丹。高麗如何去得！契丹自是大國，高麗朝貢於彼，如何敢去犯他！義剛。

嘗見韓無咎説高麗入貢時，神宗喻其進先秦古書。及進來，内有六經不曾焚者。神宗喜，即欲頒行天下。王介甫恐壞他新經，遂奏云：「真僞未可知。萬一刊行後爲他所欺，豈不傳笑夷夏！」神宗遂止，本亦不傳。以某觀之，未必有是事，蓋招徠高麗時介甫已不在相位。且神宗是甚次第剛明！設使所進直有契於上心，亦豈介甫所能止之？又記文昌雜録中説，高麗所進孝經門上下一二句記未真。緯經只是讖緯之書。必無進先秦古書之事。但嘗聞尤延之云：「孟子

『仁也者人也』章下，高麗本云：『義也者宜也，禮也者履也，智也者知也，信也者實也，合而言之道也。』」此説近是。儒用。

或問高麗風俗。「雖〔一二〕好，曰也〔一三〕終帶蠻夷之風。後來遣子弟入辟雍，及第而歸者甚多。嘗見先人同年小録中有『賓貢』者，即其所貢之士也。「賓貢」二字更須訂證。當時宣賜幣帛之外，又賜介甫新經三十本，盛以墨函，黄帕其外，得者皆寶藏之。儒用。

國家方與女真和時，高麗遣使來求近上醫師二人。上召老醫，擇二人遣往。至則日夕厚禮，皆不問醫而多問禁中事。二醫怪而問之，高麗主曰：「我有緊密事欲達宋皇，恐所遣使不能密，故欲得宋皇親近之人而分付之。所以問公禁中事者，欲以見公是所親信耳。」二人因問之，高麗主曰：「聞宋皇欲與女真和，夾攻契丹，此非良策。蓋我國與女真陸路相通，常使人察之。女真不是好人，嘗〔一四〕勝契丹，後必及宋，而我國亦不能自存，此合當思有〔一五〕以備之。」二人問所以備之之説，曰：「女真作一陣法甚好，我今思得一法勝之。」因令觀教其女真陣，蓋如拐子馬之類。二人歸奏，上怒，召老醫而責之。其一人出門吐血而死〔一六〕，其一人歸而〔一七〕死。義剛。按，李儒用録同而少異，今附於下，云：〔一八〕「先生嘗見玉山汪丈云，得之御史臺一老吏。方徽宗通好女真，爲滅遼之約，高麗有所聞，欲納忠誠不可得。遂托病遣使求醫於本朝，且願得供奉内庭上所親信者。遂擇二國醫以往。至則館御供帳，其禮甚厚，但經月無引見之音。二醫怪之，私有請於館伴者。一日，得旨入見，引至内庭。盡屏左右，諭二醫曰：『寡人非病也。顧有誠款願效於上國，欲得附卿奏知，幸密以聞！』二醫許諾。則曰：『女真人面獸心，貪婪如豺狼，安可與之共事？今不早圖之，後悔無及！聞其訓練國人皆爲精兵，累歲有事於燕，每戰輒[一九]勝。小國得一二陣法可與之角，如欲得之，敢不唯命！』諭畢，乃厚爲之禮而遣之。二醫歸，具奏本末。徽宗聞之滋不樂，且懼其語泄。丞相童、蔡輩乃爲食於家，召二醫以食之，食畢而斃。」

高麗與女真相接，不被女真所滅者，他自[二〇]是有術以制之。高麗更[二一]五十餘主，今此方爲權臣所篡而易姓。義剛。又一條云：「高麗得四十主，今已易姓，姓王。」

「楊割大師阿骨打，楊割之子。吴乞買、阿骨打之弟。完顔亶，乞買之子。完顔亮、完顔雍、葛王璟、斡離不、斡離嗢、兀朮，皆阿骨兄弟也。阿骨打既死，諸酋立其弟吴乞買。乞買死，國人欲立阿骨打之子暗版孛詑烈。此五字不知如何，記不得。暗版孛詑烈名宗盤。虜中謂『大官人』也，暗版者，大也；孛詑者，官人也。『大官人』者即所謂太子也。諸酋不肯，復立乞買之子完顔亶，而以暗版孛詑烈爲相。暗版孛詑烈實懷怨望，云已當爲主。亶覺之，遂殺宗盤。一日遂盡誅二十七王，悟室亦被誅，孛詑烈亦在其中，二十七王皆其黨與兄弟也。連蔓宗族親舊皆殺了。亶又爲亮所弑，自立。葛王先名裒，後以其字似『衰』字，遂改名雍。亶、亮皆兄弟也。亶之父行名皆從「宗」，兄弟名皆從「二」。粘罕亦阿骨打族人，嘗爲相。初入中國，破京師，斡离不、粘罕也。斡离不早死，斡离嗢後亦早死。粘罕後來勸立劉豫，内則蕭慶主其事。蕭慶用事久，及兀朮、撻懶廢劉豫而誅蕭慶，粘罕争之不能得，亶遂忌之，粘罕悒怏而死。後來獨兀朮得後死。初，虜入中國，問何姓最大，中原人答以王姓最大。虜人呼王爲「完顔」，自是王者之後遂姓完顔。」又問：「虜人今漸衰替？」曰：「卒急倒他未得。被他立得個頭勢大，若十分中做得一兩分事，便足以扶持振起，除是大無道殘暴酷虐，則不知如何。若是如此做將去，無大段殘暴之事恐卒消磨他未得，蓋其勢易以振起也。」卓。

葛王懲逆亮之敗，一向以仁政自居。道夫。〔一二二〕

葛王大故會。他所以要和親者，蓋恐用兵時諸將執兵權，或得要己。不如和親，可坐享萬乘之樂。其初雖是利於用兵，到後來惟恐我來與他厮殺。義剛。

葛王便是會底。他立得年號也强，謂之「大定」。義剛。

先生喟然歎曰：「某要見復中原，今老矣，不及見矣！〔一二三〕」或者説：「葛王在位，專行仁政，中原之人呼他爲『小堯舜』。」先生曰：「他能尊行堯舜之道，要做大堯舜也由他。」又曰：「他豈能變夷狄之風？恐只是天資高，偶合仁政耳。」友仁。

又云：「今看着徽宗朝事更無一着下得是。古之大國之君猶有一二着下得是，而大勢不可支吾。那時更無一小着下得是，使無虜人之猖獗亦不能安。以當時之勢，不知有伊、吕之才能轉得否？恐也不可轉。嘗試思之，無着可下手，事弄得極了，反爲虜人所持。當初約女真同滅契丹。既女真先滅了契丹，及[二四]王師到日惟有空城，金帛、子女、士大夫[二五]已爲女真席卷而去，遂竭府庫問女真換此空城。又以歲幣二百萬貫而爲每歲空額。是時帑藏空竭，無以得錢，[二六]遂斂敷民間，云免百姓往燕山打糧草，每人科錢三十貫以充免役之費。民無從得錢，遂命監司、郡守親自徵督，必足而後已。亦煞得錢，共科得六百餘萬貫，然奉虜亦不多，恣爲用事者侵使，更無稽考。及結局日，任事者遂焚燒[二七]簿曆，朝廷亦不問。又，契丹相郭藥師以常勝軍來降，朝廷處之河北諸路近邊塞上。後又有契丹甚人來降，亦有一軍名義勝軍，亦處之河北諸路，皆厚廩給。是時中國已空竭，而邊上屯戍之兵廩久絶，飢寒欲死，而常勝、義勝兩軍安坐而享厚禄。故中國屯戍之[二八]兵數駡詈[二九]云：『我爲中國戰鬬，守禦幾年矣，今反受飢寒。汝輩皆降蕃，有何功而享厚俸？』久之，兩邊遂相殺。及後來虜人入中國，常勝、義勝兩軍先往降之。二軍散處中國，盡知河北諸路險要虛實去處，遂爲虜人作[三〇]鄉導，長驅以[三一]入中原。又，徽宗先與阿骨打盟誓，兩邊不得受叛降。中國雖得契丹空城而無一人，又遠屯戍中原之兵以守之，飛芻轉餉，不勝其擾。又，契丹敗亡，餘將數數引兵來降，朝廷又皆受之，蓋不受之又恐其爲盜賊[三二]。虜人已自[三三]有怨言。又虜中有張穀者，知平州，欲降，徽宗親寫詔書以招之。去人由間路賫詔往，[三四]又爲虜人所得，而張穀已來降矣，虜人[三五]益怨。又，契丹亡國之主天祚者在虜中，徽宗又親寫招之，若歸中國，當以皇兄之禮相待，賜甲第，極所以奉養者。天祚大喜，欲歸中國又爲虜人所得。天祚故爲虜人所殺。由是虜人大怒，云：『始與我盟誓如此，今乃寫詔書招納我叛亡。』遂移檄來責問，檄外又有甚檄文，極所以罵詈之語，今實録中皆不敢載。徽宗大恐，遂招引到張瑴來，不奈何，斬其首與虜人。又作道理分雪天祚之事，遂啓其輕侮之心。然阿骨打却乖，他常以守信義爲説。其諸將欲請起兵問罪，阿骨打每不可，曰：『吾與大宋盟誓已定，豈可敗盟！』夷狄猶能守信義，而我之所以敗盟失信取怒於夷狄之類如此！每讀其書，看得人頭痛，更無一版有一件事做得應節拍。」卓。[三六]

朝廷只管取燕山，及得時却被虜人移盡了生口，只得一個空府。義剛。[三七]

姚平仲劫寨事，李伯紀不知。當時廟堂問老种如何處置，种云：「合再劫。」諸公不從。种再云拜告。种老將不會説，蓋虜人不支吾再劫也。當時欲俟立春出戰者，待种師中來也。德明。[三八]

姚平仲出城劫寨不勝。或問計於种師道，曰：「再劫。」時不能從，使再劫未必不勝也。曾有人問尹和靖：「靖康中孰可以爲將？」曰：「种師道。」又問：「孰可以爲相？」良久，曰：「也只教他做。」閎祖。[三九]

張魏公[四〇]欲討劉豫，趙丞相鼎[四一]云：「留他在尚可以扞蔽北虜，若除了便與北虜爲鄰，恐難抵當。」此是甚説話！豈有不能討叛臣而可以服夷狄乎？庚。[四二]

論及北虜事，當初起時如山林虎豹縱於原野，豈是人！伯謨曰：「當時曲端獻策，不出十年彼必以酒色死，方可取。」先生曰：「阿骨打纔得幽州便死。曾見有人論，虜人無事權在其主，用兵權在將，故虜主不用兵。此説是。大抵當初出時是夷狄，及志得意滿，與我何異？」因語某人欲請邊郡自效。先生曰：「易曰『知進退存亡而不失其正者，其惟聖人乎』，上之人不欲用兵而我自欲爲之，是不識時。」問：「恢復之事多始勤終惰，如何？」先生曰：「只以私意爲之，不以復讎爲念。」可學。

「後世用兵只是胡廝殺，那曾有節制！如季通説八陣可用，怕也未必可用，當臨陣時只看當時事體排撥得着所在。如吴璘敗虜於殺金平，前面對陣交兵正急，後面諸軍一齊擁前爛殺虜人，這有甚陳法？且如用[四三]前陳交接，後陳即用木車隔了不令突出。當吴璘那時，軍勢勇猛，將木[四四]隔了，一齊都斫開突前去，有甚陳法？看來兵之勝負全在勇怯。」又云：「用兵之要，敵勢急則自家當委曲以纏繞之，敵勢緩則自家當勁直以衝突之。」賀孫。[四五]

吴玠到饒風關却走回，此事惟張巨山退虜記得實。[四六]

古之戰也，兩軍相對甚有禮。有饋惠焉，有飲酌焉，不似後世便只是爛殺將去。劉錡順昌之捷亦只是投之死地而後生。當時虜騎大擁而至，凡十餘萬。諸將會議，以爲固知力不能當，然急渡江則朝廷兵守已自戒嚴，必不可渡。兼攜持老幼，虜騎已迫，必爲所追，其勢終歸於死。

若兩下皆死，不若固守，庶幾可生，遂開城門而守。虜人大至，劉錡先遣人約他某日戰。虜人謂其敢與我約戰，大怒。至日，虜騎壓於城外。時正暑月，劉錡分部下兵五十爲隊[四七]，先備暑藥、飯食、酒肉存在。先以一副兜矛[四八]與甲置之日下曬，時令人以手摸，看熱得幾何。如此數次，其兜矛與甲尚可容手則未發，直待熱如火不可容手，乃喚一隊軍至，令喫酒飯。少定，與暑藥，遂各授兵出西門戰。少頃，又喚一隊上，授之，出南門。如此數隊分諸門迭出迭入，虜[四九]大敗。緣虜人衆多，其立[五〇]無縫，僅能操戈，更轉動不得。而我兵執斧直入人叢，掀其馬甲以斷其足。一騎纔倒即壓數騎，殺死甚衆。況當虜衆[五一]正熱，盾甲如火，流汗喘息煩悶。而吾軍迭出，飽鋭清凉，而傷困者即扶歸就藥調護。遂以至寡敵至衆，虜人大敗，方有怯中國之意，遂從和議，前此皆未肯真個要和。此是庚申年六月，可惜此機不遂進。賀孫。[五二]

晉人下吴却是已得蜀，從蜀中造船直抵南岸。周世宗只圖江南，是時襄、漢、蜀中别有主，所以屯淮上，開河抵江。今蜀中出兵可以入武關，從襄、漢、樊、鄧可以擣汝、洛，繇淮上可以取徐州。辛巳間，官軍已奪宿州。國家若大舉，只用十五萬精兵。德明。

張魏公可惜一片忠義之心而疏於事。亦是他年老，覺得精力衰，急欲成事，故至此。兼是朝廷諸公不能，得公用兵，幸其敗，以爲口實。初間是李顯忠、邵宏淵請於公，以爲虜人精兵在虹縣，及俟秋來大舉南寇，今若不先破其巢穴，待他事成驟至，某等此時直當不得。公問其實否，李顯忠、邵宏淵便云：「某人之説甚詳。」即下簽廳呼二人議，其説如前。公曰云云，於是即動，不知如何恁地輕率！德明。〔五三〕

趙丞相亦自主和議，但争河北數州及不肯屈膝數項禮數爾。至秦丞相便都不與争。趙丞相是西人，人皆望其有所成就，不知他倒都不進前。庚。〔五四〕

問：「中興賢相皆推趙忠簡公，何如？」曰：「看他做來做去亦只是王茂洪規摹。當時廟論大概亦主和議，按，王庶乞免簽書和議文字劄貼黄云：「契勘臣前項所上章奏及與王倫議，實有妨嫌。今若不自陳稟，則又如趙鼎、劉大中輩首鼠兩端，於陛下國事何益！」使當國久時〔五五〕未必不出於和，但就和上却須有些計較。如歲幣、稱呼、疆土之類，不至一一聽命如秦會之樣，老草〔五六〕地和了。後來秦會之〔五七〕没意智，乃以『不合沮撓和議』爲詞貶之，却十分送個好題目與他。」問：「趙好處何如？」曰：「意思好，又孜孜汲引善類，但其行事亦有不强人意處。如自平江再都建康，張德遠極費調護，已自定疊了，只因酈瓊叛去，德遠罷相，趙公再入，憂虜過計遂決還都臨安之策，一夜起發，自是不復都金陵矣。」問：「酈瓊之叛，或云因吕安老折辱之，不能安，遂生反心。如不親坐廳但垂簾露履以受其參之類，恐無此等事。」曰：「此亦傳聞之過。」又問：「當時皆歸罪魏公，以爲不合罷劉光世，故有此變。」曰：「光世在當時貪財好色，無與爲比，軍政極是弛壞，罷之未爲不是，但分付得他兵馬無着落。」又云：「此事似不偶然。如虜人寇虐，劉豫不臣，但無人敢問着他。至此屯重兵淮上，方謀大舉以伐劉豫，忽然有此一段疏脱，遂止。」又云：「如呂安老才氣儘自過人，觀其議論亦甚精確。」問：「酈瓊叛去之後，聞亦不得志於虜。」曰：「虜人後來亦用他爲將，但初叛歸於劉豫。虜人却疑豫擁兵太衆，或疑與我爲内應，遂有廢豫之謀。」酈瓊叛於淮西，實紹興七年秋戊辰也。瓊既降劉豫，金人憂其難制，遂廢僞齊，其詔有云：「勿謂奪蹊田之牛其罰則甚[五八]。不能爲托子之友，非棄而□之[五九]？此天亦[六〇]滅齊豫也，豈偶然哉！」儒用。[六一]

僩[六二]問：「趙忠簡、張魏公當國，魏公欲戰，忠簡欲不戰。忠簡以爲劉豫机上肉耳，然豫挾虜人以爲重，今且得豫遮蔽虜人，我之被禍猶小，若取劉豫，則我獨當虜人難矣。魏公不然之，必欲戰。二策孰是？」先生曰：「忠簡非是。殺得劉豫了又却抵當虜人，有何不可？」又云：[六三]「劉豫亦未便是机上肉在。若以趙之才，恐也當未得那机上肉在，他亦未會被你殺得，只是胡説。若真個殺得劉豫，則我之勢益强，虜人自畏矣，何難當之！有虜，豺狼犬羊也，見威則畏，見善則愈肆欺侮。若自家真個曾勝劉豫，殺得一兩番贏，他便怕矣。靖康以後自家只管怕他，與之和，所以他愈肆欺侮。若自家真個能勝劉豫，他安得不懼？虜，禽獸耳，豈可以柔服也？嘗見征蒙記李成之子某從兀朮征蒙國，因記征蒙時事。云，兀朮在甚處，淮上二士人説之曰：『今韓世忠渡江遺棄糧草甚多，若我急往收取，資之以取江南，必可得也。』兀朮然其言，遂急來淮上，則空無所有。蓋韓已先般輜重糧草歸，而後抽軍回也。彷徨淮上正未有策，而糧草已竭，窘不可言。先已敗於劉錡，錡在順昌府扼其前，進退不可，遂遣使請和。兀朮謂其下曰：『今南朝幸而欲和即大幸，不然即送死耳，無策可爲也。』這下又不令〔六四〕知狼狽如是。若知之，以偏師臨之，無遺類矣。是時雖稍勝，然高宗終畏之，欲和。因其使來，喜甚，遂遣使報之欲和。兀朮大喜，遂得還。是兀朮不敢望和，自以爲必死。其遺使也，蓋亦謾試此間耳。可惜此機會，所以後來也怕，一向欲和。」又云：「劉信叔在順昌府一勝，〔六五〕是時劉〔六六〕以孤軍在順昌，兀朮來伐，諸將皆欲走，信叔曰：『不可。我若走，則虜人必前拒我，襲在後，必無遺類。若幸而得至江，則諸將盡扼江上，責我以擅棄歸之罪，亦必盡殺我，決無可生之理。不若堅守此城，與虜人決勝負，庶幾死中可以求生也。』某嘗說，厮殺無巧妙，只是死中求生。兩軍相拄，一邊立得脚住不退即贏矣，須是死中求生方勝也。遂據城與虜人戰，大敗虜人，兀朮由是畏怯。若非錡順昌一勝，兀朮亦未必便致狼狽如此之甚。信叔本將家子，喜讀書，能詩，詩極佳，善寫字。後來當完顏亮時已自老病，緣其侄劉玘先戰敗，遂至於敗。」卓。〔六七〕

僩因問：「當初高宗若必不肯和，乘國勢稍振必成功。」曰：「也未知如何，蓋將驕惰不堪用。」僩問：「如張、韓、劉、岳之徒富貴已極，如何責他死了，宜其不可用。若論數將之才，則岳飛爲勝，然飛亦橫，只是他猶欲向前厮殺。」先生曰：「便是如此。有才者又有些毛病，然亦上面人不能駕馭他，若撞着周世宗、趙太祖，那裏怕！他駕馭起皆是名將。緣上之舉措無以服其心，所謂『得罪於巨室』者也。」是夜因論「爲政不得罪於巨室」，語及此。又問：「劉光世本無能，然却軍心向他，其裨將亦多有可用者。」先生云：「他本將家子云云。」「張魏公撫師淮上，督劉光世進軍。是時虜人正大舉入寇，光世恐懼，遂背後愬趙忠簡公[六八]。是時趙鼎[六九]爲相，折彥質爲樞密。折助之請樞密府，遂命劉光世退軍。魏公聞之大怒，遂趕回劉光世，出榜約束云：『如一人一馬渡江者皆斬！』光世遂不敢渡江，便回淮上。樞府一面令退軍，而宣撫令進軍淮上，然終退怯。魏公既還朝，遂力言光世巽懦不堪用，罷之，而命呂安老祉[七〇]董其軍。及呂安老爲瓊等所殺，降劉豫，魏公由是得罪，而趙忠簡復相。趙既相，遂復舉劉光世爲將，便是事[七一]都弄成私意。魏公已自罷得劉光世好了，雖呂安老敗事，然復舉能者而任之亦足矣，何必須光世哉？此皆趙之私意。以某觀之[七二]，必竟魏公去得光世是而趙所爲非。豈有虜人方入你却欲掉了去？一邊令進軍，一邊令退軍，如何作事？」云云。又言：「諸將驕横，張與韓較與高宗密，故二人得全。岳飛較疏，高宗又忌之，遂爲秦所誅，而韓世忠破膽矣！只有韓世忠在大儀鎮算殺得虜人一陣好。高宗初遣魏良臣往虜中講和，令韓世忠退師渡江。韓聞魏將至，知其欲講和也，遂留之，云：『某方在此措置得略好，正抵當得虜人住。大功垂成而主[七三]乃令追還，何也？』魏云：『主上方與大金講和以息兩國之民，恐邊將生事敗盟，故[七四]召公還，慎勿違上意！』韓再三歎息，以爲可惜。又云：『既上意如此，只得抽軍歸耳。』遂命士卒束裝，即日爲歸計。魏遂渡淮，兀朮問以韓世忠已還否。魏答以某來時韓世忠正治疊行，即日起離矣。兀朮再三審之，知其然，遂稍弛備。世忠乘其懈，回軍奮擊之，兀朮大敗。魏良臣皇恐無地，再三求哀，云：『實見韓將回，不知其紿己。』乃得免。」〔七五〕

問「不能自强則聽天所命，修德行仁則天命在我」。因說：「靖康之禍云云，終始爲講和所誤。虜人至城下攻城猶説講和，及高宗渡江亦只欲講和。」問：「秦檜之所以力欲講和者，亦以高宗之意自欲和也。」曰：「然。是他知得虜人之意是欲厭用兵，他當初自虜中來時已知得虜人厭兵，故這裏迎合高宗之意，那個又投合虜人之意。虜人是時子女玉帛已自充滿厭足，非復曩時長驅中原之鋭矣，又被這邊殺一兩陣怕了。兼虜之創業之主已死，他那邊兄弟自相屠戮，這邊兵勢亦稍稍强，所以他亦欲和。」卓。

問：〔七六〕「復讐之義，禮記疏云『穀梁、春秋許百世復讐』。又某書，庶人許五世復讐。又云『國君許九世復讐』。又某人引魯桓公爲齊襄公所殺，其子莊公與齊桓公會盟，春秋不譏。自桓至定公九世，孔子相定公，會齊侯於夾谷，是九世不復讐也。」陳丈舉此以問，〔七七〕先生曰：「復〔七八〕百世之讐者是亂説。許五世復讐者，謂親親之恩欲至五世而斬也。春秋許九世復讐，與春秋不譏、春秋美他〔七九〕之事，皆是解春秋者亂説。春秋何嘗説不譏與美他來！聖人作春秋不過直書其事，美惡人自見。後世言春秋者動引譏、美爲言，不知他何從見聖人譏、美之意。

莊公親見其人殺其父，既不能討又躬與之爲會，且爲之主婚，如何更責得定公？〔八〇〕」又云：「事也多樣。國君復讎之事又不同。」僩云：「如本朝夷狄之禍，雖百世復之可也。」先生云：「這事難説。」久之，曰：「凡事貴謀始，也要及早乘勢做，纔放冷了便做不得。如魯莊公之事，他親見齊襄公殺其父，既不能復又親與之燕會，又與之主婚，築王姬之館於東門之外，使周天子之女去嫁齊襄〔八一〕。所爲如此，豈特不能復而已？既親與讎人如此，如何更責他報齊桓公！見〔八二〕讎在面前不曾報得，更欲報之於其子〔八三〕，非惟事有所不可，也自没氣勢、無意思了。又況齊桓公率諸侯尊周室以義而舉，莊公雖欲不赴其盟會，豈可得哉！事又當權個〔八四〕輕重。若桓公不是尊王室，無事自來召諸侯，如此則魯莊公〔八五〕不赴可也。今桓公名爲尊王室，若莊公不赴，非是叛齊，乃叛周也。又況桓公做氣勢如此盛大，自家如何便復得讎？若欲復讎，則襄公殺其父之時莊公與之同時〔八六〕，那時〔八七〕當以不共戴天之故告之周天子、〔八八〕方伯、連率，必以復讎爲事殺得襄公而後已，如此方快人。既不能然，又親與之同會，與之主婚，於其正當底讎人尚如此，則其子何罪？又況其子承其父〔八九〕被殺後而入國，更檢桓公是襄公之子否？〔九〇〕又做得國來自好，莊公之所不如，宜其不能復而俛首事之也。」陳丈〔九一〕問：「若莊公能殺襄公了，復與桓公爲會，可否？」曰：「既殺襄公了〔九二〕則兩家之事已了，兩邊方平，自與桓公爲會亦何妨？但莊公若能殺襄公，則『九合諸侯，一正天下』之功將在莊公而不在齊桓矣，惟其不能，所以只得屈服事之也。只要乘氣勢方急時便做了方好，纔到一世二世後來便冷落〔九三〕，假使自家欲如此做也自鼓氣不振。又況復讎須復得親殺吾父祖之讎方好，若復其子孫有甚意思？漢武帝引春秋『九世復讎』之説遂征胡狄，欲爲高祖報讎，春秋何處如此説？諸公讀此還信不信〔九四〕？必不信。〔九五〕他自好大喜功，欲攘伐夷狄，欲〔九六〕托此以自詭耳。莊公之讎，親自不曾復得，是責定公夾谷之會，爭那裏去？假使要做也做不成也。〔九七〕如本朝靖康虜人之禍，看來只是高宗初年，乘兀朮、粘罕、斡离不及、阿骨打未死之時，人心憤怒之日，以父兄不共戴天之讎就此便打疊了他方快人意。孝宗即位鋭意雪耻，然事已經隔，與吾敵者非親殺吾父祖之人，自是鼓作人心不上，所以當時號爲端人正士者又以復讎爲非，和議爲是，而乘時喜功名輕薄巧言之士則欲復讎。彼端人正士豈故欲忘此虜？蓋度其時之不可而不足以激士心也。如王公明炎、虞斌父允文〔九八〕之徒百方勸用兵，孝宗盡被他説動。其實無能，用着輒敗，只志在脱賺富貴而已。所以孝宗盡被這樣底欺，做事不成，蓋以此耳。」僩云：「但不能殺得〔九九〕虜主耳。若而今捉得虜人來殺之，少報父祖之怨，豈不快意？」先生曰：「固是好，只是已自〔一〇〇〕不干他事，自是他祖父事。你若捉得他父祖來殺，豈不快人意！而今是他子孫，干他甚事？」又問：「疏中又引君以無辜殺其父，其子當報父之讎，如此則是報君，豈有此理？」先生曰：「疏家胡説，豈有此理！」又引伍子胥事，説聖人是之。先生曰：「聖人何嘗有明文是子胥來！今之爲春秋者都是如此。」胡引又[一〇二]問：「引[一〇二]子思曰『今之君子退，人若將墜諸淵。毋爲戎首，不亦善乎』，言當執之，但勿爲兵首，從人以殺之可也。」先生曰：「盡是胡解。子思之意，蓋爲或人問『禮爲舊君有服』有[一〇三]歟？子思因云，人君退人無禮如此，他不爲戎首來殺你已自好了，何況更望其爲你服？此乃自人君而言，蓋甚之之辭。非言人臣不見禮於其君便可以如此也。讀書不可窒塞，須看他大意。」[一〇四]

南渡之後，説復讐者惟胡氏父子説得無病，其餘並是半上落下説。雖魏公要用兵，其實亦不能明大義，所以高宗只以區區成敗進退之。到秦檜主和，虜歸河南，上下欣然，便只説得地之美，更不説大義。若無范伯達如圭，則陵寢一向忘之矣！魏公時責永州居住[一〇五]，亦入文字，只説莫與之和，如何感動？魏公傾五路兵爲富平之敗，又潰於淮上。若無氣力也是做不得事。韓魏公煞是個人物，亦[一〇六]適是人事恰做得，若更向上，且怕難擔當。賀孫。[一〇七]

「近見吴公濟會中朋友讀時文策，其間有問道德功術者二篇，一篇以功術爲不好；一篇以爲有道德則功術乃道德之功術，無道德則功術不好。前篇不如後篇。某常見一宰相説，上甚有愛人之心，不合被近日諸公愛説恢復。某應之曰：『公便説得不是，公何不曰愛人乃所以爲恢復，恢復非愛人不能？』」因説：「爲政篇道、德、政、刑與此一般。有道德則刑政乃在其中，不可道刑政不好，但不得專用政刑耳。」

恢復之計須是自家喫得些辛苦，少做十年或二十年，多做三十年。豈有安坐無事而大功自致之理哉！道夫。

某嘗謂恢復之計不難，惟移浮靡不急之費以爲養兵之資，則虜首可梟矣。道夫。

晦庵先生朱文公語類卷第一百三十四

歷代一

總論史春秋戰國[一]

司馬遷才高，識亦高，但粗率。閎祖。[二]

太史公書疏爽，班固書密塞。從周。[三]

古書錯繆甚多，如史記載伊訓有「方明」二字，諸家遂[四]解如「反祀方明」之類。某考之，只是「方」字之誤。「方」當作「乃」，即尚書所謂「乃明言烈祖之成德」也。雉。[五]

曹器遠説伯夷傳「得孔子而名益彰」云云。先生曰：「伯夷當初何嘗指望孔子出來發揮他！」又云：「『黄屋左纛，朝以十月，葬長陵』，此事[六]大事，所以書在後。」先生云：「某嘗謂史記恐是個未成底文字，故記載無次序，有疏闊不接續處如此等是也。」閎祖。

沈存中以班固律曆志定言數處爲脛説是小説中「脛廟」之意，蓋不曉算法而言爾。人傑。

漢書「引繩排掍音痕。不附己者」，今人誤讀「掍」爲「根」。注云：「猶今言『掍格』音户各反。之類。」蓋關中俗語如此。「掍格」猶云「抵拒捍閣」也，「引繩排掍」如以繩扞拒然。僩。

劉昭補志於冠幘車服尤詳，前史所無。方子。

高氏〔七〕小史亦好一書，但難得本子。高峻，唐人。通鑑中亦多取之。〔八〕方子。

「杜佑可謂有意於世務者。」問理道要訣。曰：「是一個非古是今之書。」理道要訣亦是杜佑書，是一個通典節要。〔九〕

皇極經世紀年甚有法。史家多言秦廢太后，逐穰侯。經世書只言「秦奪宣太后權」。伯恭極取之，蓋實不曾廢。文子。〔一〇〕

通鑑：「告姦者與斬敵首同賞，不告姦者與降敵同罰。」史記商君議更法，首便有斬敵首、降敵兩條賞罰，後面方有此兩句比類之法。其實秦人上戰功，故以此二條爲更法之首。温公却節去之，只存後兩句比類之法，遂使讀之者不見來歷。温公修書，凡與己意不合者即節去之，不知他人之意不知。〔一一〕通鑑此類多矣。僩。

通鑑：「事末利及怠而貧者舉以爲收孥。」謂收之爲奴婢，不得比良民，有罪則民得以告之官而自殺之。僩。

稽古録一書可備講筵官僚進讀，小兒讀六經了，令接續讀去亦好。末後一表，其言如蓍龜，一一皆驗。宋莒公歷年通譜與此書相似，但不如温公之有法也。[一一二]方子。

温公之言如桑麻穀粟，且如稽古録極好看，常思量教太子諸王。恐通鑑難看，且看一部稽古録。人家子弟若先看得此，便是一部古今在肚裏了。學蒙。

稽古録有不備者，當以通鑑補之。温公作此書想在忙裏做成，元無義例。閎祖。

唐鑑意正有疏處。孫之翰唐論精練，説利害如身處親歷之，但理不及唐鑑耳。閎祖。

驤[一一三]問：「班史、通鑑二氏之學如何？」曰：「讀其書自可見。」又曰：「温公不取孟子，取揚子，至謂王伯無異道。夫王伯之不侔，猶碔砆之於美玉，故荀卿謂粹而王，駁而伯。孟子與齊梁之君力判其是非者，以其有異也。又，温公不喜權謀，至修書時頗删之，奈當時有此事何？只得與他存在。若每處删去數行，只讀着都無血脈意思，何如存之，却別做論説以斷[一一四]？」道夫。[一一五]

伯恭晚年謂人曰：「孫之翰唐論勝唐鑑。」要之，也是切於事情，只是大綱却不正了。唐鑑也有緩而不精確處，如言租、庸、調及楊炎二税之法，説得都無收殺，只云在於得人，不在乎法。有這般苟且處，審如是則古之聖賢徒法云爾。他也是見熙寧間詳於制度，故有激而言。要之，只那有激，便不平正。道夫。

胡致堂云：「通鑑久未成書。或言温公利餐錢故遲遲，温公遂急結末了，故唐五代多繁冗。」〔一六〕方子。

致堂管見方是議論。唐鑑議論弱，又有不相應處，前面説一項事，末又説别處去。庚。〔一七〕

問：「『正統』之説，自三代以下如漢、唐亦未純乎正統，乃變中之正者；如秦、西晉、隋則統而不正者；如蜀、東晉則正而不統者。」先生曰：「何必恁地論。只天下爲一，諸侯朝覲、獄訟皆歸，便是得正統。其有正不正又是隨他做，如何恁地論！有始不得正統而後方得者是正統之始，有始得正統而後不得者是正統之餘。〔一八〕如秦初猶未得正統，及始皇并天下方始得正統。晉初亦未得正統，自泰康以後方是〔一九〕得正統。隋初亦未得正統，自滅陳後方是〔二〇〕得正統。如本朝至太宗并了太原方是得正統。又有無統時，如三國、南北、五代皆天下分裂，不能相君臣，皆不得正統。〔二一〕某嘗作通鑑綱目，有『無統』之説。此書今未及修，後之君子必有取焉。温公只要編年號相續，此等處須把一個書『帝』、書『崩』，而餘書『主』、書『薨』〔二二〕。既不是做〔二三〕他臣子，又不是爲〔二四〕他史官，只如旁人立看一般，何故作此尊奉之態？此等處合只書甲子而附注年號於其下，如魏黄初幾年、蜀章武幾年、吴青龍幾年之類方爲是。」又問：「南軒謂漢後當以蜀漢年號繼之，此説如何？」曰：「如此亦得。他亦以蜀漢是正統之餘，如東晉亦是正統之餘也。」問：「東周如何？」曰：「必竟周是天子。」問：「唐後來多藩鎮割據，〔二五〕則如何？」曰：「唐之天下甚闊，所不服者只河北數鎮之地而已。[二六]」淳。[二七]義剛録[二八]同。

温公謂魏爲正統，使當三國時便去仕魏矣。升卿。

問：「春秋時良法美意尚有存者。」曰：「去古愈近便古意愈多。」升卿。[二九]

成周之時卿士甚小，到後來鄭武公門爲王卿士便是宰相，恰如後世侍中、中書令一般。庚。[三〇]

封建世臣，賢者無頓身處。初間亦未甚，至春秋時孔子弟子皆爲家臣，不得已孔子暫爲大夫、爲宰，不知此事如何？可學。

管仲内政士卿十五乃戰士也，所以教之孝悌忠信、尊君親上之義。夫子曰「以不教民戰是謂棄之」，故雖霸者之道，亦必如此。人傑。

楚地最廣，今之襄、漢皆是，儘是强大。齊、晉若不更伯，楚必吞周而有天下。緣他極强大，所以齊威、晉文責之皆是没緊要底事。威公豈不欲將僭王猾夏之事責之？但恐無收殺，故只得如此。至如晉文城濮之戰，依舊委曲還他許多禮數，亦如威公之意。然此處亦足以見先王不忍戕民之意未泯也。設使威文所以責之者不少假借，他定不肯服。兵連禍結，何時而已？到得戰國，斬首動是數萬，無復先王之意矣。僩。

子升兄[三一]問伍子胥。曰：「『父不受誅，子復讐可也』，謂之亂臣賊子亦未可。」又問：

「還是以其出亡在外而言，亦可以爲通論否？」曰：「古人自有這般事，如不爲舊君服之義可見。後世天下一家，事體又別。然亦以其出亡之故，若曾臣事之亦不可也。」又問：「父死非其罪，子亦可仕否？」曰：「不可。」「孫曾如何？」曰：「世數漸遠終是漸輕，亦有可仕之理，但不仕者正也，可仕者權也。」木之。

越棲會稽，本在平江。楚破越，其種散，史記。故後號爲「百越」。此間處處有〔三二〕，山上多有小小城郭故壘，皆是諸越舊都邑也。春秋末，楚地最廣，蓋自初間并吞諸蠻而有其地，如淮南之舒、宿亳之蓼皆是。初間若不得齊威、管仲，看他氣勢定是吞周室。以此觀之，孔子稱管仲之功豈溢美哉？吳之所以得破楚，也是楚平以後日就衰削。又恰限使得伍子胥如此，先又有申公巫臣往吳教之射御戰陳，這兩人所以不向齊、晉那邊去，也是見得齊、晉都破壞了，兼那時如闔閭、夫差、勾踐幾人皆是蠻夷中之豪傑。今浙間是南越，地平曠。閩、廣是東越，地狹多阻。南豐送李柳州，誤謂柳爲南越。賀孫。

義剛論田子方「貧賤驕人」之說，雖能折子擊，却非知道者之言。不成我貧賤便可凌人，此豈忘乎貧賤富貴者哉？陳仲亨不以爲然，次日請問。先生曰：「他是爲子擊語意而發，但子方却別有個意思。它後面説『言不用，行不合，則納履而去』，則〔三三〕此是説我只是貧賤，不肯自詘。『説大人則藐之』，孟子也如此説。雖曰聖人『無小大，無敢慢』，而不肯如此説，但以此[三四]視那爲富貴權勢所移者有間矣，聖人氣象固不如此。若大賢以下則未免如是。」義剛。[三五]以下戰國。

趙武靈王也是有英氣，所以做得恁地。也緣是他肚裏乖，會恁地做得，但他不合倚這些子。如後來立後一事，也是心不正後感召得這般事來。義剛。

義剛[三六]問：「樂毅伐齊，文中子以爲善藏其用，東坡則責其不合妄效王者事業以取敗。二者之[三七]説孰是？」先生曰：「這只是他門要[三八]去立説後都不去考教子細。這只是那田單會守後，他[三九]不奈他何。當時樂毅自是兼秦、魏之師，又因人怨湣王之暴，故一旦下齊七十餘城，及既殺了湣王則人心自是休了。它又怕那三國來分了他[四〇]搶奪[四一]，連忙發遣了它，以燕之力量也只做得恁地。更是那田單也是忠義之人[四二]，死節又守[四三]那二城。樂毅不是不要取它，也自[四四]煞費氣力去取[四五]，是被它是善守[四六]後不奈他何。樂毅也只是戰國之士，又何嘗是王者之師？它當時也只是[四七]恣意去鹵掠，正如孟子所謂『毁其宗廟，遷其重器』，是他[四八]不過如此舉措。它當時那鼎也去扛得來，他豈是不要它底？便也[四九]田單與他皆會，兩個相遇，智勇相角者[五〇]，當時至相待[五一]三年。便是樂毅之[五二]煞費氣力，但取不得。及騎劫用則是大段無能，後被那[五三]田單使一個小術數子便乘勢殺將去。便是國不可以無人，如齊但有一個[五四]田單盡死節恁地守，便不奈他何。」義剛。

麤拳只是個粗豪人，其意則忠而其事皆非理，不足言也。僩。

「常思孫臏料龐涓暮當至馬陵，如何料得如此好！」僩曰：「使其不燭火看白晝則如之何？」曰：「臏料龐涓是個絮底人，必看無疑。此有三様：上智底人，他曉得必不看；下智獃底人亦必不看；中智底人必看，看則墮其機矣。嘗思古今智士之謀略詭譎固不可及，然記之者能如此曲折書之而不失其意，則其智亦不可及矣。」僩。

燕丹知燕必亡，故爲荆軻之舉。德明。

陳仲亨問：「合縱便不便？」先生曰：「温公是説合縱爲六國之便。觀當時合縱時秦也是懼，蓋天下盡合爲一而秦獨守關中一片子地在[五五]，但它幾個心固[五六]難一，如何有個人兜攬得他？也是難。這個却須是知[五七]孟子之説方得，『如有不嗜殺人者，則天下之人皆引領而望之矣[五八]』，『師文王，大國五年、小國七年，必爲政於天下矣[五九]』，孟子只是責辦于己。設使當時有仁政，則如大旱之望雲霓，民自歸之，如此則[六〇]秦雖强亦無如我何。」義剛問：「蘇秦激怒張儀，如秦人皆説它術高，切以爲正是失策處。」先生曰：「某謂此等處未必實有此[六一]。所謂『激怒』者，只是蘇秦當時做得稱意後去欺那張儀。而今若説是蘇秦怕秦敗[六二]縱，所以激張儀入秦，庶秦不來敗縱，那張儀與你有甚人情？這只是蘇秦之徒見他做到了這一差[六三]後，粧點出此事來謾人。」卓。[六四]○夔孫、人傑録意同而語異，今並附。云：[六五]「因説蘇秦激張儀入秦事，先生曰：

『某嘗疑不恁地做得拙，蘇秦豈不知張儀入秦會翻了他？想是蘇秦輸了這一籌，其徒遂裝撰此等說話。』」□：［六六］「某［六七］嘗疑蘇秦資送張儀入秦事恐無此理。當是范睢、蔡澤之徒多使乘間隙［六八］而奪之，他［六九］何嘗立得事功？吳起務在富國强兵、破遊說之言。縱横者若是立脚務實，自不容此輩紛紜撓亂也。」

問：「關中形勝，周用以興，到得後來秦又用以興。」曰：「此亦在人做。當春秋時秦亦爲齊、晉所軋，不得伸。到戰國時六國又皆以夷狄擯之，使不得與中國會盟。及孝公因此發憤，致得商鞅而用之，遂以强大。後來又得惠文、武、昭、襄皆是會做底，故相繼做起來，若其間有一二君昏庸則依舊做壞了。以此見得形勝也須是要人相副。」因言：「昭王因范睢傾穰侯之故，却盡收得許多權柄，秦遂益强，豈不是會？」廣。［七〇］

陳仲亨以義剛所疑問云：「商鞅說孝公帝王道不從，乃說以伯道。鞅亦不曉帝王道，但是先將此說在前者，渠知孝公決不能從，且恁地說庶可以堅後面伯道之說耳。」先生曰：「鞅又如何理會得帝王之道？但是大拍頭去揮那孝公耳。他知孝公是行不得，他恁地說只是欲人知道我無所不曉。」義剛問：「不知温公削去前一截是如何？」先生曰：「他是［七一］說無此事，他［七二］不肯信。」又問：「如子房招『四皓』，伊川取之以爲得『納約自牖』之義，而温公亦削之，如何？」先生曰：「是他意裏不愛，不合他意底則削去。某常說，陳平說高祖曰，項王能敬人，故多得廉節之士；大王嫚侮人，故廉節之士多不爲用。然廉節士尚［七三］終不可得，臣願得數萬斤金以間疏楚君臣。這便是商鞅説孝公底一般。他知得高祖決不能不嫚侮以求廉節之士，但直説他則恐未必便從，故且將去嚇他一嚇，等他不從後却説之，此政與商鞅之術同。而温公也削去，若是有此一段時便[七四]見得他説得有意思，今若[七五]削去了則都無情意。他平白無事教把許多金來用間，高祖便肯。如此等類被他削去底多，如何恁地得？善善惡惡、是是非非，皆着存得在那裏，其間自有許多事。若是不好底便不載時，孔子一部春秋但[七六]都不是了，那裏面何所不有！」義剛。按，義剛又有一條同而有詳略，今附，云：[七七]「商鞅先以帝王説孝公，此只是大拍頭揮他[七八]。它知孝公必不能用得這説，但[七九]姑且説這大話了，却被[八〇]出那本色底來。而今[八一]通鑑削去前一節，温公之意謂鞅無那帝王底道理，遂除去了。温公便是不曉這般底人。如條侯擊吴、楚，到洛陽得劇孟隱若一敵國，亦不信。他説道，如何得一個俠士便隱若一敵國！但[八二]不知這般人得之未必能成事，若爲盜所得則[八三]煞會撓人。蓋是他自有這一[八四]般賓客，那一般人都信向他，若被他一下鼓動得去直是能生事。又如陳平説高帝，謂項王下人能得廉節之士，大王嫚侮人故嗜利無耻者歸之，大王誠能去兩短、集兩長則云云。然大王資侮嫚必不得廉節之士，故勸捐數萬斤金以間楚君臣。這也是度得高祖必不能下士之[八五]故，先説許多話，高祖亦自知做不得了，方説他本謀來，故能使人聽信。某説此正與商鞅之術同，而温公也削去[八六]。」又按，夔孫録同而前後次序少異，今附，云：[八七]「商鞅以帝王説秦只是大拍頭説話，他知得孝公必行不得，先且説這大話，然後放那本色底出來，通鑑却削去前一節，温公之意謂鞅無那帝王底手段遂除去了。温公性樸直，便是不曉這般底人。如陳平説高帝曰：『項王下人，故廉節之士多歸之；大王嫚侮人，故嗜利亡耻者亦多歸之。誠能去兩短、集兩長，則天下定矣。』然却言大王資侮人必不能得廉耻之士，遂勸之出金間楚君臣。只這也是度得高祖必不能下士，故先説許多説話教高祖自度做他底不得，方説出他本謀，故使之必聽。温公亦去了前一節。又如周亞夫擊吳、楚，到洛陽得劇孟隱若敵國。温公也不信，説如何得劇孟一個俠士，便會隱若敵國。殊不知這般人得之未必能成事，若爲盜賊所得却會撓人，蓋自有這一般底人都信向他，若被他鼓動起，直會生事。温公便謂世間都無這般底人。〔八八〕

陳仲亨問阡陌。〔八九〕先生曰：「阡陌便是井田。陌，百也；阡，千也。東西曰阡，南北曰陌。或謂南北曰阡，東西曰陌。未知孰是。但却是一個横得在〔九〇〕，一個直得在。且如百夫有遂，遂上有涂，這但〔九一〕是陌；若十個涂，恁地直在横頭又作一大溝，謂之洫，洫上有路，這便是阡。阡陌只是疆界，自阡陌之外有空地，則只恁地閑在那裏，所以先王要如此者也只是要正其疆界，怕人相侵互。而今商鞅却開破了，遇可做田處便墾作田，更不要恁地齊整。這『開』字非開創之『開』，乃開闢之『開』。蔡澤傳曰『破壞井田，裂決阡陌』，觀此可見。這兩句自是合掌説，後人皆不曉，唐時却説寬鄉爲井田，〔九二〕狹鄉爲阡陌。東萊論井田引蔡澤傳兩句，然又却多方回互，説從那開創阡陌之意上去。」義剛。

問井田阡陌。先生曰：「已前人都錯看了。某嘗考來，蓋陌者，百也；阡者，千也。井田之夫〔九三〕一夫百畝則爲遂，遂上有徑，此是縱，爲陌；十夫千畝則爲溝，溝上有畛，此是横，爲阡。積此而往，百夫萬畝則爲洫，洫上有涂，涂縱，又爲陌；千夫十萬畝則爲澮，澮上有道，道横，又爲阡。商鞅開之，乃是當時井田既不存，便以此物爲無用，一切破蕩了。蔡澤傳云『商君

決裂阡陌』，乃是如此，非謂變井田爲阡陌也。」夔孫。〔九四〕

「開阡陌」，「開墾」之「開」也。史記蔡澤曰：「決裂阡陌，以盡生民之業。」道夫。〔九五〕

「伯恭言，秦變法，後世雖屢更數易，終不出秦。如何？」曰：「此意好，但使伯恭爲相果能盡用三代法度否？」問：「後有聖賢者出如何？」曰：「必須別有規模，不用前人硬本子。」升卿。

商君廢井田、開阡陌，今人皆謂廢古井田、開今阡陌也。阡陌乃是井田中許多溝澮道路，而商君壞之耳。蔡澤傳云「廢壞井田，決裂阡陌」，此其證也。僩。〔九六〕

晦庵先生朱文公語類卷第一百三十五

歷代二兩漢[一]

西漢却有是忠質底意。承秦焚滅之後。學蒙。[二]

漢高祖私意分數少。唐太宗一切假仁借義以行其私。若海。

漢興之初，那時[三]人未甚繁，氣象剗地較好。到那[四]武宣極盛時便有那[五]衰底意思，人亦皆[六]然。義剛。按，陳淳録同而略，今附，云：「漢興之初氣象自好，到武宣極盛處便有衰底意思，人亦皆然。」[七]

漢時宿衛皆是子弟，不似而今用軍卒。義剛。

「人讀史書，節目處須要背得始得。如讀漢書高祖辭沛公處、義帝遣沛公入關處、韓信初説漢王處與史贊過秦論之類，皆用背得方是。若只是略綽[八]看過，心中[九]似有似無，濟得甚事！讀一件書須心心念念只在這書上，令徹頭徹尾讀教精熟，這説是如何，那説是如何，這説同處是如何，不同處是如何，安有不長進！而今人只辦得十日讀書下着頭不與閑事管取便別。莫説十日，只讀得一日便有效驗。人若辦得十年來[一〇]，世間甚書讀不了。今公門自正月至臘月三十日管取無一日專心致志在書上。」又云：「人做事須是專一。且如張旭學草書，見公孫大娘舞劍器而悟。若不是他專心致志，如何會得[一一]！」[一二]

高祖初入關，恁地鎮撫人民。及到灞上，又不入秦府庫，珍物無所取，婦女無所幸。此時皆是。後來項羽王他巴蜀，他也入去，到此亦是。未幾却出定三秦，已自侵占別人田地了。那三降王不足以王秦地，既奪得他關中便好且住，閉了關門，守那裏面。他不肯休，又去尋得弑義帝說話來，這個亦是在，湯、武亦不肯放過，但依傍此做去自好。他率五諸侯合得五六十萬兵，又却去彭城飲酒，取他美人，恁地作怪，被項羽來殺得甚狼狽，如湯、武豈肯如此？自此後名義都壞盡。只是胡相殺了。胡文定謂「惜乎假之未久而遽歸」者，此也。使其常如關中時心，夫豈不好？若把與湯、武做時，定須做得好。淳。[一三]

漢高祖從襄陽、金州、商州、長安角上入關。節[一四]

或問：「高祖爲義帝發喪是詐，後如何却成事？」曰：「只緣當時人和詐也無。如五伯假之，亦是諸侯皆不能假故也。」祖道。

常疑四十萬人死恐只司馬遷作文如此，未必能盡坑得許多人。德明。[一五]

伯謨問：「汪公史評說酈食其說得好。」先生曰：「高祖那時也謾教他去，未必便道使得着。」伯謨[一六]問：「聖人處高祖時有[一七]太公事如何？」曰：「聖人須是外放教寬，一面自進，必不解如高祖突出這般説話。然高祖也只是寬他。劉、項之際直是紛紛可畏，度那時節有百十人、有千來人皆成部落，無處無之。那時也無以爲糧，只是劫奪。」賀孫。

叔器問：「太公、吕氏當時若被項羽殺了則如何？」先生曰：「便是大費調護。」顧擇之曰：「項羽恁粗暴，如何不殺了太公？」擇之言：「羽亦有斟酌，怕殺了反重其怨。」先生曰：「便是此事羽亦思量過來，羽摶量了高祖，故不敢殺。高祖知他必不殺，故放得心下，若是高祖軟弱，敵他不過，便被他從頭殺來是否。」〔一八〕

問：「『養虎自遺患』事，張良當時若放過恐大事去矣。如何？」曰：「若只計利害即無事可言者，當時若放過未取，亦不出三年耳。」問：「幾會之來，間不容髮，況沛公素無以繫豪傑之心，放過即事未可知。」曰：「若要做此事，先來便莫與項羽講解，既已約和，即不可爲矣。大抵張良多陰謀，如入關之初賂秦將之爲賈人者，此類甚多。」問：「伊川却許以有儒者氣象，豈以出處之際可觀耶？」曰：「爲韓報仇事亦是，張良〔一九〕是爲君父報仇。」德明。

或問：「太史公書項籍垓下之敗，實被韓信布得陣好，是以一敗而竟斃。」先生曰：「不特此耳。自韓信左取燕、齊、趙、魏，右取九江英布，收大司馬周殷，而羽漸困於中而手足日翦，則不待垓下之敗，而其大勢蓋已不勝漢矣。」處謙。

義剛説賜姓劉氏，云：「古人族系不亂，只緣姓氏分明，自高祖賜姓而譜系遂無稽考，姓氏遂紊亂。據義剛觀之，〔二〇〕但是族裔〔二一〕紊亂，也無〔二二〕害於治體。但高祖〔二三〕一有同姓異姓之私，則非王者〔二四〕以天下爲公之意。今觀所謂『劉氏冠』、『非劉氏不王』，往往皆此一私意，至〔二五〕使天下後世有親疏之間，而相戕相黨皆由此起。」先生曰：「古人是未有那〔二六〕姓，故賜他姓教它各自分別。後來既有姓了，又何用賜？但一時欲以恩結之，求〔二七〕附於己，故賜之。如高祖猶少。如唐，夷狄來附者皆賜姓，道理也是不是，但不要似公樣恁地起風作浪說。」義剛。

太史公三代本紀皆著孔子所損益四代之說。高帝紀又言「色尚黃，朝以十月」，此固有深意。且以孔、顏而行夏時、乘商輅、服周冕、用韶舞則固〔二八〕好，以劉季爲之，則〔二九〕亦未濟事在。文子。〔三〇〕

高祖、子房英，項羽雄。道夫。

又曰：〔三一〕「某〔三二〕嘗欲寫出蕭何、韓信初見漢高帝〔三三〕時一段，鄧禹初見光武時一段，武侯初見先主時一段，將這數段語及王朴平邊策編爲一卷。」雉。

張良一生在荆棘林中過，只是殺他不得。任他流血成川、橫屍萬里，他都不知。椿。

「唐子西云『自漢而下，惟有個〔三四〕子房、孔明爾，而子房尚黃、老，孔明喜申、韓』，也說得好。子房分明見〔三五〕得老子之術，其處己、謀人皆是。孔明手寫申、韓之書以授後主，而治國以嚴，皆此意也。」道夫〔三六〕問：「邵子云『智哉留侯，善藏其用』，如何？」曰：「燒〔三七〕絶棧道，其意自在韓而不在漢。及韓滅，無所歸乃始歸漢，則其事可見矣。」道夫。

問張子房、諸葛孔明〔三八〕人品。曰：「張子房〔三九〕全是黄老，皆自黄石一編中來。」又問：「一編非今之三略乎？」曰：「又有黄石公素書，然大率是這様説話。」廣云：「觀他博浪沙中事也〔四〇〕奇偉。」曰：「此又忒煞不黄老。爲君報仇，此是他資質好處。後來事業則都是黄老了，凡事放退一步。若不得那些清高之意來緣飾遮蓋，則其從衡詭譎殆與陳平輩一律耳。諸葛孔明〔四一〕學術亦甚雜。」廣云：「他雖嘗學申、韓，却覺意思頗正大。」曰：「唐子西嘗説子房與孔明皆是好人才，但其所學一則從黄、老中來，一則從申、韓中來。」又問：「崔浩如何？」曰：「也是個博洽底人。他雖自比子房，然却學得子房猷了。子房之辟穀姑以免禍耳，他却真個要做。」廣。

叔孫通爲綿蕝之儀，其效至於群臣震恐，無敢喧嘩失禮者，比之三代燕享群臣氣象便大不同，蓋只是秦人尊君卑臣之法。人傑。〔四二〕

韓信反，無證見。閎祖。

道夫〔四三〕問：「文帝問陳平錢穀刑獄之數而平不對，乃述所謂宰相者〔四四〕之職。或以爲錢穀刑獄一得其理則陰陽和、萬物遂，而斯民得其所矣。宰相之職莫大於是，惜乎平之不知此也。」曰：「平之所言乃宰相之體。此之所論亦是一説，但欲執此以廢彼則非也。要之，相得人則百官各得其職。擇一户部尚書則錢穀何患不治？而刑部得人則獄事亦清平矣。昔魏文侯與田子方飲，文侯曰：『鍾聲不比乎左高。』田子方笑。文侯曰：『何笑？』子方曰：『臣聞之，君明樂官，不明樂音。今君審於音，臣恐其聾於官也。』陳平之意亦猶是爾，蓋知音而不知人則瞽者之職爾，知人則音雖不知而所謂樂者固無失也。本朝韓魏公爲相，或謂公之德業無愧古人，但文章有所不逮。公曰：『某爲相，歐陽永叔爲翰林學士，天下之文章莫大於是。』自今觀之，要説他自不識，安能知歐陽永叔也得，但他偶然自然，〔四五〕亦奈他何？」道夫。

「召平高於『四皓』，但不知當〔四六〕高后時此四人在甚處。」蔡丈云：「邵康節〔四七〕謂事定後四人便自去了。」先生曰：「也不見得。恐其老死亦不可知。」廣。

三代以下，漢之文帝可謂恭儉之主。道夫。

賈誼説教太子，方説那承師問道等事，却忽然説禮曰〔四八〕帝入太學之類，説了〔四九〕後面又説太子，文勢都不相干涉。不知怎生〔五〇〕地，賈誼文章大抵恁地無頭腦，如那〔五一〕後面説「春朝朝日，秋莫夕月」亦然，他方説太子又便從天子身上去。某嘗疑「三代之禮」一句合當作「及其爲天子」字。蓋詳他意，是謂爲太子時教得如此，及爲天子則能如此。它皆是引禮經全文以爲證，非是他自説如此。義剛。

文帝不欲天下居三年喪，不欲以此勤民，所爲大綱類墨子。[五二]

問：「周亞夫『軍中聞將詔令[五三]，不聞天子令[五四]』，不知是否？」曰：「此軍法。」又問：「大凡爲將之道首當使軍中尊君親上，若徒知有將而不知有君，則將皆亞夫，固無害也。設有姦將一萌非意，則軍中之人豈容不知有君？」曰：「若説到反時更無説。凡天子命將，既付以一軍，只管[五五]當守法。且如朝廷下州縣取一件公事，亦須知州、知縣肯放方可發去，不然豈可輒易也？」自修。

問：「賈誼『五餌』之説如何？」曰：「伊川嘗言，本朝正用此術。契丹分明是被金帛買住了。今日金虜亦是如此。」昌父曰：「交鄰國、待夷狄固自有道，『五餌』之説恐非仁人之用心。」曰：「固是，但虜人分明是遭餌。但恐金帛盡則復來，不[五六]則五餌須並用。然以宗室之女妻之則大不可，如烏孫公主之類令人傷痛。何[五七]必夷狄？『齊人歸女樂』便是如此了。如阿骨打初破遼國，勇鋭無敵。及既下遼，席卷其子女而北，肆意蠱惑，行未至其國而死。」因笑謂趙曰：「頃年於呂季克處見一畫卷，畫虜酋與一胡女並轡而語。季克苦求詩，某勉爲之賦，末兩句云『却是燕姬解迎敵，不教行到殺胡林』，正用阿骨打事也。」僩。

賈誼新書除了濮書[五八]中所載，餘亦難得粹者。看得[五九]來只是賈誼一雜記藁耳，中間事事有些個[六〇]。廣。

問賈誼新書。曰：「此誼平日記録藁草也。其中細粹〔六一〕俱有，治安策中所言亦多在焉。」方子。

問：「賈誼新書云『天子〔六二〕處位不端，受業不敬，言語不序，聲音不應律』，聲音不〔六三〕應律恐是以詠歌〔六四〕而言。」曰：「不是如此。太子新生，太師吹律以驗其啼，所謂應律只是要看他聲音高下。如大射禮『舉旌以宫，偃旌以商』便是此類。」文蔚。

節〔六五〕問：「賈誼新書『立容言早立』，何謂『早立』？」曰：「不可曉。如儀禮云『疑立』，『疑』却音『仡』〔六六〕，仡然而立也。」節。

文帝便是善人，武帝却有狂底氣象。陸子静省試策説武帝强文帝，其論雖偏，亦有此理。文帝資質雖美，然安於此而已。其曰「卑之無甚高論，令今可行」，題目只如此。先王之道，情願不要去做，只循循自守。武帝病痛固多，然天資高、志向大，是以有爲，使合下便得個真儒輔佐，豈不大有可觀？惜乎無真儒輔佐，不能勝其多欲之私，做從那邊去了。欲討匈奴便把吕后嫚書做題目，要來掩蓋其失。他若知得此，豈無「修文德以來」道理？又如討西域，初一番去不透又再去，只是要得一馬，此是甚氣力！若移來就這邊做豈不可？末年海内虚耗，去秦始皇無幾。若不得霍光收拾，成甚麽！輪臺之悔，亦是天資高方如此。嘗因人言，太子仁柔不能用武，答以『正欲其守成。若朕所爲，是襲亡秦之迹』。可見他當時已自知其非〔六七〕。向若能以仲舒爲相，汲黯爲御史大夫，豈不善？」先生歸後再有批[六八]答問目云：「狂者志高，可以有爲；狷者志絜[六九]，有所不爲而可以有守。漢武狂，然又不純一，不足言也。淳。[七〇]

武帝做事好揀好名目。如欲逞兵立威，必曰「高皇帝遺我平城之憂」。若是[七一]果以此爲耻，則須「修文德以來之」，何用窮兵黷武，驅中國生民於沙漠之外以償鋒鏑之慘？道夫。

王允云：「武帝不殺司馬遷，使作謗書。」如封禪書所載祠祀事。樂書載得神馬爲太一歌，汲黯進曰：「先帝百姓豈能知其音邪？」公孫弘曰：「黯誹謗聖制，當族。」下面却忽然寫許多禮記，又如律書説律，又説兵，又説文帝不用兵，贊歎一場。全似個醉人東撞西撞，觀此等處恐是有意。閎祖。

漢儒董仲舒較穩。劉向雖博洽而淺，然皆不見聖人大道。賈誼、司馬遷皆駁雜，大意是説權謀功利，説得深了，覺見不是，又説一兩句仁義。然權謀已多，救不轉。蘇子由古史前數卷好，後亦合雜權謀了。庚。[七二]

或問：「霍光不負社稷而終有許后之事，援以口過戒子孫而他日有裹屍之禍。」先生曰：「『采葑采菲，無以下體』，取人之善爲己師法，正不當如此論也。」若海。

義剛[七三]問：「君臣之變不可不講。且如霍光廢昌邑，所爲[七四]正與伊尹同。然尹能使太甲『自怨自艾』而卒復辟。光當時被昌邑説『天子有争臣七人』兩句後，他更無轉側，萬一被他更咆哮〔七五〕時也惡模樣。」先生曰：「到〔七六〕這裏也不解得宛轉了。」良久，又曰：「人臣也莫願有此。萬一有此〔七七〕，十分也〔七八〕使那宛轉不得。」義剛。陳淳録同而略，云：「問：『君臣之變，如霍光廢昌邑時，萬一被他咆悖，亦惡模樣。』先生曰：『到這裏亦不解恤得惡模樣了。』又問：『畢竟是做得未宛轉。』曰：『到這裏亦不解得宛轉了。大臣莫願有此，萬一有此時，十分使宛轉不得。』」〔七九〕

問：「霍光廢昌邑，是否？」曰：「是。」「使太甲終不明，伊尹奈〔八〇〕之何？」曰：「亦有道理。」可學。

問宣帝雜王、伯之說。曰：「須曉得如何是王、如何是伯，方可論此。宣帝也不識王、伯，只是把寬慈底便喚做王，嚴酷底便喚做伯。明道王伯劄子說得好〔八一〕，自古論王、伯，至此無餘蘊矣。」可學。〔八二〕

楊惲坐上書怨謗，斬〔八三〕。此法古無之，亦是後人增添。今觀其書，謂之怨則有之，何謗之有？〔八四〕

前漢儒林傳說，韓嬰其人精悍，處事分明。泳。〔八五〕

莽何羅本姓馬，乃後漢馬后之祖，班固爲澤而改之。方子。〔八六〕

步騭不去，爲爪耳。爪可無，身不可無。升卿。〔八七〕

顏師古注前漢書如此詳，猶有不可曉者，況其他史無注者。漢宣渭上詔令「單于毋謁」，范

升劾周黨「伏而不謁」。謁不知是何禮數，無注，疑是君臣之禮，便〔八八〕見而自通其名。然不可考矣。方子。〔八九〕

古之名將能立功名者，皆是謹重周密乃能有成。如吳漢、朱然終日欽欽，嘗〔九〇〕如對陳。須學這樣底方可。如劉琨恃才傲物，驕恣奢侈，卒至父母妻子皆爲人所屠。而〔九一〕今人率以才自負，自期〔九二〕待以英雄，以至恃氣傲物，不能謹嚴，以此臨事卒至於敗而已。要做大功名底人越要謹密，未聞粗魯闊略而能有成者也〔九三〕。僩。

漢儒專以災異、讖緯與夫風角、鳥占之類爲問〔九四〕學。如徐孺子之徒多能此，反以義理之學爲外學。且如鍾離意傳所載修孔子廟事，説夫子若會覆射者然，甚怪。義剛。

或問：「黄憲不得似顏子。」曰：「畢竟是資禀好。」又問：「若得聖人爲之依歸，想是煞好。」先生曰：「又不知他志向如何。顏子不是一個衰善底人，看他是多少聰明！便敢問爲邦。孔子便告以四代禮樂。」因説至「伯夷聖之清，伊尹聖之任，柳下惠聖之和」，都是個有病痛底聖人。又問：「伊尹似無病痛？」曰：「『五就湯，五就桀』，孔、孟必不肯恁地，只爲他任得過。」又問：「伊尹莫是『枉尺直尋』？」曰：「伊尹不是恁地，只學之者便至枉尺直尋。」義剛。〔九五〕

後漢魏桓不肯仕，鄉人勉之。曰：「干禄求進以行志也。方今後宫千數，其可損乎？廄馬萬匹，其可減乎？左右權豪，其可去乎？」慨然歎曰：「使桓生行而死還，於諸子何有哉！」賀孫。

問器遠：「君舉說漢黨錮如何？」曰：「也只說當初所以致此，止緣將許多達官要位付之宦官，將許多儒生付之閑散無用之地，所以激起得如此。」曰：「這時許多好官尚書。也不是付宦官，也是儒生，只是不得人。許多節義之士固是非其位之所當言，宜足以致禍。某常說，只是上面欠一個人。若上有一個好人，用這一邊節義剔去那一邊小人，大故成一個好世界。只是一轉關子。」賀孫。

說東漢誅宦官事，云：「欽夫所說只是翻謄[九六]好看，做文字則劇，其實不曾說着當時事體。到得那時節是甚麽時節！雖倉公、扁鵲所不能療。如天下有必死之病，喫熱藥也不得，喫涼藥也不得，有一人下一服熱藥便道他用藥錯了。天下必有存亡[九七]之勢，這如何慢慢得！若許多宦者未誅，更恁地保養過幾年更乖。這只是胡說。那時節是甚麽時節！都無主了。立個渤海王之子纘，纔七八歲，方說梁冀跋扈便被弑了。立蠡吾侯爲桓帝，方十五歲，外戚宦官手裏養得大，你道他要誅他不要誅他！東漢外戚宦官從來盤踞，軌轍相御，未有若此之可畏。養個女子便頓放在宫中，十餘年後便窮極富貴。到得有些蹶跌便闔族誅滅無遺類，欲爲孤豚而不可得。必亡之勢，未有若東漢末年。」伯謨問：「唐宦官與東漢末如何？」曰：「某嘗說唐時天下尚可爲。唐時猶有餘策，東漢末直是無着手處，且是無主了。如唐昭宗、文宗直要除許多宦官，那時若有人似尚可爲。那時只宣宗便度得事勢不能誅，便一向不問他，也是老練了如此。如伊川易解也失契勘，説『屯其膏』云：『又非恬然不爲，若唐之僖、昭也。』這兩人全不同，一人是要做事，一人是不要做，與小黄門啗果食度日，呼田令孜爲阿父。不知東漢時，若一向盡引得忠賢布列在内不知如何。只那都無主可立，天下大勢如人衰老之極，百病交作，略有些小變動便成大病。如乳母也聒噪一場，如單超、徐璜也作怪一場，如張讓、趙忠之徒纔有些小權柄便作怪一場，這是甚麼時節！」伯謨云：「從那時直到唐太宗，天下大勢方定疊。」先生曰：「這許多時節直是無着手處。然亦有幸而不亡者，東晉是也。汪莘作詩史，以爲竇武、陳蕃誅宦者不合前收鄭颯，而未收曹節、王甫、侯覽，若一時便收却四個便了；陽球誅宦者不合前誅王甫、段熲，而未誅曹節、朱瑀，若一時便誅却四個，亦自定矣。此説是。」賀孫。

荀文若爲宦官唐衡女婿，見殺得士大夫厭了，爲免禍之計耳。升卿。

晦庵先生朱文公語類卷第一百三十六

歷代三 三國晉六朝唐五代[一]

因論三國形勢，先生曰：「曹操合下便知據河北可以爲取天下之資。既被袁紹先説了，他又不成出他下，故爲大言以誑之。胡致堂説史臣後來代爲文辭以欺後世，看來只是一時無説了，大言耳。此着被袁紹先下了，後來崎嶇萬狀，尋得個獻帝來爲挾天子令諸侯之舉，此亦是第二大着。若孫權據江南，劉備據蜀，皆非取天下之勢，僅足自保耳。」雉。

又[二]問：「劉先主[三]爲曹操所敗，請救於吴，若非孫權用周瑜以敵操，亦殆矣。」曰：「孔明之請救，知其不得不救。孫權之救備，須着救他，[四]不如此便當迎操矣。此亦非好相識，勢使然也。及至先主得荆州，權遂遣吕蒙擒關羽，纔到利害所在，便不相顧。」人傑。[五]

諸葛孔明大綱資質好，但病於粗疏。孟子以後人物只有子房與孔明。子房之學出於黄、老。孔明出於申、韓，如授後主以六韜等書與用法嚴處可見，若以比王仲淹，則不似其細密。他却事事理會過來，當時若出來施設一番，亦須可觀。木之。

或問諸葛孔明[六]。曰：「南軒言其體正大，問學未至。此語也好，但孔明本不知學，全是駁雜了，然却有儒者氣象，後世誠無他比。」升卿。

武侯有王佐之心，道則未盡，自比管、樂，非謙。道夫。[七]

寓[八]問：「文中子言[九]孔明興禮樂，如何？」曰：「也不見得孔明都是禮樂中人，也只是粗底禮樂。」寓。陳淳録同。[一〇]

致道問諸葛孔明[一一]出處。先生曰：「當時只有蜀先主可與有爲耳，如劉表、劉璋之徒皆了不得。曹操自是賊，既不可從。孫權又是兩間底人。只有蜀先主[一二]名分正，故得從之也[一三]。」時可問：「王猛從苻堅如何？」曰：「苻堅事自難看。觀其殺苻生與東海公陽，分明是特地殺了，而史中歷數苻生酷惡之罪。東海公之死，云是太后在甚樓子上見它門前車馬甚盛，恐其[一四]欲害苻堅，故令人殺之。此皆不近人情，蓋皆是己子，不應便專愛堅而特使人殺東海公也。此皆是史家要出脱苻堅殺兄之罪，故粧點許多，此史所以難看也。」時舉。

孔明執劉璋，只是事求可，功求成。公謹。[一五]

器遠問：「諸葛武侯殺劉璋是如何？」曰：「這只是不是。初間教先主殺劉璋，先主不從。到後來先主見事勢迫，也打不過，便從他計。要知不當恁地行計殺了他，若明大義，聲罪致討，不患不服。看劉璋欲從先主之招，傾城人民願留之。那時郡國久長，能得人心如此。」賀孫。

毅然問：「孔明誘奪劉璋，他怕[一六]不義。」先生曰：「便是後世聖賢難做，動着便粘手惹脚。」淳。

「諸葛孔明天資甚美，氣象宏大，但所學不盡純正，故亦不能盡善。取劉璋一事，或以爲先主之謀未必是孔明之意，然在當時多有不可盡曉處。如先主東征之類，不見孔明一語議論。後來壞事，却追恨法孝直若在則能制主上東行。孔明得君如此猶有不足[一七]盡言者也[一八]？先主不忍取荆州，不得已而爲劉璋之圖。若取荆州雖不爲當，然劉表之後君弱勢孤，必爲他人所取。較之取劉璋，不若得荆州之爲愈也。學者皆知曹氏爲漢賊，而不知孫權之爲漢賊也。若孫權有意興復漢室，自當與先主協力并謀，同正曹氏之罪。如何先主纔整頓得起時便與壞倒！如襲取關羽之類是也。權自知與操同是竊據漢土之人，若先主可[一九]成，必滅曹氏且復滅吴矣。權之姦謀蓋不可掩，平時所與先主交通，姑爲自全計爾。」或曰：「孔明與先主俱留益州，獨令關羽在外，遂爲陸遜所襲。當時只先主在內、孔明在外，如何？」曰：「正當經理西向宛、洛，孔明如何可出？此特關羽恃才疏鹵，自取其敗。據當時處置如此，若無意外齟齬，曹氏不足平，兩路進兵何可當也！此亦漢室不可復興、天命不可再續而已，深可惜哉！」謨。

誦武侯之言曰：「治世以大德，不以小惠。」從周。

問武侯「寧静致遠」之說。曰：「静便養得根本深固，自是可致遠。」淳。

宫中府中俱爲一體，陟罰臧否不宜異同。若有作姦犯科及爲忠善者，宜付有司論其刑賞，以昭陛下平明之理，不宜偏私，使内外異法也。閎祖。〔二〇〕

看史策自有該載不盡處。如後人多説武侯不過子午谷路，往往那時節必有重兵守這處，不可過。今只見子午谷易過而武侯自不過。史只載魏延之計，以爲夏侯楙是曹操婿，怯而無謀，守長安，甚不足畏。這般所在只是該載不盡。亮以爲此危計，不如安從坦道。又揚聲由斜谷，又使人據箕谷，此可見未易過。賀孫。

先生説八陣圖法。人傑因云：「尋常人説戰陣事多用變詐，恐王者之師不如此。」曰：「王者勢嚮大，自不須用變詐。譬如孟賁與童子相搏，自然勝他孟賁不得。且如諸葛武侯七縱七擒事，令孟獲觀其營壘，分明教你看見，只是不可犯。若用變詐，已是其力不敵，須假些意智勝之。又，今之戰者只靠前列，後面人更着力不得。前列勝則勝，前列敗則敗。如八陣之法，每軍皆有用處。天衝、地軸、龍飛、虎翼、蛇、鳥、風、雲之類，各爲一陣，有專於戰鬭者，有專於衝突者，又有纏繞之者，然未知如何用之。」又問垓下之戰。曰：「此却分曉。」又問：「淮陰多多益辦，程子謂『分數明』，如何？」曰：「此御衆以寡之法。且如十萬人分作十軍則每軍有一萬人，大將之所轄者十將而已。一萬又分爲十軍，一軍又分作十卒，則一將所管者十卒而已。卒正自管二十五人，則所管者三卒正耳。推而下之，兩司馬雖管二十五人，然所自將者五人，又管四伍長，伍長所管四人而已。至於大將之權專在旗鼓，大將把小旗，撥發官執大旗，三軍視之以爲進退。若李光弼旗麾至地，令諸軍死生以之是也。若八陣圖，自古有之，周官所謂『如戰之陣』蓋是此法。握機文雖未必風后所作，然由來須遠。武侯立石於江邊乃是水之回洑處，所以水不能漂蕩。其擇地之善、立基之堅如此，此其所以爲善用兵也。」又問：「陰符經言［二二］有『絶利一源用師十倍，三反晝夜用師萬倍』之説，如何？」曰：「絶利者，絶其二三；一源者，一其原本。三反晝夜者，更加詳審豈惟用兵？凡事莫不皆然，『倍』如『事半古之人，功必倍之』之謂。上文言『瞽者善聽，聾者善視』，則其專一可知。注陰符者分爲三章：上言神仙抱一之道，中言富國安民之法，下言强兵戰勝之術。又有人每章作三事解釋。後來一書吏竊而獻之高宗皇帝［二三］。高宗大喜，賜號『渾成』。其人後以强横害物，爲知饒州汪某斷配。」人傑。

或問：「季通八陣圖説，其間所著陳法是否？」曰：「皆是元來有底，但季通分開許多方圓陳法，不相混雜，稍好。」又問：「史記所書高祖垓下之戰，季通以爲正合八陳之法。」曰：「此亦後人好奇之論。大凡有兵須有陳，不成有許多兵馬相戰鬭只衮作一團，又只排作一行。必須左右前後、部伍行陣各有條理方得。今且以數人相撲言之，亦須擺布得所而後相角。今人但見史記所書甚詳，漢書則略之，便以司馬遷爲曉兵法，班固爲不曉，此皆好奇之論。不知班固以爲行陣乃用兵之常，故略之，從省文爾。看古來許多陳法，遇征戰亦未必用得，所以張巡用兵未嘗做古兵法，不過使兵識將意，將識士情。蓋未論臨機應變，方略不同，只如地圓則須布圓陣，地方則須布方陣，亦豈容概論也？」又曰：「常見老將説，大要臨陣又在番休遞上，分一軍爲數替，將戰則食。第一替人既飯[二三]，遣之入陣，便食第二替人，覺第一替人力將困，即調發第二替人往代，第三替者亦如之。只管如此更番，則士常飽健而不至於困乏。鄉來張柔直守南劍，戰退范汝爲只用此法。方汝爲之來寇也，柔直起鄉兵與之戰。令城中殺羊牛豕作肉串，仍作飯。分鄉兵爲數替，以入陣之先後更迭食之。士卒力皆有餘，遂勝范汝爲。」又云：「劉信叔順昌之勝，鄉見張仲隆云親得之信叔，大概亦是如此。時極暑，探報人至云：『虜騎至矣！』信叔則[二四]令一卒擐甲立之烈日中，少頃，問：『甲熱乎？』曰：『熱矣。』『可着手乎？』曰：『尚可着手。』少頃之，又問曰：『可着手乎？』[二五]則曰：『熱甚，不可着手矣。』時城中軍亦不甚多。信叔嘗有宿戒，遇戰則分爲數替。如是下令軍中：『可依次飲食，士卒更番而上。』人[二六]又多合暑藥，往者、歸者皆飲之，人情胥快，元城劉師閔[二七]云[二八]，向張魏公督軍，暑藥又[二九]以薑麵爲之，與今冰壺散方大概相似。故能大敗虜人。蓋方我之甲士甲熱不堪着手，則虜騎被甲來者其熱可知，又未免有困餒之患，於此時而擊之，是以勝也。」或曰：「是戰也，信叔戒甲士，人帶一竹筒，其中實以煮豆。入陣則割棄竹筒，狼籍其豆於下。虜馬飢，聞豆香，低頭食之，又多爲竹筒所衮，脚下不得地，以故士馬俱斃。」曰：「他則不得而知，但聞多遺輕鋭之卒，以大刀斫馬足，每折馬一足則和

人皆仆，又有相蹂踐者。大率一馬仆則從旁而斃不下十數人。」儒用。賀孫録順昌之捷一段尤詳，見夷狄類。〔三〇〕

「八陣圖，敵國若有一二萬人，自家止有兩三千〔三一〕，雖有法，何所用之？」蔡云：「勢不敵則不與鬭。」先生笑曰：「只辦着走便了！」蔡云：「這是個道理。譬如一個十分雄壯底人與一個四五分底人厮打，雄壯底只有力，四五分底却識相打法，對副雄壯底更不費力，只指點將去。這見得八陣之法有以寡敵衆之理。」先生曰：「也須是多寡强弱相侔可也，又須是人雖少須勇力齊一始得。」蔡云：「終不是使病人與壯人鬭也。」賀孫。

用之問：「諸葛武侯不死，與司馬仲達相持，終如何？」曰：「少間只管算來算去，看那個錯了便輸。輸贏處也不在多，只是争些子。」季通云：「看諸葛亮不解輸。」曰：「若諸葛亮輸時輸得少，司馬懿輸時便狼狽。」〔三二〕

諸葛公是忠義底司馬懿，司馬懿是無狀底諸葛公，劉備〔三三〕備位而已。道夫。

問羊、陸事。曰：「此乃敵國相傾之謀，不是好意思。觀陸抗『正是彰其德於祜』之言，斯可見矣。如石勒修祖逖母墓亦相類。」人傑。以下論晉。〔三四〕

晉元帝無意復中原，却託言糧運不繼，誅督運令史淳于伯而還。行刑者以血拭柱，血爲之逆流。天人幽顯，不隔絲毫。閎祖。

王導爲相只周旋人過一生。嘗有坐客二十許〔三五〕人，逐一稱讚，獨不及一胡僧并一台州〔三六〕臨海人。二人皆不悦。導徐顧臨海人曰：「自公之來，臨海不復有人矣。」又謂胡僧曰：「蘭奢。」蘭奢乃胡語之褒譽者也。於是二人亦悦。人傑。

黄問：「王導、謝安用老子之道？」先生曰：「他也不得老子之妙。人常以王導比謝安，石林説謝安勝王導。却是謝安爲相有建立，煞有中原之心。王導只是隨波逐流，做不得事。然謝安亦被這清虚絆，做不徹。」淳。〔三七〕

王儀爲司馬昭軍師，嘗事昭而昭誅之。裒仕晉猶可也，而裒不仕乃過於厚者。嵇康，魏臣，而晉殺之，紹不當事晉明矣。蕩陰之忠固可取，亦不相贖。事讎之過自不相掩也。廣武之會，項羽所以不殺太公者，蓋是時漢强而楚少弱。使高祖於楚，屈意於事楚則有俱斃而已，惟其急於攻楚，所以致太公之歸也。項籍亦能曉此，知殺太公爲不可，不若歸之，可以致漢之歡心也。若分羹之説則大不可，然豈宜以此責高祖？若以此責之，全無是處也。人傑。〔三八〕

王祥孝感只是誠發於此、物感於彼。或以爲内感，或以爲自誠中來，皆不然。王祥自是王祥，魚自是魚。今人論理只要包合一個渾淪底意思，雖是直截兩物亦須衮合説，正不必如此。世間事雖千頭萬緒，其實只一個道理，「理一分殊」之謂也。到感通處自然首尾相應，或自此發出而感於外，或自外來而感於我，皆一理也。謨。

淵明所説者莊、老，然辭却簡古；堯夫辭極卑，道理却密。升卿。

陶淵明，古之逸民。若海。

問：「苻堅立國之勢亦堅牢，治平許多年，百姓愛戴。何故一敗塗地，更不可救？」曰：「他是掃土而來，所以一敗更救不得。」又問：「他若欲滅晉，遣一良將提數萬之兵以臨之，有何不可？何必掃境自[三九]來？」曰：「他是急要做正統，恐後世以其非正統，故急欲亡晉。此人性也急躁，初令王猛滅燕，猛曰：『既委臣，陛下不必親臨。』及猛入燕，忽然堅至，蓋其心又恐猛之功大，故親來分其功也。便是他器量小，所以後來如此。」僩。

蘇綽立租、庸等法，亦是天下人殺得少了，故行得易。庚。[四〇]

唐源流出於夷狄，故閨門失禮之事不以爲異。祖道。

「唐太宗以晉陽宮人侍高祖，是致其父於必死之地，便無君臣、父子、夫婦之義。漢高祖亦自粗疏。惟光武差細密，却曾讀書來。」問：「晉元帝所以不能中興者，其病安在？」曰：「元帝與王導元不曾有中原志，收拾吳中人材[四一]惟欲宴安江沱耳。」問：「祖逖擢鋒越河，所向震動，使其不死，當有可觀。」曰：「當是時王導已不愛其如此，使戴若思輩監其軍可見，如何得事成？」問：「紹興初岳軍已取汴都，秦相從中制之，其事頗相類。」曰：「建炎初宗澤留守東京，招徠群盜數百萬，使一舉而取河北數郡，即當時事便可整頓，乃爲汪、黃所制，怏怏而死，京師之人莫不號慟。於是群盜分散四出，爲山東、淮南劇賊。」明德〔四二〕。

因論唐府兵之制，曰：「永嘉諸公以爲兵、農之分反自唐府兵始，却是如此。蓋府兵家出一人以戰以戍，并分番入衛，則此一人便不復爲農矣。」僩。

唐口分是八分，世業是二分。有口則有分〔四三〕，有家則有世業。古人想亦似此樣。淳。〔四四〕

唐租、庸、調大抵改新法度，是世界一齊更新之初方做得。如漢衰魏代只是漢舊物事，晉代魏亦只用這個，以至於〔四五〕六朝相代亦只〔四六〕遞相祖述，弊法卒亦變更不得。直到得元魏、北齊、後周居中原時，中原生靈死於兵寇幾盡，所以宇文泰、蘇綽出來便做得租、庸、調，故隋唐因之。〔四七〕

唐六典載唐官制甚詳。古禮自秦漢已失。北周宇文泰及蘇綽有意復古，官制頗詳盡，如租、庸、調、府兵之類，皆是蘇綽之制，唐遂因之。唐之東宮官甚詳，某以前上封事亦言欲復太子官屬如唐之舊。庚。〔四八〕

或問東宮官屬。曰：「唐六典載太子東宮官制甚詳，如一小朝廷，置詹事以統衆務則猶朝廷之尚書省也，置左、右二春坊以領衆局則猶朝廷之〔四九〕中書、門下省也。左、右春坊又皆設官，有各率其屬之意。崇文館猶朝廷之館閣，贊善大夫猶朝廷之諫議大夫。其官職一視朝廷而爲之降殺，此等制度猶好。今之東宮官屬極苟簡。左、右春坊，舊制皆用賢德者爲之，今遂用武弁之小有才者，其次惟有講讀數員而已。如贊善大夫諸官又但爲階官，非實有職業，神宗以唐六典改官制乃有疏略處，如東宮官屬之不備是也。某舊嘗入一劄子論東宮官制疏略，宜倣［五〇］舊損益之，不報。」又曰：「唐之官制亦大率因隋之舊。府、衛，租、庸、調之法，皆是也。當時大亂殺傷之後幾無人類，所以宇文泰與蘇綽能如此經營。三代而下，制度稍可觀者唯宇文氏耳。蘇綽，一代之奇才，今那得一人如此！」儒用。［五一］

唐之僕射即今之特進，他只是恁地轉將去。義剛。［五二］

唐官皆家京師。［五三］

唐之兵盡付與刺史、節度使，其他牙將之類皆由刺史、節度使辟置，無如今許多官屬。廣。［五四］

唐之朝廷有親衛、有勳衛、有翊衛。親衛則以親王侯之子爲之，勳衛則以功臣之子弟爲之，翊衛則惟其所選。公謹。［五五］

唐節度使收稅皆入其家，所以節度富。淳。

因論唐事，先生曰：「唐待諸國降王不合道理。竇建德所行亦合理，忽然而亡，不可曉。王世充却不殺。當初高祖起太原，入關立代王，遂即位。世充於東都亦立越王。二人一樣，故且赦之。至殺蕭銑則大無理，他自是梁子孫，元非叛臣。」某問：「唐史臣論高祖殺蕭銑不成議論。」先生曰：「然。」通老問：「以宮人侍高祖，在太宗不當爲。」先生曰：「它在當時只要得事成，本無救世之心，何暇顧此？唐有天下三百年。唐宗室最少，屢經大盜殺之。又多不出閤，只消磨盡了。」可學。

或謂：「史臣贊唐太宗[五六]止言其功烈之盛，至於功德兼隆則傷夫自古未之有。」曰：「恐不然。史臣正贊其功德之美，無貶他意。其意亦謂除隋之亂是功，致治之美是德。自道學不明故言功德者如此分別。以聖門言之則此兩事不過是功，未可謂之德。」道夫。[五七]

淳[五八]問：「胡氏管見斷武后於高宗非有婦道，合稱高祖、太宗之命，數其九罪，廢爲庶人而賜之死。竊恐立其子而殺其母，未爲穩否？」先生曰：「這般處便是難理會處。在唐室言之則武后當殺，在中宗言之，乃其子也。宰相大臣今日殺其母，明日何以相見？」淳[五九]問：「南軒欲別立宗室，如何？」曰：「以後來言之則中宗不當立[六〇]，當[六一]時言之，中宗又未有可廢之事。天下之心皆矚望中宗，高宗別無子，不立中宗又恐失天下之望，此最是難處。不知孟子當此時作如何處？今生在百十[六二]年之後，只據史傳所載，不見得當時事情，亦難如此斷定。須身在當時，親看那時節及事情如何，若人心在中宗只得立中宗，若人心不在中宗方別立宗室。是時承乾亦有子在。若率然妄舉，失人心，做不行。又，事多看道理未須便將此樣難處

來攔〔六三〕斷了，須要通其他，更有好理會處多。且看別處事事通透後，此樣處亦易。」淳。〔六四〕

「則〔六五〕武后擅唐則可書云『帝在房陵』。呂氏在漢，所謂『少帝』者又非惠帝子，則宜何書？」答〔六六〕曰：「彼謂『非惠帝子』者，乃漢之大臣不欲當弑逆之名耳。既云『後宮美人子』則是明其非正嫡元子耳。」大雅。〔六七〕

退之云「凡此蔡功，惟斷乃成」，今須知他斷得是與不是，古今煞有以斷而敗者。如唐德宗非不斷，却生出事來，要之只是任私意。帝剛愎不明理，不納人言。惟憲宗知蔡之不可不討，知裴度之不可不任。若使他理自不明，胸中無所見，則何以知裴公之可任？若只就「斷」字上看而遺其左右前後，殊不濟事。〔六八〕

周宏仲〔六九〕曰：「憲宗當時表也看。如退之潮州表上，他〔七〇〕一見便怜之，有復用之意。」先生曰：「憲宗聰明，他〔七一〕事事都看。近世如孝宗，也事事看。」義剛。

先生問人傑：「姚崇擇十道使，患未得人，如何？」人傑對〔七二〕曰：「只姚崇説患未得人，便見它真能精擇。」先生云：「固是。然范淳夫唐鑑中〔七三〕却貶之。唐鑑議論大綱好，欠商量處亦多。」又云：「范文正、富文忠當仁宗時條天下事，亦只説擇監司爲治，只此是要。」人傑。

顔魯公只是有忠義而無意智底人。當時去那裏見使者來，不知是賊，便下兩拜。後來知得方罵。義剛。

史以陸宣公比賈誼。誼才高似宣公，宣公諳練多學，更純粹。大抵漢去戰國近，故人才多是不粹。道夫。

「陸宣公奏議極好看。這人極會議論，事理委曲説盡，更無滲漏。雖至小底事被他處置得亦無不盡，如後面所論〔七四〕二税之弊極佳。人言陸宣公口説不出，只是寫得出。今觀奏議中多云『今日早面奉聖旨』云云、『臣退而思之』云云，疑或然也。」問：「陸宣公比諸葛武侯如何？」曰：「武侯氣象較大，恐宣公不及。武侯當面便説得，如説孫權一段，〔七五〕雖辯士不及。其細密處不知比宣公如何。只是武侯也密，如橋梁道路、井竈圊溷無不修繕，市無醉人，更是密。只是武侯密得來嚴，其氣象剛大嚴毅。」僩。

陸宣公奏議末數卷論稅事極盡纖悉，是他都理會來，此便是經濟之學。淳。

問：「陸宣公既貶，避謗，闔户不著書，祇爲古人〔七六〕集驗方。」先生曰：「此亦未是宣公是處〔七七〕，豈無聖經賢傳可以玩索，可以討論？終不成和這個也不得理會。」元秉。按，萬人傑録同。〔七八〕

或問：「維州事，温公以德裕所言爲利，僧孺所言爲義，如何？」曰：「德裕所言雖以利害〔七九〕，然意却全在爲國；僧孺所言雖義，然意却全在〔八〇〕濟其己私。且德裕既受其降矣，雖義有未安，也須别做處置。乃縛送悉怛謀，使之恣其殺戮，果何爲也。」升卿。

周世宗大均天下之田。元稹均田圖世末之見。德明。

元稹均田圖不知如何做，周世宗一覽而說之，便頒之天下。想甚好，但今不可見，屢說人尋之，不獲。淳。[八一]

周世宗天資高，於人才中尋得個王朴來用，不數年間做了許多事業，且如禮、樂、律、曆等事想見他都會得，故能用其說、成其事。又如本朝太祖皇帝[八二]直是明達，故當時創法立度，其節拍一一都是，蓋緣都曉得許多道理故也。[八三]廣。

晉悼公幼年聰惠似周世宗。世宗[八四]却得太祖接續他做將去，雖不是一家人，以公天下言之，畢竟是得人接續，所做許多規模不枉却。且如周武帝一時也自做得好，只是後嗣便如此弱了。後來雖得一個隋文帝，終是不甚濟事。文蔚。

晦庵先生朱文公語類卷第一百三十七

戰國漢唐諸子

家語雖記得不純，却是當時書。孔叢子是後來白撰出。道夫。

國語中多要説人有不可教則勿教之之意。廣。

國語文字多有重疊無義理處。蓋當時只要作文章，説得來多爾，故柳子厚論爲文，有曰「參之國語，以博其趣」。廣。

道夫[一]問史記云：「申子卑卑，泥[二]於名實。韓子引繩墨、切事情、明是非，其極慘刻[三]少恩，皆原於道德之意。」曰：「張文潛之説得之。」朱齊丘化書序中所論也。[四]道夫曰：「東坡謂商鞅、韓非得老子所[五]輕天下者，是以敢爲殘忍而無疑。」曰：「也是這意。要之，只是孟子所謂『楊氏爲我，是無君也』。老子是個占便宜、不肯擔當做事底[六]，自守在裏，看你外面天翻地覆都不管，此豈不是少恩？」道夫曰：「若柳下惠之不恭，莫亦至然否？」曰：「下惠其流必至於此。」又曰：「老子著書立言皆有這個底意思。」道夫。

荀子説「能定而後能應」，此是荀子好話。賀孫。

荀子儘有好處，勝似揚子，然亦難看。賀孫。

「諸子百家書亦有説得好處，如荀子曰『君子大心則天而道，小心則畏義而節』，此二句説得好。」曰：「看得荀子資質，也是個剛明底人。」曰：「只是粗。他那物事皆未成個模樣便將來説。」曰：「揚子工夫比之荀子，恐却細密。」曰：「揚子説到深處止是走入那老、莊窠窟裏去，如清静寂寞之説皆是也。又如玄中所説「靈根」之説，云云。亦只是莊、老意〔七〕。」曰：「程子却取之，是如何？」曰：「然，但恐他意思〔八〕止是説那養生底工夫爾。至於佛徒，其初亦只是以老、莊之言駕〔九〕爾。如遠法師文字與肇論之類，皆成片用老、莊之意。然他只是説，都不行。至達磨來方始教人自去做，所以後來有禪，其傳亦如是遠。」云：〔一〇〕「晉宋時人多説莊、老，然恐其亦未足以盡莊、老之實處。」曰：「當時諸公只是借他言語來蓋覆那滅棄禮法之行爾，據其心下污濁擾紛之〔一一〕如此，如何理會得莊、老底意思？」廣。〔一二〕

或言性，謂荀卿亦是教人踐履。先生曰：「須是有是物而後可踐履。今於頭段處既錯，又如何踐履？天下事從其是。曰同須求其真個同，曰異須求其真個異。今則不然，只欲立異，道何由明？陳君舉作夷門歌説荆公、東坡不相合，須當和同。不知如何和得！」可學。〔一三〕

問：「東坡言三子言性，孟子已道性善，荀子不得不言性惡，固不是。然人之一性無自而見。荀子乃言其惡，它莫只是要人修身故立此説？」先生曰：「不須理會荀卿，且理會孟子性善。渠分明不識道理。如天下之物有黑有白，此是黑，彼是白，又何須辨？荀、揚不惟説性不是，從頭到底皆不識。當時未有明道之士，被它説用於世千餘年。韓退之謂荀、揚『大醇而小疵』，伊川曰『韓子責人甚恕』。自今觀之，他不是責人恕，乃是看人不破。今且於自己上作工夫，立得本。本立則條理分明，不待辨。」可學。

「孟子後，荀、揚淺，不濟得事。只有王通、韓愈好，又不全。」淳曰：「他也只是見不得十分，不能止於至善否？」曰：「是。」淳。〔一四〕

問揚雄。曰：「雄之學似出於老子。如太玄曰『潛心于淵，美厥靈根』，測曰『「潛心于淵」，神不昧也』，乃老氏説話。」問：「太玄分贊於三百六十六日下，不足者乃益以『踦贏』，固不是。如易中卦氣如何？」曰：「此出於京房，亦難曉。如太玄中推之，蓋有氣而無朔矣。」問：「伊川亦取雄太玄中語，如何？」曰：「不是取他言，他地位至此耳。」又問：「賈誼與仲舒如何？」曰：「誼有戰國縱横之風。仲舒儒者，但見得不透。」曰：「伊川於漢儒取大毛公，如何？」曰：「今亦難考，但詩注頗簡易，不甚泥章句。」問：「文中子如何？」曰：「渠極識世變有好處，但太淺，决非當時全書。如説家世數人，史中並無名。又，關朗事與通年紀甚懸絶。」某〔一五〕謂：「可惜續經已失，不見渠所作如何。」曰：「亦何必見？只如續書有桓榮之命。明帝如此則榮可知，使榮果有帝王之學，則當有以開導明帝，必不至爲異教所惑。如秋風之詩乃是末年不得已之辭，又何足取？」渠識見不遠，却要把兩漢事與三代比隆。近來此〔一六〕說話極勝，須是於天理人欲處分别得明。如唐太宗分明是殺兄劫父代位，又何必爲之分説！沙隨云，史記高祖泛舟於池中，則『明當早參』之語皆是史之潤飾。看得極好，此豈小事！高祖既許之明早入辨而又却泛舟，則知此事經史臣文飾多矣。」問：「禪位亦出於不得已。」曰：「固是。它既殺元良，又何處去？明皇殺太平公主亦如此。可畏！」可學。

先生令學者評董仲舒、揚子雲、王仲淹、韓退之四子優劣。或取仲舒，或取退之。曰：「董仲舒自是好人，揚子雲不足道，這兩人不須説。只有文中子、韓退之這兩人疑似，試更評看。」學者亦多主退之。曰：「看來文中子根脚淺，然却是以天下爲心，分明是要見諸事業，天下事它都一齊入思慮來。雖是卑淺，然却是循規蹈矩要做事業底人，其心却公。如韓退之，雖是見得個道之大用是如此，然却無實用功處。它當初本只是要討官職做，始終只是這心。他只是做〔一七〕得言語似六經，便以爲傳道。至其每日工夫，只是做詩、博弈、酣飲取樂而已，觀其詩便可見，都襯貼那原道不起。至其做官臨政，也不是要爲國做事，也無甚可稱，其實只是要討官職而已。」僩。

立之問：「揚子與韓文公優劣如何？」曰：「各自有長處。韓文公見得大意已分明，但不曾去子細理會。如原道之類，不易得也。揚子雲爲人深沈，會去思索。如陰陽消長之妙他直是去推求，然而如太玄之類亦是拙底工夫，道理不是如此。蓋天地間只有個奇耦，奇是陽，耦是陰。春是少陽，夏是太陽，秋是少陰，冬是太陰；自二而四，自四而八。只恁推去都走不得，而揚子却添兩作三，謂之天地人，事事要分作三截。又且有氣而無朔，有日、星而無月，恐不是道理。亦如孟子既説『性善』，荀子既説『性惡』，他無可得説，只得説個『善惡混』。若有個三底道理，聖人想自説了，不待後人説矣。看他裏面推得辛苦，却就上面説些道理亦不透徹。看來其學似本於老氏，如『惟清惟静，惟淵惟默』之語皆是老子意思。韓文公於仁義道德上看得分明，其綱領已正，却無它這個近於老子底説話。」又問：「文中子如何？」曰：「文中子之書恐多是後來人添入，真僞難見，然好處甚多。但一一似聖人，恐不應恰限有許多事相湊得好。如見甚荷蓧隱者之類，不知如何得恰限有這人，若道他都是粧點來又恐粧點不得許多。然就其中惟是論世變因革處，説得極好。」又問：「程子謂『揚子之學實，韓子之學華』，是如何？」曰：「只緣韓子做閑雜言語多，故謂之華。若揚子雖亦有之，不如韓子之多也〔一八〕。」時舉。

先生説：〔一九〕「揚子雲、韓退之二人也難説優劣，但揚子雲〔二〇〕所見處多得之老氏，在漢末年難得人似它。亦如荀子，言語多〔二一〕病，但就彼時亦難得一人如此。揚子雲所見多老氏者，往往蜀人有嚴君平源流。且如太玄經〔二二〕就三數起便不是。易中只有陰陽奇耦，便有四象：如春爲少陽，夏爲老陽，秋爲少陰，冬爲老陰。揚子雲見一二四都被聖人説了，却杜撰就三上起數。」㬎几問：〔二三〕「温公最喜太玄。」先生云：「温公全無見處。若作太玄何似作曆？老泉嘗非太玄之數，亦説得是。」又問：「與邵康節〔二四〕如何？」先生云：「揚子雲〔二五〕何敢望康節！康節見得高，又超然自得。韓退之〔二六〕却見得大綱有七八分見識，如原道中説得仁義道德煞好，但是他不去踐履玩味，故見得不精微細密。伊川謂其學華者，只謂愛作文章。如何説得〔二七〕許多閑言語皆是華也！看得來韓退之勝似揚子雲〔二八〕。」南升。

子升問仲舒、文中子。曰：「仲舒本領純正，如説『正心以正朝廷』與『命者天之令也』以下諸語皆善。班固所謂『純儒』，極是。至於天下國家事業恐施展未必得。王通見識高明，如説治體去處極高了〔二九〕，但於本領處欠，如古人明德、新民、至善等處皆不理會，却要鬬合漢魏以下之事整頓爲法，這便是低處。要之，文中論治體處高似仲舒而本領不及，爽似仲舒而純不及。」因言：「魏證作隋史，更無一語及文中，自不可曉。嘗考文中世系看〔三〇〕，并看阮逸、龔鼎臣注及南史、劉夢得集，次日因考文中世系，四書不同，殊不可曉。」又檢李泰伯集，先生因言：「文中有志於天下，亦識得三代制度，較之房、魏諸公又〔三一〕稍有些本領，只本原上工夫都不理會。若究其議論本原處，亦只自老、莊中來。」木之。

問：「先生王氏續經云〔三二〕云，荀卿固不足以望之。若房、杜輩，觀其書則固嘗往來於王氏之門，其後來相業還亦有得於王氏之道否？」曰：「房杜如何敢望文中子之萬一！其規模事業無文中子髣髴。某常説，房、杜只是個村宰相。文中子不干事，他那制度規模誠有非後人之所及者。」又問：「仲舒比之如何？」曰：「仲舒却純正，然亦有偏，又是一般病。韓退之却見得又較活，然亦只是見得下面一層，上面一層都不曾見得。大概此諸子之病皆是如此，都只是見得下面一層，源頭處都不曉。所以伊川説『西銘是原道之宗祖』，蓋謂此也。」僩。

「賈誼之學雜。他本是戰國縱横之學，只是較近道理，不至如儀、秦、蔡、范之甚爾。他於這邊道理見得分數稍多，所以説得較好。然終是有縱横之習，緣他根脚只是從戰國中來故也。漢儒惟董仲舒純粹，其學甚正，非諸人比。只是困善無精彩，極好處也只有『正義』、『明道』兩句。下此諸子皆無足道。如張良、諸葛亮固正，只是太粗。王通也有好處，只是也無本原工夫，却要將秦漢以下文飾做個三代，他便自要比孔子，不知如何比得！他那斤兩輕重自定，你如何文飾得！如續詩、續書、玄經之作，盡要學個孔子重做一個三代，如何做得！如續書要載漢以來詔令，他那詔令便載得是[三三]發明得甚麽義理？發明得甚麽政事？只有高帝時三詔令稍好，然已不純，如曰『肯從我[三四]游者，吾能尊顯之』，此豈所以待天下之士哉？都不足録。三代之書誥詔令皆是根源學問，發明義理，所以粲然可爲後世法。如秦漢以下詔令濟得甚事？緣他都不曾將心子細去讀聖人之書，只是要依他個模子。見聖人作六經，我也學他作六經。只是將前人腔子自做言語填放他腔中，便説我這個可以比並聖人。聖人做個論語，我便做個〔三五〕中説。如揚雄太玄、法言亦然，不知怎生比並！某嘗説，自孔孟滅後，諸儒不子細讀得聖人之書，曉得聖人之旨，只是自説他一副當道理。説得却也好看，只是非聖人之意，硬將聖人經旨説從他道理上來。孟子説『以意逆志』者，以自家之意逆聖人之志，如人去路頭迎接那人相似，或今日接着不定，明日接着不定，或那個〔三六〕人來也不定，不來也不定，或更遲數日來也不定，如此方謂之『以意逆志』。今人讀書却不去等候迎接那人，只認硬趕捉那人來，更不由他情願；又教它莫要做聲，待我與你説道理。聖賢已死，它看你如何説，他又不會出來與你争，只是非聖賢之意。他本要自説他一樣道理，又恐不見信於人。偶然窺見聖人説處與己意合，便從頭如此解將去，更不子細虚心看聖人所説是如何。正如人販私鹽，擔私貨，恐人捉他，須用求得官員一兩封書并掩頭行引，方敢過埸、務偷免税錢。今之學者正是如此，只是將聖人經書拖帶印證己之所説而已，何嘗真實得聖人之意？却是説得新奇巧妙可以欺惑人，只是非聖人之意。此無他，患在於不子細讀聖人之書。人若能虚心下意，自莫生個〔三七〕意見，只將聖人書玩味讀誦間〔三八〕，意思自從正文中迸出來，不待安排，不待杜撰，如此方謂之善讀書。且屈原一書，近偶閲之，從頭被人錯解了。自古至今訛謬相踵，更無一人能破之者，而又爲説以增飾之。看來屈原本是一個忠誠惻怛愛君底人，觀他所作離騷數篇，盡是歸依愛慕、不忍捨去懷王之意，所以拳拳反復，不能自已。何嘗有一句是罵懷王來[三九]？亦不見他有褊躁之心。後來没出氣處，不奈何方投河殞命。而今人句句盡解做罵懷王，枉屈説了屈原。只是不曾平心看他語意，所以如此。」僩。

劉淳叟問：「漢儒何以溺心訓詁而不及理？」答[四〇]曰：「漢初諸儒專治訓詁，如教人亦只言某字訓某字，令[四一]自尋義理而已。至西漢末年，儒者漸有求得稍親者，終是不曾見全體。」問：「何以謂之全體？」答[四二]曰：「全體須徹頭徹尾見得方是。且如康衡論時政亦及治性情之説，及到得他入手做時，又却只修得些小宗廟禮而已。翼奉言『見道知王治之象，見經知人道之務』亦自好了，又却只教人主以陰陽日辰、貪狠廉貞之類辨君子小人。以此觀之，他只時復窺見得些子，終不曾見大體也。唯董仲舒三篇説得稍親切，終是不脱漢儒氣味，只對江都易王云『仁人正其義不謀其利，明其道不計其功』方無病，又是儒者語。」大雅。

董仲舒才不及陸宣公而學問過之，張子房近黄、老而隱晦不露，諸葛孔明近申、韓。節。

童問董仲舒見道不分明處。曰：「也見得鶻突。如『命者天之令，性者生之質，情者人之欲。命非聖人不行，性非教化不成，情非制度不節』[四三]，似不識性善模樣。又云『明於天性知自貴於物，知自貴於物然後知仁義，知仁義然後重禮節，重禮節然後安處善，安處善然後樂循理』，又似得[四四]性善模樣。終是説得騎墻，不分明端的。」淳。

「仲舒言『命者天之令，性者生之質』，如此説固未害。下云『命非聖人不行』便牽於對句，說開去了。如『正誼明道』之言却自是好。」道夫問：「或謂此語是有是非、無利害，如何？」曰：「是不論利害，只論是非。理固然也，要亦當權其輕重方盡善，無此亦不得。只被今人只知計利害，於是非全輕了。」道夫。

問「性者生之質」。先生曰：「不然。性者生之理，氣者生之質，已有形狀。」

論大成從祀，道夫〔四五〕因問：「伊川於毛公，不知何所主而取之？」曰：「程子不知何所見而然。嘗考之詩傳，其緊要處有數處，如關雎所謂『夫婦有别則父子親，父子親則君臣敬，君臣敬則朝廷正，朝廷正則王化成』。要之，亦不多見。只是其氣象大概好。」問：「退之一文士耳，何以從祀？」曰：「有闢佛老之功。」道夫〔四六〕曰：「如程子取其原道一篇，蓋嘗讀之，只打頭三句便也未穩。」曰：「且言其大概耳。便如董仲舒也則有疏處。」蜚卿曰：「伊川謂西銘乃原道之祖，如何？」曰：「西銘更從上面説來。原道言『率性之謂道』，西銘連『天命之謂性』説了。」道夫問：「如他説『定名』、『虛位』如何？」曰：「後人多譏議之，但某嘗謂便如此説也無害。蓋『此仁也』、『此義也』便是定名；『此仁之道、仁之德』、『此義之道、義之德』則道德是總名，乃虛位也。且須知他此語爲老子説〔四七〕方得，蓋老子謂『失道而後德，失德而後仁，失仁而後義，失義而後禮，失禮而後智』，所以原道後面又云『吾之所謂道德，合仁與義言之也』。須先知得他爲老子設方看得。」道夫問〔四八〕曰：「如它謂『軻之死不得其傳』，程子以爲非見得真實，不能出此語，而屏山以爲『孤聖道，絶後學』。何如？」笑[四九]曰：「屏山只要説釋子道流皆得其傳耳。」又問：「如十論之作於夫子全以死生爲言，似以此爲大事了。」久之，乃曰：「他本是釋學，但只是翻謄出來説許多話耳。」道夫。[五〇]

不要[五一]揚子，他説話無好[五二]議論，亦無的實處。荀子雖然是有錯處[五三]，説得處也自實，不如他説得恁地虛胖。賀孫。

問：「揚子雲『避礙通諸理』之説是否？」曰：「大概也似，只是言語有病。」問：「莫是『避』字有病否？」曰：「然。少間處事不便[五四]看道理當如何，便先有個依違閃避之心矣。」僩。

「『學之爲王者事』不與上文屬，只是言人君不可不學底道理，所以下文云『堯、舜、禹、湯、文、武汲汲，仲尼皇皇』。以[五五]聖人之盛德猶且如此』。」問：「『仲尼皇皇』如何？」曰：「夫子雖無王者之位而有王者之德，故作一處稱揚。」道夫。

揚子雲謂南北爲經、東西爲緯，故南北爲縱、東西爲横。六國之勢，南北相連則合縱；秦據東西，以横破縱也。蓋南北長、東西短，南北直、東西横，錯綜於其間也。敬仲。

亞夫問：「揚子雲謂孔子於陽貨『敬所不敬』，爲『詘身以信道』。不知渠何以見聖人爲詘身處？」曰：「陽貨是惡人，本不可見，孔子乃見之，亦近於詘身。却不知聖人是禮合去見他，不爲詘矣。到與他説話時只把一兩字答他，辭氣温厚而不自失，非聖人斷不能如此也。」時舉。[五六]

揚子雲云「月未望則載魄於西，既望則終魄於東，其遡於日乎」，先生舉此問學者是如何。衆人引諸家注語，古注解「載」作「始」、「魄」作「光」。温公改「魄」作「朏」。先生云皆非是。皆不合。久之，乃曰：「只曉得個『載』字便都曉得。『載』者如加載之『載』，如老子云『載營魄』，左氏云『從之載』，正是這個『載』字。諸家都亂説，只有古注解云『月未望，則光始生於西面以漸東滿；既望，則光消虧於西面以漸東盡』，此兩句略通而未盡。此兩句盡[五七]在『其遡於日乎』句[五八]上。蓋以日爲主，月之光也，日載之；光之終也，日終之。『載』猶加載之『載』。又訓上，如今人上光、上采色之「上」。蓋初一二間，時日落於西，月是時同在彼；至初八九落在酉時，[五九]則月已在午；至十五日則[六〇]日落於酉而月在卯。此『未望而載魄於西』，蓋月在東而日在西，日載之光也。及日與月相去愈遠，則光漸消而魄生。少間月與日相蹉過，日却在東，月却在西，故光漸至東盡，則魄漸復也。當改古注云：『日加在[六一]魄於西面以漸東滿，日復魄於西面以漸東盡。其載也，日載之；其終也，日終之。皆繫於日上[六二]。』又説秦周之士貴賤拘肆皆繫於上之人，猶月之載魄[六三]於日也，故曰『其遡於日乎』，其載其終皆向日也。温公云『當改「載魄」之「魄」作「朏」』，都是曉揚子雲説不得，故欲如此改。老子所謂『載營魄』便是如此，『載營魄，抱一能無離乎』，『一』便是魄，『抱』便是載，蓋以火養水也。魄是水，以火載之。『營』字恐[六四]『熒』字，光也。古字或通用，不可知。或人解作經營之『營』，亦得。」○按，或録前後次序不同，今附，云：「揚子『月未望而載魄於西，既望則終魄於東，其遡於日乎』，諸解皆錯，古注略通而未盡，當改云：『日加魄於西面以漸東滿，日復魄於西面以漸東盡。其載也，日載之，其終也，日終之。皆繫于日。』故曰『其遡於日乎』，其載其終皆向日也。又云說終作復亦未是，蓋終魄亦是日光加魄於東而終之也。始者日光加魄之西以漸東，及既望則日光旋而東以終盡月之魄。初八九間，日落於西，月是時同在彼，日落是酉時則月已在午。至十五日則日落於西而月在卯，此未望而載魄於西。蓋月在東而日在西，如載之光也。及日與月相去愈遠，則光漸消而魄生。少間月與日相蹉過，日却在東，月却在西，故漸至東盡則魄漸復也。」〔六五〕

次日先生〔六六〕又云：「昨夜說『終魄於東』，『終』字亦未是。昨夜作「復」，言光漸消而復其魄也。解「終」。〔六七〕蓋終魄亦是日光加魄於東而終之也。始者日光加魄之西以漸東滿，及既望則日光旋而東以終盡月之魄，則魄之西漸復，而光漸滿於魄之西矣。」因又說老子「載營魄」。「昨日見温公解得揚子『載魄』沒理會，因疑其解老子亦必曉不得。及看，果然，但注云『「載營魄」闕』，只有此四字而已。潁濱解云：『神載魄而行。』言魄是個沈滯之物，須以神去載他，令他升舉。其說云：『聖人則以魄隨神而動，衆人則神役於魄。』據他只於此間如此强解得，若以解揚子，則解不行矣。又解魄做物，只此一句便錯。耳目之精明者爲魄，如何解做物得！又以『一』爲神，亦非。『一』正指魄言，神抱魄，火抱水也。温公全不理會修養之學，所以不曉。潁濱一生去理會修養之術，以今觀之，全曉不得，都說錯了。河上公固是胡說，如王弼也全解錯了。王弼解『載』

作處，『魄』作所居，言常處如〔六八〕能居也，更是胡說。據潁濱解老子，全不曉得老子大意。他解神載魄而行，便是個剛强升舉底意思。老子之意正不如此，只是要柔伏退步耳。觀他這一章盡説柔底意思，云『載營魄，抱一能無離乎？專氣致柔，嬰〔六九〕兒乎？天門開闔，能爲雌乎』，老子一書意思都是如此。它只要退步不與你争。如一個人叫哮跳躑，我這裏只是不做聲，只管退步。少間叫哮跳躑者自然而屈，而我之柔應自有餘。老子心最毒，其所以不與人争者，乃所以深争之也，其設心措意都是如此。閑時他只是如此柔伏，遇著那剛强底人它便是如此待你。張子房亦是如此。如云『惟〔七〇〕天下之至柔，馳騁天下之至堅』，又〔七一〕『以無爲取天下』，這裏便是它無狀處，據此便是它柔之發用功效處。又，楚詞也用『載營魄』字，其説與潁濱〔七二〕老子同。若楚詞，恐或可如此説；以此説老子，便都差了。」〔七三〕

揚子雲作〔七四〕太玄亦自莊、老來，「惟寂惟寞」可見。泳。〔七五〕

問太玄中首中〔七六〕「陽氣潛藏於黄宫，性無不在於中」，養首一〔七七〕「藏心於淵，美厥靈根」，程先生云云。曰：「所謂『藏心於淵』，但是指心之虚静言之也，如此乃是無用之心，與孟子言仁義之心異。」可學。〔七八〕

張毅然漕試回。先生問曰：「今歲出何論題？」張曰：「論題云云出文中子。」曰：「如何做？」張曰：「大率是罵他者多。」先生曰〔七九〕：「他雖有不好處，也須有好處，故程先生言『他雖則理會〔八〇〕成書，其間極有格言，荀、揚道不到處』，豈可一向罵他！」友仁請曰：「願聞先生之見。」先生曰：「文中子他當時要爲伊、周事業，見道不行，急急地要做孔子。他要學伊、周，其志甚不卑，但不能勝其好高自大欲速之心，反有所累。二帝三王却不去學，却要學兩漢。此是他亂道處，亦要作一篇文字説他這意思。」友仁。〔八一〕

文中子其間有見處也即是老氏，又其間被人夾雜也〔八二〕，今也難分別。但不合得出來做人〔八三〕有許多事全似孔子。孔子有荷蕢等人，它有〔八四〕許多人便是粧點出來。又〔八五〕其間論文史却〔八六〕及時事世變，煞好，今世〔八七〕浙間英邁之士皆宗之。南升。

徐問文中子好處與不好處。曰：「見得道理透後，從高視下，一目瞭然。今要去揣摩，不得。」淳。

「文中子議論多是中間暗了一段無分明。其間弟子問答姓名多是唐輔相，恐亦不然，蓋諸人更無一語及其師。人以爲王通與長孫無忌不足，故諸人懼無忌而不敢言，亦無此理，如鄭公豈是〔八八〕畏人者哉？『七制之主』，亦不知其何故以『七制』明〔八九〕之。此必因其續書中曾採七君事迹以爲書，而名之曰『七制』。如二典體例今無可考，大率多是依倣而作之〔九〇〕。如以董常爲顏子，則是以孔子自居，謂諸弟子可謂〔九一〕輔相之類，皆是撰成，要安排七制之君爲它之堯、舜。考其事迹亦多不合。劉禹錫作歙池江州觀察王公墓碑，乃仲淹四代祖，碑中載祖諱多不同。及阮逸所注并載關朗等事，亦多不實。王通大業中死，自不同時，如推説十七代祖亦不應遼遠如此。唐李翺已自論中説可比太公家教，則其書之出亦已久矣。伊川謂文中子有些格言被後人添入壞了。看來必是阮逸諸公增益張大，復借顯顯者以爲重耳。爲[九二]今之僞書甚多，如鎮江府印關子明易并麻衣道者易皆是僞書。麻衣易正是南康戴紹韓所作。昨在南康，觀其言論皆本於此。及一訪之，見其著述大率多類麻衣文體，其言險側輕佻，不合道理。又嘗見一書名曰子華子，説天地陰陽，亦説義理、人事，皆支離妄作。至如世傳繁露玉杯等書皆非其實。大抵古今文字皆可考驗。古文自是莊重，至如孔安國書序并注中語多非安國所言[九三]，蓋西漢文章雖粗亦勁。今書序只是六朝慢[九四]文體。」因舉：「史記所載湯誥并武王伐紂言辭不典，不知是甚底齊東野人之語也。」謨。

「文中子，看其書忒裝點，所以使人難信，如説諸名卿大臣多是隋末所未見有者。兼是他言論大綱雜霸，凡事都要硬做，如説禮樂治體之類都不消得從正心誠意做出。又如説『安我所以安天下，存我所以厚蒼生』，都是爲自張本做雜霸鎡基。」黄德柄問：「續書『天子之義：制、詔、志、策，有四；大臣之義：命、訓、對、讚、議、誡、[九五]諫，有七』，如何？」曰：「這般所在極膚淺，中間説話大綱如此，但看世俗所稱道便唤做好[九六]，都不識。如云晁、董、公孫之對，據道理看只有董仲舒爲得。如公孫已是不好，晁錯是説個甚麽！又如自敘許多説話盡是夸張，考其年數與唐煞遠，如何唐初諸名卿皆與説話？若果與諸名卿相處，一個人恁地自標致，史傳中如何都不見説？」因説：「史傳儘有不可信處。嘗記五峰説，著〔九七〕太宗殺建成、元吉事尚有不可憑處。如云，先一日，太宗密以其事奏高祖，高祖省表愕然，報曰：『明當鞫問，汝宜早參。』只將這幾句看，高祖且教來日鞫問，如何太宗明日便擁兵入内？又云，上召〔九八〕裴寂、蕭瑀、陳叔達欲按其事，又云：『上方泛舟海池。』豈有一件事恁麽大，兄弟構禍如此之極，爲父者何故恁地恬然無事！此必有不足信者。只左傳是有多少難信處，如趙盾一事，後人費萬千説話與出脱，其實此事甚分明。如司馬昭之弑高貴鄉公，他終不成親自下手，必有抽戈用命如賈充、成濟之徒，如曰『司馬公畜養汝等正爲今日，今日之事無所問也』。〔九九〕看左傳載靈公欲殺趙盾，今日要殺，殺不得；明日要殺，殺不得。只是一個人君要殺一臣，最易爲力，恁地殺不得也是他大段强了。今來許多説話自是後來三晉既得政，撰造掩覆，反有不可得而掩者矣。物來若不能明，事至若不能辨，是吾心大段昏在。」賀孫。

「『天下皆憂，吾獨得不憂；天下皆疑，吾獨得不疑』，又曰『樂天知命吾何憂？窮理盡性吾何疑』，蓋有當憂疑者，有不當憂疑者，然皆心也。文中子以爲有心、迹之判，故伊川非之。」又曰：「惟其無一己之憂疑，故能憂疑以天下；惟其憂以天下，疑以天下，故無一己之憂疑。」道夫。

大抵觀聖人之出處，須看他至誠懇切處及洒然無累處。文中子説「天下皆憂，吾獨得不憂；天下皆疑，吾獨得不疑」，又曰「窮理盡性吾何疑，樂天知命吾何憂」，此説是。恪。

韓文原性人多忽之，却不見他好處。如言「所以爲性者五，曰仁義禮智信」，此語甚實。方子。

問：「韓文公説人之『所以爲性者五』，是他實見到得到得〔一〇〇〕後如此説邪，惟復是偶然説得着？」曰：「看它文集中説，多是閑過日月，初不見他做工夫處。想只是才高，偶然見得如此，及至説到精微處，又却差了。」因言：「惟是孟子説義理説得來精細明白，活潑潑地。如荀子空説許多，使人看着如喫糙米飯相似。」廣。

「韓子原性曰人之性有五，最識得性分明。」蔣兄因問：「『博愛之謂仁』四句如何？」曰：「説得却差，仁義兩句皆將用做體看。事之合宜者爲義，仁者愛之理。若曰『博愛』、曰『行而宜之』，則皆用矣。」蓋卿。

淳問：「『博愛之謂仁』等四句，亦可見其無原頭處。」曰：「以博愛爲仁，則未有博愛之前將無仁乎？」淳。〔一〇一〕

黄問：「原道中引大學『明明德』，則是他亦能明德否？」曰：「若能『明明德』，便是識原頭來處了。」淳。〔一〇二〕

或問「由是而之焉之謂道」。答[一〇三]曰：「此是説行底，非是説道體。」問「足乎己無待於外之謂德」。答[一〇四]曰：「此是説行道而有得於身者，非是説自然得之於天者。」節。

子耕問「定名」、「虚位」。曰：「恁地説亦得。仁義是實有底，道德却是總名，凡本末小大無所不該，如下文説『道有君子、有小人，德有凶、有吉』是也。」人傑。[一〇五]

至問：「韓子稱『孟子醇乎醇，荀與揚大醇而小疵』。程子謂：『韓子稱孟子甚善，非見得孟子意，亦道不到。其論荀、揚則非也。荀子極偏駁，只一句「性惡」大本已失。揚子雖少過，然亦不識性，更説甚道？』至云[一〇六]韓子既以失大本不識性者爲大醇，則其稱孟氏『醇乎醇』亦只是説得到，未必真見得到。」先生曰：「如何見得韓子稱荀、揚大醇處便是就論性處説？」至云：「但據程子有此議論，故至因問及此。」先生曰：「韓子説荀、揚大醇是泛説。與田駢、慎到、申不害、韓非之徒觀之，則荀、揚爲大醇。韓子只説那一邊，湊不着這一邊。若是會説底，説那一邊亦自湊着這一邊。程子説『荀子極偏駁，揚子雖少過』，此等語皆是就分金秤上説下來。今若不曾看荀子、揚子，則所謂『偏駁』、『雖少過』等處亦見不得。」

至問：「『孟子謂『楊、墨之道不息，孔子之道不著』。韓文公推尊孟氏闢楊、墨之功，以爲『不在禹下』，而讀墨一篇却謂『孔子必用墨子，墨子必用孔子』者，何也？」先生曰：「『韓文公第一義是去學文字，第二義方去窮究道理，所以看得不親切。如云『其行己不敢有愧於道』，他本只是學文，其行己但不敢有愧於道爾。把這個做第二義，似此樣處甚多。」

「韓退之云『磨礲去圭角，浸潤著光精』，又曰『沈浸醲郁』，又曰『沈潛乎訓義，反復乎句讀』。杜元凱云：『優而柔〔一〇七〕之，使自求之；饜而飫之，使自趨之。若江海之浸、膏澤之潤，渙然冰釋，怡然理順，然後爲得也。』而今學者都不見這般意思。」又曰：「『磨礲去圭角』易曉。『浸潤著光精』，此句最好，人多不知。」又曰：「只是將聖人言語只管浸灌，少間自是生光精，氣象自別。」僩。

晦庵先生朱文公語類卷第一百三十八

作文上[一]

自離騷至唐以來及泛論[二]

有治世之文，有衰世之文，有亂世之文。六經，治世之文也。如國語委靡繁絮，真衰世之文耳，是時語言議論如此，宜乎周之不能振起也。至於亂世之文，則戰國是也，然有英偉氣，非衰世國語之文之比也。[三]楚漢間文字真是奇偉，豈易及也！又曰：「國語文字極困善，振作不起。戰國文字豪傑，便是[四]事情，非你殺我，則我殺你。」黄云：「觀一時氣象如此，何[五]遏捺得住！所以啓漢家之治也。」僩。

賀孫[六]問離騷卜居篇内字。曰：「字義從來曉不得，但以意看可見。如『突梯滑稽』，只是軟熟迎逢，隨人倒、隨人起底意思。如這般文字更無些小窒礙，想只是信口恁地説，皆自成文。林艾軒嘗云『班固、揚雄以下皆是做文字，已前如司馬遷、司馬相如等，只是恁地説出』，今看來是如此。古人有取於『登高能賦』，這也須是敏，須是會説得通暢。如古者或以言揚，説得也是一件事，後世只就紙上做，如就紙上做則班、揚便不如已前文字。當時如蘇秦、張儀都是會說，史記所載想皆是當時說出。」又云：「漢末以後只做屬對文字，直至後來只管弱。如蘇頲着力要變，變不得。直至韓文公出來盡掃去了，方做成古文。然亦止做得未屬對合偶以前體格，然當時亦無人信他，故其文亦變不盡，纔有一二大儒略相效，以下並只依舊。到得陸宣公奏議，只是雙關做去。又如子厚亦自有雙關之文，向來看［七］道是他初年文字，後將年譜看乃是晚年文字，蓋是他效世間模樣做則劇耳。文氣衰弱，直至五代竟無能變。到尹師魯、歐公幾人出來，一向變了。其間亦有欲變而不能者，然大概都要變。所以做古文自是古文，四六自是四六，却不衮雜。」賀孫。美厥靈根。［八］

楚詞不甚怨君。今被諸家解得都成怨君，不成模樣。九歌是託神以爲君，言人間隔不可企及，如己不得親近於君之意。以此觀之，他便不是怨君。至山鬼篇，不可以君爲山鬼，又倒說山鬼欲親人而不可得之意。今人解文字不看大意，只逐句解，意却不貫。庚。［九］

楚些，沈存中以「些」爲咒語，如今釋子念「娑婆訶」三合聲，而巫人之禱亦有此聲。此却說得好，蓋今人只求之於雅，而不求之於俗，故下一半都曉不得。道夫。［一〇］

楚詞注下事皆無這事，是他曉不得後却就這語意撰一件事爲證，都失了他那正意。如淮南子山海經皆是如此。義剛。

古人文章大率只是平説而意自長，後人文章務意多而酸澀。如離騷初無奇字，只恁説將去，自是好。後來如魯直恁地着力做，却自是不好。方子。[一一]

漢初賈誼之文質實。晁錯説利害處好，答制策便亂道。董仲舒之文緩弱，其答賢良策不答所問切處，至無緊要處又累數百言。東漢文章尤更不好[一二]，漸漸趨於對偶。如楊震輩皆尚讖緯，張平子非之，然平子之意又却理會風角、鳥占，何愈於讖緯！陵夷至於三國、兩晉，則文氣日卑矣。古人作文作詩多是模倣前人而作之，蓋學之既久自然純熟。如相如封禪書，模倣極多。柳子厚見其如此，却作貞符以反之，然其文體亦不免乎蹈襲也。[一三]

仲舒文大概好，然也無精彩。揚雄、老氏之學如「藏心於淵，□□□□」，[一四]便是老，[一五]氣衰文亦衰。歐陽公作古文力變舊習，老來照管不到，爲某詩序，又四六對偶，依舊是五代文習。東坡晚年文雖健不衰，然亦疏魯，如南安軍學記，海外歸作，而有「弟子揚觶而[一六]序點者三」之語，「序點」是人姓名，其疏如此！淳。[一七]

司馬遷文雄健，意思不帖帖，有戰國文氣象。賈誼文亦然。老蘇文亦雄健。似此皆有不帖帖意。仲舒文實。劉向文又較實，亦好，無些虛氣象。比之仲舒，仲舒較滋潤發揮。大抵武帝以前文雄健，武帝以後便實，到杜欽谷永書又太弱無收[一八]宿了。匡衡多[一九]有好處，漢明經中皆不似此。淳。

林艾軒云：「司馬相如，賦之聖者。揚子雲、班孟堅只填得他腔子，〔二〇〕如何得似他自在流出！左太沖、張平子竭盡氣力，又更不及。」可學。

因説詩，曰：「曹操作詩必説周公，如云『山不厭高，水不厭深；周公吐哺，天下歸心』，又苦難行〔二一〕云『悲彼東山情〔二二〕』，他也是做得個賊〔二三〕，不惟竊國之柄，和聖人之法也竊了。」雉。按，林夔孫録同。〔二四〕

淵明詩平淡出於自然，後人學他平淡便相去遠矣。某後生見人做得詩好，鋭意要學。遂將淵明詩平側用字一一依他做，到一月後便解自做，不要他本子方得作詩之法。〔二五〕

或問：「『形夭無千歲』改作『形天舞干戚』，如何？」曰：「山海經分明如此説，惟周丞相必大〔二六〕不信改本。向薌林家藏邵康節親寫陶詩一册，乃作『形夭無千歲』，周丞相遂跋尾，以康節手書爲據，以爲後人妄改也。向家子弟攜來求跋，某細看，亦不是康節親筆，疑熙豐以後人寫，蓋贋本也。蓋康節之死在熙寧二三年間，而詩中避『畜』字〔二七〕諱則當是熙寧以後書。然筆畫嫩弱，非老人筆也。又不欲破其前説，遂還之。」雉。〔二八〕

張以道曰：「『盼庭柯以怡顔』，『盼』讀如俛，讀作盻者非。」義剛。

晉人詩惟謝靈運用古韻，如「祐」字協「燭」字之類。唐人惟韓退之、柳子厚、白居易用古韻，

如毛穎傳「牙」字、「資」字、「毛」字皆協「魚」字韻是也。人傑。〔二九〕

選中劉琨詩高。東晉詩已不逮前人，齊、梁益浮薄。鮑明遠才健，其詩乃選之變體，李太白專學之。如「腰鐮刈葵藿，倚杖牧鷄豚」，分明説出個倔强不肯甘心之意。如「疾風衝塞起，砂礫自飄揚；馬尾縮如蝟，角弓不可張」，分明説出邊塞之狀，語又俊健。略記當時語意如此。〔三〇〕方子。〔三一〕

古詩須看西晉以前，如樂府諸作皆佳。杜甫夔州以前詩佳，夔州以後自出規模，不可學。蘇、黄只是今人詩。蘇才豪，然一衮説盡，無餘意。黄費安排。德明。〔三二〕

唐明皇資禀英邁，只看他做詩出來是什麽氣魄！今唐百家詩首載明皇一篇旦渡蒲津關，〔三三〕多少飄逸氣概！便有帝王底氣艷〔三四〕。越州有石刻唐朝臣送賀知章詩，亦只有明皇一首好，有曰：「豈不惜賢達，其如高尚何！」雉。〔三五〕

作詩先用看李、杜，如士人治本經。本既立，次第方可看蘇、黄以次諸家詩。游。〔三六〕

張以道問：「太白五十篇古風不似他詩，如何？」曰：「太白五十篇古風是學陳子昂感遇詩，其間多有全用他句處。」義剛。〔三七〕

李太白詩不專是豪放，亦有雍容和緩底，如首篇「大雅久不作」，多少和緩！陶淵明詩，人皆説是平淡。據某看，他自豪放，但豪放得來不覺耳。其露出本相者是詠荆軻一篇，平淡底人

如何説得道〔三八〕樣言語出來！雉。〔三九〕

或問：「李白『清水出芙蓉，天然去雕飾』，前輩多稱此語，如何？」曰：「自然之好，又不如『芙蓉露下落，楊柳月中疏』，則尤佳。」雉。〔四〇〕

李太白終始學選詩，所以好。杜子美詩好者亦多是效選詩，漸放手，夔州諸詩則不然也。雉。〔四一〕

杜詩初年甚精細，晚年橫逆不可當，只意到處便押一個韻。如自秦州入蜀諸詩分明如畫，乃其少作也。李太白詩非無法度，乃從容於法度中〔四二〕，蓋聖於詩者也。古風兩卷多效陳子昂，亦有全用其句處。太白去子昂不遠，其尊慕之如此。然多爲人所亂，有一篇分爲三篇者，有二篇合爲一篇者。方子。〔四三〕

「人多説杜子美夔州詩好，此不可曉。夔州詩却説得鄭重煩絮，不如他中前有一節詩好。魯直一時固自有所見，今人只見魯直説好便却説好，如矮人看場〔四四〕耳。」問：「韓退之潮州詩，東坡海外詩如何？」曰：「却好。東坡晚年詩固好。只文字也多是信筆胡説，全不看道理。」雉。〔四五〕

杜詩最多誤字，蔡興宗正異固好而未盡。某嘗欲廣之，作杜詩考異，竟未暇也。如「風吹蒼江樹，雨洒石壁來」，「樹」字無意思，當作「去」字無疑，「去」字對「來」字。又如蜀有「漏天」，以

其西北陰盛常雨，如天之漏也，故杜詩云「鼓角漏天東」。後人不曉其義，遂改「漏」字爲「滿」，似此類極多。雉。〔四六〕

「李賀較怪得些子，不如太白自在。」又曰：「賀詩巧。」義剛。〔四七〕

木蘭詩只似唐人作。其間「可汗」、「可汗」，前此未有。方子。〔四八〕

劉叉詩「斗柄寒垂地，河流凍徹天」，介父詩「柳樹鳴蜩緑暗，荷花落日紅酣」，王建田家留客云「丁寧回語屋中妻，有客莫令兒夜啼」。方子。〔四九〕

詩須是平易不費力，句法混成。如唐人玉川子輩句林本有「語」字。〔五〇〕雖險怪，亦林本無「亦」字，作「意思」二字。〔五一〕自有混成底林無「底」字。〔五二〕氣象。如林作「因舉」。〔五三〕陸務觀林本有「詩」字。〔五四〕「春寒催喚客嘗酒，夜静卧聽兒讀書」，不費力，好。雉。賜録少異。〔五五〕

大率文章盛則國家却衰。如唐貞觀、開元都無文章，及韓昌黎、柳河東以文顯，而唐之治已不如前矣。汪聖錫云：「國初制詔雖粗，却甚好。」又如漢高八年詔與文帝即位詔只三數句，今人敷衍許多，無過只〔五六〕此個柱子。若海。〔五七〕

陳仲蔚問：「韓文禘議説懿、獻二廟之事當否？」曰：「説得好。其中所謂『興聖廟』者乃是梁武昭王之廟「梁」字恐是「涼」，〔五八〕乃唐之始祖。然唐又封皋陶爲帝，又尊老子爲祖，更無理會。」又問：「韓、柳二家，文體孰正？」曰：「柳文亦自高古，但不甚醇正。」又問：「子厚論封建是否？」曰：「子厚説『封建非聖人意也，勢也』，亦是。但説到後面有偏處，後人辨之者亦失之太過。如廖氏所論封建，排子厚太過。且封建自古便有，聖人但因自然之理勢而封之，乃見聖人之公心。且如周公[五九]封康叔之類，亦是古有此制，因其有功、有德、有親而[六〇]封之，却不是聖人有不得已處。若如子厚所説，乃是聖人欲吞之而不可得，乃無可奈何而爲此。不知所謂勢者乃自然之理勢，非不得已之勢也。且如射王中肩之事，乃是周末征伐[六一]自諸侯出，故有此等事。如[六二]使征伐自天子出，安得有是事？然封建諸侯却大故難制御，且如今日蠻洞，能有幾大。若不循理，朝廷亦無如之何。若古時有許多國自是難制，如隱公時原之一邑，乃周王不奈他何，遂[六三]賜與鄭，鄭不能制。到晉文公時，周人將與晉，而原又不服，故晉文公伐原。且原之爲邑甚小，又在東周王城之側。而周王與晉、鄭俱不能制，蓋渠自有兵，不似今日太守有不法處便可以降官放罷。古者大率動便是征伐，所以孟子曰『三不朝則六師移之』，在周官時已是如此了。便是古今事勢不同，便是難説。」因言：「孟子所謂五等之地與周禮不同。孟子蓋説夏以前之制，周禮乃是成周之制。如當時封周公於魯，乃七百里。於齊尤闊，如所謂『東至於海，西至於河，南至於穆陵，北至於無棣』，以地理考之，大段闊。所以禹在塗山，萬國來朝。至周初但千八百國。」又曰：「譬如一樹，枝葉太繁時本根自是衰枯。如秦始皇則欲削去枝葉而自留一榦，亦自不可。」義剛。

退之除崔群侍郎制最好，但只有此制，别更無，不知如何。義剛。

或問：「伯夷頌『萬世標準』與『特立獨行』，雖是[六五]以明君臣之大義，適權通變，又當循復復，指期上『復』字，扶又反，再復也。方子。[六四]夫理之當然者也。」先生曰：「説開了當云，雖武王、周公爲萬世標準，然伯夷、叔齊惟自特立不顧。」又曰：「古本云『一凡人沮之譽之』，與彼夫聖人是一對，其文意尤有力。」椿。

人不可無戒謹恐懼底心。莊子説，庖丁解牛神妙，然纔到那族，必心怵然爲之一動然後解去。心動便是懼處。韓文鬬雞聯句云「一噴一醒然，再接再礪乃」，謂雖困了，一以水噴之便醒。「一噴一醒」即所謂懼也。此是孟郊語，也説得好。又曰「争觀雲填道，助叫波翻海」，此乃退之之豪；「一噴一醒然，再接再礪乃」，此是東野之工。雉。[六六]

韓退之詩「强懷張不滿，弱力闕易盈」，上句是助長，下句是歉。雉。[六七]

韓文公似只重皇甫湜，以墓誌付之，李翺只令作行狀。翺作得行狀絮，但湜所作墓誌又顛蹶。李翺却有些本領，如復性書有許多思量。歐陽公也只稱韓、李。義剛。夔孫録同。[六八]義剛[六九]又一條云：「退之却喜皇甫湜，却不甚喜李翺。後末湜爲退之作墓誌却説得無緊要，不如李翺行狀較着實。蓋李翺爲人較樸實，皇甫湜較落魄。」[七〇]

退之與大顛書，歐公云實退之語。東坡却罵，以爲退之家奴隸亦不肯如此説，但是陋儒爲之，復假托歐公語以自蓋。然觀集古録，歐公自〔七一〕一跋，說此書甚詳。東坡應是未見集古録耳，看得來〔七二〕錯字多。歐公是見他好處，其中一兩段不可曉底都略過了。東坡是只將他不好處來說。義剛。〔七三〕

「退之晚年覺没頓身己處，如招聚許多人博塞去聲。爲戲，所與交如靈師、惠師之徒，皆飲酒無賴。及至海上見大顛壁立萬仞，自是心服。『其心實能外形骸以義〔七四〕理自勝，不爲事物侵亂』，此是退之死款。樂天莫年賣馬遣妾，後亦落莫，其詩可見。歐公好事金石碑刻，蓋亦如此，〔七五〕都是没著身己處，却不似參禪修養人，此〔七六〕猶是帖著自家身心理會也。」宋子飛言：「張魏公謫永州時居僧寺，每夜與子弟、賓客盤膝環坐於長連榻上，有時說得數語，有時不發一語，默坐至更盡而寢，率以爲常。」李德之言：「東坡晚年却不衰。」先生曰：「東坡蓋是夾雜些佛老，添得又鬧熱也。」方子。〔七七〕

先生方修韓文考異而學者至。因曰：「韓退之議論正，規模闊大。然不如柳子厚較精密，如辨鶡冠子及說列子在莊子前及非國語之類，辨得皆是。」黄達才言：「柳文較有樣〔七八〕。」先生曰：「柳文是較古，但却易學，學便似他，不似韓文規模闊。學柳文也得，但會衰了人文字。」夔孫録略〔七九〕，云：「韓文大綱好。柳文論事却較精覈，如辨鶡冠子之類，非國語中儘有好處。韓〔八〇〕難學，柳易學。」

又云：〔八一〕「有一等人專於爲文，不去讀聖賢書。又有一等人知讀聖賢書，亦曰會作文，到得説聖賢書，却别做一個詫異模樣説。不知古人爲文大抵只如此，那得許多詫異。韓文公詩文冠當時，後世未易及。到他上宰相書用『菁菁者莪』，詩注一齊都寫在裏面。若是他自作文，豈肯如此作？最是説『載沉載浮』〔八二〕可笑。『載』是助語，分明彼如此説了，他又如此用。」賀孫。〔八三〕

古賦須熟，看屈、宋、韓、柳所作乃有進步處。入本朝來，騷學殆絶，秦、黄、晁、張之徒不足學也。雉。

「行年三十九，歲莫日斜時。孟子心不動，吾今其庶幾」，此樂天以文骨〔八四〕稽也，然猶雅馴，非若今之作者村裏雜劇也。方子。〔八五〕

白樂天琵琶行云「嘈嘈切切錯雜彈，大珠小珠落玉盤」云云，這是和而淫。至「凄凄不似向前聲，滿坐重聞皆掩泣」，這是淡而傷。道夫。〔八六〕

「唐僧多從士大夫之有名者〔八七〕討詩文以自華，如退之送文暢序中所説，又如劉禹錫自有一卷送僧詩。」或云：「退之雖闢佛，也多要引接僧徒。」曰：「固是。他所引者，又却都是那破賴底僧，如靈師、惠師之徒。〔八八〕及晚年見大顛於海上，説得來闊大勝妙，自然不得不服。人多要出脱退之，也不消得，恐亦有此理也。」廣。

先輩好做詩與僧，僧多是求人詩序送行。劉禹錫文集自是〔八九〕一册送僧詩。韓文公亦多與僧交涉，又不曾見好僧，都破落户。然各家亦被韓文公説得也狼狽。文公多只見這般僧，後却撞着一個大顛，也是異事。人多説道被大顛説下了，亦有此理。是文公不曾理會他病痛，被他纔説得高便道是好了，所以有「頗聰明，識道理，實能外形骸以理自勝」[九〇]。賀孫。

陳才卿[九一]問：「韓文李漢序頭一句甚好。」先生曰：「公道好，某看來有病。」陳曰：「『文者貫道之器』，且如六經是文，其中所説皆是這道理，如何有病？」先生曰：「不然。這文皆是從道中流出，豈有文反能貫道之理？文是文，道是道，文只如喫飯時下飯耳。若以文貫道却是把本爲末。以末爲本可乎？其後作文者皆是如此。」因説：「蘇文害正道甚於老佛，且如易所謂『利者義之和』，却解爲義無利則不和，故必以利濟義然後合於人情。若如此，非惟失聖言之本指，又且陷溺其心。」先生正色曰：「某在當時必與他辨。」却笑曰：「必被他無禮。」友仁。

因林擇之論趙昌父詩，先生曰：「今人不去講義理，只去學詩文，已落第二義。況又不知[九二]學好底，却只學去做那不好底。作詩不學六朝詩[九三]，又不學李、杜，只學那嶢崎底。今便學得十分好後把作甚麽用？莫道更不學[九四]。如近時人學山谷詩，然又不學山谷好底，只學得那山谷不好處。」擇之云：「後山詩恁地深，他資質儘高，不知如何肯去學山谷。」先生曰：「後山雅健强似山谷，然氣力不似山谷較大，但却無山谷許多輕浮底意思，然若論敘事又却不及山谷。山谷善敘事情，敘得盡。後山敘得較有疏處。若散文則山谷大不及後山。」[九五]擇之云：「歐公好梅聖俞詩，然聖俞詩也多有未成就處。」先生曰：「聖俞詩不好底多。如河豚詩，當時諸公説道恁地好，據某説[九六]，只是個上人[九七]門駡人底詩，只似脱了衣裳上人門駡人祖、[九八]駡人父一般，初無深遠底意思。後山、山谷好説文章，臨作文時又氣餒了。老蘇不曾説，到下筆時做得却雄健。」義剛。陳淳録略。當時一時所聞，今附於下。云：「今人不去講義理，只去學詩文，已落第二籌。況又不學做好文，只學做不好底文。詩不學李、杜，只學不好底詩。不知學詩學得十分好便要作何用？近世多學山谷詩，然又不學山谷好處，只學山谷不好處。後山詩雅健，勝山谷尖洒輕揚之態，然山谷氣力又較大，敍事詠物煩[九九]盡事情，其散文又不及後山。梅聖俞詩不好底多，如河豚詩似上門駡人父祖一般，非有詩人微婉之意。後山、山谷好説文章，臨文時又氣餒了。老蘇不曾説，到下筆時做得雄健。」[一〇〇]

近世諸公作詩費工夫要何用？元祐時有無限事合理會，諸公却盡日唱和而已。今言詩不必作，且道恐分頭[一〇一]爲學工夫。然到極處當作處知詩[一〇二]果無益。伯豐。[一〇三]

後人專做文字亦做得衰，不似古人。前輩云「言衆人之所未嘗，任大臣之所不敢」，多少氣魄！今成甚麽文字！節。

德粹語某人文章。先生曰：「紹興間文章大抵粗，成段時文。然今日太細膩，流於委靡。」問賢良。先生曰：「賢良不成科目。天下安得許多議論！」可學。[一〇四]

因論詩，曰：「嘗見傅安道自得。[一〇五]説爲文字之法，有所謂『筆力』，有所謂『筆路』。筆力到二十歲許便定了，便後來長進也只就上面添得些子。筆路則常拈弄時轉開拓，不拈弄便荒廢。此說本出於李漢老，看得〔一〇六〕來做詩亦然。」雉。

「諸公文章馳騁好異。止緣好異，所以見異端新奇之說從而好之，這也只是見不分曉所以如此。看神宗〔一〇七〕時制詔之文極樸，固是不好看，只是它意思氣象自恁地深厚久長。固是拙，只是他所見皆實。看他所〔一〇八〕下字都不甚恰好，有合當下底字却不下，也不是他識了不下，只是他當初自思量不到。然氣象儘好，非如後來之文一味儉巧〔一〇九〕不實。且如進卷，方是二蘇做出恁地壯偉發越，已前不曾如此。看張方平進策更不作文，只如說鹽鐵一事，他便從鹽鐵原頭直說到如今，中間却載着甚麽年、甚麽月，後面更不說措置。如今只是將虛文漫演，前面說了，後面又將這一段翻轉，這只是不曾見得。所以不曾見得，只是不曾虛心看聖賢之書。固有不曾虛心看聖賢書底人，到得要去看聖賢書底又先把他自一場〔一一〇〕副當排在這裏，不曾見得聖人意，待做出又只是自底。某如今看來，惟是聰明底人難讀書，難理會道理。蓋緣他先自有許多〔一一一〕副當，聖賢意思自是難入。」因說：「陳叔向是白撰一個道理。某嘗說，教他據自底所見恁地說也無害，只是又把那說來壓在這裏文字上。他也自見得自底虛了行不得，故如此。然如何將兩個要捏做一個得？一個自方，一個自圓，如何總合得？這個不是他要如此，止緣他合下見得如此。如楊、墨，楊氏終不成自要爲我，墨氏終不成自要兼愛，只緣他合下見得錯了，若不是見得如此，定不解常如此做。楊氏壁立萬仞，毫髮不容，較之墨氏又難。若不是他見得如此，如何心肯意肯？陳叔向所見咤異，它説『目視己色，耳聽己聲，口言己事，足循己行』。有目固當視天下之色，有耳固當聽天下之聲，有口固當言天下之事，有足固當循天下之行。他却如此説。看他意思是如此只要默然靜坐，是不看眼前物事，不聽别人説話，不説别人是非，不管别人事。又如説『言忠信，行篤敬』一章，便説道緊要只在『立則見其參於前，在輿則見其倚於衡』。問道：『見是見個甚麽物事？』他便説：『見是見自家身己。』某與説，『立』是自家身己立在這裏了，『參於前』又是自家身己；『在輿』是自家身己坐在這裏了，『倚於衡』又是自家身己。這[一一二]却是有兩個身己。又説格物把物[一一三]做心，云『格住這心方會知得到』。未嘗見人把物做心。與他恁地説，他只是自底是。以此知人最是知見爲急。聖人尚説『學之不講，是吾憂也』，若只恁地死守得這個心便了，聖人又須要人講學何故？若只守此心，據自家所見做將去，少間錯處都不知。」賀孫。

今人作文皆不足爲文。大抵專務節字，更易新好生面辭語。至説義理處又不肯分曉。觀前輩歐、蘇諸公作文，何嘗如此？聖人之言坦易明白，因言以明道，正欲使天下後世由此求之。使聖人立言要教人難曉，聖人之言定不作矣。若其義理精奧處人所未曉，自是其所見未到耳。學者須玩味深意[一一四]，久之自可見。何嘗如今人欲説又不敢分曉説！不知是甚所見。畢竟是自家所見不明，所以不敢深言，且鶻突説在裏。寓。

前輩文字有氣骨，故其文壯浪。如歐公、東坡亦皆於經術本領上用功。今人只是於枝葉上粉澤爾，如舞訝鼓然，其間男子、婦人、僧、道、雜色無所不有，但都是假底。舊見徐端立〔一一五〕言石林嘗云：「今世安得文章！只有個減字、換字法爾。如言『湖州』必須去『州』字，只稱『湖』，此減字法也；不然則稱『霅上』，此換字法也。」公晦。按襲蓋卿録有詳略，當是一時所共聞，今附注。云：〔一一六〕「今人做文字却是燕脂膩粉粧成，自是不壯浪，無骨氣。如舞訝鼓相似，也有男兒，也有婦女，也有僧、道、秀才，但都是假底。嘗見徐端立言石林嘗云：『今世文章只是用換字、減字法。如説「湖州」只説「湖」，此減字法；不然則稱「霅上」，此換字法。嘗見張安道進卷，其文皆有直氣。』德之問：『陳後山文字如何？』先生曰：『後山文有法度。黄樓銘既出，諸公皆斂衽。』」〔一一七〕按，廖謙録意同，今附，云：〔一一八〕「『今來文字至無氣骨。向來前輩雖是作時文，亦是樸實頭鋪事實，樸實頭引援，樸實頭道理。看着雖不入眼，却有骨氣。今人文字全無骨氣，便似舞訝鼓者塗眉畫眼，僧也有，道也有，婦人也有，村人也有，俗人也有，官人也有，士人也有，只本〔一一九〕不是本樣人。然皆足以惑衆，真好笑也！』或云：『此是禁懷挾所致。』先生云：『不然。自是時節所尚如此。只是人不知學，全無本柄，被人引動，尤而效之。且如而今作件物事，一個做起，一人學起，有不崇朝而遍天下者。本來合當理會底事全不理會，直是可惜！』」

因言文士之失，曰：「今曉得義理底人少間被物慾激搏，猶自一强一弱，一勝一負。如文章之士，下梢頭却〔一二〇〕靠不得。且如歐陽文忠公〔一二一〕初間做本論，其説已自大段拙了，然猶是一片好文章，有頭尾。它不過欲封建、井田與冠、婚、喪、祭、蒐田、燕饗之禮，使民朝夕從事於此，少間無工夫被佛氏引去自然可變。其計可謂拙矣，然猶是正當議論也。到得晚年自做六一居士傳，宜其所得如何却只說有書一千卷、集古録一千卷、琴一張、酒一壺、棋一局與一老人爲六？更不成說話，分明是自納敗闕。如東坡一生讀盡天下書，說無限道理。到得晚年過海，做昌化峻靈王廟碑，〔一二二〕引唐肅宗時一尼恍惚升天，見上帝，以寶玉十三枚賜之，云中國有大災以此鎮之。今此山如此，意其必有寶云云，更不成議論，似喪心人說話。其他人無知，如此說尚不妨，你平日自視爲如何說盡道理，却說出這般話，是可怪否？『觀於海者難爲水，游於聖人之門者難爲言』，分明是如此了，更看他門這般文字不入。」僩。

因改謝表，曰：「作文自有穩字。古之能文者纔用便用着這樣字，如今不免去搜索修改。」又言：「歐公爲蔣穎叔輩所誣，既得辨明，謝表中自敘一段只是自胸中流出，更無些窒礙，此文章之妙也。」又曰：「歐公文亦多是修改到妙處。頃有人買〔一二三〕得他醉翁亭記〔一二四〕，初說滁州四面有山凡數十字，末後改定只曰『環滁皆山也』五字而已。〔一二五〕如尋常不經思慮，信意所作言語，亦有絕不成文理者，不知如何。」廣。

凡人做文字不可太長，照管不到寧可說不盡。歐、蘇文皆說不曾盡。東坡雖是宏闊瀾翻，成大片袞將去，他裏面自有法。今人不見得他裏面藏得法，但只管學他一袞做將去。庚。〔一二六〕

一日說作文，曰：「不必着意學如此文章，但須明理，理道〔一二七〕精後文字自典實。伊川晚年文字，如易傳，直是盛得水住。蘇子瞻雖氣豪善作文，終不免疏漏處。」大雅。

至之以所業呈先生，先生因言：「東萊教人作文當看獲麟解，也是其間多曲折。」又曰：「某舊最愛看陳無已文，他文字也多曲折。」謂諸生曰：「韓、柳文好者不可不看。」道夫。

嘗與後生説：「若會將漢書及韓、柳文熟讀，不到不會做文章。舊見某人作馬政策云：『觀戰，奇也；觀戰勝，又奇也；觀騎戰勝，又大奇也。』這雖是粗，中間却有好意思。如今時文，一兩行便做萬千屈曲，若一句題也要立兩脚，三句題也要立兩脚，這是多少衰氣！」賀孫。

古人詩中有句。今人詩更無句，只是一直説將去。這般詩一日作百首也得。如陳簡齋詩「亂雲交翠壁，細雨濕青林」、「暖日薰楊柳，濃陰醉海棠」，他是什麼句法！雉。〔一二八〕

貫穿百氏及經史，乃所以辨驗是非、明此義理，豈特欲使文詞不陋而已？義理既明，又能力行不倦，則其存諸中者必也光明四達，何施不可！發而爲言以宣其心志，當自發越不凡，可愛可傳矣。今執筆以習研鑽華采之文務悦人者，外而已，可耻也矣。人傑。〔一二九〕

文字〔一三〇〕無大綱領，拈掇不起。某平生不會做補接底文字，補湊得不濟事。方子。「前輩云文字自有穩當底字，只是始者思之不精。」又曰：「文字自有一個天生成腔子，古人文字自貼這天生成腔子。」節。

因論今世士大夫好作文字論古今利害，比並爲説，曰：「不必如此，只要明義理。義理明則利害自明，古今天下只是此理。所以今人做事多暗與古人合者，只爲理一故也。」大雅。

大率諸義皆傷淺短，鋪陳略盡便無可說。不見反覆辨論節次發明工夫，讀之未終已無餘味矣，此學不講之過也。〔一三二〕道夫。

晦庵先生朱文公語類卷第一百三十九

作文二[一]

本朝[二]

韓退之及歐、蘇諸公議論不過是主於詞[三]，少間却是邊頭帶説得些道理，其本意終自可見。木之。[四]

歐公文章及三蘇文好處只是平易説道理，初不曾使差異底字换却那尋常底字。元秉。[五]

義剛[六]問：「東坡與韓公如何？」曰：「平正不及韓公。東坡説得高妙處只是説佛，其他處又皆粗。」又問：「歐公如何？」曰：「淺。」久之，又曰：「大概皆以文人自立。平時讀書只把做考究古今治亂興衰底事，要做文章。都不曾向身上做工夫，平日也[七]只是以吟詩飲酒戲謔等事[八]度日。」義剛。陳淳録同。[九]

東坡文字明快。老蘇文雄渾，儘有好處。如歐公、曾南豐、韓昌黎之文豈可不看？柳文雖不全好，亦當擇。合數家之文擇之，無二百篇。下此則不須看，恐低了人手段，但採他好處以爲議論足矣。若班、馬、孟子，則是大底文字。道夫。

「歐公文字敷腴温潤。曾南豐文字又更峻潔，雖其[一〇]議論有淺近處，然却平正又[一一]好。到得東坡便傷於巧，議論有不正當處，後來到中原見歐公諸人了，文字方稍平。老蘇尤甚。大抵已前文字都平正，人亦不會大段巧説。自三蘇文出，學者始日趨於巧。如李泰伯文尚平正明白，然亦已自有些巧了。」廣問：「荆公之文如何？」曰：「他却似南豐文，但比南豐文亦巧。[一二]荆公曾作許氏世譜寫與歐公看。歐公一日因曝書見了，將看，不記是誰作，意中以爲荆公作。」又云：「介甫不解做得恁地，恐是曾子固所作。」廣又問：「後山文如何？」先生云：「後山煞有好文字，如黄樓銘、館職策皆好。」又舉數句説人不怨暗君怨明君處，以爲説得好。廣又問：「後山是宗南豐文否？」先生曰：「他自説曾見南豐於襄、漢間。後見一文字説南豐過荆、襄，後山攜所作以謁之。南豐一見愛之，因留款語。適欲作一文字，事多，因託後山爲之，且授以意。後山文思亦澀，窮日之力方成，僅數百言。明日，以呈南豐，南豐云：『大略也好，只是冗字多，不知可爲略删動否？』後山因請改竄，但見南豐就坐，取筆抹數處，每抹處連一兩行，便以授後山。凡削去一二百字，後山讀之則其意尤完，因歎服，遂以爲法。所以後山文字簡潔如此。」廣因舉秦丞相教其子孫作文説中説後山處。先生曰：「他都記錯了。南豐入史館時止爲

檢討官，是時後山尚未有官。後來入史館，嘗薦邢和叔。雖亦有意薦後山，以其未有官而止。」廣。〔一三〕

歐公文字鋒刃利，文字好，議論亦好。嘗有詩云「玉顔自古爲身累，肉食何人爲國謀」，以詩言之是第一等好詩，以議論言之是第一等議論。銖。〔一四〕

「欽夫文字不甚改，改後往往反不好。」亞夫曰：「歐公文字愈改愈好。」先生曰：「亦有改不盡處，如五代史宦者傳，末句云『然不可不戒』。當時必是載張承業等事在此，故曰『然不可不戒』。後既不欲載之於此而移之於後，則此句當改，偶忘削去故也。」方子。

荀卿諸賦縝密，盛得水住。歐公蟬賦「其名曰蟬」，這數句也無味。雉。

「歐公大段推許梅聖俞所注孫子，看得來如何得似杜牧注底好？以此見歐公有不公處。」或曰：「梅聖俞〔一五〕長於詩。」曰：「詩亦不得謂之好。」或曰：「其詩亦平淡。」曰：「他不是平淡，乃是枯槁。」銖。〔一六〕

范淳夫文字純粹，下一個字便是合當下一個字，東坡所以伏他。東坡輕文字，不將爲事，若做文字時只是胡亂寫去，如□□□〔一七〕後面恰似少後添。節。

坡文雄健有餘，只下字亦有不貼實處。道夫。

坡文只是大勢好，不可逐一字去點檢。義剛。

東坡歐陽公文集敍只恁地文章儘好，但要議論[一八]道理便看不得，首尾皆不相應。起頭甚麽樣大，末後却説詩賦似李白，論[一九]事似司馬相如云云[二〇]。

統領商榮以温公神道碑爲餉。先生命吏約道夫同視，且曰：「坡公此文説得來恰却[二一]似山摧石裂。」道夫問：「不知既説『誠』，何故又説『一』？」曰：「這便是他看道理不破處。」頃之，直卿至，復問：「若説『誠之』，則説『一』亦不妨否？」曰：「不用恁地説，蓋誠則自能一。」問：「大凡作這般文字，不知還有布置否？」曰：「看他也只是據他一直恁地説將去，初無布置。如此等文字，方其説起頭時自未知後面説甚麽在。」以手指中間曰：「到這裏自説盡，無可説了，却忽然説起來。如退之、南豐之文却是布置。某舊有[二二]二家之文，復看坡文，覺得一段中欠了句，一句中欠了字。」又曰：「向嘗聞東坡作韓文公廟碑，一日思得頗久，[二三]忽得兩句[二四]『匹夫而爲百世師，一言而爲天下法』，遂掃將去。」道夫問：「看老蘇文似勝坡公，黄門之文又不及東坡。」曰：「黄門之文衰，遠不及也。只有黄樓賦一篇爾。」道夫因言歐陽公文平淡。曰：「雖平淡，其中却自美麗，有好處，有不可及處，却不是闒茸無意思。」又曰：「歐文如賓主相見，平心定氣説好話相似。坡公文如説不辦後對人鬧相似，都無恁地安詳。」蜚卿問范太史文。曰：「他只是據見定説將去，也無甚做作。如唐鑑雖是好文字，然多照管不及，評論總意不盡。只是文字本體好。然無精神，所以有照管不到處；無氣力，到後面多脱了。」道夫因問黄門古史一書。曰：「此書儘有好處。」道夫曰：「如他論西門豹投巫事，以爲他本循良之吏，馬遷列之於滑稽，不當。似此議論，以道夫觀之，〔二五〕甚合人情。」曰：「然。古史中多有好處。如論莊子三四篇譏議夫子處，以爲决非莊子之書，乃是後人截斷莊子本文攙入，此其考據甚精密。但今觀之，莊子此數篇亦甚鄙俚。」道夫。

問：〔二六〕「蘇子由之文比東坡稍近理？」曰：「亦有甚道理。但其說利害處，東坡文字較明白，子由文字不甚分曉。要之，學術只一般。」因言：「東坡所薦引之人多輕儇之士。若使東坡爲相，則此等人才定皆布滿要路，國家如何得安静！」人傑。〔二七〕

諸公祭温公文，只有子由文好。庚。〔二八〕

蘇子由愛選詩「亭皐木葉下，隴首秋雲飛」，此正是子由慢底句法。某却愛「寒城一以眺，平楚正蒼然」十字，却有力。雉。

蜚卿問山谷詩，曰：「精絶，知他是用多少工夫。今人卒生〔二九〕如何及得！可謂巧好無餘，自成一家矣。但只是古詩較自在，山谷則刻意爲之。」又曰：「山谷詩忒好了。」道夫。

「山谷集中贈覺範詩乃覺範自作。」又曰：「山谷詩乃洪毅〔三〇〕輩删集。古今擬騷之作，惟魯直爲無謂。〔三一〕」道夫。〔三二〕

今江西學者有兩種，有臨川來者則漸深〔三三〕得陸子静之學，又一種自楊、謝來者又不好。

子静門猶有所［三四］學。不知窮年窮日［三五］做得那詩要作何用？江西之詩自山谷一變至楊廷秀，又再變遂至於此。本朝楊大年雖巧，然巧之中猶見［三六］混成底意思，便巧得來不覺。及至歐公，早漸漸要説出來。然歐公詩自好，所以他喜梅聖俞詩，蓋枯淡中有意思。歐公最喜一人送別詩兩句，云「曉日都門道，微凉草樹秋」，又喜王建詩「曲徑通幽處，禪房花木深」，歐公自言平生要道此語不得。今人都不識這意思，只要嵌事使難字便云好。僩。

「張文潛詩有好底多，但頗率爾，多重用字。如梁甫吟一篇筆力極健，如云『永安受命堪垂涕，手挈庸兒是天意』等處説得好，但結末差弱耳。」又曰：「張文潛大詩好，崔德符小詩好。」僩。

又曰：「蘇子由詩有數篇没收在。」［三七］

李得之問：「陳無己文如何？」曰：「其文有法，黄樓銘出，想一時諸公皆斂衽。便是今人文字，都無他抑揚頓挫。」方子。［三八］

館職策，陳無己底好。

陳後山初見東坡時，詩不甚好。到得爲正字時，筆力高妙。如題趙大年所畫高軒過圖云「晚知書畫真有益，却悔歲月來無多」，極有筆力。其中云「八二」［三九］者乃大年行次也。僩。

「閉門覓句陳無己，對客揮毫秦少游」，無己平時行［四〇］，覺有詩思便急歸，擁被卧而思之，呻吟如病者，或累日而後成，真是「閉門覓句」。如秦少游詩甚巧，亦謂之「對客揮毫」者，想他合

下得句便巧。張文潛詩只一筆寫去，〔四一〕重意重字皆不問，然好處亦是絶好。義剛。陳淳録同。〔四二〕

陳博士在坡公之門，遠不及諸公。未説如秦、黄之流，只如劉景文詩云「四海共知霜滿鬢，重陽曾插菊花無」，何詩無此句矣。其雜文亦自不及備論。道夫。

南豐文字確實。道夫。

問：「南豐文字如何？」曰：「南豐文却近質。他初亦只是學爲文，却因學文漸見些子道理，故文字依傍道理，故〔四三〕不爲空言。只是關鍵緊要處也説得寬緩不分明，緣他見處不徹，本無根本工夫，所以如此。此〔四四〕但比之東坡，則又〔四五〕較質而近理，東坡則華豔處多。」或言：「某人如搏健〔四六〕子，更不可曉。」曰：「然。尾頭都不説破，頭邊做作掃一片去也好，只到尾頭便没合殺，只恁休了。篇篇如此，不知是甚意思。」或曰：「此好奇之過。」曰：「此安足爲奇！觀前輩文章如賈誼、董仲舒、韓愈諸人，還有一篇如此否？夫所貴乎文之足以傳遠，以其議論明、血脈指意曉然可知耳。文之最難曉者無如柳子厚，然細觀之亦莫不自有指意可見，何嘗如此不説破？其所以不説破者只是吝惜，欲我獨會而他人不能，其病在此。大概是不肯蹈襲前人議論而務爲新奇。惟其好爲新奇而又恐人皆知之也，所以吝惜。」僩。

或道〔四七〕：「陳武〔四八〕不善坡文，戴溪〔四九〕不喜南豐文。」先生曰：「二家之文雖不同，使二公相見，曾公須道坡公底好，坡公須道曾公底是。」道夫。

南豐作宜興、〔五〇〕筠州二學記好，説得古人教學意出。義剛。陳淳録同。〔五一〕

南豐與兄看來是不足，觀其兄與歐公帖可見。義剛。〔五二〕

蘇子容文慢。義剛。

石曼卿詩有好處，〔五三〕如「仁者雖無敵，王師固有征；無私乃時雨，不殺是天聲」，〔五四〕「樂意相關禽對語，生香不斷樹交花；籌筆驛詩意中流，水遠愁外舊山青」，此數句極佳，可惜不見其全篇，只於話中得一二耳。舊嘗見石曼卿書筆大書一長篇，筆力遒勁，真所謂「顔筋柳骨」。今人喜蘇子美字，以石曼卿字比之，子美遠不及之。〔五五〕曼卿胸次極高，非諸公所及。其爲人豪放而詩〔五六〕乃方嚴縝密，此便是他好處，可惜不曾得用于世〔五七〕。雉。〔五八〕

覺範詩如何及得參寥。義剛。

劉貢父文字工於摹倣。〔五九〕若海。

蔡京父子在京城之西兩坊對賜甲第四區，極天下土木之工。一曰太師第，乃京之自居也；二曰樞密第，乃攸之居也；三曰駙馬第，乃鞗之居也；四曰殿監第，乃攸子之居也。攸〔六〇〕妻劉乃明達、明節之族，有寵而二劉不能容，乃出嫁攸〔六一〕，權寵之盛亞之。京攸四第對開，金碧相照。嘗見上官仲恭詩一篇，其間有城西曲，言蔡氏奢侈敗亡之事最爲豪健，末云「君不見，喬木參天獨樂園，至今猶是温公宅」。仲恭乃上官彥衡之子也，惜乎其詩不行於世。雉。

邵公濟墓誌好。方子。〔六二〕

韓無咎文做得着者〔六三〕儘和平，有中原之舊，無南方啁哳之音。方子。〔六四〕

劉叔通屢舉簡齋：「六經在天如日月，萬事隨時更故新。江南丞相浮雲壞，洛下先生宰木春。」前謂荆公，後謂伊川。先生曰：「此詩固好，然也須與他分一個是非始得。天下之理，那有兩個都是？必有一個非。」雉。

「高宗最愛簡齋『客子光陰詩卷裏，杏花消息雨聲中』。」又問坐間云：「簡齋墨梅詩，何者最勝？」或以「皐」字韻一首對。先生曰：「不如『相逢京洛渾依舊，惟恨緇塵染素衣』。」雉。

本朝婦人能文只有李易安與魏夫人。李有詩，大略云「兩漢本繼紹，新室如贅疣」云云。「所以嵇中散，至死薄殷周」，中散非湯、武得國，引之以比王莽。如此等語，豈女子所能？

有鬼詩云：「鶯聲不逐春光老，花影長隨日脚流。」庚。

有僧月夜看海潮，得句云「沙邊月趁潮回」而無對，因看風飄木葉乃云「木末風隨葉下」，雖對不過，亦且如此。庚。〔六五〕

曾司直大故會做文字，大故馳騁有法度。裘父大不及他。裘父文字澀，説不去。義剛。

陳君舉西掖制詞殊未得體。王言温潤，不當如此作。〔六六〕德明。〔六七〕

論胡文定公文字〔六八〕皆實，但奏議每件引春秋，亦有無其事而遷就之者。大抵朝廷文字，且要論事情利害是非令分曉。今人多先引故事，如論青苗，只是東坡兄弟説得有精神，他人皆説從別處去。德明。〔六九〕

「後來汪聖錫制誥有温潤之氣。」曾問人〔七〇〕：「前輩四六語孰佳？」答云：「莫如范淳夫。」因舉作某王加恩制云：「『周尊公旦，地居四輔之先；漢重王蒼，位列三公之上。若昔仁祖，尊事荆王；顧予冲人，敢後兹典』，自然平正典重，彼工於四六者却不能及。」德明。

舉南軒詩云：「卧聽急雨打芭蕉。」先生曰：「此句不響。」曰：「不若作『卧聞急雨到芭蕉』。」又言：「南軒文字極易成。嘗見其就腿上起草，頃刻便就。」至。

「群趨浴沂水，遥集舞雩風」。同安簾試風乎舞雩詩。

「龍衮新天子，羊裘老故人」。〔七一〕道夫。

方伯謨詩不及其父錢監公豪壯。黄子厚詩却老硬，只是太枯淡。徐思遠玉山人。與汝談詩宋子，〔七二〕比諸人較好。思遠乃程克俊之甥，亦是有源流。雉。

「昨夜劉郎叩角歌，朔風思□動山河。〔七三〕文章無用乃如此，富貴不來當奈何！」邴鄭鄉嘗依北海，晁張今復事東坡。吹嘘合有飛騰便，未用溪頭買釣簑」，此游開子蒙詩，先生屢稱之曰：「詩須不費力方好。此等使蘇、黄見之當賞音，人固有遇耳。」雉。〔七四〕

因說：「作應用之文，此等苟禮無用亦可。但人所共用，亦不可廢」。曹宰問云：「尋常人徇人情做事莫有牽制否？」先生云：「孔子自有條法，『從衆、從下』惟其當爾。」謙。

秦篆今皆無此本，而今只是模本，自宋莒公已不見此本了。義剛。

「鄒德久楷書大學，今人寫得如此亦是難得。只是黄魯直書自謂人所莫及，自今觀之，亦是有好處。但自家既是寫得如此好，何不教他方正？須[七五]得恁欹斜則甚？又他也非不知端楷爲是，但自要如此寫。亦非不知做人誠實端慤爲是，但自要恁地放[七六]。」道夫問：「何謂書窮八法？」曰：「只一點一畫皆有法度，人言『永』字體具八法。」行夫問：「張于湖字何故人皆重之？」曰：「也是好，但他[七七]是不把持，愛放縱。本朝如蔡忠惠以前皆有典則，及至米元章、黄魯直諸人出來，便不肯恁地。要之，這便是世態衰下，其爲人亦然。」道夫言：「尋常見魯直亦好説話，意謂他與少游諸人不同。」曰：「他也却説道理，但倒[七八]做處亦與少游不争多，他一輩行皆是恁地。」道夫曰：「也自[七九]是坡公做頭，故他門從而和之。」曰：「然。某昨日看他與李方叔一詩，説他起屋，有甚明窗浄几，眼前景致，末梢又只歸做好吟詩上去。若是要只粗説，也且説讀書窮究古今成敗之類亦可，如何却專要吟詩便了？」道夫曰：「看他也是將這個來做一個要緊處。」曰：「他是將來做個大事看了，如唐韓、柳皆是恁地。」道夫云：「嘗愛歐公詩云『至哉天下樂，終日在書案』，這般意思甚好。」曰：「他也是説要讀書。只歐公却於文章似説不做亦無緊要。如送徐無黨序所謂『無異草木榮華之飄風，鳥獸好音之過耳』，皆是這意思。」道夫曰：「前輩皆有一病。如歐公又却疑繫辭非孔子作。」曰：「這也是他一時所見。如繫辭文言若是孔子做，如何又却有『子曰』字？某嘗疑此等處如五峰刻通書相似，去了本來所有篇名，却於每篇之首加一『周子曰』字。通書去了篇名，有篇内無本篇字，如『理性命』章者煞不可理會。蓋『厥彰厥微，匪靈弗瑩』是説理，『剛善剛惡，柔亦如之，中焉止矣』是説性，自此以下却説命。章内全無此三字，及所加『周子曰』三字又却是本所無者。次第易繫、文言亦是門人弟子所勦入爾。」道夫問：「五峰於通書何故輒以己意加損？」曰：「他病痛多，又寄居湖湘間，士人希疏。兼他自立得門庭又高，人既未必信他，被他門庭高，人亦一向不采〔八〇〕。來到他處一〔八一〕個又是不如他底，不能問難，故絶無人與之講究，故有許多事。」道夫曰：「如他説『孟子道性善』似乎好奇，全不平帖。」曰：「他不是好奇，只是看不破，須着如此説。又如疑孟辨别自做出一樣文字，温公疑得固自不是，但他個更無理會。某嘗謂，今只將前輩與聖賢説話來看，便見自家不及他處。今孟子説得平易如此，温公所疑又見明白，自家却説得恁地聱牙，如何辨得他倒！」道夫曰：「如此則是他只見那一邊，不知有這一邊了。」曰：「他都不知了。只如楊氏爲我只知爲我，都不知聖賢以天地萬物爲一體，公其心而無所私底意思了。又如老氏之虚無清浄，他只知個虚無清浄。今人多言釋氏本自見得這個分明，只是見人如何遂又别爲一説。某謂豈有此理！只認自家説他不知便得。」先生以手指庭〔八二〕下月曰：「他若知之則白處便須還是白，黑處便須還是黑，豈有知之而不言者？此孟子所謂『詖辭知其所蔽，淫辭知其所陷，邪辭知其所離，遁辭知其所窮』。辭之不平便是他蔽了，蔽了便陷，陷了便離，離了便窮。且如五峰疑孟辨忽説出甚『感物而動者，衆人也；感物而節者，賢人也；感物而通者，聖人也』。劈頭便駡了個動。他之意是説聖人之心雖感物，只静在這裏，感物而動便不好。中間胡廣仲只管支離蔓衍説將去，更説不回。某一日讀文定春秋，有『何況〔八三〕聖人之心感物而動』〔八四〕。某執以問之曰：『若以爲感物而動是不好底心，則文定當時何故有此説？』廣仲遂語塞。」先生復笑而言曰：「蓋他只管守着五峰之説不肯放，某却又討得個大似五峰者與他説，只是以他家人自與之辨極好。道理只是見不破後便有許多病痛。」道夫。

晦庵先生朱文公語類卷第一百四十

雜類[一]

爾雅是取傳注以作，後人却以爾雅證傳注。文蔚。

爾雅非是，只是據諸處訓釋所作。趙岐説孟子、爾雅皆置博士，在漢書亦無可考。[二]

「淳」、「醇」皆訓厚。「屯」、[三]「純」是不雜。節。[四]

宫即墻也。僩。

論陰陽則有陰也[五]必有陽，論善惡則一毫着不得。節。[六]

陳仲亨問：「周書云『將欲敗之必姑輔之，將欲取之必姑與之』，今周書何緣無之？」先生曰：「此便是那老子裏數句。是周時有這般書，老子爲柱下史，故多見之。孔子所以適周問禮之屬，也緣是他知得。古人以竹簡寫書，民間不能盡有，惟官司有之。如秦焚書也只是教天下焚之，他朝廷依舊留得，如説『非秦記及博士所掌者盡焚之』。到六經之類，他依舊留得，但天下人無有。」義剛。

古升，十六寸二分爲升，容一百六十二寸爲斗。僩。

今之一升即古之三升，今之一兩即古之三兩。淳。僩録同。〔七〕

古錢有「貨泉」字、「貨布」字是王莽錢。於古尺正徑一寸。雖久有損，大概亦是。淳。

「尚衣」、「尚書」、「尚食」，「尚」〔八〕乃主守之意，秦語作平音。淳。〔九〕

適母與所生封贈恩例一同，不便。看來嫡、庶之别須略有等降，乃爲合理。〔一〇〕

深衣用虔布，但而今虔布亦未依法。當先有事其縷，無事其布。方未經布時先研其縷，非織了後研也。〔一一〕衣服當適於體。康節向温公説：「某今人，着今時〔一二〕之服。」亦未是。泳。〔一三〕

「説『食氣者神明而壽，不食者不死而神』」，孔子家語。先生問蔡丈季通。〔一四〕

形與氣，相激而成者。泳。〔一五〕

茱萸，或云乃門屏上刻作形。漢注未是。可學。

翟公遜説鬼星渡河，最亂道。鬼星是經星，如何解渡河？泳。

古人作甲用皮，每用必漆。後世用鐵，不知自何時起。泳。

野雉知雷。起於起〔一六〕處。可學。

古人運籌者要説得這事分明，歷歷落落。這一事了便盡斷，又要得界分分明。泳。

元善每相見便説氣數讖緯，此不足憑。只是它由天命，然亦由人命〔一七〕。纔有此事，得人去理會便了。德明。

直領背是半臂之遺風。半臂袖短。節。〔一八〕

「折衷」者，摺轉來取中。「衷」只是個中。節。

或問：「倉頡作字，亦非細人。」曰：「此亦非自撰出，自是理如此。如『心』、『性』等字，未有時如何撰得？只是有此理自流出。」可學。〔一九〕

本朝國紀好看，雖略，然大綱却都見。長編太詳，難看。熊子復編九朝要略不甚好。國紀，徐端立編。僩。〔二〇〕

通典儘好，盍置一科。淳。〔二一〕

因説諱字，曰：「漢宣帝舊名何曾諱『病已』？平帝舊名亦不諱。虜中法，偏旁字皆諱。如『敬』字和『警』字皆諱。」淳。

靖康間，士人陳規守德安府城，虜人群盜皆攻不破。朝野僉載有規跋，甚好。僩。〔二二〕

有言士大夫家文字散失者。先生蹙然曰：「魏元履、宋子飛兩家文籍散亂，皆某不勇决之過。當時若是聚衆與之抄劄封鎖，則庶幾無今日之患。」道夫。

陳光澤二子求字。先生字萃曰「仲亨」，云：「萃便是〔二三〕亨，凡物積之厚而施之也廣，如水積得科子滿便流。」又字華曰「仲蔚」，云：「『君子豹變，其文蔚也』，變謂變其志。若你[二四]裏面變得是虎，外面便有虎之文；變得是豹，外面便有豹之文。」義剛。

黎紹先好個人，可謂「聽其言也厲」。義剛。

沈季文於小學則有莊敬敦篤，而不從事於禮樂射御書數；於大學則不由格物、致知，而遽欲誠意、正心。閎祖。

周顯祖不事外飾，天資簡樸。某於方務德坐間識之。[二五]若海。

詠古詩「丈夫棄甲胄，長揖別上官」爲楊元禮發也。問：「元禮事如何？」曰：「緣一二監司相知者已去，後人不應副賑濟，此事已做不得。若取之百姓又不可，所以乞祠。」問：「當時合如何處置方善？」曰：「只得告監司理會賑濟，不從則力争，又不從則投劾而去，事方分曉。」語畢，遂諷誦此詩云。德明。

與或人說：「公平日說甚剛氣，到這裏爲人所轉，都屈了。凡事若見得了須使堅如金石。」賀孫。[二六]

「南海諸番書煞有好者，字畫遒勁如古鍾鼎款識。諸國各不同，風氣初開時，此等事到處皆有開其先者，不獨中國也。」或問古今字畫多寡之異。曰：「古人篆、籀筆畫雖多，然無一筆可減。今字如此簡約，然亦不可多添一筆。便是世變自然如此。」僩。[二七]

金人亡遼録、女真請盟背盟録，汪端明撰。〔二八〕僩。

「醫家言『心藏神，脾藏意，肝藏魂，肺藏魄，腎藏精與志』，與康節所説不同。」曰：「此不可曉。」德明。

嘗見徐侍郎敦立。書三字拈〔二九〕於主位前云「磨兜堅」，竟不曉所謂，後究竟得來乃是古人有銘，如「三緘口」之類。此書於腹曰「磨兜堅，謹勿言」，畏秦禍也。游。〔三〇〕

問：「人有震死者，如何？」曰：「有偶然者，有爲惡而感召之者。如人欲操刀殺人，而遇之者或遭其傷刺而死之類是也。」僩。

沈莊仲問：「姓、氏如何分別？」曰：「姓是大總腦處，氏是後來次第分別處。如魯本姬姓，其後有孟氏、季氏，同爲姬姓而氏有不同。某嘗言：『天子因生以賜姓，諸侯以字爲謚，因以爲族。』切恐『謚』本『氏』字，先儒隨他錯處解將去，義理不通。且如舜生於嬀汭，武王遂賜陳胡公滿爲嬀姓，即因生賜姓。如鄭之國氏，本子國之後，駟氏本子駟之後。如此之類，所謂『以字爲氏，因以爲族』。」文蔚。

蕪湖舊有一富家曰韋居士，字深道，喜延知名士。如黄太史、陳了翁遷謫，每歲餽餉不下千緡。今人纔見遷謫者便以爲懼，安得有此等人！人傑。

因説都下士大夫愛看命，曰：「士夫功名心切，且得他差除一番亦好。」曰：「若命中有官便是天與我，若就人論便是朝廷與我。今不感戴天與朝廷，却感戴他門終身不忘，甚可怪！」淳。

或論及欲圖押綱厚賞者。先生曰：「譬如一盤真[三一]饌，五人在坐，我愛喫，那四人亦都愛喫。我伸手去拏，那四人亦伸手去拏，未必果誰得之。能恁地思量便可備知來物。如古者横議權謀之士，雖千萬人所欲得底，他也有計術去必得。」淳。[三二]

問：[三三]「世有刑人不娶，如人家[三四]上世不賢而子孫賢則如之[三五]何？」曰：「『犂牛之子騂且角，雖欲勿用，山川其舍諸』，所謂不娶者是世[三六]爲惡不能改者，非指一世而言也[三七]。如『喪父長子不娶』一句却可疑，若然則無父之女不復嫁矣[三八]。」淳。[三九]

問：「春牛事未見出處，但月令載『出土牛以送寒氣』，不知其原果出於此否？或又云以示勸耕之意。未詳孰是？」「某嘗見□□[四〇]云，處士立於縣庭土牛之南。恐古者每歲爲一牛，至春日別以新易舊而送之也。」

王丈云：「昔有道人云，笋生可以觀夜氣。嘗插竿以記之，自早至暮長不分寸，曉而視之已數寸矣。」次日問：「夜氣莫未説到發生處？」曰：「然。彼[四一]説亦一驗也。」後在玉山僧舍驗之，則日夜俱長，良不如道人之説。閎祖。

問廬山光怪。「恐其下有寶，故光氣發見如此。嘗見邵武張鑄説，曾官岳陽，見江上有光氣，其後漁人於其處網得銅鍾一枚。又一小説云，某郡某處常有光處，令人掘得銅印一顆。」先生又自云：「向送葬開善，望見兩山之間有光如野燒，從地而發，高而復下。問云其山舊有銅坑也。」德明。

諸生入問候，先生曰：「寒後却劃地氣瘖。西川人怕寒。嘗有人入裏面作守，召客後，令人打扇。坐客皆起白云，若使人打扇，少間有某疾。生冷果子亦不可喫，纔喫便有某疾，便是西川之人大故怕寒。如那有雪處直是四五月後雪不融，這便是所謂『景朝多風』處。便是日到那裏時，過午時陽氣不甚厚，所以如此。所謂『漏天』處皆在那裏。恁地便是天也不甚闊，只那裏已如此了，這是西南尚如此。若西北想見寒，過那秦、鳳之間想見寒。如峨眉山，趙子直嘗登上面，煮粥更不熟，有個核子。時有李某者凍得悶絶了。」莊仲云：「不知佛國如何？」先生曰：「佛國却暖。他靠得崑崙山後，那裏却暖，便是那些子也差異。四方蠻夷都不曉人事，那裏人却理會得一般道理恁地。便是那裏人也大故嶢崎，不知是怎生後恁地。」義剛。

蔡伯靖曰：「山本同而末異，水本異而末同。」義剛。〔四二〕

冀都正是天地中間，好個風水。山脈從雲中發來，雲中正高脊處。自脊以西之水則西流入於龍門西河，自脊以東之水則東流入于海。前面一條黄河環繞，右畔是華山聳立，爲虎。自華來至中爲嵩山，是爲前案。遂過去爲泰山，聳于左，是爲龍。淮南諸山是第二重案。江南諸山及五嶺又爲第三四重案。淳。義剛録同。〔四三〕

洛陽志説道最好，文字最簡嚴，惜乎不曾見。義剛。

逆河是開渠通海以泄河之溢。秋冬則涸，春夏則泄。義剛。陳淳同。〔四四〕

仙霞嶺在信州分水之右，其脊脈發去爲臨安，又發去爲建康。義剛。陳淳同。〔四五〕

蔡仲默〔四六〕問：「有兩漢水，如何有一水謂之西漢江？」曰：「而今如閬州等處便是東川，東川却有一支出來便是西漢江，即所謂嘉陵江也。」義剛。〔四七〕

吴大年曰：「吕蒙城在郢州。其城方，其中又有數重，形址如井，今猶存。」〔四八〕道州即舂陵。武帝封子爲舂陵王，後徙居鄧州。至今鄧州亦謂之舂陵。義剛。〔四九〕

河東地形極好，乃堯舜禹之故都，今晉州河中府是也。左右多山，黄河繞之，嵩、華列其前。廣。〔五〇〕

漢荆州刺史是守襄陽。魏晉以後以江陵爲荆州。節。〔五一〕

南康郡治，張齊賢所建，蓋兩江之咽喉。古人做事都有意思。又如利州路，却有一州在劍閣外。方子。〔五二〕

江西山水秀拔，生出人來便要硬做。升卿。〔五三〕

荆襄山川平曠，得天地之中，有中原氣象，爲東南交會處，耆舊人物多，最好卜居。但有變則正是兵交之衝，又恐無噍類。義剛。陳淳録同。〔五四〕

林擇之曰：「上四州人輕揚，不似下四州人。」先生曰：「下四州人較厚。潮陽士人覺厚，然亦陋。陳但云「如潮州士人亦厚」。[五五] 莆人多詐，淳樸無僞者，陳魏公而已。」義剛。陳淳録同少異。[五六]

或傳連江鎮寇作，燒千餘家。時張子直通判云：「此處人煙極盛。」先生曰：「某常疑此地如何承載得許多人？」力行退而思之，此所謂知小圖大、力小任重之意。力行。

近看石林過庭録，石林乃葉夢得，此録乃其子集。[五七] 載上蔡説伊川參某僧，後有得遂反去，[五八] 偷其説來做己使，是爲洛學。某也嘗疑如石林之説固不足信，却不知上蔡也恁地説，是怎生底？陳無「某也」以下至此。[五九] 向見光老示及某僧與伊川居士帖，後見此帖載[六〇] 山谷集中，後又見文集別本[六一] 有跋此帖語[六二]。乃僧與潘子真潘淳，乃興嗣之子也。帖，其所以載於山谷集者，以山谷嘗録其語，而或以爲山谷帖也。[六三] 此下陳有「其非與伊川明矣」七字。[六四] 義剛。按陳淳録同而少異。[六五]

道間來[六六] 人多來求詩與跋，某以爲人之所以與天地日月相爲長久者元不在此。可學。[六七]

先生因人求墓銘，曰：「『吁嗟身後名，於我如浮烟』，人既死了，又更要這物事做甚。」或曰：「先生語此，豈非有爲而言？」曰：「也是，既死去了，待他説是説非，有甚干涉！」又曰：「所可書者，以其有可爲後世法。今人只是虛美其親，若有大功大業，則天下之人都知得了，又

何以此爲？且人爲善亦自是本分事，又何必須要恁地寫去。［六八］」。賀孫。［六九］

「一」、「二」、「三」、「四」［七〇］皆是借同聲字。「七」［七一］字本無此字，唯有「漆沮」之「漆」。「漆」字草書頗似「七」，遂誤以爲真。洪氏隸釋辨不及此。閎祖。［七二］

漢人斷獄辭亦如今之款情一般，具某罪，引某法爲斷。義剛。陳淳録同。［七三］

今法中有「保章宰」字［七四］。自後漢有此語，想此二字是自古相傳。義剛。陳淳録同。［七五］

德粹問：「十年前屢失子，亦曾寫書問先生。先生答書云，子之有無皆命，不必祈禱。後又以弟爲子，更有甚礙理處。舍弟之子年乃大於此，則是叔拜侄。」先生曰：「以弟爲子，昭穆不順。」方伯謨曰：「便是弟之子小亦［七六］不可。」先生曰：「然。」可學。

漢律，康成注，今和正文皆亡矣。義剛。［七七］

洪州有一部洪韻。太平州亦有一部韻家文字。義剛。［七八］

黄直卿云：「如傭雇之『傭』，也只訓『用』。以其我用他，故將雇以還其力。由此取義，此皆是兩通［七九］字。」義剛。［八〇］

「建茶如『中庸之爲德』，江茶如伯夷、叔齊。」又曰：「南軒集云『草茶如草澤高人，臘茶如臺閣勝士』，似他之説則俗了建茶，却不如適間之説兩全也。」道夫。

人言仁不可主兵，義不可主財。某謂惟仁可以主兵，義可以主財。道夫。

稱[八一]者，自他人稱[八二]之；稱[八三]者，人之本號。一稱者，稱之之「稱」，皆平聲；下稱者，稱之「稱」，去聲。[八四]道夫。

「用人之勇去其亂，用人之智去其詐，[八五]用人之仁去其貪」，蓋人之性易得偏。人既[八六]仁緣何貪？蓋仁善底人便有好便宜底意思。今之廉介者便多是那剛硬底人。辛。合入本條。[八七]

高斗南解楚詞引瑞應圖。周子充説館閣中有此書，引得好。他更不問義理之是非，但有出處便説好。且如天問云「啓棘賓商」，山海經以爲啓上三嬪於天，因得九歎、九辨以歸。如此，是天亦好色也。柳子厚天對以爲胸嬪，説天以此樂相博換得。某以爲「棘」字是「夢」字，「商」字是古文篆「天」字。如鄭康成解記「衣衰」作「齊衰」，云是壞字也，此亦是擦壞了。蓋啓夢賓天，如趙簡子夢上帝之類。賓天是爲之賓，天與之以是樂也。今人不曾讀古書，如這般等處一向恁地過了。陶淵明詩「形夭無千歲」，曾氏考山海經，云「當作『形夭舞干戚』[八八]」，看來是如此。周子充不以爲然，言只是説精衛也，此又不用出處了。夔孫。[八九]

廬山有淵明古迹處曰上京。陶淵明集[九〇]作京師之「京」。今土人以爲荆楚之「荆」。江中有一盤石，石上有痕，云淵明醉卧於其石上，名「淵明醉石」。某爲守時，架小亭，下瞰此石，榜「歸去來館」。又取西山劉凝之庵，用魯直詩名曰「清静退庵」。與此相對。夔孫。

「晝則聽金鼓，夜戰看火候」，嘗疑夜間不解戰，蓋只是設火候防備敵來劫寨之屬。古人屯營，其中盡如井形，於巷道十字處置火候。如有間諜，一處舉火則盡舉，更走不得。義剛。

「馳車千乘駟，革車十乘」〔九一〕馳車即兵車，蓋輕車也。革車駕以牛，蓋輜重之車。每輕車七十二人，三人在車上，一御，一持矛，一持弓。此三人乃七十五人中之將。蓋五〔九二〕爲兩，兩有一〔九三〕長故也。輕車甚疾。義剛。

豫凶事亦恐有之。龔勝傳，昭帝賜韓福策曰：「不幸死者賜複衾一，祠以中牢。」古人此等事自多，難以懸斷。〔九四〕

張以道曰：「京西漕魏安行計口括牛，每四人，其〔九五〕田百畝，只得一牛，由是大擾。時潁州倅李椿之攝郡，與議不合，遂和歸去來詞，休官而〔九六〕歸，作『見一亭』，而魏竟追官勒停。李字彭年，岳州人。」義剛。〔九七〕

蜀中有趙教授者，因二蘇斥逐，以此摇動人心，遂反。當時也自響應，但未幾而哲宗上仙，事體皆變了，所以做得來也没巴鼻。蜀人大故强悍，易反。成都嘗有一通判要反，已自與府中都吏客將皆有謀了。不知如何，一婢走出來告，云日逐有官員來議事。帥因下簾令辨府中人，則皆每日所見合謀者，其事遂敗。義剛。〔九八〕

先生説：「沈持要知衢州日，都下早間事，晚已得報。」閎祖云：「要知得如此急做甚？」先生云：「公說得是。」閎祖。

劉寺簿屬人而爲臺章所掃，且見及之詞甚切，義當力求去。不知渠所處如何？洽。〔九九〕

或言某人輕財好義。先生曰：「以何道理之而義乎？」升卿。

搉場中有文字賣，說中原所在山川地理、州郡邸店甚詳，中亦雜以虜人官制。某以爲是中原有忠義之人做出來，欲朝廷知其要害處也。庚。〔一〇〇〕

砥柱銘上說禹「掛冠莫顧，過門不入」。「掛冠」是有個文字上說禹治水時冠掛着樹，急於治水。今記不得是甚文字。世間文字甚多，只後漢書注內有無限個〔一〇一〕事。庚。〔一〇二〕

紹聖四年，長安民家得秦璽，改元元符。是時下公卿雜議，莫有知者。李伯時號多識，辨得果爲〔一〇三〕秦璽，遂降八寶赦。德明。〔一〇四〕

王彥輔麈史〔一〇五〕載幞頭之說甚詳。方子。

漳州州學中從祀，是神霄宮神改塑。紹興府禹廟重塑禹像，王仲行將禹與一道士去，改塑天齊仁聖帝。此是一類子。德明。

「三元」是道家之說。上元燒燈却見於隋煬帝，未知始於何時。賀孫。

陸務觀說，漢中之民當春月，男女行哭，首戴白楮幣，上諸葛公墓，其哭皆甚哀云。此一段〔一〇六〕先生親筆於南軒所撰武侯傳後。道夫。

漢祭河用御龍、御馬，皆以木爲之，此已是紙錢之漸。義剛。

紙錢起於玄宗時王璵。蓋古人以玉幣，後來易以錢。至玄宗惑於王璵之術，而鬼神事繁，無許多錢來埋得，璵作紙錢易之。文字便是難理會。且如唐禮書載范傳正言，唯顔魯公、張司業家祭不用紙錢，故衣冠效之。而國初言禮者錯看，遂作紙衣冠而不用紙錢，不知紙錢、衣冠有何間别。義剛。

往年見徐端立侍郎云：「葉石林嘗問某：『或謂司馬温公、范蜀公議鍾律不合，又某與某争某事，蓋故爲此議，以表見其非朋比之爲者。如何？』徐曰：『此事有無不可知，然爲此論者亦可謂不占便宜矣。』石林爲之一笑而罷。」僩。

劉季高也豪英〔一〇七〕，只是也無頭腦。義剛。

財猶膩也，近則污人，豪傑之士耻言之。僩。

王侍郎普之弟某，經兵火，其乳母抱之走，爲一將官所得。乳母自思，爲王氏乳母而失其子，其罪大矣！遂潛謀歸計，將此將官家兵器皆去其刃，弓則斷其弦。自求一好馬，抱兒以逃。追兵踵至，匿於麥中，如此者三四。僅全兒，達王家。常見一僧説之，僧今亦亡〔一〇八〕矣。欲爲之傳，未果。可學。按，黄義剛録同，但以爲李伯時，今附，云：〔一〇九〕「嘗見一老僧云，李伯時家遭寇，那時〔一一〇〕伯時尚小，被賊并妳子劫去。賊將遂以妳子爲妻，妳子者得。〔一一一〕一日上元，其夫出看，妳子亦以計遣諸婢皆往看，遂將弓箭刀刃之屬盡投於井，馬亦解放，但自乘一馬而去。少頃間[一一二]前面有人馬聲，恐是來趕他，乃下馬走入麥中藏。其賊尚以鎗入麥中撈攪，幸而小底亦不曾啼哭[一一三]，遂無事。未幾，得聞那賊説：『這賊婢，知他那裏去！』渠知無事，遂又走。夜行晝伏，數日方到，尋見他家人。某嘗欲作一段説[一一四]記此事。後來被那僧死了，遂無問處，竟休了。」

德粹語婺源有一人，其子見鬼。先生曰：「昔薛士龍之子亦然。」可學因説薛常州之子甚怯弱。先生曰：「只是精神不全便如此。向見邪法者呪人，小兒稍靈利者便呪不倒。」可學云：「薛氏之鬼所謂『九聖奇鬼』。」先生曰：「渠平生亦好説鬼。」可學云：「薛常州平日亦講學，何故信此？」先生曰：「不知其所講如何。」可學。

獸中，狐最易爲精怪。淳。

狐性多疑，每渡河，須冰盡合乃渡，若聞冰下猶有水聲，則終不敢渡，恐冰解也。故黃河邊人每視冰上有狐跡乃敢渡河。又狐每走數步則必起而人立四望，立行數步，迴復走。走數步，復人立四望而行。故人性之多疑慮者謂之狐疑。狼性不能平行，每行，首尾一俯一仰，首至地則尾舉向上，胡舉向上則尾疐至地，故曰「狼跋其胡，載疐其尾」。僩。

「年尊，人易虛而難實」。先生曰：「也易實。」又曰：「比後生時較難實些子。」泳。[一一五]

因論張天師，先生曰：「本朝有南劍太守林積送張天師子獄中而奏云：『其祖乃漢賊，不宜使子孫襲封。』一時人皆信之，而彼獨能明其爲賊，其所奏必有可觀者。林積者，秦師垣[一一六]

時嘗爲侍郎。」義剛。

郡六陽〔一一七〕因算徽宗當爲天子，遂得幸，官至承宣使，其人亦鯁直敢説。天覺每要占問時，不尚自去見它，多是使覺範去。後來發覺，蔡元長遂以爲六陽〔一一八〕有幻術，令人監繫，日置狗猪血於其側，後來只被血薰殺了。義剛。

雪裏芭蕉，他是會畫雪，只是雪中無芭蕉，他自不合畫了芭蕉。人却道他會畫芭蕉，不知他是誤畫了芭蕉。游。〔一一九〕

義剛〔一二〇〕問：「唐告敕如何都是自寫？」先生曰：「不知如何。想只是自寫了却去計會印，如本朝〔一二一〕蔡君謨封贈告〔一二二〕亦是自寫。看來只是自有字名，故如此。」義剛。

「張以道向在黄巖見顔魯公的派孫因事到官。其人持魯公告敕五七道來庭下，稱有蔭。細觀其告敕，皆魯公親書其字，而其告乃是黄紙書之。此義如何？」先生曰：「魯公以能書名，當時因自書之，而只用印，文亦不足據。本朝蔡君謨封贈其祖告敕亦自寫之，蓋其以字名，人亦樂令其自寫也。」魯公誥後爲劉會之所藏。義剛。

古之木，今有無者多。楷〔一二三〕木只孔子墓上，當時諸弟子各以其方之木來栽，後有此木。今天下皆無此木。亦〔一二四〕如槐，可作簡，文皆横生，然亦只是文促，後似横樣。義剛。

臨安鐵箭，只是錢王將此摇動人心〔一二五〕。義剛。

瑞金新鑄印真〔一二六〕。蓋嘗失一印，重鑄之，恐作弊，故加「新鑄」之文。國初有一奉使印亦如此。義剛。

祕書省畫一〔一二七〕樹下數人着古衣而無名。君舉以爲恐是孔子在宋木下習禮被伐木時。義剛。

祕書省畫得唐五三王〔一二八〕及黄番綽、明皇之類，恐是吴道子畫。有跋之者云：〔一二九〕「畫當如蓴菜。」某初曉不得，不知它如何説得數句恁地好。後乃知跋者〔一三〇〕是李伯時外甥。蓋畫須如蓴菜樣圓滑方好〔一三一〕。義剛。

先生曰：「高文莊太尉若訥善醫。嘗言京師寒暑之時，街市所賣兩件閑物每歲可活數萬人，賣薑粥與賣涼水者是也。人冒暑極熱之際或無暑藥，必至中暍，若啜一杯涼水，人即豁然清爽矣。又盛寒盛暑有些感冒者，啜一椀熱薑粥，即上下氣通，汗出而寒熱解矣。只此二物每歲須活數萬人也。」卓。〔一三二〕

覺範因張天覺子〔一三三〕下天獄。自供云：「本是醫人，因入醫張相公府養娘有效，遂與度牒令某作僧。」義剛。

「府〔一三四〕君」、「夫人」，漢人碑已有，只是尊神之辭。「府君」如官府之君，或謂之「明府」。今人亦謂父爲「家府」。義剛。陳淳録同。〔一三五〕

因及談命課靈者，曰：「是他精力强，精力到處便自驗。」淳。

陶安國事真武。先生曰：「真武非是有一個神披髮，只是玄武。所謂『青龍』、『朱雀』、『白虎』、『玄武』，亦非是有四個恁地物事。以角星爲角，心星爲心，尾星爲尾，是爲青龍。虚危星如龜。螣蛇在虚危度之下，故爲玄武。真宗時諱『玄』字，改爲〔一三六〕『真』字，故曰『真武』。參星有四隻脚如虎，故爲白虎。翼星如翼，軫如項下嗉，井爲冠，故爲朱雀。盧仝詩曰『頭戴井冠』，揚子雲言『龍』、『虎』、『鳥』、『龜』，正是如此。」節。

諸葛誠之守立過人。升卿。

跋

論語一書乃聖門高第所集，以記夫子之嘉言善行，垂訓後世。朱子語類之編，其亦倣是意而爲之者也。或曰：「語必以類相從豈曾語意歟？」曰：「學而一篇所記多務本之意，里仁七章所記皆爲仁之方；若八佾之論禮樂，鄉黨之記言行，公治長辨人物之賢否，微子載聖賢之出處，亦何嘗不以類哉！天下之理，『同歸而殊塗，一致而百慮』，非有以會而通之，則祇見其異耳。大傳曰：『觸類而長之，天下之能事畢矣。』而伊川之誨學者亦必曰：『將聖賢言仁處類聚觀之。』然則語類之集，其有功於學者多矣！」新安舊有紫陽書堂，而紫陽之書未備也。郡倅洪君、博士張君相與謀曰：置田則以養士之身，置書則以養士之心，以書爲田可乎？於是以所得蜀本語類刊之，越二歲而書成。郡侯謝工部坐屬余爲跋其梗槩，余不得辭也。因僭爲之説曰：理有可以類通，而非可以類止，是其然，必有所以然。學者因其類以究極朱子之全書，使此理融會通貫，不梏於一事一物而止，則無愧於吾夫子觸類而長之訓也。若夫憚煩勞，安簡佚，以爲取足於此，則朱子固嘗以是爲學者病矣，烏乎可！抑二君推廣私洲之意，亦賢矣哉！洪君名勳，平齋令子。張君名文虎，六館雋游。俱擢進士第，有議論，有器識，故能切切然知教化之先務如此，因以識之。時淳祐壬子六月望日。朝請郎守國子司業兼玉牒所檢討官兼資善堂賛讀兼權侍立修注官蔡抗跋。